BASTEI
LÜBBE

ÜBER DEN AUTOR:

Eduard Ackermann, geboren 1928, studierte Germanistik, Geschichte und Philosophie. 1956 promovierte er zum Dr. phil., und schon 1957, mit 29 Jahren, wurde er stellvertretender Leiter der Fraktions-Pressestelle in Bonn. Ab 1958, für 24 Jahre, Sprecher der CDU/CSU-Bundestagsfraktion. Von 1982 bis 1994 war er unter Helmut Kohl Leiter der Abteilung 5, gesellschaftliche und politische Analysen, Kommunikation und Öffentlichkeitsarbeit.

Eduard Ackermann

Mit feinem Gehör

Vierzig Jahre in der Bonner Politik

BASTEI-LÜBBE-TASCHENBUCH
Band 61381

© 1994 by Gustav Lübbe Verlag GmbH, Bergisch Gladbach
Textredaktion: Arnd Kösling, Köln
Einbandgestaltung: KOMBO KommunikationsDesign, Köln
Titelbild: Deutsche Presseagentur, Frankfurt/Düsseldorf
Druck und Bindung: Ebner Ulm
ISBN 3-404-61381-3

INHALT

ZU DIESEM BUCH

Vierzig Jahre Arbeit in Bonn auf der politischen Bühne, der kleinen und der großen, das umschreibt meine Tätigkeit nur unvollständig. Ich war nie Darsteller, allenfalls Souffleur, Kulissenschieber, gelegentlich auch Ratgeber und Helfer der Akteure selbst. Die große politische Rolle wollte ich nie spielen – und deshalb soll dieses Buch auch nicht davon sprechen, was ich selbst in der Politik bewegt, sondern es soll erzählen, wie ich 40 Jahre hindurch Bonner Politik an der Seite kleinerer oder größerer Darsteller erlebt habe. Deshalb wird das Ganze keine politische Chronik werden, die anhand von Dokumenten die Ereignisse – praktisch seit dem Entstehen der Bundesrepublik Deutschland bis zur Wiedererlangung der deutschen Einheit und ihrer Ausfüllung in den letzten Jahren – nachzeichnet. Natürlich will ich auch Fakten, Handlungen und beteiligte Personen bewerten. Im wesentlichen soll es aber darum gehen, meine eigenen Erfahrungen noch einmal lebendig werden zu lassen. Dabei soll deutlich werden, daß Politik immer mit Menschen zu tun hat, die ihre ganz persönliche Prägung haben, ihre spezifischen Charaktereigenschaften, Schwächen und Begabungen, aus denen sich ihr Handeln herleitet.

Ich habe in den 40 Jahren einen der interessantesten Jobs gehabt, den das politische Bonn zu vergeben hatte. Vieles von dem, was ich erlebt habe, war spannend, oft amüsant, manchmal aber auch tieftraurig und bitterernst, besonders dann, wenn es um Menschenschicksale ging, womit Politik es letzten Endes immer zu tun hat.

Viele haben mir in meiner Arbeit geholfen oder mir die Wege gewiesen, die ich im Laufe der Jahre beschritten habe. Ich nenne hier besonders Heinrich Krone, Rainer Barzel, Karl Carstens, vor allem aber Helmut Kohl, mit dem ich mehr als 17

Jahre zusammengearbeitet habe. Er war mir nicht nur Lehrmeister und Vorgesetzter, sondern zwischen uns stimmte es
auch im zwischenmenschlichen Bereich, was für die jahrelange
Zusammenarbeit sehr wichtig war und wie es im Auf und Ab
der Politik nicht immer üblich ist.

Danken möchte ich aber besonders meiner Frau und meinem Sohn. In den ganzen Jahren, in denen mich meine Arbeit
über das Übliche hinaus in Anspruch nahm, haben sie immer
Verständnis für mich gezeigt. Sie haben auch anerkannt, daß
man eine Aufgabe, wie ich sie zunächst als Journalist, dann als
Sprecher der CDU/CSU-Bundestagsfraktion und schließlich als
Abteilungsleiter im Bundeskanzleramt übernommen habe, nur
dann erfüllen kann, wenn man sich ihr ganz widmet – eine
Erfahrung, die wohl viele Politiker oder Politikergehilfen, wie
ich einer war, im Laufe ihres Lebens machen mußten. So steht
am Ende meiner beruflichen Arbeit die Genugtuung, einer
großen Sache gedient zu haben – und nicht, wie oft über Politik
geurteilt wird, einem schmutzigen Geschäft.

Mich hat meine Arbeit immer befriedigt, weil ich teilnehmen
durfte an großen Entscheidungen, die für unser Volk von tief-
greifender Bedeutung waren. Ich habe einen Abschnitt unserer
Geschichte erlebt, in dem Deutschland in Frieden leben und
seine Einheit wiedererlangen konnte – eine Vorstellung, die
jahrzehntelang für viele nur ein Traum war. Von den Stationen
dieses Weges soll dieses Buch ein wenig erzählen, einen anderen Anspruch erhebt es nicht.

EIN GEWÖHNLICHER TAG
IM KANZLERAMT

6.15 Uhr
Der Bonner Zeitungsvertrieb bringt die erste tägliche Pflichtlektüre: die »Süddeutsche Zeitung«, die »Frankfurter Allgemeine«, »Die Welt«, die »Bild«-Zeitung sowie die beiden Lokalblätter »Generalanzeiger« und »Bonner Rundschau«. Donnerstags kommt »Die Zeit« noch hinzu, während der Papierstoß sonntags mit nur vier Publikationen eher karg wirkt: »Spiegel«, »Focus«, »Bild am Sonntag« und »Welt am Sonntag«. Die folgende Stunde verbringe ich damit, die Zeitungen auszuwerten, dann unter die Dusche und schnell noch eine Tasse Tee.

7.40 Uhr
Ein Dienstwagen bringt mich in mein Büro. Es ist das Büro des Leiters der Abteilung für Kommunikation, Dokumentation und politische Planung im Bundeskanzleramt. Hier warten bereits das Nachtmaterial der Nachrichtenagenturen sowie die Presseausschnitte für den Kanzler auf mich, denen ich die Meldungen und Meinungen derjenigen Zeitungen entnehme, die mir nicht nach Hause geliefert werden – eine halbe Stunde bleibt mir dafür.

8.15 Uhr
Die erste Lagebesprechung findet statt, und zwar beim Chef des Kanzleramts, Bundesminister Friedrich Bohl. Teilnehmer sind die Abteilungsleiter des Hauses, der Regierungssprecher und sein Stellvertreter, der Amtschef des Bundespresseamts sowie einige Referenten des Kanzleramts. Hier trage ich zum ersten Mal in einer Kurzfassung das Konzentrat meiner Morgenlektüre vor.

8.30 Uhr
Termin beim Bundeskanzler – je nach aktueller Situation auch manchmal eine Viertelstunde später. An dieser Runde, der Morgenlage oder auch Kanzlerlage, sind neben Helmut Kohl beteiligt: Kanzleramtschef Bohl, die beiden Staatsminister Anton Pfeifer und Bernd Schmidbauer, Regierungssprecher Dieter Vogel sowie die persönliche Referentin des Kanzlers, Juliane Weber, mein Stellvertreter Andreas Fritzenkötter und ich. Den Beginn bildet mein Pressevortrag, der – je nach politischer Brisanz – etwa fünf bis zehn Minuten in Anspruch nimmt. Danach wird besprochen, welche Maßnahmen zu ergreifen sind, und der Kanzler erteilt den zuständigen Teilnehmern der Runde die entsprechenden Aufträge. Was in den Bereich Öffentlichkeitsarbeit fällt – Termine mit Medienvertretern, Verbreitung von Informationen, Antworten auf politische Angriffe, Richtigstellungen und Dementis, aber auch Absprachen mit der Parteizentrale und der Bundestagsfraktion –, geht dabei an Dieter Vogel beziehungsweise an mich und meinen Stellvertreter Fritzenkötter.

9.00 Uhr
Nach Rückkehr ins Büro bereitet meine Mitarbeiterin Barbara Schneeberg das Frühstück: belegte Brötchen und eine Tasse Kaffee. Jetzt beginnt mein eigentliches Tagespensum. Zunächst werden die Aufträge des Bundeskanzlers umgesetzt, danach wende ich mich meinem wichtigsten Arbeitsgerät zu – dem Telefon. Ich rufe in- und ausländische Bonner Korrespondenten an und unterrichte sie über die interessantesten Vorgänge in der Regierung. Etliche Journalisten kommen auch zu mir ins Amt und lassen sich persönlich die neusten Maßnahmen und Überlegungen des Bundeskanzlers erläutern. Das zieht sich bis weit in den Nachmittag hinein – Mittagessen findet nur gelegentlich statt und wenn, dann häufig im Kreis von Journalisten. Zwischendurch gibt es immer wieder kurze Besprechungen mit dem Kanzler, bei denen die Reaktion auf aktuelle Ereignisse abgestimmt wird – wir treffen uns am Tag fünf- bis sechsmal.
    Außer von Journalisten bekomme ich auch anderen Besuch: Führende Mitglieder und Mitarbeiter von Verbänden, großen

Organisationen oder Firmen sprechen bei mir vor, teils um Erkundigungen einzuholen, teils um ihre Anliegen vorzubringen. Es gibt auch zahlreiche Leute, die auf dem Umweg über mich den Kanzler ansprechen wollen – im allgemeinen, um Eigeninteressen zu fördern –, die muß ich dann in den allermeisten Fällen auf den offiziellen Weg verweisen.

Dienstags begleite ich Helmut Kohl regelmäßig um drei Uhr zur Fraktionssitzung der CDU/CSU, die meist gegen fünf oder halb sechs beendet ist. Danach gehts zurück ins Büro und wieder ans Telefon. An einem normalen Tag führe ich rund 80 Telefonate; in Krisenzeiten können es schon mal 100 oder mehr werden.

18.45 Uhr
Es ist Zeit, sich umfassend zu informieren. Ich schalte den Fernseher in meinem Büro an und beginne mit den Nachrichten von RTL-Plus, gehe dann zu »Heute« vom ZDF über, und danach bleibt eine Dreiviertelstunde für andere Arbeiten, bis um 20 Uhr die »Tagesschau« beginnt. Genau wie bei der Zeitungslektüre verfolge ich einerseits, ob es Neuigkeiten gibt, die ich noch nicht per Agentur erfahren habe – um gegebenenfalls sofort zu reagieren –, zum anderen geht es darum, die Art und Weise zu beobachten, in der die Meldungen, die wir nach draußen gegeben haben, dargestellt werden.

20.30 Uhr
Arbeitsgespräch im Kanzlerbungalow (im Park gleich hinter dem Amt), an dem ungefähr dieselbe Runde teilnimmt, wie morgens bei der Kanzlerlage – gelegentlich auch Minister oder Mitglieder der Fraktion. Hier gibt es auch Abendessen, zubereitet vom hauseigenen Koch, und dabei wird die Politik des nächsten Tages oder der nächsten Tage geplant, bisweilen werden auch strategische Überlegungen angestellt.

23.00 Uhr
Nach Hause. Dort höre ich noch die Nachtsendung des Deutschlandfunks, in der die Ereignisse des Tages zusammengefaßt und mit Korrespondentenberichten ergänzt werden. So habe ich

schon wieder ein Stück Vorbereitung für den kommenden Tag
erledigt.

Das ist der Ablauf eines durchschnittlichen Tages im Bundeskanzleramt. Eine Vielzahl verschiedener Termine muß in dieses
Schema eingefügt werden, zum Beispiel meine Treffen mit Botschaftern. Dafür ist eigentlich die Abteilung für Auswärtige
Angelegenheiten zuständig, aber die Botschafter lassen sich
auch gern über die Gesamtsituation der Bundesrepublik informieren, und dafür erscheint ihnen ein Mann aus dem Umfeld
des Bundeskanzlers offenbar sehr geeignet. Die häufigsten Kontakte finden mit den Repräsentanten Frankreichs und Großbri-
tanniens statt, aber auch die der USA, Chinas, Rußlands und
anderer Länder pflegen diese Ebene der Beziehungen. Ich
schätze diese Aufgabe, denn sie bietet eine gute Möglichkeit,
etwas für das Bild Deutschlands im Ausland zu tun.

Sehr wichtig sind mir die sogenannten internen Informa-
tionskreise. Das sind Gruppen von Journalisten, die sich regelmäßig treffen und dazu Politiker oder hohe Beamte einladen,
die dort Hintergrundinformationen zu allen möglichen politischen Vorgängen geben. Allerdings ist alles, was dort gesagt
wird, »off the record«, das heißt, nicht zur Veröffentlichung
unter Nennung des Informanten freigegeben. Es gibt in Bonn an
die 30 dieser Kreise unterschiedlichster Zusammensetzung. In
manchen sind nur Journalisten einer bestimmten politischen
Richtung vertreten, andere bestehen nur aus jungen Journalisten, ein Kreis ist allein Journalistinnen vorbehalten, und bei
vielen ist gar kein Kriterium erkennbar – wahrscheinlich hatten
die Beteiligten ursprünglich einfach dasselbe Stammlokal.

In diesen Zirkeln geht es oft sehr kritisch zu, es wird heiß
debattiert, und der Ton ist angenehm locker. Für die Journalisten sind sie eine günstige Einrichtung zur Informationsbeschaffung – und für mich zur Verbreitung von Informationen.
Den Presseleuten wird viel Stoff geboten, in den sie ihre Meldungen einbetten können, und ich kann viele Informationswün-
sche gleichzeitig erfüllen, anstatt mit jedem einzelnen zu telefonieren.

Die täglich neue Routinearbeit ändert sich auch nicht

dadurch, daß der Bundeskanzler gerade auf Reisen ist. Sofern ich nicht selbst mit dabei bin, was heute nur noch selten der Fall ist, geht der Tag seinen gewohnten Gang, lediglich die Morgenlage samt Pressevortrag findet per Telefon statt. Hierbei sind aufgrund der Zeitunterschiede – etwa zwischen Peking und Bonn – die üblichen Zeiten nicht immer einzuhalten.

Am Wochenende findet der Pressevortrag sowieso am Telefon statt, und zwar erst am späten Vormittag, so daß ich auch mal etwas länger schlafen kann. Falls samstags oder sonntags (oder auch mitten in der Nacht) irgendwo in der Welt etwas passiert, was die Aktion oder Reaktion des Bundeskanzlers nötig macht, wird diese Nachricht vom Lagezentrum zunächst an mich durchgegeben. Das Lagezentrum im Bundeskanzleramt ist rund um die Uhr besetzt. Hier laufen die Meldungen der Nachrichtenagenturen ein und werden ständig ausgewertet. In Fällen, die dringend erscheinen, werde ich angerufen – an meinem Bett stehen zwei Telefone – und muß dann entscheiden, ob es sich um eine Sache handelt, über die der Chef sofort informiert werden muß. Notfalls kann ich ihn zu jeder Zeit überall erreichen – auch im Flugzeug und selbst, wenn er sich auf dem Weg nach Australien befindet.

So also sieht meine Arbeit heute aus. Doch wie bin ich dazu gekommen?

TEIL I
IN DER FRAKTION

1 VON GELDERN NACH BONN

Schon an meiner Wiege stand die Politik Pate. Als ich im November 1928 in Geldern am Niederrhein geboren wurde, war mein Vater Vorsitzender der dortigen Kreistagsfraktion der Zentrumspartei und zugleich Sekretär bei den christlichen Gewerkschaften. Jedoch wurde seine Politikerlaufbahn 1933 jäh durch die Nationalsozialisten unterbrochen. Er verlor seine Stellung und brachte seine Familie als Versicherungsvertreter und später als Steuerbeamter durch, immer wieder von den Machthabern des Dritten Reiches drangsaliert und im Jahre 1944 sogar von der Gestapo verhaftet, weil er zu einem Gesprächskreis gehörte, der sich dem Widerstand gegen Hitler verschworen hatte. Nur die Freundschaft mit dem damaligen Polizeichef der Stadt Geldern, Josef Duhs, rettete meinen Vater vor einer längeren Haft und einem Prozeß.

Er mußte allerdings noch in der Endphase des Krieges – mit 51 Jahren – zum Militär einrücken. In Hamburg-Harburg übernahm er auf einem Hochbunker das Kommando über eine Flakbatterie. Später war er an der Übergabe von Hamburg an die Briten beteiligt. Nach der Rückkehr aus der Gefangenschaft stellte sich mein Vater gleich wieder in den Dienst der Kommunalpolitik im Kreis Geldern, wo er später Gemeindedirektor des Städtchens Kapellen wurde, was er bis zu seiner Pensionierung im Jahre 1958 blieb. Danach übernahm er für einige Jahre den Vorsitz der CDU in Geldern.

Durch die Erfahrungen im Elternhaus wurde meine spätere berufliche Entwicklung stark geprägt. Nach meinem Gymnasialabschluß im Jahre 1950 hatte ich zunächst als Berufsziel das höhere Lehrfach gewählt und Geschichte, Germanistik und Pädagogik studiert – meine Mutter hätte es liebend gerne gesehen, wenn ich Studienrat geworden wäre. 1949 war ich noch als Schüler in die CDU eingetreten, hatte mich aber während meines Studiums in Mainz und Bonn zunächst nicht politisch betätigt.

Erst 1953 war es dann soweit. Durch meine Studentenverbindung Unitas Stolzenfels lernte ich Heinrich Krone kennen, den späteren Fraktionsvorsitzenden der CDU/CSU im Deutschen Bundestag und Bundesminister im Kabinett von Konrad Adenauer. Heinrich Krone gründete 1953 eine später viel beachtete politische Zeitschrift, die »Politisch-soziale Korrespondenz«, die ich zusammen mit einem erfahrenen Journalisten, Franz Tschirn, den Heinrich Krone noch aus seiner Berliner Zeit kannte, aufbauen und betreiben durfte. Namhafte Politiker, aber auch Wissenschaftler waren Autoren dieser Zeitschrift, die sich bald in Bonn und darüber hinaus einen guten Ruf erwarb. Dort erlernte ich das journalistische Handwerk, was mir später sehr nützlich war.

Wir fingen mit primitiven Mitteln an. In dem kleinen Büro in der Bonner Kirchstraße 5, nahe dem Hofgarten, schrieben die Mitarbeiter die Adressen der Bezieher noch selbst und brachten die Exemplare mit dem Handwagen zur Post. Als die Zahl der Abonnenten immer größer wurde, stellten wir dann auf Postzeitungsvertrieb um.

Zu meinen Aufgaben gehörte damals auch die Verteilung der Politikerinterviews in den Bonner Pressehäusern. Ich ließ in der Druckerei Buchbender und Kroth, einem mittelständischen Unternehmen in der Bonner Innenstadt, etwa 30 bis 50 Fahnenabzüge machen und ging damit von Redaktion zu Redaktion. Der Abnahmeerfolg war beachtlich – und ich hatte dabei Gelegenheit, zahlreiche Bonner Journalisten kennenzulernen, was sich für meine spätere Aufgabe als Sprecher der CDU/CSU-Bundestagsfraktion als sehr nützlich erwies. Neben der interessanten Tätigkeit bei der Zeitschrift führte ich mein Studium fort.

Im Jahre 1953 kam meine damalige Verlobte und jetzige Ehefrau Johanna ebenfalls nach Bonn. Sie hatte ihre Tätigkeit als Lehrerin von schwererziehbaren Kindern an einer von Franziskaner-Schwestern betriebenen Schule in der Nähe von Geldern aufgegeben und wurde in der Geschäftsstelle des Evangelischen Arbeitskreises der CDU eingestellt. Dessen damaliger

Geschäftsführer, Hans Strümpfel, ließ mich gelegentlich an der Zeitschrift dieses Arbeitskreises mitarbeiten. Er war dann früher mit der Arbeit fertig, und Johanna konnte abends meine Doktorarbeit tippen. Nebenbei bekochte sie mich, und das so gut, daß der schlanke Jüngling von einst bald nicht mehr vorhanden war – aus den 118 Pfund von damals sind bis heute 196 geworden.

1953 kostete eine Frikadelle noch 65 Pfennig und ein Glas Bier 35 Pfennig. Im Kino saß man in den ersten Reihen für eine D-Mark. Meine Studentenbude kostete im Monat 25 D-Mark, und das Zimmer von Johanna, das in einer guten Wohngegend lag, kostete 40 D-Mark. Wir lebten bescheiden und mußten viel arbeiten, aber es war eine schöne Zeit.

Ich hatte das große Glück, daß ich bereits im siebten Semester bei Erich Feldmann, dem Bonner Professor für Pädagogik, eine Dissertation bekam, Thema: »Die historiographischen Grundlagen der Methodik des Geschichtsunterrichtes an den höheren Schulen in Preußen und anderen deutschen Ländern seit der Bismarck-Zeit«. In dieser Arbeit, die ich im Jahre 1956 abschloß, untersuchte ich den Einfluß der Geschichtsschreibung und der Politik auf den Geschichtsunterricht an den höheren Schulen bis in die Zeit nach dem Zweiten Weltkrieg. Nur zehn Tage, nachdem meine Doktorarbeit von der Philosophischen Fakultät der Bonner Universität angenommen worden war, ging ich bereits in die mündliche Prüfung der Fächer Pädagogik, Geschichte und Germanistik und erhielt das Prädikat »cum laude«; das sogenannte Philosophicum hatte ich bereits ein Jahr zuvor bestanden.

Vier Wochen nach Erlangung des Dr. phil. haben Johanna und ich in der Krypta des Bonner Münsters geheiratet. Die bescheidene Hochzeitsfeier fand in Form eines Essens im Bonner Presseclub statt, der damals noch in der Koblenzer Straße, der heutigen Adenauerallee, neben dem Auswärtigen Amt untergebracht war. Flitterwochen konnten wir uns nicht leisten, und am Abend mußte ich auch schon wieder in die Redaktion, den Umbruch machen.

Standesamtlich hatten wir schon im Oktober 1955 geheiratet, um eine Anwartschaft auf eine Wohnung zu bekommen, wie das damals hieß. Dennoch dauerte es noch acht Monate, bis wir schließlich im vierten Stock eines Hauses an der Poppelsdorfer Allee einziehen konnten – in prominenter Nachbarschaft, denn vier Häuser weiter wohnte der Bonner Oberbürgermeister Hans Daniels senior. Zur Universität und zu meinem Teilzeitarbeitsplatz waren es nur wenige Minuten, dafür mußte ich die Kohlen zum Heizen 76 Stufen hinaufschleppen.

Nach Abschluß des Studiums arbeitete ich noch ein halbes Jahr lang bei der »Politisch-sozialen Korrespondenz«, aber jetzt nicht mehr als Teilzeitkraft auf Stundenlohnbasis, sondern als fester Redakteur. Das Gehalt von 540 D-Mark brutto lag zwar noch unter der Akademikereingangsstufe im öffentlichen Dienst, aber dafür war ich jetzt wenigstens sozialversichert.

Dann erreichte mich Anfang 1957 der Ruf in die wirkliche Politik. Heinrich Krone, der mir schon als Student zu einem interessanten Job verholfen hatte, fragte mich eines Tages bei einem Gespräch in seinem Fraktionsvorsitzendenbüro, ob ich nicht als zweiter Mann in die Pressestelle der Fraktion eintreten wolle.

Die Bundestagswahlen von 1957 standen kurz bevor, und der damalige Sprecher der Bundestagsfraktion, Erwin Lunke, brauchte dringend einen Gehilfen. Lunke, der gelegentlich für die Zeitschrift des Evangelischen Arbeitskreises gearbeitet und dort meine Frau kennengelernt hatte, war auch Trauzeuge bei unserer Hochzeit gewesen. Er riet mir sehr dazu, die Aufgabe zu übernehmen.

So trat ich am 1. März 1957 meinen Dienst in der Pressestelle der CDU/CSU-Fraktion an und verdiente jetzt 640 D-Mark brutto. Unser Standardseufzer war damals immer: »Wenn wir mal 1000 Mark verdienen, sind wir durch.« Ich teilte zunächst mit Erwin Lunke ein Büro, hatte dort aber keinen eigenen Schreibtisch, sondern saß an einem kleinen Chippendale-Tisch mit Glasplatte und einem Häkeldeckchen darunter. Auch die Arbeit war anfangs bescheiden. Ich bereitete für meinen Chef das anfallende Nachrichtenmaterial auf und versuchte soviel wie möglich von ihm zu lernen. Nach kurzer Zeit übertrug mir Lunke dann die Aufgabe, die Berichte über die Ausschußsitzungen im Deutschen Bundestag zusammenzustellen. Ich mußte die einzelnen Berichterstatter der Fraktion in den Ausschüssen aufsuchen und mir die Ergebnisse der Sitzungen erläutern lassen – später bekam man die Pressemeldungen fix und fertig von den Büros der Abgeordneten geliefert. Schon nach wenigen Tagen erhielt ich eine hilfreiche Anregung. Ich hatte einen Bericht über eine Sitzung des damals noch existierenden Beamtenrechtsausschusses zu formulieren. Der Ausschußvorsitzende Karl-Alfred Kihn, ein Bayer, sah mich mühsam meine Notizen machen und meinte, ich könne wohl nicht stenographieren. Ich mußte das einräumen, worauf er fast entrüstet sagte: »In Bayern lernt man so etwas auf der Schule.« Ich habe mich dann bemüht, meine eigene Kurzschrift zu entwickeln, und bin später damit ganz gut zurechtgekommen.

Erwin Lunke war ein guter Formulierer, und er brachte mir die Technik bei, wie man eine Presseerklärung aufbaut, wozu zum Beispiel gehört, daß man die Kernaussage gleich im ersten Satz macht. Er durfte damals als Fraktionssprecher noch unter seinem eigenen Namen Erklärungen für die Fraktion abgeben, später, als der Anspruch der Presse an die Fraktionen des Deutschen Bundestages immer größer wurde, war das anders. Da gab der Fraktionsvorsitzende selbst die wichtigen Erklärungen ab, ansonsten taten das die einzelnen Fachleute der Fraktion, Ausschußvorsitzende, Obleute oder die Sprecher der einzelnen Fachgebiete.

Im Jahre 1957 war die Pressestelle der Fraktion noch sehr klein. Wir hatten eine Sekretärin, Lilly Ramsthaler, eine charmante Wienerin, die uns sehr gut unterstützte. Später bekamen wir dann noch einen weiteren Mitarbeiter hinzu, Günter Englisch, mit dem ich dann 25 Jahre zusammenarbeitete und der erst 1992 nach Erreichen der Altersgrenze aus dem Dienst der Fraktion ausschied.

Auch der technische Apparat war noch äußerst bescheiden. Pressemeldungen wurden auf Wachsmatrizen geschrieben und auf einem altmodischen Gerät abgezogen. Wir hatten in der ersten Zeit auch noch keinen Boten, der die Meldungen in den Pressehäusern verteilte. Das machten Günter Englisch und ich allein. Erst als die Zahl der Meldungen wuchs, stellte die Fraktion dafür einen Boten ein. Besonders eilige Meldungen wurden telefonisch durchgegeben. Erwin Lunke hatte den Ehrgeiz, möglichst in den Abendnachrichten mit einer Erklärung der Fraktion vertreten zu sein. Das Fernsehen hatte damals noch keine große Bedeutung, der Fraktionsvorsitzende redete vielleicht zweimal im Jahr, und die Redetexte wurden – wenn überhaupt – nur in wenigen Kopien verbreitet.

Neben meiner Arbeit versuchte ich vor allem, in die Geheimnisse der großen Politik einzudringen. In diese Zeit fiel die Wahl zum 3. Deutschen Bundestag, und am 15. September 1957 geschah das fast Unglaubliche: Die CDU/CSU errang zum einzigen Mal nicht nur die absolute Mehrheit der Mandate, sondern auch mit 50,2 Prozent die absolute Mehrheit der Stimmen. Konrad Adenauer war auf dem Höhepunkt seiner Macht, und Heinrich Krone führte die Fraktion in engem Kontakt mit dem Kanzler und seinem Staatssekretär Hans Globke.

Heinrich Krone hatte in den damaligen Jahren nur einen kleinen Beraterkreis, zu dem die beiden Parlamentarischen Geschäftsführer Will Rasner aus Flensburg und Josef Rösing gehörten, der vom Zentrum zur CDU übergetreten war und den eigentlichen Geschäftsbetrieb im Innern regelte, während Will Rasner der politische Geschäftsführer war. Ebenfalls aus dem Zentrum stammte der Büroleiter des Westdeutschen Rundfunks in Bonn, Ludwig von Danwitz, der auch als enger Berater Heinrich Krones galt und zugleich über sehr gute Kontakte zu Staatssekretär Globke verfügte.

Im Laufe meiner vielen Jahre bei der Fraktion war mir Ludwig von Danwitz dann später ein guter Lehrmeister und Ratgeber, von dem ich so manchen Tip im Umgang mit den Bonner Journalisten erhielt und der mir bei der Bearbeitung wichtiger politischer Vorgänge kenntnisreiche Hinweise gab.

In späteren Jahren, als Rainer Barzel die Fraktion führte, gehörte Ludwig von Danwitz, der mit Barzel persönlich befreundet war, zum engeren Beraterkreis in der Fraktion. Ich habe ihn auch später, als er schon in Pension war, bis zu seinem frühen Tod am 22. Februar 1981 immer wieder besucht.

Von Heinrich Krone habe ich übrigens gleich im ersten Jahr meiner Tätigkeit bei der Fraktion einen Grundsatz übernommen. Ich hatte in einer Auseinandersetzung mit einem Abgeordneten diesem einen Brief geschrieben, um meinen Standpunkt zu verdeutlichen. Den Brief hatte ich in einem Durchschlag auch an Heinrich Krone geschickt. Er ließ mich daraufhin zu sich kommen und ermahnte mich mit den Worten: »Man soll im Leben möglichst wenige Briefe schreiben. Ein geschriebenes Wort kann man nicht zurücknehmen. Deshalb besser ein persönliches Gespräch führen.« Ich habe das in meiner späteren Arbeit beherzigt. Mein Lehrmeister Krone hielt das zum Beispiel auch im Umgang mit Konrad Adenauer so. Es gibt nur ganz wenige Briefe von Krone an Adenauer.

1957 hörte ich zum ersten Mal meinen Namen in den Rundfunknachrichten. Erwin Lunke war für einige Tage in Urlaub, und so durfte ich an seiner Stelle eine Erklärung für die Fraktion abgeben. Auch wenn man nicht besonders eitel ist, hebt das doch durchaus das Selbstbewußtsein. Ich war damals jedenfalls sehr stolz – später, als ich selbst Sprecher war, gehörte es zur Routine.

Nach einem Jahr Mitarbeit in der Pressestelle der Fraktion der CDU/CSU im Deutschen Bundestag kam in meiner beruflichen Laufbahn für mich die große Wende.

Am 1. März 1958, also ein Jahr nach meinem Eintritt in die Pressestelle, verließ der erste Sprecher, Erwin Lunke, die Fraktion. Der Abgeordnete Paul Lücke war von Konrad Adenauer zum Wohnungsbauminister ernannt worden. Er machte Lunke, der ein studierter Zeitungswissenschaftler war, das Angebot, sein Pressechef zu werden.

Nach kurzem Zögern sagte dieser zu. Heinrich Krone fragte mich daraufhin, ob ich mich nach einem Jahr Tätigkeit in der Fraktion bereits fähig fühle, die Rolle des ersten Pressesprechers zu übernehmen. Er wolle mir eine Einarbeitungsfrist bis Mitte des Jahres 1958 geben und dann endgültig entscheiden, ob ich die Aufgabe übernehmen sollte oder vielleicht doch besser ein älterer, erfahrenerer Kollege. Ich willigte in dieses Verfahren ein. Es folgten dann einige sehr harte Monate für mich, zumal es in dieser Zeit um die schwierige Frage ging, ob die Bundeswehr mit Atomwaffen ausgestattet werden sollte, die allerdings unter amerikanischem Verschluß bleiben würden. Im Bundestag entbrannten hierzu heiße Debatten. Auf seiten der

CDU/CSU zeigte, in dramatischen Redeschlachten mit Gustav
Heinemann (SPD) und Thomas Dehler (FDP), hier erstmals der
junge Abgeordnete Karl Theodor von Guttenberg sein politisches Talent. Auch Heinrich Krone griff in die Auseinandersetzung ein. In dieser Phase erlebte das Parlament der Bundesrepublik Deutschland wirkliche Sternstunden. Die Opposition
organisierte damals zusammen mit Teilen der Gewerkschaften
und den ersten Anfängen der Friedensbewegung die Kampagne
»Kampf dem Atomtod«.

Alles dies fiel in die Zeit meiner Bewährungsprobe. Schließlich rang sich Heinrich Krone dazu durch, mich zum ersten
Pressesprecher der Fraktion zu machen, allerdings mit der
Empfehlung, immer auf den Rat älterer Kollegen wie Ludwig
von Danwitz zu hören.

Ich erhielt als festen Mitarbeiter Günter Englisch zugeteilt.
Wir beide haben dann im Laufe der Jahre auf den Fundamen-
ten, die Erwin Lunke gelegt hatte, eine intensive Pressearbeit
aufgebaut, mit moderner Technik und vor allem mit dem Mittel
der Pressegespräche bei Heinrich Krone. Bis dahin hatte es
lediglich Kommuniqués der Fraktion oder »offizielle« Pressekonferenzen gegeben. Wir gingen nun dazu über, jeweils aus-
gewählte Journalisten ins Zimmer des Fraktionsvorsitzenden
einzuladen und in aufgelockerter Atmosphäre die anstehenden
Fragen mit ihnen durchzusprechen. Der Vorteil für beide Seiten
lag auf der Hand: Die Journalisten hatten bessere Bedingungen, sich zu informieren und auch manches Mal inoffizielle
Hintergrundinformationen zu bekommen, und wir konnten die
Politik der Fraktion zielgerichteter vermitteln. Diese Pressegespräche wurden vor allem unter Barzel ab 1964 stark ausge-
weitet und fanden dann nicht nur mit dem Fraktionsvorsitzenden, sondern auch mit den Stellvertretern oder Fachsprechern
statt.

Durch meinen Aufstieg zum Sprecher der CDU/CSU-Frak-
tion war ich auch eine Gehaltsstufe aufgerückt, und so leisteten
meine Frau und ich uns 1958 den ersten Urlaub: eine Woche
Iesolo bei Venedig und anschließend eine Woche in den Bergen
bei Ruhpolding, immer mit der Bahn, denn ein Auto hatten wir
noch nicht. Wir hatten aber soviel Vertrauen in die Zukunft, daß

meine Frau sich entschloß, ihre Arbeit aufzugeben und sich nur
noch dem Haushalt zu widmen. Inzwischen hatten wir auch
eine größere Wohnung bekommen – in der Reutersiedlung, das
heißt, nur zehn Minuten zu Fuß vom Bundestag, meinem
Arbeitsplatz, entfernt. Eine Zeitlang wurde ich bequemerweise
sogar gefahren, denn mein Freund Werner Titzrath, der Korrespondent des »Hamburger Abendblatts« war, holte mich regelmäßig mit seinem Wagen ab, was für ihn den Vorteil hatte, ständig über die neuesten Ereignisse auf dem laufenden zu sein.
Diese für uns beide nützliche Gewohnheit endete erst, als er
nach Hamburg zur »Welt« ging, bevor er später Chef des »Hamburger Abendblatts« wurde.

1959 schafften wir uns dann mit Hilfe eines Kredits ein eigenes Auto an, einen Ford M 12, hellblau mit gelber Zierleiste.
5800 D-Mark kostete er. Von da an war es meine Frau, die mich
über viele Jahre hinweg morgens ins Büro fuhr und oft auch
abends wieder abholte, denn aufgrund meines Augenfehlers
konnte ich nie selbst fahren. Erst in den siebziger Jahren, als
der Bundestag besser mit Dienstfahrzeugen ausgestattet war,
durfte ich dann einen Wagen der Fahrbereitschaft benutzen –
eine besondere Vergünstigung, da dieses Recht eigentlich nur
den Abgeordneten zusteht. Als ich dann schließlich 1982 als
Abteilungsleiter ins Kanzleramt überwechselte, stand mir ein
regulärer Dienstwagen zur Verfügung, und als nach dem Attentat auf Ministerialdirektor Gero von Braunmühl und die Staatssekretäre Hans Tietmeyer und Hans Neusel auch für einige
höhere Beamte die Sicherheitsvorkehrungen verschärft wurden, fuhr man mich sogar in einem gepanzerten Fahrzeug,
einige Jahre darüber hinaus sogar mit Polizeischutz.

Aber zurück. 1960 war für mich ein besonders erfreuliches
Jahr, denn am 17. Februar wurde unser Sohn Thomas geboren,
und zwar in dem kleinen Franziskus-Hospital in Bonn-Kesse-
nich, dem der renommierte Gynäkologe Dr. Ewald Rößler als
Chefarzt vorstand. Stationsschwester war die Ordensschwester
Walburgada, eine resolute, erfahrene Rheinländerin. Einige
Tage nach der Geburt unseres Sohnes berichteten auch die Zeitungen über das freudige Ereignis im Hause Ackermann. In der
(damals schon der SPD nahestehenden) »Neuen Rhein Zeitung«

(NRZ) schrieb Hilde Purwin: »In der letzten Sitzung der
CDU/CSU-Fraktion fehlten zwei, die sonst immer dabei sind.
Konrad Adenauer, weil er an einer Entzündung der oberen Luftwege erkrankt war, und der Pressesprecher Dr. Eduard Ackermann, dem an diesem Tag ein Sohn geboren wurde.« Bei meinem täglichen Besuch im Krankenhaus zeigte ich Schwester
Walburgada den Artikel, worauf sie im schönsten Bonner Dia-
lekt zu einer ihrer Hilfsschwestern sagte: »Hol mal den Weih-
wasserkessel, dat Ackermännsche steht in der ruude (roten)
Zeitung.«

In die Zeit der dritten Legislaturperiode von 1957 bis 1961
fielen zwei politische Vorgänge, die – jeweils auf völlig andere
Weise – sensationell waren und die ich aus nächster Nähe miterlebte.

Das erste war im Jahre 1959, als Konrad Adenauer sich
nach zehnjähriger erfolgreicher Kanzlerschaft im Alter von
nunmehr 83 Jahren entschloß, Bundespräsident zu werden und
als Nachfolger von Theodor Heuss in die Villa Hammerschmidt
einzuziehen. In Bonn, vor allem in den Führungsschichten der
Union herrschte zunächst ungläubiges Staunen. Niemand
konnte begreifen, warum ein so machtbewußter Mann wie
Adenauer auf der Höhe seines Erfolgs alle politischen Möglichkeiten für eine rein repräsentative Aufgabe ohne jeden Einfluß
hinwerfen wollte – denn das war das Amt des Bundespräsidenten damals noch, im Gegensatz zu dem, was Richard von Weizsäcker und einige seiner Vorgänger später daraus gemacht
haben. Adenauers Absicht wurde, gelinde gesagt, als sensationell empfunden, und eigentlich wollte niemand so recht daran
glauben. Heinrich Krone aber meinte, es sei dem alten Herrn
ernst mit seinem Entschluß.

Damals durfte ich als Fraktionssprecher schon an den Sitzungen des Fraktionsvorstandes und auch der engeren
Führungszirkel teilnehmen, so daß ich einen guten Eindruck
von den Abläufen gewinnen konnte. In den Sitzungen des Frak-
tionsvorstands wurden (und werden) die legislativen Arbeiten
vorbereitet, das heißt, die kurz- und mittelfristige Politik
gewinnt hier Gestalt, Abläufe und Schwerpunktsetzungen werden geplant. In den engeren Zirkeln findet mehr die strate-

gische, konzeptionelle Arbeit statt. Hier wird auf Attacken des politischen Gegners reagiert, aktuelle Ereignisse werden bewertet, und naturgemäß fliegen in den Diskussionen auch oft die Fetzen.

Eine zusätzliche Informationsquelle waren die abendlichen »Umtrunke« mit Will Rasner, Josef Rösing und Ludwig von Danwitz. Zunächst fanden sie im »Bonner Bürgerverein« statt, der früher auf dem Gelände stand, wo später das Hotel »Bristol« errichtet wurde. Nach einiger Zeit wurde die abendliche Runde dann in die »Kaiserhalle« verlegt, ein Restaurant mit einer schönen Terrasse, das aber inzwischen der Bonner Verkehrsplanung zum Opfer gefallen ist. Wenn es abends spät wurde, trafen wir uns auch im Büro von Will Rasner, wo es ein gutes Pils und Bommerlunder, das Flensburger »Nationalgetränk«, gab.

Das Erstaunen in Bonn über Adenauers Pläne verlor jedoch bald seine Grundlage. Ohne Konsultation des Fraktionsvorsitzenden hatte Adenauer den damaligen Vorsitzenden des Rechtsausschusses, Matthias Hoogen, den späteren Wehrbeauftragten des Deutschen Bundestages, gebeten, ihm ein Gutachten über die Stellung und Rechte des Bundespräsidenten zu erstellen. Offenbar war Hoogen dabei zu dem Ergebnis gekommen, daß die Verfassung dem Bundespräsidenten in erster Linie repräsentative Aufgaben zuweist. Schon am Vorabend von Adenauers Entscheidung und vor der Bekanntgabe seines Entschlusses, doch nicht das Amt des Bundespräsidenten zu übernehmen, war in Bonn bereits bei einigen Eingeweihten durchgesickert, der Kanzler habe einen Rückzieher gemacht. Einer der wenigen kundigen Thebaner war der Bonner Korrespondent der damals in Düsseldorf erscheinenden Zeitung »Der Mittag«, Peter Hopen, später Studioleiter des Zweiten Deutschen Fernsehens in Bonn. Ich traf Peter Hopen im Bundeshausrestaurant, und er fragte mich, ob ich schon gehört habe, Adenauer wolle nun doch nicht Bundespräsident werden. Ich verneinte – wider besseres Wissen –, was Peter Hopen mir in der Folgezeit sehr übel nahm, denn er hatte auf meine angebliche Unkenntnis hin seine Story unterdrückt, trotz seiner Information aus anderer Quelle.

Diesen Vorfall habe ich mir sehr zu Herzen genommen, und ich habe es mir später zur Richtschnur meiner Arbeit gemacht, einem Journalisten lieber offen mitzuteilen: »Ich kann dazu nichts sagen«, als bewußt die Wahrheit zu verschweigen. Meiner späteren Freundschaft mit Peter Hopen hat dieser Vorfall Gott sei Dank keinen Abbruch getan. In den Jahren bis zu seinem Ausscheiden beim ZDF aus Altersgründen haben wir viele Informationen ausgetauscht, und meine Zusammenarbeit mit ihm war ganz ausgezeichnet. Er war ein Mann, der in Bonn immer zu den bestinformierten Journalisten gehörte.

Nach dem Verzicht von Konrad Adenauer herrschte in der Unionsführung zunächst Ratlosigkeit. Plötzlich kam der Name des Landwirtschaftsministers Heinrich Lübke ins Gespräch. Seine Kandidatur war auch in der Union zunächst nicht unumstritten. Heinrich Krone jedoch war einer der Befürworter. Er kannte Lübke schon aus der Zeit vor 1933, als dieser zusammen mit dem langjährigen Freund Krones, Johannes Schauf, der mit seiner Familie vor den Nazis über Italien nach Brasilien geflüchtet war, die Landschaft im Oderbruch fruchtbar gemacht hatte. Als in der Fraktion die Entscheidung zugunsten von Heinrich Lübke gefallen war, bat mich Heinrich Krone, einen Kreis von Journalisten zusammenzurufen, damit Lübke ihnen etwas über sich erzählen könne. Das Gespräch fand im Zimmer des damaligen Stellvertretenden Fraktionsvorsitzenden Oberkirchenrat Adolf Cillien aus Hannover statt. Heinrich Lübke, noch unerfahren im Umgang mit der Presse, wirkte eher schüchtern und zurückhaltend, aber sehr sympathisch. Ich glaube, daß ihm das Gespräch geholfen hat. Die Kritik an ihm in der Presse setzte erst sehr viel später ein, wobei vieles davon unberechtigt war, weil man den Menschen Heinrich Lübke einfach nicht genügend kannte.

Das andere einschneidende Ereignis dieser Jahre war der Bau der Mauer in der Nacht des 13. August 1961. In Bonn hatte ich nach nunmehr vierjähriger Tätigkeit bei den Journalisten ein gewisses Ansehen erreicht, und es hatte sich eingebürgert, daß man bei wichtigen Anlässen neben dem jeweiligen Regierungssprecher auch den Sprecher der CDU/CSU-Bundestagsfraktion anrief, sei es, um von der Fraktion eine Stellungnahme zu erhalten, oder weil man glaubte, der Fraktionssprecher habe besondere Informationen. So geschah es auch in der Nacht des 13. August oder genauer in den frühen Morgenstunden. Ein Bonner Vertreter von Reuters Nachrichtenagentur klingelte mich kurz nach vier Uhr aus dem Bett, um mir die Meldung vom Bau der Mauer durchzugeben. In den Tagen zuvor waren die Zeitungen voll gewesen mit Nachrichten über die anhaltende Fluchtwelle aus der DDR, die damals im Westen meistens noch Sowjetische Besatzungszone genannt wurde. Man war in Bonn nicht ganz unvorbereitet, da in Geheimdienstberichten zumindestens Andeutungen gemacht wurden, die DDR-Führung plane Gegenmaßnahmen gegen die Flüchtlingsströme. Trotzdem war ich über die Nachricht vom beginnenden Mauerbau sehr bestürzt und rief sofort Heinrich Krone an, dem ebenfalls große Betroffenheit anzumerken war.

Er sagte mir, er werde sofort Staatssekretär Hans Globke anrufen, damit dieser den Kanzler unterrichte. Krone bat mich, ihm laufend weitere eingehende Meldungen mitzuteilen. Am nächsten Morgen trafen wir uns dann zu einer frühen Besprechung im Büro des Fraktionsvorsitzenden, wo dann auch die erste Presseerklärung formuliert wurde. Die Tage danach waren voller Spannung, besonders als es um die Frage ging, ob Bundeskanzler Adenauer nach Berlin fliegen und mit den Berlinern sprechen solle. Die Menschen waren über die Ereignisse höchst beunruhigt, und Außenminister von Brentano hatte noch am Abend des 13. August im Fernsehen erklärt, es bestehe kein Anlaß zur Panik, obwohl natürlich auch in Bonn Ratlosigkeit herrschte. Durch die Kontakte Heinrich Krones zu Adenauer und auch zum Außenminister hatten wir in der Fraktion Einblick in den Meinungsbildungsprozeß innerhalb der Regierung sowie zwischen Regierung und Amerikanern. Nach meiner Erinnerung ist die Darstellung falsch, Adenauer habe nicht nach Berlin fliegen wollen. Vielmehr war es so, daß die amerikanische Regierung ihn zunächst daran hinderte, weil sie sein Auftreten in Berlin für ein viel zu großes Sicherheitsrisiko hielt. Die Alliierten befürchteten, das bloße Erscheinen des Kanzlers in Berlin könne Unruhen in der Bevölkerung oder gar einen Sturm auf die Mauer auslösen, und ganz so falsch war diese Einschätzung der Lage nicht: Es brodelte heftig unter den Leuten, und es ist eines der großen Verdienste von Willy Brandt, der damals Regierender Bürgermeister von Berlin war, die Menschen unmittelbar an der Mauer davon abgehalten zu haben, die Grenze zu stürmen und in das Maschinengewehrfeuer der Volkspolizisten zu laufen. Daß der Bundeskanzler sich jedoch nicht im Brennpunkt der Ereignisse zeigte, stieß bei der Bevölkerung auf Unverständnis. In diesen Augusttagen 1961 ging die bis dahin als sicher geglaubte absolute Mehrheit für die CDU/CSU in den unmittelbar bevorstehenden Bundestagswahlen verloren, sie erhielt 45,4 Prozent.

Es ist heute müßig, darüber zu spekulieren, ob der Bau der Mauer hätte verhindert werden können. Konrad Adenauer hat es geglaubt. Er war der Ansicht, die Sowjets wären zurückgewichen, wenn Präsident Kennedy entschlossener Druck auf sie ausgeübt hätte. Wenn ich Adenauer nach seinem Rücktritt am 15.10.1963 in seinem Büro im Bundesratsflügel bei Journalistengesprächen betreute, hat er häufig in vertraulichen Gesprächen, vor allem mit amerikanischen Journalisten, diesen Standpunkt vertreten.

Wenn ich ihn dann bat, seine Ansicht nicht zur Veröffentlichung freizugeben, pflegte er mich regelmäßig mit dem Satz zu beruhigen: »Dat können Se gar nich beurteilen, dafür sind Se noch viel zu jung.« Es gelang mir aber doch immer, zu verhindern, daß der betreffende Korrespondent darüber schrieb, denn der öffentliche Vorwurf, die Amerikaner seien mehr oder weniger für den Mauerbau mitverantwortlich, hätte zu schweren Spannungen zwischen Bonn und Washington geführt.

Konrad Adenauer sprach damals mit Rainer Barzel über mich. Er hatte mich in seiner Kanzlerzeit bei einigen Sitzungen erlebt, und ich durfte ihn auf einer Amerikareise als zuständiger Mann für die CDU-Publikationen begleiten. Er fragte Barzel: »Was haben Se da für einen Mitarbeiter? Der trächt so eine dicke Brille. Is der denn überhaupt der richtije Mann für mich, wenn ich Journalisten bei mir habe?« Rainer Barzel beruhigte ihn mit dem Satz: »Der Ackermann sieht schlecht, hört aber alles und weiß sehr viel. Dem können Sie ruhig vertrauen.« Das tat er dann auch.

Noch in einem anderen Punkt waren die Wochen nach dem 13. August wahlentscheidend. Konrad Adenauer ließ sich nicht davon abbringen, im Wahlkampf von Willy Brandt als von »Brandt alias Frahm« (Brandts Geburtsname) zu sprechen und damit auf dessen uneheliche Geburt anzuspielen, obwohl Heinrich Krone und andere ihn dringend darum gebeten hatten, das nicht zu tun. Nachdem er sie auf einer Wahlveranstaltung in Regensburg verwendet hatte, wiederholte er diese Formulierung noch einmal in Bonn bei einer Großkundgebung im Bonner Straßenbahn- und Busdepot. Ich hatte selbst an dieser Wahlkundgebung teilgenommen und Heinrich Krone darüber berichtet, der nur mit Kopfschütteln reagierte.

Nach der Wahl zum 4. Deutschen Bundestag, bei der die CDU/CSU zwar stärkste Fraktion blieb, aber ihre absolute Mehrheit verlor, wurden die Verhandlungen über die Regierungsbildung sehr schwierig. Heinrich Krone gab die Fraktionsführung an Heinrich von Brentano ab, weil dieser als Außenminister Gerhard Schröder weichen mußte, und Krone selbst wurde Bundesminister für besondere Aufgaben und damit für den Bundessicherheitsrat zuständig. Die FDP setzte durch, daß Adenauer nach zwei Jahren von seinem Amt als Bundeskanzler zurücktreten sollte. Für mich bedeutete der Wechsel in der Fraktionsführung von Krone zu Brentano eine große Zäsur.

Brentano, jahrelang Minister, hatte einen völlig anderen Stil als Krone, auch im Umgang mit der Presse. Er gab gerne Interviews, und er redete öfter im Bundestag, wie er es auch als Außenminister getan hatte. Seine Interviewtermine hatten immer einen angenehmen Nebeneffekt: Es gab etwas Gutes zu trinken, meist Wein oder Cognac. Während Heinrich Krone sehr bescheiden lebte, wußte Heinrich von Brentano dem Leben durchaus die angenehmen Seiten abzugewinnen. Der kettenrauchende Junggeselle ließ sich ein HvB auf seine Zigaretten prägen und war auch sonst in jeder Hinsicht das, was man einen kultivierten Menschen nennt. In seiner Bonner Wohnung oder in seinem Haus in Darmstadt aßen die Gäste von Tellern mit Goldrand und mit vergoldetem Besteck. Doch er war kein Müßiggänger. Es konnte durchaus geschehen, daß er mich sonntags morgens zu einem Besprechungs- oder Interviewter-

min in seine Wohnung auf dem Bonner Venusberg bat, weil in
der Woche keine Zeit gewesen war.

1962 fand meine erste große Auslandsreise statt. Ich hatte
von dem amerikanischen »Governmental Institute for Foreign
Affairs«, das die Amerikareisen ausländischer Besucher organisierte, eine Einladung für eine sechswöchige Tour durch die
Vereinigten Staaten erhalten. Als Dolmetscher stellte man mir
Franz Haberl an die Seite, einen Assistenz-Professor einer kleinen amerikanischen Universität, der mit dem Dolmetscherjob
nebenbei sein Gehalt aufbesserte. Ich bekam 20 Dollar Tage-
geld, davon mußte ich aber die Hotels und die Verpflegung
bezahlen, doch damit kam man damals aus. Auf meinem Reise-
programm stand Florida mit einem Besuch in einem kubani-
schen Flüchtlingslager, Arizona mit einem Aufenthalt in einem
Indianerreservat, Kalifornien mit Gesprächen an der Berkeley
University und einer Besichtigung des Raketenzentrums Van-
denberg bei Los Angeles. Außerdem erlebten wir die Weltaus-
stellung in Seattle, und daneben fanden viele Besuche in amerikanischen Clubs oder bei Zeitungen statt. Die Tage am Anfang
dieses ersten USA-Besuchs – später war ich mit dem Kanzler
oder mit verschiedenen Fraktionsvorsitzenden sicher über
zwanzigmal dort – gehörten allerdings zum Dienst, denn Heinrich von Brentano hielt sich gerade in Washington auf, und ich
hatte die Aufgabe, ihn dort zu betreuen. Er hatte sich kurz vor
seinem Abflug einen Arm gebrochen und war von daher besonders gehandikapt, aber er absolvierte sein Programm dennoch
mit Bravour.

Die Jahre der Zusammenarbeit mit ihm waren leider kurz.
Es bleibt bei mir der Eindruck von einem Herrn in der Politik,
der Stil und Anstand besaß, was ich an einem Beispiel erläutern
möchte.

Bis zur Bildung der Großen Koalition im Jahre 1966 war es
üblich, daß an den wöchentlichen Sitzungen der CDU/CSU-
Bundestagsfraktion eine Gruppe von Journalisten teilnehmen
durfte, nicht nur die Vertreter der eigenen Parteipressedienste,
sondern auch Korrespondenten von Zeitungen und der Deutschen Presse-Agentur (dpa). Manche der eingeladenen Korrespondenten, von denen die Fraktionsführung annahm, daß sie

mit der Union sympathisierten, nahmen diese Möglichkeit
gerne wahr, um besser informiert zu sein, andere taten es nicht,
weil sie in der Berichterstattung nicht gebunden sein wollten.

Nun gab es einmal während der Amtszeit von Heinrich von
Brentano einen Antrag der Abgeordneten Margot Kalinke, die
von der Deutschen Partei zur CDU gekommen war, die Journalisten von einer Sitzung der Fraktion auszuschließen, weil man
interne Dinge besprechen wolle, mit anderen Worten: Es lag
Streit in der Luft. Die Journalisten meuterten, die Fraktion war
gespalten, die Stimmung geladen, und Frau Kalinke setzte sich
durch. Nach Beendigung der Sitzung lud Heinrich von Brentano
die teilnahmeberechtigten Journalisten in sein Zimmer zu
einem Glas Wein und entschuldigte sich bei ihnen. Ihm sei bei
dem Rauswurf der Journalisten aus der Sitzung speiübel geworden, formulierte er, die Art der Auseinandersetzung sei ihm
höchst zuwider gewesen, aber er habe das Ergebnis leider nicht
verhindern können. Das rechnete man ihm hoch an, und die
Sache war aus der Welt. Bis zum Beginn der Großen Koalition
am 27.11.1966 nahmen die Journalisten weiter an den Fraktionssitzungen teil.

Heinrich von Brentano hatte das Amt des Fraktionsvorsitzenden mit einer Hypothek beginnen müssen. Die FDP hatte
durchgesetzt, daß Konrad Adenauer nur noch zwei Jahre im
Amt bleiben sollte. Nur widerstrebend hatte der Kanzler in
diesen Handel eingewilligt. In der ganzen Phase bis zu seinem
Ausscheiden war die Arbeit in der Koalition von Mißtrauen
gekennzeichnet. Konrad Adenauer verdrängte zunächst den
Gedanken an seinen Abschied, aber bald schon konzentrierte
sich seine Energie mehr und mehr darauf, Ludwig Erhard – den
erfolgreichen Wirtschaftsminister – als seinen Nachfolger zu
verhindern, obwohl Erhard nach Ansicht der übergroßen Mehrheit der Partei die einzig mögliche Lösung war.

Vor dem Kanzlerwechsel wurde Bonn aber noch von einem
anderen Ereignis erschüttert, von der sogenannten »Spiegel«-
Affäre. Die Fakten sind bekannt. Der »Spiegel«-Artikel »Bedingt
abwehrbereit«, der geheime Meldungen über die Verteidigungs-
situation in der Bundesrepublik Deutschland preisgab, führte
schließlich zur Verhaftung des »Spiegel«-Redakteurs Conrad

Ahlers in seinem Urlaubsort in Spanien und des »Spiegel«-
Herausgebers Rudolf Augstein in Hamburg. Konrad Adenauer
sprach vor dem Deutschen Bundestag von einem Abgrund von
Landesverrat, und dem damaligen Innenminister Hermann
Höcherl entfuhr der Satz, der später in Bonn zum geflügelten
Wort wurde: »Ich kann nicht ständig mit dem Grundgesetz
unter dem Arm herumlaufen.«

Für die Bonner Journalisten waren das aufregende Tage,
zumal ein großer Teil von ihnen auf seiten des »Spiegel« stand
und nicht auf seiten der Bundesregierung oder gar des Verteidigungsministers Strauß. Damals habe ich den Regierungssprecher Karl-Günther von Hase dafür bewundert, wie er in einer
außerordentlich schwierigen Situation den Journalisten in der
Bundespressekonferenz Rede und Antwort stand.

Auch die Fraktion der CDU/CSU blieb von diesen Ereignissen nicht unberührt, forderte doch die Opposition den Kopf von
Franz Josef Strauß, des schon damals mächtigsten CSU-Politi-
kers. Eine Sitzung jagte die andere, die »Spiegel«-Redakteure
kamen bald wieder frei, aber Strauß verlor seinen Posten als
Verteidigungsminister, ein Umstand, der sich in den späteren
Jahren noch oft als sehr nachteilig erweisen sollte. Strauß hat
diesen Rücktritt innerlich wohl nie ganz verkraftet und seine
spätere Berufung als Finanzminister in die Regierung der
Großen Koalition unter Kurt Georg Kiesinger wohl auch nie als
ausreichende politische Rehabilitierung empfunden. Das Amt
des Verteidigungsministers hatte ihm sehr viel bedeutet, und
seinen Verlust nahm er nicht nur Adenauer und auch noch dessen Nachfolgern übel, sondern er bestimmte oft auch sein politisches Handeln. Ich erinnere mich an einen der vielen Abende
im Münchner Hofbräuhaus, wo die CSU ihren geselligen Abend
bei den Parteitagen zu feiern pflegte. Ich hatte Gelegenheit, mit
Marianne Strauß, der sehr engagierten, klugen und zugleich
charmanten Frau von Franz Josef Strauß zu sprechen. Sie sagte
mir – und das war Jahre nach dem Rücktritt ihres Mannes als
Verteidigungsminister –, Franz Josef, wie wir ihn ja alle nur
nannten, habe das größte Opfer für die deutsche Politik
gebracht. Sie sprach sicherlich nicht nur ihre eigene Meinung
aus. Strauß selbst fühlte sich als politischer Märtyrer.

Am Ende der Entwicklung mußte Konrad Adenauer im Dezember 1962 sein Kabinett umbilden. Rainer Barzel wurde gesamtdeutscher Minister, aber nur für zehn Monate, denn Ludwig Erhard besetzte dieses Amt nach seiner Amtsübernahme neu, und zwar mit Erich Mende, dem Vorsitzenden der FDP.

Rainer Barzel, der im Wahlkreis Paderborn das Direktmandat für die CDU erobert hatte, war in der Fraktion als fleißiger und intelligenter Arbeiter aufgefallen. Ich hatte gelegentlich mit ihm zu tun, weil er nach relativ kurzer Zeit als Abgeordneter zum engeren Beraterkreis von Heinrich Krone gehörte. In den internen Gesprächen bei Heinrich Krone war er mir durch seine Kenntnisse und seine hervorragende Formulierungsgabe aufgefallen. Als er Minister wurde, war es daher eine Selbstverständlichkeit, daß ich ihm bei seinen ersten Interviews, die er noch in seinem Abgeordnetenzimmer gab, behilflich war. Ich erinnere mich noch besonders an das Interview mit dem damaligen Rundfunkkorrespondenten Karl-Heinz Wocker, der später Korrespondent in London war und leider sehr früh starb. Rainer Barzel hatte sich schon sehr in das gesamtdeutsche Thema eingearbeitet, doch war es für ihn nicht leicht, einen schon fast zur Legende gewordenen Politiker wie Ernst Lemmer abzulösen, dem der Abschied von diesem Amt besonders schwer gefallen war.

Ich verlor Rainer Barzel dann zunächst wieder aus den Augen. Erst später erfuhr ich, daß er der erste gesamtdeutsche Minister war, der Häftlinge aus der DDR gegen Geld freikaufen ließ, zunächst acht an der Zahl, alles mit stillschweigender Rückendeckung Konrad Adenauers. Andere gesamtdeutsche Minister oder, wie sie später hießen, Minister für innerdeutsche Beziehungen, haben darauf aufgebaut und Zehntausenden von Deutschen aus der DDR zur Freiheit verholfen.

Im Jahre 1963, nicht ganz zwei Jahre nach seinem Amtsantritt als Fraktionsvorsitzender, erkrankte Heinrich von Brentano. Zunächst wußte man nicht, wie ernsthaft die Krankheit war, und die Fraktion behalf sich mit dem vorhandenen Führungsstab der Stellvertreter und Fachleute. Heinrich von Brentano zog sich mehr und mehr in sein Darmstädter Haus zurück, wo er allerdings viele Besucher aus Bonn empfing. Als sich dann herausstellte, daß er Krebs hatte, bestellte er sein Haus.

Trotz vieler vergeblicher Versuche Adenauers, Ludwig Erhard an der Kanzlernachfolge zu hindern, schaffte dieser es schließlich doch. Alle Meinungsumfragen besagten, die Mehrheit der Deutschen wolle ihn als Kanzler. Wenige Tage vor seiner Wahl erschien die »Bild«-Zeitung mit der Riesenschlagzeile: »90 Prozent aller Deutschen wollen Erhard als Kanzler.« Zuvor hatte Adenauer noch in seinem Ferienort Cadenabbia am Comer See, in der bekannten Villa Collina, die heute der Konrad-Adenauer-Stiftung gehört, in Gesprächen mit Journalisten versucht, Erhard öffentlich die Qualifikation abzusprechen. Seine damaligen Gesprächspartner Walter Henkels, »Frankfurter Allgemeine Zeitung« (FAZ), Max Nitsche, »Rheinische Post«, Max Schulze-Vorberg, »Bayerischer Rundfunk«, und Graf Finckenstein, »Die Welt«, setzten seine Meinung auch um. Ludwig Erhard war ziemlich verstimmt und mußte oft besänftigt werden. Adenauers Favoriten wechselten. Offenbar hätte er am liebsten den früheren EG-Kommissar und späteren Finanzminister Franz Etzel als Nachfolger gesehen.

Auch mit Rainer Barzel sprach Adenauer in Cadenabbia über Ludwig Erhard und wollte ihn überzeugen, Erhard sei nicht der richtige Mann für das Kanzleramt. Später, als ich Rainer Barzel und seine Frau näher kennenlernte, erzählte mir Kriemhild Barzel folgende Geschichte, die sich nicht einmal unter Walter Henkels zahlreichen Adenauer-Anekdoten findet.

Vor einem gemeinsamen Mittagessen des Ehepaares Barzel mit Adenauer sagte »der Alte« zu Rainer Barzel, er wolle sich doch sicher einmal die Hände waschen. Barzel ging aus dem Raum, und dann sprach Adenauer Frau Barzel auf das Thema Erhard als Kanzlernachfolger an. Adenauer meinte: »Der Erhard kann jar nich Kanzler werden, der hat nich mal dat Abiturientenexamen.« Frau Barzel, über diese Äußerung sehr erstaunt, meinte, das könne doch gar nicht stimmen, schließlich sei Ludwig Erhard doch Professor. Darauf Adenauer: »Aber kein richtijer. Ich werde et Ihnen beweisen, daß er nich dat Abiturientenexamen hat, denn er kann auch kein Latein.« Kurze Zeit später gab Adenauer in Bonn ein Essen. Seine Tischdame war Frau Barzel. Erhard saß Adenauer gegenüber. Plötzlich erhob Adenauer das Glas mit dem lateinischen Trinkspruch: »Qui bene bibit, bene dormit, qui bene dormit, non pecat, qui non pecat, venit in coelum« – also: »Wer ordentlich trinkt, schläft gut; wer gut schläft, sündigt nicht; wer nicht sündigt, kommt in den Himmel.« Erhard reagierte nicht auf den Trinkspruch, was Adenauer dazu veranlaßte, zu Frau Barzel zu sagen: »Sehn Se et jetz?! Der kann kein Latein!«

Dann kam schließlich die große Zäsur in der deutschen Politik. Konrad Adenauer nahm schmerzhaft Abschied vom Amt des Bundeskanzlers und bezog ein kleines Büro im Bundesratsflügel des Bundestagskomplexes. Als ich ihn dort das erste Mal besuchte, klopfte mir doch ein wenig das Herz, weil ich noch nie so eng mit ihm zusammengearbeitet hatte. Ich hatte großen Respekt vor der Persönlichkeit dieses Mannes und seiner politischen Lebensleistung. Er machte mir meine Aufgabe leicht. Aus dieser Zeit habe ich viele handsignierte Bilder von ihm, die ich heute noch wie Augäpfel hüte. Eines davon zeigt, wie ich in seiner Begleitung Präsident Kennedy im Weißen Haus in Washington besuchte, auf einer seiner letzten Reisen als Kanzler in die USA.

1963 war auch das Jahr, in dem Konrad Adenauer zum letzten Mal als Bundeskanzler den Deutschen Presseclub besuchte. Vorsitzender des Presseclubs war damals Alfred Rapp, der langjährige bewährte Büroleiter der »Frankfurter Allgemeinen« in Bonn. Nach einem guten Abendessen konnten die Mitglieder des Presseclubs Fragen an den Kanzler stellen, die er meist launig beantwortete, gespickt mit seinen kleinen Bissigkeiten. Das Ganze war immer off the record (vertraulich), und es gab nur selten eine Indiskretion. Interessanter waren aber die Gespräche in kleinerem Kreis – nach dem offiziellen Teil – am Tisch des Kanzlers, wo häufig noch ein harter Kern bis tief in die Nacht bei einem Glas Wein sitzen blieb. Einmal gehörte ich mit dazu. Einige Kollegen wollen beobachtet haben, daß Konrad Adenauer an diesem Abend fast fünfzehn Glas Sekt getrunken hat. Als es schon nach drei Uhr morgens war, mahnte der Büroleiter des Kanzlers, Ministerialdirigent Josef Selbach, zum Aufbruch. Adenauer wurde richtig ärgerlich. Er fand es immer noch sehr gemütlich. Als dann Selbach fragte: »Können wir denn morgen früh nicht etwas später anfangen?« meinte der siebenundachtzigjährige Kanzler: »Wenn Se dat nich vertragen können, kommen Se eben morgen früh zehn Minuten später.« Die Runde lachte schallend. Es wurde dann noch fast vier Uhr früh, bevor Adenauer aufbrach, sichtlich gut gelaunt. Wie ich später erfuhr, war er trotz der kurzen Nacht pünktlich wie immer an seinem Schreibtisch im Kanzleramt.

Ende 1963, als sich das Leiden Brentanos verschlimmerte, bat er Rainer Barzel, der nach der Bildung der Regierung Erhard aus dem Kabinett ausgeschieden war, um – wie er formulierte – wieder als einfacher Abgeordneter zu arbeiten, zu sich in sein Haus nach Darmstadt und schlug ihm vor, Geschäftsführender Vorsitzender der Fraktion zu werden.

Rainer Barzel akzeptierte das unter der Bedingung, daß die Fraktion es auch wollte. Nachdem von Brentano der Fraktion seinen Wunsch mitgeteilt hatte, bestimmte diese Barzel für das neu zu schaffende Amt. Barzel bezog ein bescheidenes Büro im Fraktionsflügel und arbeitete mit nur einer Hilfskraft, einer Schreibdame, die er noch aus seiner Zeit als Ministerialrat in der Landesvertretung von Nordrhein-Westfalen kannte. (Diese Mitarbeiterin heiratete später einen Mann, der als Agent des Ministeriums für Staatssicherheit der DDR enttarnt wurde. Sie selbst aber war völlig unbelastet.)

Mehr als seine Vorgänger arbeitete Barzel von Anfang an höchst intensiv mit der Presse zusammen, was sich auch auf meine Tätigkeit entscheidend auswirkte. Zu den schon erwähnten, nun viel häufiger stattfindenden Pressegesprächen kamen zum Beispiel zwei- bis dreimal im Monat Arbeitsessen mit Journalistengruppen hinzu; außerdem gab Barzel auch viele Interviews und sprach öfter im Bundestag, was vor ihm allenfalls Heinrich von Brentano getan hatte. Die Pressearbeit wurde jetzt wirklich systematisch betrieben. In dieser Zeit gewann auch das Fernsehen allmählich an Bedeutung für die Politik, nicht zu vergessen Adenauers Versuch, ein »Deutschlandfernsehen« zu errichten, ein Regierungsfernsehen, wie die Gegner kritisierten. Aus dem Projekt wurde zwar nichts, aber aus ihm ging schließlich das ZDF hervor.

Neuneinhalb Jahre habe ich dann mit Rainer Barzel – bis zu seinem Ausscheiden als Fraktionsvorsitzender im Jahre 1973 – eng zusammengearbeitet, in einer politischen Periode, die für die CDU/CSU durch Höhen und Tiefen gleichermaßen gekennzeichnet war.

2 DIE FRAKTION UNTER BARZEL

Nach dem Tod Heinrich von Brentanos im Herbst 1964 wurde Rainer Barzel zum regulären Fraktionsvorsitzenden gewählt. Kurz vorher durfte ich Brentano noch einmal in seinem Darmstädter Haus besuchen, nachdem er wochenlang im Krankenhaus behandelt worden war. Er wirkte körperlich verfallen, war aber geistig absolut auf der Höhe und an allem interessiert, was in Bonn passierte.

In der kurzen Zeit unserer Zusammenarbeit hatte er zu mir Vertrauen gefaßt und mich in viele seiner Überlegungen einbezogen. Er gab mir mit auf den Weg, alle in der Fraktion sollten Rainer Barzel tatkräftig unterstützen und Ludwig Erhard zum Erfolg verhelfen. Er hatte registriert, daß auch in der Fraktion schon hier und da Stimmen gegen Erhard laut wurden und daß Adenauer auch nach seinem Ausscheiden aus dem Amt mit seiner Kritik an Erhard nicht Ruhe gab.

Die neuneinhalb Jahre Fraktionsführung durch Rainer Barzel waren durch fünf Großereignisse in der Politik geprägt, an denen er entscheidend mitwirkte oder sie selbst gestaltete: die Bildung der Großen Koalition im Herbst 1966, der Verlust der Regierungsmacht im Herbst 1969, das verlorene konstruktive Mißtrauensvotum 1972, der Kampf um die Ostverträge oder deren Interpretation und das Ende der Ära Barzel durch seinen Rücktritt nach einer verlorenen Abstimmung in der Fraktion über den Beitritt Deutschlands zu den Vereinten Nationen. In jeder dieser Phasen war ich als Sprecher der Fraktion und enger Mitarbeiter Rainer Barzels unmittelbar mit den Ereignissen verbunden.

Barzel entwickelte ein besonderes Gespür für Öffentlichkeitsarbeit und wurde sehr rasch ein gefragter Interview- und Gesprächspartner für die Bonner Presse, aber auch für die Journalisten aus den Zentralredaktionen. Er suchte jedoch auch von sich aus den Kontakt mit der Presse. Es kam hinzu, daß er bald eine rege Auslandsreisetätigkeit entwickelte. Auf all seinen Reisen in Europa, in den USA, in Asien, Lateinamerika und in einigen Ostblockländern habe ich ihn begleitet und so viele Einblicke gewonnen, die mir später bei meiner Arbeit in der Regierung unter Bundeskanzler Helmut Kohl sehr zugute kamen. Sogar in den Urlauben in Garmisch-Partenkirchen verfolgte die Presse Rainer Barzel mit ihren Wünschen, so daß ich auch dort zur Stelle sein mußte. Ich erfüllte diese Pflicht, machte allerdings ebenfalls dort Winterurlaub mit meiner Familie.

Eine Episode ist mir dabei besonders in Erinnerung geblieben. Der Chefredakteur der »Rheinischen Post«, Joachim Sobotta, war mit seinem Bonner Korrespondenten Heinz Schweden in Garmisch angereist, um ein Interview aufzunehmen. Zuvor sollten einige Bilder im Eisstadion geschossen werden, denn Rainer Barzel war ein begeisterter Eisläufer. Heinz Schweden, ein Mann von echtem Schrot und Korn, hatte keinerlei Sinn für dieses Pirouettengedrehe; ihm schien dieser Sport unmännlich. Während wir vom Rand der Eisbahn aus Barzel und seiner Partnerin bei ihren Tanzfiguren zusahen, merkte man ihm deutlich sein Unbehagen an. Dann entfuhr ihm schließlich: »Meine Güte, kannst du den nicht wenigstens mal auf einen Bob setzen?«

Ich habe es tatsächlich versucht, allerdings gab es in Garmisch zu dieser Zeit keine Bobbahn mehr, aber am Dreikönigstag fand dort immer ein festliches Rennen mit schönverzierten Hörnerschlitten statt. Die waren zwar nicht so herb-männlich wie Bobs, aber immerhin. Rainer Barzel stand als prominenter Gast im Zielraum, und zusammen mit den Einheimischen versuchte ich, ihn zu einer Hörnerschlittenfahrt zu bewegen, aber vergebens – das war wohl nicht seine Sache.

Bei der Fraktionsarbeit stützte sich Rainer Barzel wieder stark auf den Parlamentarischen Geschäftsführer Will Rasner, der ausgezeichnete Verbindungen auch zur SPD-Fraktion hatte, besonders zu deren Geschäftsführer Karl Wienand, der gerade unter Anklage steht wegen Zusammenarbeit mit dem Geheimdienst der früheren DDR. (Bis heute ist es ein besonderes Phänomen, daß die Parlamentarischen Geschäftsführer der Parteien exzellente Kontakte miteinander pflegen. Zwischen ihnen wird so manches über die Parteigrenzen hinweg ausgekungelt – und hat dann auch Bestand.) Häufig holte Barzel auch den Rat von Heinrich Krone und anderen älteren Kollegen in der Fraktion ein. Aber schon bald gab er allein den Ton an. Wenn ein politisches Ereignis anstand, und die Fraktion mußte Stellung beziehen, setzte er sich schon morgens früh in seiner Wohnung an den Schreibtisch und schrieb mit seinem Füllfederhalter den Text für eine Erklärung, die er dann in der Fraktion zur Abstimmung stellte. Ich habe nur selten erlebt, daß er damit nicht durchkam. Auch seine Redetexte schrieb er selbst, und damit war er in dieser Hinsicht eine große Ausnahme in Bonn, denn es war (und ist) üblich, daß Politiker ihre Texte von Ghostwritern anfertigen ließen oder – wie etwa Karl Carstens – einen Entwurf auf Band diktierten und zur Feinbearbeitung an Mitarbeiter weitergaben. Barzel war in diesem Punkt absolut eigenständig, und erst als die Diskussion über die Ostverträge mit ihrer komplexen Problematik einsetzte, ließ er sich bisweilen Material von Experten erarbeiten und fügte es in seine Reden ein.

Einer seiner Ratgeber war damals unter anderen der Bevollmächtigte des Landes Rheinland-Pfalz, Alois Mertes, der viele Jahre als Diplomat in Moskau tätig gewesen war und die russische Sprache beherrschte. Mertes gehörte dann ab 1972 selbst dem Bundestag an und wurde in der Regierung Helmut Kohls Staatsminister im Auswärtigen Amt unter Hans-Dietrich Genscher. Er war einer der kenntnisreichsten deutschen Außenpolitiker, der leider im Alter von nicht einmal 65 Jahren starb.

Bis zur Bundestagswahl im Jahre 1965 hatte Rainer Barzel auch zum Kanzler Ludwig Erhard einen guten Draht gefunden. Auf meiner Ebene wurde der Kontakt zum Kanzleramt über den Abteilungsleiter und engsten Mitarbeiter Ludwig Erhards gepflegt, Karl Hohmann, der in Bonn die legendäre »Brigade Erhard« gebildet hatte, zu der etwa der frühere FAZ-Herausgeber Fritz Ulrich Fack, der Bonner Wirtschaftskorrespondent Hans Zencke, die ZDF-Korrespondentin Fides Krause-Brewer, die Publizisten Johannes Gross und Rüdiger Altmann und viele andere ausgezeichnete Leute gehörten. Diese Gruppe war schon vor Erhards Wahl zum Bundeskanzler aktiv tätig und unterstützte ihn dann auch als Kanzler. Meine Arbeit mit Helmut Kohl, die fast 18 Jahre andauerte, wurde von Bonner Journalisten oft mit der von Karl Hohmann für Ludwig Erhard verglichen. Auch wenn der Vergleich sicher nicht ganz stimmt, so sind doch gewisse Parallelen in dem engen Vertrauensverhältnis und der absoluten Loyalität im Umgang miteinander zu finden.

Zu Erhards Mitarbeitertruppe gehörten auch der langjährige dpa-Korrespondent Franz Hange, ein Mann voller Dynamik, der vor allem Erhards Veranstaltungen organisierte, ferner der spätere Regierungssprecher unter Helmut Kohl, Hans Klein, genannt Johnny. Zu diesem Team hatte ich allerengsten Kontakt, da ich die meisten von ihnen persönlich kannte oder mit ihnen befreundet war.

So war es möglich, daß ich Ludwig Erhard auf einer seiner USA-Reisen im Journalistentroß begleiten durfte. Wie schon unter Adenauer flogen wir zu Lyndon B. Johnson nach Texas, wo ein großes Barbecue veranstaltet wurde und wo der bekannte amerikanische Pianist Van Cliburn für Erhard und seine Begleitung ein wunderbares Konzert gab. Alle mitreisenden Journalisten bekamen von Präsident Johnson einen Texas-Hut geschenkt, und meinen halte ich heute noch in Ehren. Schon bei der Reise mit Konrad Adenauer in die Vereinigten Staaten hatte es auf der Ranch des damals noch als Vizepräsident unter Kennedy amtierenden Lyndon B. Johnson ein Barbecue gegeben, bei dem allerdings meine Freude getrübt wurde, weil mir beim Anzünden einer Zigarette eine Streichholzschachtel in der Hand explodierte und ich erhebliche Verbrennungen davontrug, die von einem herbeigeholten Militärarzt behandelt werden mußten. Mein Freund, der Journalist Heinzgünter Klein, mußte mir das Grillfleisch klein schneiden, damit ich es mit der Gabel essen konnte.

Abschluß des Besuches in Texas 1963, also im letzten Amtsjahr des Kanzlers Adenauer, war eine große bunte Parade in der texanischen Hauptstadt Austin gewesen, die der alte Herr drei Stunden bei glühender Hitze über sich ergehen ließ, bevor er im

Kapitol von Austin zum Ehrenbürger ernannt wurde. Dabei vergaß er in seiner Rede den Dank für diese Auszeichnung. Aber
der legendäre Dolmetscher Heinz Weber, der auch Präsident
Kennedy vor dem Schöneberger Rathaus in Berlin bei seiner
berühmten Rede mit dem Satz »Ich bin ein Berliner« gedol-
metscht hatte, war so geistesgegenwärtig, daß er von sich aus
den Dank Adenauers für die Verleihung der Ehrenbürgerwürde
aussprach. Ich habe später noch viele derartige Bravour-
stückchen mit Heinz Weber erlebt, der seit einigen Jahren im
Ruhestand lebt.

Nachdem die Wunden in der Koalition vernarbt waren, die
die CDU/CSU 1961 durch das Verlangen der FDP erhalten hatte,
die Amtszeit Konrad Adenauers auf zwei Jahre, also bis zum
Herbst 1963, zu beschränken und die Wahl Ludwig Erhards,
trotz mancher Versuche des »Alten«, ihn an der Kanzlerschaft
zu hindern, ohne Komplikationen gelungen war, wurde das
Koalitionsklima 1964 wieder so gut, daß man im Sommer vor
den Parlamentsferien eine gemeinsame Dampferfahrt auf dem
Rhein organisierte. Dazu lud man die Abgeordneten der
CDU/CSU- und der FDP-Fraktion zusammen mit ihren Mitarbeitern ein. Es wurde eine fröhliche Rheinpartie mit gutem
Essen, gutem Wein; und getanzt wurde auch.

In der zweiten Koalition der CDU/CSU und der FDP hat es
solche gemeinsam organisierten Veranstaltungen nicht mehr
gegeben. Helmut Kohl hat wohl im Jahr 1987 die gesamte FDP-
Fraktion und einige ihrer Mitarbeiter zu einem Pfälzer Schlachtfest in den Bungalow im Park des Kanzleramtes eingeladen, wo
Winzer aus der pfälzischen Gemeinde St. Martin ein wunderbares Fest zelebrierten mit Wurstsuppe, Wellfleisch, Bratwurst
und natürlich Pfälzer Saumagen. Dazu gab es Pfälzer Wein,
auch Bier und zur Verdauung einen Trester. Das war ein Fest,
das sicherlich zur Klimapflege in der Koalition wesentlich beigetragen hat.

Ein weiteres Schlachtfest fand später im gleichen Stil mit den
Mitgliedern aller Fraktionen des Haushaltsausschusses des
Deutschen Bundestags statt, darunter die heutige Ministerpräsi-
dentin von Schleswig-Holstein, Heide Simonis, die damals diesem Ausschuß angehörte. Unter den Gästen des Kanzlers war

auch mein niederrheinischer Landsmann Helmut Esters aus dem Marienwallfahrtsort Kevelaer, der damals Obmann der SPD-Fraktion im Haushaltsausschuß war. Er hat die gleiche Schule wie ich in Geldern am Niederrhein besucht (er ist sieben Jahre jünger als ich). An diesem fröhlichen Abend im Winter 1988 haben wir Brüderschaft getrunken, der Sozialdemokrat und der christliche Demokrat. Auch so etwas gibt es in der Politik, wo mehr menschliche Beziehungen bestehen, als die Bürger ahnen – auch zwischen Mitgliedern unterschiedlicher Parteien.

Die Wahl zum 5. Deutschen Bundestag fand nur ein Jahr nach Rainer Barzels Amtsübernahme als Fraktionsvorsitzender statt. Hauptträger des Wahlkampfes war natürlich Ludwig Erhard, der »Vater des Wirtschaftswunders«. Dabei konnte er seiner Leidenschaft für das Eisenbahnfahren frönen. Er ließ seinen Salonwagen, den ihm die Bundesbahn zur Verfügung stellte, mit einigen normalen Schlafwagenwaggons und einem Speisewagen koppeln, fuhr damit kreuz und quer durch Deutschland und erläuterte seine Politik der sozialen Marktwirtschaft, die Politik, die den Deutschen das Wirtschaftswunder beschert hatte. Die brennende Zigarre war sein Markenzeichen, und manche der Redner, die mit ihm als Kandidaten der jeweiligen Wahlkreise oder als Kreisvorsitzende der CDU auftraten, versäumten es nicht, darauf hinzuweisen, daß es mit der deutschen Politik gut bestellt sei, solange die Zigarre von Ludwig Erhard qualme. Seine Lieblingsmarke war »Schwarze Weisheit«, und wo er auch auftrat, bekam er diese Zigarren geschenkt.

Aber es gab auch einige junge Leute bei den Kundgebungen, die nicht so sehr vom Segen der Marktwirtschaft überzeugt waren. Sie versuchten ihn lautstark bei seinen Reden zu stören, worauf er sie dann mit Ausdrücken wie »Uhus« oder »Pinscher« belegte. Damals bekam er in der Presse erste kritische Kommentare, weil er nicht gelassen genug sei. Vielen Zuhörern gefiel aber sein kämpferischer Stil – und das Wahlergebnis war auch entsprechend gut. Nachts im Eisenbahnzug schluckte Ludwig Erhard dann mit einem Glas Whisky seinen Ärger über die Störer herunter, immer gut betreut von seinem Intimus, Ministerialdirektor Karl Hohmann, der es wie niemand anderer verstand mit ihm umzugehen und der zugleich das Scharnier zur begleitenden Presse darstellte.

Auch Rainer Barzel war stark im Wahlkampf engagiert, und so hatte ich zum ersten Mal die Gelegenheit, mit einer kleinen Autokolonne kreuz und quer durch Deutschland zu reisen und Wahlkampf zu erleben. Rainer Barzel hatte auf den Plätzen und in den Sälen erheblichen Zulauf. Aber 1965 ging es, gemessen an heutigen Wahlkämpfen, noch geruhsam zu. Barzel hatte zwei Veranstaltungen am Tag, und dazwischen nahm er sich ein Tageszimmer, um zu entspannen. Der Einsatz steigerte sich dann, als Barzel 1971 Parteivorsitzender geworden war, aber bis dahin war es noch ein langer Weg.

Ludwig Erhard gewann die Wahl und bildete eine neue Bundesregierung mit der FDP. Ich erinnere mich noch gut, daß Erhard zunächst versuchte, alle starken Männer der Union in die Regierung hineinzunehmen, also auch Franz Josef Strauß und Eugen Gerstenmaier. Gerstenmaier lehnte ab, und Strauß bestand darauf, daß Erhard ihm ein schriftliches Angebot mache, was dieser auch tat. Barzel hatte ihm dazu geraten, in der klaren Erkenntnis, daß Franz Josef Strauß das Angebot ablehnen würde. So kam es denn auch. Es ging ihm, drei Jahre nach der »Spiegel«-Affäre, lediglich darum, gefragt zu werden.

Ludwig Erhard wurde seines Wahlsieges nicht so richtig froh. Schon vier Wochen nach der Wahl war im »Bayernkurier« die erste Attacke gegen ihn gerichtet worden, und schon bald mehrten sich in der Presse – und nicht nur dort – die kritischen Stimmen über seinen Regierungsstil. Ich mußte damals für Rainer Barzel eine Dokumentation über das Erhard-Bild in der Öffentlichkeit erstellen, die aber nur in zwei Exemplaren existierte, eine bei ihm und eine bei mir. Er hielt Erhard unverbrüchlich die Treue. Das Verhältnis zwischen CDU/CSU und FDP wurde in den Monaten nach der Wahl allerdings gespannter. Die FDP spielte sich als der wahre Freund Erhards und seiner Politik auf, machte aber der CDU/CSU das Leben oft schwer, weil sie wichtige politische Vorhaben der Union blockierte. Das Klima in der Koalition wurde schlechter, auch der menschliche Umgang miteinander ließ zu wünschen übrig. Ich bin der festen Überzeugung, daß die Koalition an der Frage einer geringfügigen Steuererhöhung, die die FDP ablehnte, nicht hätte platzen müssen, wenn das Miteinander in der Koalition, wie Helmut Kohl es heute formulieren würde, besser gewesen wäre.

Eine Sitzung des Fraktionsvorstandes jagte die andere. Viele sahen in dem Bruch der Koalition nicht mehr das größte Übel, ohne die Konsequenzen zu übersehen, die sich dann später mit der Bildung der Großen Koalition einstellten. Erhard hatte das Gerangele schon lange satt. Er dachte an Rücktritt. Barzel brachte ihn aber zunächst dazu auszuharren. Vor der versammelten Journalistenschar wagte er im Oktober 1966 die Prophezeiung: »Erhard ist und bleibt unser Bundeskanzler.« Nicht viel später wurde er von der Realität widerlegt. Über Jahre hinweg wurde dieser Satz in Bonn bei vergleichbaren Situationen ironisch zitiert, um darauf hinzuweisen, daß man mit Prognosen in der Politik sehr vorsichtig umgehen muß. Wenige Tage nach dem hoffnungsvollen Ausspruch traten die der FDP angehörigen Minister geschlossen zurück. Der FDP-Vorsitzende Erich Mende konnte das Schicksal nicht mehr wenden. Das Ganze vollzog sich auch noch am 28. Oktober 1966, an Erich Mendes fünfzigstem Geburtstag. Ich begleitete Rainer Barzel zu Mendes Geburtstagsempfang in seinem Haus am Godesberger Stadtwald, wo eine große Zahl von Gästen zur Gratulationscour erschienen war. Die Atmosphäre war gespenstisch, aber Erich Mende und seine Frau ertrugen die notwendige Prozedur mit Gleichmut.

Zurück im Bundestag gingen die internen Beratungen weiter. Die Opposition kündigte einen Antrag an, Erhard zum Rücktritt aufzufordern. Der lehnte das ab, aber in stundenlangen Beratungen zeigte sich, daß die Fraktion keinen anderen Ausweg aus der Krise sah als Erhards Rücktritt. Ich werde nie in meinem Leben vergessen, wie Ludwig Erhard an diesem entscheidenden Tag durch die Flure des Bundeshauses irrte, um in das Zimmer des Fraktionsvorsitzenden Barzel zu gelangen, wo dieser ihm das Unausweichliche mitteilen mußte.

Hans Werner Finck von Finckenstein beschrieb diesen Vorgang in der »Welt« in einer Art und Weise, die nicht nur jedem Erhard-Freund ans Herz ging (»Erhard war der blinde König

Lear«). Der Kanzler verließ das Zimmer des Fraktionsvorsitzenden voller Verbitterung und betrat es dann über zehn Jahre lang
nicht mehr. Erst als Helmut Kohl 1976 Fraktionsvorsitzender
geworden war, besuchte er ihn und meinte, er habe sich eigentlich geschworen, nie wieder einen Fuß in diesen Raum zu setzen, aber schließlich habe Helmut Kohl ja nichts mit den Vorgängen im Jahre 1966 zu tun gehabt.

Dann begann die mühsame Suche nach einem neuen Kanzlerkandidaten für die Union. Eugen Gerstenmaier, Gerhard
Schröder und Rainer Barzel wurden genannt und dann auch
Kurt Georg Kiesinger, der Ministerpräsident von Baden-Württemberg, der in den fünfziger Jahren als außenpolitischer Sprecher seiner Fraktion mit glänzenden Reden im Deutschen Bundestag hervorgetreten war.

Rainer Barzel beriet sich mit seinen Freunden, ob er sich
bereits für die Kanzlerschaft bewerben solle. An manchen
Abenden oder auch am Wochenende pflegte er in seinem
Godesberger Haus in der Rubensstraße seine Freunde und
einige Berater zu versammeln. Natürlich wurde nun auch die
Frage diskutiert, ob es richtig wäre, wenn er, der ja doch am
Ende Erhards mitbeteiligt war, sich selber auf dessen Stuhl setzen sollte. Mancher brachte Parallelen aus der Geschichte, die
zeigten, daß ein solcher Schritt nicht ratsam sei. Aber Rainer
Barzel glaubte über genügend politische Erfahrung zu verfügen,
um das Amt anstreben zu können. Am 8. November 1966 wurden Gerstenmaier, Schröder, Kiesinger und Barzel dann vom
Parteivorstand der CDU der Fraktion als Kandidaten vorgeschlagen. Bekanntlich zog sich Gerstenmaier aus dem Rennen
zurück, und im letzten Wahlgang erhielt Barzel dann nur noch
26 Stimmen in der Fraktion.

Das war die erste herbe politische Niederlage für ihn. Ich
stand unter den Bonner Journalisten, als Franz Josef Strauß,
der die Abstimmung in der Fraktion geleitet hatte, im Vorraum
der Fraktion vor laufenden Kameras und im Blitzlichtgewitter
der Fotografen das Ergebnis bekanntgab. Ein schallendes
Gelächter dröhnte über den Fraktionsflur, das mir noch Tage
danach in den Ohren gellte. Barzel half es auch nichts, daß er
einen Brief – handgeschrieben – von Konrad Adenauer in der

Tasche trug, in dem dieser zum Schluß äußerte: »Ich möchte, daß Sie Bundeskanzler werden«, denn in Bonn war es ein offenes Geheimnis, daß Adenauer Eugen Gerstenmaier eine ähnliche Mitteilung gemacht hatte.

Abends, nach der Abstimmung in der Fraktion, versammelte Rainer Barzel in seinem Haus seine Freunde um sich, darunter auch Heinrich Krone. Barzel hatte das Ergebnis nicht erwartet und war tief deprimiert. Es dauerte Tage, bis er sich wieder gefangen hatte, obwohl er auch schon früher Enttäuschungen erlebt hatte. So mit seiner Rede über die zukünftige Entwicklung Deutschlands, die er punktgenau am 17. Juni 1966 bei einer Veranstaltung im Hotel »Waldorf Astoria« in New York und schon am Vorabend vor Mitarbeitern und Gästen der Deutschen Botschaft in Washington gehalten hatte. Darin hatte er unter anderem vorgeschlagen, daß in einem wiedervereinigten Deutschland an den westlichen und östlichen Grenzen zunächst fremde Truppen stationiert bleiben könnten.

Diese mutige Rede – endlich wagte es mal jemand, auch unorthodoxe Gedanken über Deutschlands Schicksal zu äußern – hatte nicht nur in der deutschen Presse von »Bild« bis FAZ ein großes, meist begeistertes Echo gefunden: In den USA hatte die »New York Times« drei Tage lang auf der ersten Seite darüber berichtet – ein höchst ungewöhnlicher Vorgang, da deutsche Politik in den amerikanischen Zeitungen meist nur auf den hinteren Seiten behandelt wurde. (Selbstverständlich hatten wir bereits von Bonn aus gezielt auf diese Rede zum 17. Juni hingewiesen, aber der Erfolg war dennoch überraschend.)

Bei einem Essen fragte David Rockefeller, der Chef der New Yorker »Chase Manhattan Bank« Rainer Barzel voller Hochachtung für den Coup, welche Werbeagentur er denn für die Ausarbeitung seiner Public-Relations-Strategie engagiert habe – eine in den Staaten durchaus übliche Methode zur Vorbereitung politischer Kampagnen. Als Barzel ihm erklärte, das hätten er und sein Pressesprecher alles mit Bordmitteln gemacht, bot Rockefeller mir spontan an, in seinem Beraterstab mitzuarbeiten. Ich zog es aber vor, in Bonn zu bleiben.

Dort, das heißt in der Fraktion, hatte Barzels Vorstoß allerdings überhaupt keine Begeisterung geweckt – im Gegenteil.

Man fühlte sich vor den Kopf gestoßen, einmal durch den Inhalt der Rede selbst und zum anderen durch den Umstand, daß Barzel ausgerechnet im Ausland vom Pfad der Tugend abweichen mußte. Als wir in die Bundeshauptstadt zurückkehrten, war dann auch die Begeisterung der Presse bereits stark abgeflaut: Man hatte Angst vor der eigenen Courage bekommen. Zu allem Überfluß hatte Bundeskanzler Erhard unmittelbar vor Barzels Reiseantritt in die USA ein falsches Exemplar der Rede erhalten, und zwar in englischer Sprache. Von New York aus versuchte ich vergeblich, Karl Hohmann davon zu überzeugen, daß das nicht böse Absicht gewesen war, sondern ein Irrtum. In der ersten Fraktionssitzung nach Barzels Rückkehr war dann die Hölle los. Mein treuer Mitarbeiter Günter Englisch hatte mich schon in New York telefonisch gewarnt, es werde Zoff geben. So war es dann auch. Gerhard Schröder führte eine messerscharfe Attacke gegen Barzel, deren Tenor war, Barzel habe mit seiner Rede der Deutschlandpolitik schweren Schaden zugefügt. Die von Barzel beschriebene Auflockerung in der deutschen Frage trat jedenfalls nicht ein.

Ebenfalls in die Kanzlerschaft Ludwig Erhards fiel die Aufnahme diplomatischer Beziehungen zwischen der Bundesrepublik Deutschland und Israel im Jahre 1965.

Die ganze Geschichte kam in die entscheidende Phase, als Barzel sich in New York aufhielt. Eine Reihe von arabischen Staaten hatte entgegen der damals üblichen Praxis diplomatische Beziehungen zur DDR aufgenommen, ein glatter Verstoß gegen die Hallstein-Doktrin, die vorsah, daß ein Land nicht zugleich mit Bonn und der DDR diplomatische Beziehungen unterhalten könne. Der Bundesregierung blieb gar nichts anderes übrig, als im Gegenzug Israel diplomatisch anzuerkennen. Aber Bundeskanzler Erhard zögerte, ebenso Außenminister Schröder. Rainer Barzel aber war für die sofortige diplomatische Anerkennung Israels. In den entscheidenden Tagen verhandelte er im New Yorker Hotel »Waldorf Astoria« mit den Vertretern jüdischer Organisationen aus den Vereinigten Staaten, vor allem mit dem aus Deutschland stammenden Rabbi Prinz, dem Präsidenten der »President's Conference«, einer Vereinigung aller jüdischen Organisationen in den Staaten.

Während Rainer Barzel in seinem Zimmer diese Gespräche führte, telefonierte ich von seinem Schlafzimmer aus mit Karl Hohmann in Bonn und versuchte ihn im Auftrag Barzels zu überzeugen, daß die Aufnahme diplomatischer Beziehungen mit Israel dringend geboten sei. Barzel schaltete sich immer wieder in die Gespräche ein. Nach der Rückkehr in Bonn fuhr er sofort zu Erhard – ich begleitete ihn –, und noch in der Nacht fiel die zustimmende Entscheidung in der Regierung.

Rainer Barzel wurde sicher nicht zufällig als einer der ersten deutschen Politiker schon im November 1965 nach Israel eingeladen. Rolf Pauls, unser erster Botschafter in Israel, hatte ihm ein großes Programm zusammengestellt, das mit einem Empfang in Haifa endete, und zwar auf dem alten Kreuzfahrtschiff »Hanseatic«, das als erstes deutsches Passagierschiff wieder einen israelischen Hafen anlaufen durfte.

Ein Ereignis dieser Reise ist mir in Erinnerung geblieben. Rolf Pauls wurde ständig von einem israelischen Leibwächter begleitet. Er hörte auf den schönen deutschen Namen Heini. Während eines Essens, das die israelische Regierung für Barzel im Hotel »König David« in Jerusalem gab, ging plötzlich das Licht aus. Es war stockfinster in dem Speisesaal, und es herrschte atemlose Stille. In diese Stille hinein rief Botschafter Pauls seinem Leibwächter zu: »Heini, ich bin noch da.« Die Spannung löste sich, und nach kurzer Zeit konnte das Essen fortgesetzt werden.

Die Israelreise – übrigens die einzige, die ich jemals gemacht habe – hatte neben dem politischen Aspekt auch eine interessante touristische Seite. So besuchten wir den Badeort Eilat am Roten Meer und von dort aus die Überreste der alten Kupfermine des Königs Salomon mitten in der Wüste in der Nähe der ägyptischen Grenze. Der Sechstagekrieg hatte noch nicht stattgefunden. Jerusalem war noch geteilt, und es gab dort nur einen ganz kleinen Flugplatz, den man nur mit einer kleinen Maschine anfliegen konnte, was wir auch machten. Dabei kam das Flugzeug mit einem Rad von der Piste ab, aber der Pilot brachte es sicher zum Stehen. Den größten Eindruck auf dieser Reise machte aber auf mich der Besuch in der Gedenkstätte für die Opfer des Holocaust (Yad Vashem), wo auf Tafeln die Zahlen der ermordeten Juden in den verschiedenen Konzentrationslagern der Nazis in den Boden eingelassen sind. Hier wird einem bewußt, daß die deutsche Vergangenheit noch lange nachwirken wird, auch wenn Deutsche und Israelis sich inzwischen seit langem um ein neues Verhältnis bemühen und den Blick gemeinsam in die Zukunft richten.

Dreißig Jahre nach meinem Besuch in Israel würde ich heute nicht anders empfinden als damals, auch wenn ich mir bewußt bin, daß die deutsche Geschichte mehr umfaßt als zwölf böse Jahre, wie Rainer Barzel es in einer seiner Tischreden in Israel 1965 formulierte.

3 DIE GROSSE KOALITION

Nachdem sich die Fraktion für Kurt Georg Kiesinger als neuen
Kanzler entschieden hatte, tauchte die Frage auf, mit welchem
Koalitionspartner die Regierung gebildet werden sollte. Kiesinger kam schon mit der Absicht nach Bonn, sowohl mit der FDP
als auch mit der SPD zu verhandeln. Es wurde eine Verhandlungskommission gebildet, der neben Kiesinger, Strauß und
anderen auch der Fraktionsvorsitzende Barzel angehörte. Im
Hintergrund wirkte Heinrich Krone als Befürworter einer
Großen Koalition, weil er glaubte, man könne die Probleme im
Land so besser bewältigen. Ein Anhänger der Großen Koalition
war auch der langjährige Wohnungsbauminister Paul Lücke,
der sich von der Zusammenarbeit mit der SPD die Einführung
des Mehrheitswahlrechts in der Bundesrepublik Deutschland
versprach – ein Vorhaben, das die dann tatsächlich gebildete
Große Koalition auch zunächst in Angriff nahm. Später scheiterte das Projekt am Widerstand der SPD, natürlich mit Rücksicht auf die FDP – und Paul Lücke trat, inzwischen Innenminister, zurück, weil er seine Zustimmung zur Großen Koalition nur
unter der Bedingung der Einführung des Mehrheitswahlrechts
gegeben hatte. Sein Nachfolger wurde Ernst Benda, der schon
parlamentarischer Staatssekretär in diesem Ressort war.

Es gab auch ganz andere Motive bei der Bildung der Großen
Koalition, nämlich die Aussöhnung zwischen Personen, die sich
bisher eher feindselig gegenüberstanden. Brandt und Wehner
auf der einen Seite, Kiesinger und Strauß auf der anderen Seite,
oder anders ausgedrückt: der ehemalige Emigrant Brandt und
das ehemalige Parteimitglied Kiesinger, der Exkommunist Wehner und der Konservative Strauß.

Die eigentlichen Koalitionsverhandlungen fanden abwechselnd mit FDP und SPD statt. Ich selbst durfte daran nicht teil-

nehmen, wurde aber von Rainer Barzel nach den Sitzungen
stets ausführlich unterrichtet. Das alles ist mehr als 25 Jahre
her, aber schon damals verliefen die Tage nach dem gleichen
Muster wie heute bei ähnlichen Verhandlungen. Standpunkte
und Vorhaben wurden dargelegt, Spielräume wurden ausgelo-
tet, kleine Arbeitsgruppen feilten an Formulierungen, es wurde
gefeilscht bis zum akzeptablen Kompromiß, und wenn dieser
nicht zustandekam, nahmen sich die Chefs der Sache an. Ganz
zum Schluß wurden die Personalien ausgehandelt. Vor der
Presse sagten die Mitglieder der Kommission so gut wie nichts,
nur in Einzelgesprächen mit Journalisten wurde dann doch
mehr von dem eigentlichen Stand der Verhandlungen wiedergegeben. Allmählich schälte sich heraus, daß der Trend zur
Großen Koalition hinlief und die Sozialdemokraten praktisch
alle Punkte des CDU/CSU-Programms akzeptierten.

Auch im Parteivorstand der CDU wurde die Frage lebhaft
diskutiert, ob man der Großen Koalition zustimmen sollte oder
nicht. Rainer Barzel hatte mir die Möglichkeit eröffnet, als Fraktionssprecher an den Sitzungen des Parteivorstandes teilzunehmen. Nach einem eingehenden Bericht Kiesingers über das
Ergebnis der Koalitionsverhandlungen und einem ergänzenden
Bericht Rainer Barzels äußerten sich nur zwei Mitglieder des
Parteivorstandes gegen die Große Koalition, und zwar der
damalige Verkehrsminister Hans-Christoph Seebohm sowie
Helmut Kohl aus Rheinland-Pfalz, damals Fraktionsvorsitzen-
der im Landtag und Mitglied des Parteivorstandes. Kohl hatte
Bedenken, die SPD in die Regierung aufzunehmen, einmal, weil
er eine Große Koalition grundsätzlich als schädlich für die
Demokratie ansah und außerdem, weil er befürchtete, daß die
Sozialdemokraten nach wenigen Jahren – auch wenn die Große
Koalition auf Zeit abgeschlossen wurde – die Macht in Deutschland völlig übernehmen würden. Seine Einstellung zur Großen
Koalition hat er übrigens bis zum heutigen Tage beibehalten, es
sei denn, es gibt – wie in Berlin oder Baden-Württemberg –
rechnerisch keine andere Möglichkeit.

Kiesinger hatte sich in Partei und Fraktion durchgesetzt und
präsentierte dann zur Überraschung vieler ein Kabinett, in das
er die starken Leute der an der Koalition beteiligten Parteien

hatte einbinden können, mit Willy Brandt als Außenminister, Herbert Wehner als gesamtdeutschem Minister, Karl Schiller als Wirtschaftsminister und Franz Josef Strauß als Finanzminister. Franz Josef Strauß und Karl Schiller arbeiteten später so gut zusammen, daß sie nach den unzertrennlichen Wilhelm-Busch-Figuren als »Plisch und Plum« bezeichnet wurden. Barzel blieb Fraktionsvorsitzender, und bei der SPD übernahm Helmut Schmidt dieses Amt. Beide Politiker, die zuvor im Bundestag oft heftig die Klingen miteinander gekreuzt hatten, fanden ein sehr gutes Verhältnis zueinander, was sich bis auf die private Sphäre ausdehnte. Helmut Schmidt war häufig im Privathaus Rainer Barzels zu Gast.

Eine weitere Personalie erregte in Bonn bei der Bildung der Großen Koalition Aufsehen, die Berufung von Karl Theodor von Guttenberg, dem streitbaren Baron und bayerischen Abgeordneten aus dem Fränkischen zum parlamentarischen Staatssekretär im Kanzleramt. Er stand im Ruf, ein besonders ausgeprägtes Ungebundenheitsbedürfnis zu haben – sicher gefördert durch seine finanzielle Unabhängigkeit –, und so erstaunte es viele, daß auch er sich in Kiesingers Riege einfügte. Er entwickelte später eine intensive Beziehung zu Herbert Wehner und traf sich vielfach mit ihm zu vertraulichen Gesprächen.

Auch im Presseamt gab es personelle Veränderungen. Bundeskanzler Kiesinger holte sich den Diplomaten Günter Diehl, den er schon aus seiner Berliner Zeit kannte, als Regierungssprecher – eine, wie ich fand, gute Wahl, weil Günter Diehls souveräne Art gerade in der schwierigen Zeit der Großen Koalition sehr vorteilhaft war. Stellvertretender Sprecher der Regierung wurde der »Spiegel«-Redakteur Conrad Ahlers, und das hatte tatsächlich etwas Sensationelles, denn Ahlers war eine der Schlüsselfiguren der »Spiegel«-Affäre gewesen. Man hätte vermuten können, daß Franz Josef Strauß sich eher ein Monogramm in den Bauch gebissen hätte, als mit einem Mann zusammenzuarbeiten, der maßgeblich an seinem Sturz als Verteidigungsminister gestrickt hatte, aber zur allgemeinen Überraschung schien plötzlich alles vergeben und vergessen, und die beiden entwickelten ein ausgezeichnetes Verhältnis zueinander. Überhaupt machte sich Conny, wie die Bonner Journalisten ihn nannten, sehr gut auf diesem Posten; er war ein richtiger Kumpel für die Presse und jederzeit ansprechbar.

Als Pressesprecher der größten Regierungsfraktion mußte ich mich nun daran gewöhnen, daß die SPD nicht mehr politischer Gegner, sondern Partner war. Die gewohnten Formeln in den Presseerklärungen, daß man das Vorgehen der Opposition aufs schärfste verurteile oder mit Empörung, Abscheu etc. zur Kenntnis nehme, waren plötzlich nicht mehr verfügbar – die FDP war als einzige Oppositionspartei zu unbedeutend. Der neue politische Stil erforderte Kooperation, und in zahlreichen Fällen – Strauß/Schiller, Barzel/Schmidt, Wehner/Guttenberg – funktionierte sie auch geradezu beispielhaft. Aber es gab auch gegenseitiges Mißtrauen, besonders im Bereich der Ostpolitik, wo die SPD Akzente setzte, die Kanzler Kiesinger zu weit gingen.

Bis 1966 hatte uns, das heißt der CDU/CSU-Fraktion, der Informationsdienst »Bonner Informationen aus erster Hand« zur Verfügung gestanden, ein Insider-Blatt, mit dem man unter anderem auch der Opposition oft eins auswischen konnte, indem man – korrekte – SPD-Interna abdruckte, was dann meist für helle Aufregung sorgte. Mit Beginn der Großen Koalition mußte dieses Organ auf Wunsch der SPD sofort eingestellt werden. Auch die bis dahin sehr wirksam operierende »Arbeitsgemeinschaft demokratischer Kreise« (AdK) unter ihrem langjährigen Präsidenten Hans Edgar Jahn mußte ihre Tätigkeit beenden, weil es dafür keine öffentlichen Mittel mehr gab. Die AdK war jahrelang erfolgreich als Interpret der von der CDU/CSU getragenen Regierungspolitik tätig gewesen, besonders was die Verteidigungspolitik anbetraf. Ein ähnliches Instrument hat es später nie mehr gegeben. Die SPD hatte jahrelang den Informationsdienst »Bonner Informationen aus erster Hand« als »Bonner Informationen aus schmutziger Hand« zu diffamieren versucht, obwohl sie mit ihrem parteieigenen Informationsdienst »Politisch-Parlamentarischer-Pressedienst (vertraulich)« nie, um mit Konrad Adenauer zu sprechen, pingelig war und immer wieder Meldungen verbreitete, die eher der Desinformation als der Information dienten, einen Dienst, den es bis zum heutigen Tage gibt, während die CDU

als Partei nie einen regulären Informationsdienst auf die Beine
gestellt hat.

Die Rolle des Fraktionssprechers der CDU/CSU war in der
Zeit der Großen Koalition naturgemäß begrenzt. Es gab deshalb
genügend Zeit auch für andere Dinge, zum Beispiel Reisen ins
Ausland.

Eine Reise mit Rainer Barzel im Jahr 1968 ist mir dabei
besonders in Erinnerung geblieben. Die Reise sollte nach
Indien, Thailand, Hongkong, Japan, Kambodscha und schließlich Ceylon, dem heutigen Sri Lanka, führen. Sie endete aber
bereits in Hongkong.

Der Besuch in Indien verlief zunächst reibungslos mit dem
üblichen Programm an Gesprächen mit Regierung und Parlament, sowie den Besichtigungen des Tadsch Mahal in Agra, des
Roten Forts in der Nähe von Delhi und anderen Sehenswürdigkeiten. Ich selbst hatte allerdings gleich zu Beginn der Reise
Pech. Ich hatte mir eine regelrechte Amöbenruhr geholt und
flog schon angeschlagen nach Thailand. In Bangkok herrschte
ein mörderisches Klima, und bei der Besichtigung des Großen
Tempels brach ich zusammen. Ein Wagen der Botschaft brachte
mich ins Hotel, wo mich der Botschaftsarzt behandelte. Ich lag
in einem Dämmerzustand, als er das abgedunkelte Zimmer
betrat. In seinem weißen Arztanzug hielt ich ihn bei meinem
hohen Fieber für den Freund Hein, der mich abholen wollte,
und schrie: »Ich will noch nicht sterben.« Er beruhigte mich
und verabreichte mir eine rasch wirkende Medizin. Leider
wurde der Rest des Programms für mich gestrichen, zum Beispiel die schöne Fahrt mit dem Boot durch die Klongs, die
künstlichen Kanäle von Bangkok, auf die ich mich sehr gefreut
hatte. Der Arzt empfahl mir dringend, nur noch den Programmteil Hongkong dieser Sechs-Etappen-Reise mitzumachen und
nach Möglichkeit von Japan aus nach Hause zu fliegen, ein weiterer Aufenthalt in den Tropen würde mir nicht gut bekommen.

Hongkong erreichten wir am Ostersamstag 1968. Es ging
mir schon wieder so gut, daß ich abends das herrliche chinesische Essen im Hotel »Mandarin« zu mir nehmen konnte.
Während des Abendessens sagte Rainer Barzel zu mir: »Morgen
ist doch Ostern. Sehen Sie mal zu, daß wir morgen zum Früh-

stück ein paar bunte Ostereier bekommen.« Das war leichter
gesagt als getan. Das Weltklassehotel »Mandarin« brachte
sicherlich vieles zuwege, aber bunte Ostereier? Ich sprach mit
dem Geschäftsführer des Hotels, und er versprach mir zu helfen. Am nächsten Morgen stand ein Korb voller bunter Ostereier
auf dem Tisch. Sie waren von dem chinesischen Personal hand-
bemalt worden.

Bald darauf dämpften Nachrichten aus Deutschland die gute
Laune. Die achtundsechziger Studentenrevolte trieb ihrem
Höhepunkt zu. In Berlin hatte man versucht das Springer-Haus
zu stürmen. Dabei war auch der älteste Sohn des damaligen
Außenministers Willy Brandt vorläufig festgenommen worden.
Und in der »Hongkong Times«, die in englischer Sprache
erschien, lasen wir, daß der Bundestag für die darauffolgende
Woche zu einer Sondersitzung einberufen war. Wir telefonierten
nach Bonn und erfuhren von Will Rasner, dem Geschäftsführer
der Fraktion, daß man in Bonn wegen der Lage besorgt sei. Wir
sollten aber dennoch zunächst nach Tokyo weiterfliegen und
neue Nachrichten abwarten. Es gab damals für den Fraktionsvorsitzenden noch nicht den Spezialservice vom Bundespresseamt mit den ausführlichen Nachrichten wie heute üblich. Rainer
Barzel wurde unruhig und verfügte kurz entschlossen: »Wir reisen morgen zurück. Ich gehöre jetzt nach Bonn.« So geschah es.
In Rom machten wir noch einmal eine Zwischenlandung.

Ich rief in Bonn an, um neue Nachrichten einzuholen, und
erfuhr dabei, daß es sich bei der Sondersitzung des Bundestages lediglich um eine Sondersitzung des Innenausschusses
handelte. In Bonn wurde Rainer Barzel schon auf dem Flughafen von Reportern empfangen, und er begann sein Statement
mit dem Satz: »Mein Platz ist jetzt in Bonn und nicht in Ost-
asien.« So zerrann der Traum von einer kleinen Weltreise. Aber
die Entscheidung war richtig, denn die Studentenbewegung
hatte heiße politische Debatten entfacht, da galt es, vor Ort zu
sein. Schon einmal hatte Barzel eine Reise vorzeitig beendet.
Nach seinem Besuch in Israel im Jahre 1965 waren er und seine
Begleiter, wozu auch eine Gruppe Bonner und Berliner Journalisten gehörte, mit dem Kreuzfahrtschiff »Hanseatic« einige
Tage durchs Mittelmeer geschippert, nach fünf Tagen aber in

Athen von Bord gegangen, weil wenige Tage später Ludwig
Erhard seine Regierungserklärung nach der Wahl von 1965
abgeben wollte. Erst als wir wieder in Bonn eintrafen, erfuhren
wir, daß Erhard erkrankt und die Regierungserklärung verschoben war. Wir hätten gut noch bis Lissabon mitfahren können,
dem Endpunkt der Kreuzfahrt.

Mit von der Partie bei diesen Reisen war auch immer Ludwig
Rehlinger, der vom Büro des Ministers für gesamtdeutsche Fragen in Berlin nach Bonn gewechselt war und als Büroleiter Rainer Barzels fungierte. Rehlinger hat sich später einen Namen
gemacht, als er zusammen mit dem Ostberliner Anwalt Wolfgang Vogel die Bedingungen für den Freikauf von Häftlingen aus
den Gefängnissen der DDR, den Agentenaustausch oder die
Familienzusammenführungen organisierte. Ludwig Rehlinger
war eine große Bereicherung für unsere Crew, nicht nur in der
Arbeit, sondern auch, weil er es verstand, mit Rainer Barzel so
zusammenzuarbeiten, daß die Arbeit menschlich erträglich
blieb.

Eine der großen Reisen mit Rainer Barzel, an der auch Ludwig Rehlinger beteiligt war, führte uns im Jahre 1967 nach Brasilien, Argentinien, Chile, Jamaica und in die USA. Nach Brasilien waren wir durch den langjährigen Freund Heinrich Krones,
Johannes Schauf, gekommen, der im Bundesstaat Paraná eine
Kaffeeplantage betrieb, sich aber auch brennend für die deutsche Nachkriegspolitik interessierte und über gute Kontakte zu
den führenden Politikern der CDU/CSU wie auch der SPD verfügte, besonders zu Herbert Wehner. Er unterhielt jahrelang
eine Wohnung in Rom und verfügte über enge Beziehungen zum
Vatikan – er war einer der Laienteilnehmer beim Vatikanischen
Konzil – und pendelte ständig zwischen Brasilien und Europa.
Der Besuch auf seiner Plantage wurde für uns ein ganz besonderes Erlebnis, denn der von Frau Schauf dort angelegte exoti-
sche Park ist wohl einmalig auf der Welt.

Einen Mißklang gab es auf dieser Reise nur, als der deutsche
Korrespondent der dpa in Rio de Janeiro in einem Bericht über
Barzels Reise durch Süd- und Mittelamerika schrieb: »Barzel
krönt seine Reise mit einem Besuch beim amerikanischen Präsidenten in Washington.« Als ich Barzel diese Meldung zeigte,

reagierte er sehr verärgert, weil er noch gar keinen festen Termin in Washington hatte.

In seiner Zeit als Fraktionsvorsitzender und später als Oppositionsführer mußte jedesmal darum gerungen werden, einen Termin im Weißen Haus zu bekommen, und dort sah man es gar nicht so gerne, wenn so etwas schon vorher in der Presse verkündet wurde. Johannes Schauf hatte dem dpa-Korrespondenten die Information gegeben, und ich hatte alle Hände voll zu tun, um den Frieden zwischen Gastgeber und Gast wiederherzustellen, was schließlich bei einem herrlichen Barbecue gelang. Die politischen Stationen dieser Reise waren interessant, insbesondere das Gespräch mit dem damaligen chilenischen Präsidenten, dem Christdemokraten Eduardo Frei.

Als Parlamentarier konnte Barzel selbstverständlich keine offiziellen Regierungsverhandlungen führen, aber solche Reisen – die natürlich nur am Rande aus Besichtigungen, Barbecues und so weiter bestanden – hatten durchaus einen hohen Stellenwert. Südamerika etwa war damals vom deutschen Standpunkt aus noch ein recht unbeschriebenes Blatt, und die Gespräche auf den verschiedenen politischen Ebenen dienten der entwicklungspolitischen Terrainsondierung. Man informierte sich über die Probleme und Bedürfnisse der jeweiligen Gastgeberländer und bereitete damit den Weg für spätere Entwicklungen. Rainer Barzel war immer über das tagespolitische Geschehen hinaus an weiterführenden Perspektiven interessiert, und tatsächlich wurden die Beziehungen zwischen der Bundesrepublik Deutschland und den südamerikanischen Staaten in den Folgejahren erheblich intensiviert, vor allem im entwicklungspolitischen und wirtschaftlichen Bereich – der Verkauf von Atomkraftwerken an Brasilien mag als Beispiel dienen.

Für mich wurden die politischen Aspekte solcher Reisen natürlich im Lauf der Zeit zur Routine, wohingegen mir die sogenannten Rahmenprogramme mit ihren Sehenswürdigkeiten und Veranstaltungen als viel sensationeller in Erinnerung sind. Vor dem Eintreffen in Washington, wo es dann doch den Termin beim Präsidenten gab, hatten wir einige Ruhetage auf Jamaica eingeplant, wo wir unbehelligt vom Protokoll einige Tage lang Land und Leute kennenlernen konnten. Wir durchstreiften die Insel in einem gemieteten Auto, das Rainer Barzel trotz des dort herrschenden Linksverkehrs selbst steuerte, ein Abenteuer eigener Art, das ich bis dahin nicht kannte.

An einem der Abende lag ich noch spät in der Dunkelheit mit Ludwig Rehlinger am Strand. Er rauchte eine Zigarette, schlief aber dabei ein, und die brennende Zigarette fiel auf sein Nylonhemd – damals trug man so etwas noch –, das sofort Feuer fing. Zum Glück war reichlich Sand zum Löschen da, so daß ich ihn vor größeren Verbrennungen bewahren konnte.

Apropos Verbrennungen: Ludwig Rehlinger war auch ohne Jamaica-Sonne immer gut gebräunt, und zu Beginn dieser Reise trug ihm das eine komisch-peinliche Fehleinschätzung ein. Eugen Gerstenmaier, damals noch Bundestagspräsident und Präsident der Deutschen Afrika-Gesellschaft, benutzte beim Abflug von Frankfurt aus das gleiche Flugzeug wie wir. Er war auf dem Weg nach Dakar. In Zürich hatten wir einen Zwischenstop und saßen gemeinsam in der VIP-Lounge. Gerstenmaier unterhielt sich mit Rainer Barzel, und mit einer Geste zu Rehlinger hin fragte er: »Wer reist denn da mit Ihnen? Ist das Ihr Skilehrer?« Als Barzel ihn aufklärte, daß es sich um seinen Büroleiter handelte, geriet Gerstenmaier sichtlich in Verlegenheit.

In der damaligen Zeit lernte ich viele Probleme in anderen Erdteilen kennen, was mir in meinem späteren Amt in der Regierung sehr zugute kam. Das gleiche galt für die einmal pro Jahr stattfindenden Besuche des Fraktionsvorsitzenden in Paris, London und Washington, wo ich regelmäßig mit von der Partie war und wo uns immer einer der Chefdolmetscher des Auswärtigen Amtes, Heinz Weber oder Hermann Kusterer oder einer der sehr guten Vertragsdolmetscher des Auswärtigen Amtes, Feldmann aus München oder Lochner aus Hamburg, begleitete. Am liebsten hätte ich ständig einen von ihnen bei mir gehabt.

Bei einer dieser Reisen nach Paris wurde Rainer Barzel von Präsident Charles de Gaulle im Élysée-Palast empfangen. Ich wurde beim Betreten des Élysée von einem Pulk Journalisten eingekeilt und konnte nicht mit Barzel mithalten, worauf ich prompt von einer Wache aufgehalten wurde. Da ich die französische Sprache so gut wie nicht beherrschte, hing ich fest. Wie kommt man als unbekannter Ausländer ins Allerheiligste? Ich zermarterte mein Gehirn auf der Suche nach verständlichen Sprachbrocken. Erst als mir einfiel zu sagen, ich sei der »compagnon« von Herrn Barzel, erhielt ich schließlich Zutritt.

Noch einmal, während des gleichen Besuches, wurden mir meine mangelnden Sprachkenntnisse zum Verhängnis, als ich nämlich nachts nach einem ausführlichen Bummel im Montmartre vom Portier des Hotels »Bristol« meinen Zimmerschlüssel verlangte. Ich warf ihm forsch eine Zahl hin, die ich für meine Zimmernummer hielt, und bekam auch einen Schlüssel, aber ich mußte wohl etwas verwechselt haben, denn der Schlüssel blieb im Schloß stecken und rührte sich nicht mehr. Ich mußte ein anderes Zimmer nehmen, und erst am nächsten Morgen öffnete ein Schlosser die Tür. Ich konnte mich noch gerade in Windeseile in meinem eigenen Zimmer rasieren und erschien abgehetzt, aber pünktlich um 8.30 Uhr bei einem Pressevortrag beim deutschen Botschafter, den er für die Delegation Barzels halten ließ. Nach diesen Erlebnissen habe ich meine Französischkenntnisse aufgebessert.

Ein weitaus erfreulicheres Reiseerlebnis hatte ich mit Rainer Barzel bei unserem Aufenthalt auf Jamaica. Während des Abendessens im Hotel »Jamaica Inn«, das auf einer herrlichen Terrasse unter Palmen stattfand, trat ein farbiger Sänger namens Archie Lewis auf. Er kam später an unseren Tisch, um Rainer Barzel zu begrüßen, und erzählte dabei eine tolle Geschichte. Er hatte einst bei einem Besuch in Ost-Berlin versucht, in seinem Auto einen »Republikflüchtling« aus der DDR herauszuschmuggeln, und war dabei erwischt und inhaftiert worden. Er hatte dann später zu den ersten acht Gefangenen gehört, die Barzel unter Assistenz des damals jungen Regierungsrats Ludwig Rehlinger freikaufte. Die Überraschung war riesengroß, und es wurde noch ein langes Beisammensein, wobei der Sänger immer wieder erzählte, daß er noch den Satz von Rainer Barzel aus der damaligen Zeit im Ohr habe: »Die Mauer muß weg.«

Auch eine andere Reisegeschichte darf nicht unerwähnt bleiben. Rainer Barzel war mit dem Direktor der Metallgesellschaft in Frankfurt, Walther Casper, eng befreundet. Casper hatte in den sechziger Jahren den Deutschen Entwicklungsdienst (DED) mit aufgebaut. Aus dieser Arbeit kannte er den Schöpfer des amerikanischen Friedenskorps, Sargant Shriver, sehr gut. Shriver war ein Schwager von Präsident John F. Kennedy, und so stand Walther Casper auch in enger Verbindung mit dem ganzen Kennedy-Clan.

Gut ein Jahr nach der Ermordung John F. Kennedys arrangierte Casper in der Wohnung von Prinzessin Radziwill, der Schwester der Präsidentenwitwe Jacqueline Kennedy, ein Essen für Rainer Barzel und seine Frau, den Dolmetscher Hermann Kusterer, den Mitarbeiter der »New York Times«, Sidney Gruson, ein Bankerehepaar und mich. Ehrengast in dem wunderschönen Appartement an der Fifth Avenue in New York war Jackie Kennedy. Prinzessin Radziwill hatte die Einzelheiten telefonisch mit mir abgestimmt, und als ich Rainer Barzel davon berichtete, ging meine Phantasie ein bißchen mit mir durch: Ich stellte mir die schöne Prinzessin Radziwill auf einen Tigerfelldiwan hingehaucht vor. Aber siehe da, ich lag mit meiner Vision gar nicht so falsch. Nach dem festlichen Candle-light-Dinner zogen wir uns zu Mokka und Champagner in den Salon zurück, und dort stand tatsächlich ein mit Ozelotfellen bezogener Diwan, auf dem Prinzessin Radziwill auch Platz nahm. Ich konnte mir ein zufriedenes Schmunzeln nicht verkneifen.

Schon während des Essens war mir etwas Außergewöhnliches passiert. Einer der Gänge bestand aus Seezungenröllchen, doch ich vertrage keinerlei Fisch; mein ganzes Leben lang habe ich ihn gemieden. Ich muß wohl sehr in den Anblick von Jackie Kennedy und Lee Radziwill versunken gewesen sein, denn nach dem Gang fragte mich jemand aus unserer kleinen Gruppe: »Sag mal, weißt du eigentlich, was du da eben gegessen hast?« »Keine Ahnung«, meinte ich, »es schmeckte aber gut.« Zum Glück war offenbar auch mein Magen abgelenkt, denn das Mahl bekam mir ausgezeichnet. Vielleicht ging es mir ähnlich wie dem alten Homer, der die geraubte Helena mit dem Satz umschrieb: »Ihr Anblick ließ die Greise erzittern«, obwohl ich damals noch in den besten Mannesjahren war, wie man zu sagen pflegt.

Bei dem Abendessen wurde sehr ernsthaft über Politik diskutiert, und ich mußte feststellen, daß die beiden Damen sehr gut informiert waren. Mitte der sechziger Jahre brach in Deutschland die Diskussion über die Anerkennung der Oder-Neiße-Linie als polnische Westgrenze aus, und der »New-York-Times«-Mann Sidney Gruson trat offen für diese Anerkennung ein. Lee Radziwill und auch Jackie Kennedy hielten dagegen, und zwar mit guten Argumenten und nicht nur dem Gast zuliebe.

Ich werde nie den Schluß des Abends vergessen: Jackie Kennedy, in einem eleganten weißen Strickkleid mit einer Silberbrosche, stieg allein in den Wohnungsfahrstuhl. Sie, die allen Glanz der Welt gesehen hatte, kam mir plötzlich sehr einsam vor. Hermann Kusterer und ich waren von ihr so fasziniert, daß wir ihr am nächsten Tag einen großen Blumenstrauß in ihre Wohnung schickten.

Lee Radziwill, die den größten Teil des Jahres in London lebte, sagte mir zum Abschied: »Wenn Sie einmal in London sind, rufen Sie mich bitte an – just call me«. Aber daraus wurde leider nie etwas, so gerne ich sie wiedergesehen hätte.

Solche Episoden gehören zu dem angenehmeren Teil des politischen Geschäftes, in dem ich mehr als 40 Jahre tätig war. Der rauhe Alltag ist leider anders – und darüber jetzt mehr.

4 DIE UNION VERLIERT DIE MACHT

Doch zuvor ein kurzer Rückblick auf ein entscheidendes Ereignis während der Zeit der Großen Koalition. Ich meine die letzten Jahre Konrad Adenauers und seinen Tod am 19. April 1967. Wie schon erwähnt, hatte ich die große Ehre und Freude, Konrad Adenauer nach seinem Ausscheiden aus dem Amt des Bundeskanzlers gelegentlich in seinem Büro im Bonner Bundesratsflügel des Bundeshauses betreuen zu dürfen, besonders wenn er Journalisten zu Besuch hatte. Er hatte nur einen kleinen Arbeitsstab mit Josef Selbach als Büroleiter und Anneliese Poppinga im Vorzimmer sowie einer weiteren Mitarbeiterin. Frau Poppinga war eigentlich die beherrschende Persönlichkeit in diesem Büro. Nach Adenauers Tod studierte sie noch Geschichte, wurde zum Dr. phil. promoviert und leitete jahrelang das Adenauer-Haus in Rhöndorf, das für viele Bürger eine Wallfahrtsstätte wurde.

In seinen letzten Lebensmonaten zog sich Konrad Adenauer immer häufiger in sein Haus in Rhöndorf zurück, wo er an seinen Memoiren schrieb und im Pavillon in seinem Rosengarten Gäste empfing, unter anderem Rainer Barzel. Einer seiner letzten Besucher war damals Helmut Kohl, der Adenauer als aufstrebendes Talent in der CDU aufgefallen war. Ob der Alte mit der Großen Koalition glücklich war, hat er meines Wissens niemandem anvertraut. Er hielt sie wohl, wie viele in der Union, für unvermeidlich.

Adenauer, der während seiner Amtsjahre trotz seines hohen Alters nie ernsthaft krank war – lediglich, wie es in den amtlichen Bulletins hieß, an einer Entzündung der oberen Luftwege litt –, machte seiner Umgebung im Frühjahr 1967 wegen seines nachlassenden Gesundheitszustandes erhebliche Sorgen. Täglich wurden ärztliche Verlautbarungen verbreitet, und sie klan-

gen von Tag zu Tag dramatischer. Schließlich konnte man sich
über seinen Zustand keinen Illusionen mehr hingeben. In diesen Tagen verabredete ich mit Anneliese Poppinga und Josef
Selbach, daß ich als Fraktionssprecher beim Eintreten seines
Todes die Presse informieren sollte. Ich wich Tag und Nacht
nicht vom Telefon. Da ich 1967 noch keinen Apparat am Bett
hatte, schlief ich auf einer Couch neben dem Telefon, um die
Meldung aus Rhöndorf nicht zu verpassen. Sie kam dann aber
doch in den Mittagsstunden. Es war der 19. April 1967, als ich
die Presseagenturen anrufen mußte.

Mit dem Tod Konrad Adenauers ging der erste große
Abschnitt der Geschichte der Bundesrepublik Deutschland zu
Ende, eine Ära, die dem freien Teil Deutschlands wieder zu
Ansehen in der Welt verholfen und ihn zu einem geachteten
Partner in der Gemeinschaft der freien Völker gemacht hatte.
Noch heute berufen sich die maßgeblichen Politiker Deutsch-
lands gerne auf Konrad Adenauer und betrachten sich zu Recht
oder Unrecht als seine Erben. Zu Recht tut dies heute sicher
Helmut Kohl, weil seine Politik in der Kontinuität Konrad Ade-
nauers steht.

Zusammen mit meiner Frau nahm ich an dem Staatsakt für
den großen Mann aus Rhöndorf im Bonner Bundeshaus teil.
Anschließend fand im Kölner Dom ein Pontifikalamt statt, und
dann wurde der Sarg mit den sterblichen Überresten Konrad
Adenauers in einer bewegenden Zeremonie von Marinesoldaten
auf ein Boot am Rheinufer getragen. Noch lange schauten wir
ergriffen der kleinen Flotte hinterher, die flußaufwärts den Weg
nach Rhöndorf nahm, vorbei an Adenauers früheren Wirkungs-
stätten, dem Palais Schaumburg, das damals das Bundeskanzleramt beherbergte, und dem Deutschen Bundestag, wo er so
viele erfolgreiche Schlachten im Kampf mit seinen politischen
Gegnern geschlagen hatte.

Die Große Koalition hatte man bei ihrer Entstehung als zeitlich
begrenztes, politisches Bündnis angesehen. Auf vielen Gebieten
konnte sie auch einiges bewirken, etwa bei der Stabilisierung
der Wirtschaft oder im Bereich der Außenpolitik, wenn auch
nicht zu verkennen war, daß die Sozialdemokraten in den Fra-

gen der Ostpolitik lieber einige Schritte weiter gegangen wären.
Schon in der letzten Regierung Erhard hatte es Auflockerung in
Richtung Osten gegeben. Die bedeutende Friedensnote der Bun-
desregierung von 1965, in der den Staaten des Ostblocks und
vor allem der Sowjetunion ein partnerschaftliches Verhältnis in
Europa angeboten wurde, war hierfür ein Beleg und auch die
Errichtung von Handelsmissionen in einigen Ländern Südosteu-
ropas. Kurt Georg Kiesinger ließ sich aber von seinen sozialdemokratischen Partnern nicht zu weiteren Zugeständnissen an
den Osten bewegen. Es gab Spannungen in der Koalition, zum
Beispiel weil führende Sozialdemokraten hinter dem Rücken
Kiesingers heimlich Gespräche mit italienischen Kommunisten
geführt hatten, um Möglichkeiten für Ostkontakte auszuloten.
Insgesamt verlief die Arbeit aber reibungslos. Als negative
Begleiterscheinung war nur das Entstehen der linken und rechten Flügelgruppen zu beklagen. Die NPD erhielt bei der Bundestagswahl 1969 4,3 Prozent der abgegebenen Stimmen, nachdem sie schon zuvor in verschiedene Landtage eingezogen war.
   Ein erstes Alarmzeichen für eine mögliche neue politische
Konstellation hätte für die Union die Wahl des Sozialdemokraten Gustav Heinemann zum Bundespräsidenten sein müssen.
   Aber man mußte den Eindruck haben, daß die Unionsführung alle Beziehungen zur FDP abgebrochen hatte, obwohl
man erkennen konnte, daß in der FDP eine Zusammenarbeit
mit der SPD vorbereitet wurde, als die Große Koalition noch lief.
Ich selbst hatte gut anderthalb Jahre vor der Wahl von 1969
eine Begegnung mit dem FDP-Vorsitzenden Walter Scheel.
Während des FDP-Parteitages in Freiburg Ende Januar 1968
aßen wir zufällig in dem gleichen Restaurant, dem »Falken«.
Als ich das Lokal verlassen wollte, bat mich Walter Scheel noch
zu einer Tasse Kaffee an seinen Tisch. Wir kamen auf die kommenden Wahlen zu sprechen, und er sagte mir ganz offen, es
täte der CDU/CSU einmal ganz gut, wenn sie für eine Zeitlang in
die Opposition ginge. In Bonn berichtete ich Rainer Barzel über
dieses Gespräch, fand aber bei ihm und anderen nicht das richtige Gehör für meine Warnung, daß sich meiner Auffassung
nach etwas zwischen SPD und FDP anbahnte. Man war noch zu
sehr auf die Große Koalition fixiert.

Schon ein dreiviertel Jahr zuvor hatte ich einen Blick in das Innenleben der FDP werfen können, die zu dieser Zeit allerdings noch vorwiegend mit sich selbst beschäftigt war. Vom 3. bis 5. April 1967 hatte sie einen Parteitag in Hannover veranstaltet, auf dem sie nach ihrem Ausscheiden aus der Koalition einen neuen politischen Standort finden mußte. In der Stadthalle von Hannover ging es hoch her. Die Frage der Anerkennung der Oder-Neiße-Linie als polnische Westgrenze wurde heiß diskutiert. Die Jungliberalen machten sich erstmals auf einem FDP-Parteitag stark bemerkbar und gaben gerne eigene Presseerklärungen ab, in der sie die Parteiführung nicht schonten, sondern eher Hohn und Spott über sie ausgossen. Ich war als Beobachter auf diesem Parteitag, und da mich von den Jungliberalen niemand kannte, mischte ich mich zusammen mit den Journalisten unter sie und bekam so, vor allem abends beim Bier, eine Menge von ihren Machenschaften mit. Sie streuten dabei auch Spottverse unter die Journalisten wie den: »Laßt uns am Sturz von Mende werken, damit wir bald die Wende merken.« Erst am letzten Tag identifizierte mich der Jungliberalen-Führer aus Baden-Württemberg, Rösch, als Sprecher der CDU/CSU-Fraktion. Er fand das völlig normal, daß ich mit ihm und seinen Kollegen gut gezecht hatte und dabei natürlich mehr von dem inneren Getriebe des Parteitages mitgekriegt hatte als von der Pressetribüne aus oder als bloßer Beobachter meiner Fraktion.

Noch ein weiteres Mal geriet ich in die Rolle des Undercoveragent, wie man heute wohl sagen würde. Es war 1968, das Jahr der sogenannten Studentenrevolte. Studentenführer Rudi Dutschke vom Sozialistischen Deutschen Studentenbund (SDS) machte Schlagzeilen (später wurde er bei einem Attentat schwer verletzt), aber auch die Brüder Karl Dietrich und Frank Wolff. Die deutschen Universitätsstädte wurden von den Aktionen der radikalen linken Studenten in Atem gehalten. Es war eben die Zeit der Großen Koalition, und die Unzufriedenheit mit dieser Koalition machte sich vor allem auch im Studentenprotest Luft, obwohl sich der Protest zunächst gegen die herrschende Universitätsverfassung richtete. Vom 17. bis 21. März 1968 veranstaltete die SPD in dieser schwierigen politischen

Phase ihren Parteitag in Nürnberg, auf dem ich als Beobachter anwesend war. Vor dem Parteitagsgebäude, der Meistersinger-halle, kam es zu einer turbulenten Demonstration linker radika-ler Studenten, in deren Verlauf Herbert Wehner so sehr in ein Handgemenge geriet, daß ihm die heißgeliebte Pfeife aus dem Mund geschlagen wurde und er einen Zahn verlor. Er ließ sich aber von der Rangelei nicht beeindrucken.

Da die Zahl der Hotelbetten in der fränkischen Metropole begrenzt war und zahlreiche Delegierte, Gäste und Journalisten angereist waren, mußte ich mich mit einer bescheidenen, aber sauberen Pension zufriedengeben. In der gleichen Pension wohnten auch einige Delegierte des Parteitags. Als man sich morgens in dem kleinen Frühstücksraum traf, stellten sich die einzelnen Herren mit ihrem Namen und ihrem Bezirksverband vor, für den sie als Delegierte auf dem Parteitag waren, so zum Beispiel der Genosse Müller, westliches Westfalen, oder der Genosse Wagner, östliches Westfalen (an ihre wirklichen Namen erinnere ich mich nicht mehr). Als die Reihe an mir war, sagte ich: »Ackermann, Niederrhein.« Sie glaubten, ich sei ein Genosse vom Bezirk Niederrhein und bezogen mich voll in ihre Gespräche ein. Sie nahmen mich sogar in ihrem Auto mit zum Parteitagsgelände. So erfuhr ich eine Menge mehr darüber, was an wirklicher Stimmung auf dem SPD-Parteitag zu registrieren war. Ich habe auch den Irrtum bis zuletzt nicht aufgeklärt. Ich fand diesen kleinen Gag zu schön. Die wirklichen Genossen hät-ten mir den Scherz vielleicht auch übelgenommen. Ich hatte es nämlich auch schon erlebt, daß auf einem anderen SPD-Partei-tag ein norddeutscher Bundestagsabgeordneter an die Adresse einer Bonner Journalistin, die der SPD angehörte, sagte: »Wie kannst du dich denn mit so einem von der CDU zum Essen zusammensetzen?« Meiner Journalistenkollegin war der Vor-gang peinlich, allerdings spielte er sich noch in den fünfziger Jahren ab. Später habe ich das nie wieder erlebt.

Im Gegenteil. Im Zeichen gegenseitiger Respektierung gab es seit dem Beginn der siebziger Jahre, als Willi Weiskirch Spre-cher der CDU war und bei der SPD Lothar Schwartz (vorher Jochen Schulz), die Einrichtung, daß die CDU der SPD für ihre Pressestelle ein eigenes Büro auf dem Parteitagsgelände zur

Verfügung stellte und umgekehrt die SPD der CDU. Diese gute
Sitte hat sich Gott sei Dank bis heute erhalten, und wenn sich
die Pressesprecher der beiden Parteien gut verstanden, konnten
die Stellungnahmen der jeweils anderen Partei schon auf dem
Parteitag selbst an die Vertreter der Nachrichtenagenturen verteilt werden, damit sie diese in ihre aktuelle Berichterstattung
einbeziehen konnten. In der Regel verteilte man diese Stellungnahmen aber in Bonn. Zu den Parteitagen der einzelnen Parteien, ob SPD, FDP, CSU oder auch meiner eigenen Partei, der
CDU, bin ich immer gerne gefahren, weil man dort viele Gespräche mit Journalisten führen konnte, ohne selbst die Haupt-
verantwortung zu haben. Als Kanzleramtsbeamter konnte ich
leider die Parteitage der SPD oder FDP nicht mehr besuchen,
aber zu den CDU-Parteitagen begleitete ich den Kanzler regelmäßig, weil er ja auch bei diesen Parteitagen immer über alles
im Bilde sein mußte, was sich in der deutschen und internationalen Politik auch an diesen Tagen alles tat.

In den Endmonaten der Großen Koalition machte ich zum
ersten Mal intensiver mit dem Bungalow Bekanntschaft, der im
Park des Kanzleramtes seit Ludwig Erhards Regierungszeit als
Wohnsitz für den jeweiligen Kanzler dient, der aber auch einige
Repräsentationsräume hat, die sich für kleine Empfänge oder
Essen eignen. Auch Arbeitsbesprechungen lassen sich dort sehr
gut durchführen. Zu Erhards Zeiten hatte ich nur ganz selten im
Kanzlerbungalow zu tun. Kiesinger jedoch nutzte den Bungalow
zum Beispiel während des Wahlkampfes für eine morgendliche
Lagerunde, zu der ich als Fraktionssprecher neben dem Regie-
rungssprecher Günter Diehl, dem Parteisprecher Arthur Rathke
und dem Kanzleramtsmitarbeiter Franz Hange, der die Wahl-
kampfveranstaltungen mit betreute, auch gehörte.

Im allgemeinen begannen diese Besprechungen nicht vor 10
oder 10.30 Uhr morgens, besonders dann nicht, wenn Kanzler
Kiesinger nachts von einer anstrengenden Wahltour zurückgekehrt war. Meistens hatte er dann einen Schal um den Hals
gewickelt, weil er heiser vom Reden war. Arthur Rathke, ein
gelernter Mediziner, der vom Pressesprecher des Beamtenbun-
des zum Parteisprecher der CDU aufgestiegen war, verabreichte
dem Kanzler dann im Nebenzimmer eine Kehlkopfdusche,

damit er abends wieder fit war. Kiesinger war kein begeisterter Wahlkämpfer, obwohl er ein begnadeter Redner war.

Die Ende der sechziger Jahre verstärkt auftretenden Störungen der Wahlveranstaltungen durch die APO bereiteten ihm ein ästhetisches Mißbehagen, obwohl sie keineswegs das Ausmaß hatten, denen sich heute Helmut Kohl durch die sogenannten Autonomen ausgesetzt sieht. Wenn Kiesinger – bei der Morgenlage noch von Heiserkeit geplagt – wenig Neigung zeigte, abends schon wieder in den Wahlkampf zu ziehen, motivierten ihn seine Helfer mit dem Satz: »Tausende Menschen warten auf Sie, die können Sie doch nicht enttäuschen.« Das wirkte immer, und er raffte sich erneut auf.

Kiesingers Tochter, Viola Wenzel, die in den USA verheiratet war, besuchte ihn in dieser Zeit oft in Bonn und brachte dann »Fröschle« mit, des Kanzlers Enkeltochter und Augenstern. Die beiden wohnten mit im Bungalow, und Fröschle hatte dort absolute Narrenfreiheit. Wenn sie in Besprechungen platzte, dann war das Interesse des Großvaters an Wahlkampf oder Regierungsgeschäften schlagartig erloschen: Er beschäftigte sich nur noch mit ihr. »Schreckenskind der Nation« taufte ein Mitarbeiter das Kind, als ein geordnetes Arbeiten einmal völlig unmöglich war.

Auch Rainer Barzel hatte sich im Wahlkampf 1969 ein großes Programm vorgenommen. Wir reisten mit zwei Autos und hatten gelegentlich auch Journalisten dabei, aber keineswegs in dem Umfang, wie das bei den Kanzlertourneen der Fall war.

Gelegentlich fuhr ich auch schon mal mit dem Kanzlertroß mit, dem seit Ludwig Erhards Zeiten ein Sonderzug zur Verfügung stand – Erhard reiste ja bekanntlich sehr gerne mit der Bahn. Helmut Kohl benutzte den Zug noch 1976 bei seiner ersten großen Kampagne als Kanzlerkandidat der CDU/CSU. Später wurden bei Wahlkampfreisen ausschließlich Autos, Hubschrauber und Flugzeuge benutzt.

Das Barzel-Team war seit 1967 durch Ottfried Hennig verstärkt worden, der neben Ludwig Rehlinger als persönlicher Referent Rainer Barzels fungierte. In der kurzen Zeit, in der Barzel Parteivorsitzender war, 1971 bis 1973, war Hennig Bun-

desgeschäftsführer der CDU. Er zog 1976 für den Wahlkreis
Gütersloh in den Bundestag ein, war ab 1982 parlamentari-
scher Staatssekretär im innerdeutschen Ministerium, später im
Verteidigungsministerium und ist heute Landesvorsitzender der
CDU-Schleswig-Holstein und Oppositionsführer im dortigen
Landtag.

Mit der Wahl zum 6. Deutschen Bundestag im Herbst 1969
wurde dann die erste Phase der Regierungstätigkeit der
CDU/CSU in der Bundesrepublik Deutschland beendet. Die
Wahlnacht erlebte ich teils im Bundestag, teils im Kanzleramt.
Im Bundestag, wo der Wahlleiter sein Büro aufgeschlagen hatte,
waren auch die Pressestudios für die Interviews mit den Bonner
Politikern installiert.

Rainer Barzel hielt sich in seinem Interview zunächst noch
sehr zurück, obwohl die ersten Hochrechnungen, die damals
noch weitaus ungenauer waren als heute, signalisiert hatten,
daß gegen die CDU/CSU nicht regiert werden konnte. Herbert
Wehner äußerte sich in seinem Interview deshalb noch sehr
skeptisch über die Möglichkeit eines Zusammengehens von SPD
und FDP. Im Laufe des späteren Abends ging ich ins Palais
Schaumburg, wo Kurt Georg Kiesinger schon als Wahlsieger
und erneuter Kanzler gefeiert wurde. Aber die Ernüchterung
kam dann kurz darauf. Kiesinger hatte sich schon mit einigen
Freunden in den Bungalow zurückgezogen – ein Glückwunsch-
telegramm des amerikanischen Präsidenten war schon eingegangen. Was dann geschah, kann ich nicht aus eigener Erfahrung schildern. Helmut Kohl, der auch mit im Bungalow war,
schilderte mir später die Sache so: Erst gegen Mitternacht war
klar, daß SPD und FDP eine ausreichende Mehrheit für eine
Regierungsbildung hatten. Als er die Situation erfaßte, nahm er
Kiesinger beiseite und bat ihn, mit ihm einen kleinen Spaziergang am Rhein zu machen. Kiesinger war sehr erstaunt, ging
aber mit. Kohl erklärte ihm dann, daß die Wahl nicht gewonnen
sei und daß SPD und FDP im Begriff stünden, eine Regierung zu
bilden. Willy Brandt hatte noch in der Nacht den Anspruch auf
die Regierungsbildung erhoben und Gespräche mit Walter
Scheel, dem FDP-Vorsitzenden angekündigt. Scheel hatte 1968
Erich Mende als Parteichef der Liberalen abgelöst.

Kiesinger war bestürzt und kehrte mit Helmut Kohl bitter
enttäuscht und mit dem Schicksal hadernd in den Bungalow
zurück. Jetzt hatte sich gerächt, daß die CDU/CSU die Kontakte
zur FDP böse vernachlässigt hatte.

Der einzige Kontakt bestand zwischen Helmut Kohl und
Hans-Dietrich Genscher, die sich aus gemeinsamer Arbeit beim
ZDF kannten, aber Genscher hatte damals als Geschäftsführer
der Bundestagsfraktion in der FDP noch keine entscheidende
Funktion.

Der Tag nach der Wahl vom 28. September brachte dann die
Gewißheit. Das Ergebnis lautete: CDU/CSU 46,1 Prozent, SPD
42,7 Prozent, FDP 5,8 Prozent und NPD 4,3 Prozent. Rein rechnerisch hätten CDU/CSU und FDP eine satte Mehrheit gehabt,
aber zum ersten Mal schlossen sich die Liberalen dem Zweit-
plazierten an. Willy Brandt nahm die Bildung einer sozialliberal-
len Regierung beherzt in die Hand, und die CDU/CSU mußte
sich wohl oder übel mit der Rolle der Opposition begnügen, eine
Tatsache, die viele in der Union nicht fassen konnten. Vielfach
betrachtete man das Wahlergebnis und die neue Koalition als
einen Betriebsunfall, den man möglichst rasch wieder beheben
wollte. Der Verlust der Regierungsämter und der damit verbundenen Apparate war für viele ehemalige Minister und hohe
Staatsbeamte nur schwer zu verkraften.

Derjenige, der sich sofort auf die neue Rolle einzustellen
begann, war Rainer Barzel. Er formierte die Fraktion neu, auch
in den Arbeitsstäben, damit in der Oppositionsfraktion immer
ein entsprechendes Pendant zu den jeweiligen Ressorts der
Bundesregierung vorhanden war. Es wurde auch ein Planungsstab unter der Leitung von Johann Frank gebildet, der unter
dem Arbeitsminister Hans Katzer in dessen Ministerium Leiter
der Grundsatzabteilung gewesen war (zuvor war er Wirtschaftskorrespondent bei der »Welt« gewesen). Diesem Planungsstab
gehörten unter der politischen Leitung von Hans Katzer, der
Stellvertretender Fraktionsvorsitzender wurde, Mitarbeiter
an, die später noch beachtliche politische Karrieren machten,
so der spätere Vorsitzende der Sozialausschüsse der CDU, Ulf
Fink, oder der heutige Staatssekretär im Gesundheitsministe-
rium, Baldur Wagner.

In seiner ersten Rede als Oppositionsführer entwarf Rainer Barzel ein politisches Kontrastprogramm zu dem der Regierung Brandt/Scheel, die in vielen Gebieten Neuland betrat, besonders im Bereich der Ostpolitik, wie sich bald herausstellen sollte.

Zwölf Jahre war ich nun im Amt. Ich hatte alles auf dem Posten des Pressesprechers der CDU/CSU-Bundestagsfraktion erlebt: Sieg und Niederlage, Aufstieg und Abstieg. Nur eines hatte ich bis dahin noch nicht erlebt, wie man einen Fernsehfilm dreht – oder besser, wie man ihn mit so wenig persönlichem Aufwand drehen kann. Rainer Barzel hatte mit Matthias Walden, dem bekannten Publizisten und Kommentator, vereinbart, daß dieser ein fünfundvierzigminütiges Fernsehportrait über ihn drehen dürfe, im Auftrag des Senders Freies Berlin. Wir sahen den Autor des Films jedoch nur zu Beginn der Fernsehaufnahmen in Rainer Barzels Wohnung, wo auch bereits einzelne Themen in Interviewform behandelt wurden. Auf den einzelnen Stationen der Arbeit Rainer Barzels, die gefilmt wurden, war Matthias Walden gar nicht mehr dabei. Er hörte sich nur einmal eine Rede von Rainer Barzel an. Sonst überließ er alles dem Regisseur Norbert Schulze jr. und seinem Kameramann Jürgen Stahf. Nur den Text zu dem Film schrieb dann Matthias Walden aufgrund des ihm vorliegenden Materials selber.

Ich hatte das Team zu betreuen. Es waren alles nette Leute. Einmal konnten wir testen, wie populär schon damals das Fernsehen war. Wir hatten einige Szenen im Wahlkreis von Rainer Barzel in Paderborn zu drehen. Am Abend tranken wir in einer Bar noch einige Biere. Als die Besitzer der Bar erfuhren, daß meine Begleiter vom Fernsehen waren und einen Film über Rainer Barzel drehten, waren sie ganz begeistert und fragten den Regisseur, ob er nicht auch eine Szene in der Bar drehen könnte, sie ließen sich das auch was kosten. Der Kameramann holte tatsächlich die Kamera und machte einige Schwenks in der Bar, was uns einen fröhlichen Abend auf Kosten des Hauses einbrachte. Es lag nicht an mir, daß die Szene später der Schere zum Opfer fiel.

5 IN DER OPPOSITION

Was für viele wie ein Betriebsunfall aussah, dauerte lange 13 Jahre, trotz aller Versuche, das Schicksal zu wenden. Die beiden Altkanzler der Union, Ludwig Erhard und Kurt Georg Kiesinger, betätigten sich jeder auf seine Weise. Erhard hatte nach seinem Verzicht auf die Kanzlerschaft die Ludwig-Erhard-Stiftung gegründet, eine Gesellschaft zur Förderung der sozialen Marktwirtschaft, mit seinem früheren engen Mitarbeiter Karl Hohmann als Geschäftsführer. Dieser hielt auch nach Erhards Tod dessen Vermächtnis mit einem kleinen Arbeitsstab in einem Haus in der Bonner Johanniterstraße nahe dem Regierungsviertel aufrecht.

Kiesinger, der während seiner Kanzlerschaft auch Parteivorsitzender der CDU geworden war, bekam von der Partei ein Haus in der Rolandstraße in Bad Godesberg als Bonner Dependance gestellt. Er spielte die Rolle des erfahrenen Elder statesman und mischte sich nur wenig in die aktive Politik ein. Das Zentrum der politischen Arbeit lag in der Fraktion, die sich allmählich zu einer kampfkräftigen Truppe gegen die Regierung herausbildete. Diese Aufbauphase dauerte etwa ein Jahr, und es wurde auch höchste Zeit, denn es begann nun das heiße Ringen um die Ostverträge.

Rainer Barzel hatte sehr früh erkannt, daß die von der Regierung angestrebten Verträge mit der Sowjetunion, mit Polen und der DDR zur Schicksalsfrage für die deutsche Politik werden würden. Deswegen versuchte er mit allen Mitteln zu erreichen, daß diese Verträge die deutsche Spaltung nicht festschrieben und daß die Grenzregelung mit Polen nicht endgültig festgelegt würde.

Nach seinen Vorstellungen konnte es sich nur um Modus-vivendi-Verträge handeln, die auf die Herstellung gutnachbarschaftlicher Beziehungen abzielten, aber nicht die Teilung verewigen sollten. Der Kampf wurde erbittert geführt. Als Opposition erhielt die Fraktion von der Regierung nur wenig Informationen. Für mehr Transparenz sorgte die Presse durch Veröffentlichung der bis dahin geheimgehaltenen Vertragstexte und der sogenannten »Bahr-Protokolle« über die Gespräche, die der Ost-Unterhändler der Bundesregierung, Egon Bahr, der als ehemaliger Bonner RIAS-Korrespondent in der sozialliberalen Regierung zu hohen Ämtern aufgestiegen war, geführt hatte. Er war der eigentliche Berater Willy Brandts in allen Fragen der Ostpolitik, und daraus ergab sich, daß er und nicht Außenminister Scheel die Verhandlungen in Moskau führte.

Die damalige Regierung hat niemals herausfinden können, wer aus ihren Reihen die Indiskretion bei der Veröffentlichung der Vertragstexte und Protokolle der Verhandlungen begangen hat – jedenfalls handelte es sich nicht etwa um Beamte, die ihren Diensteid verletzten, sondern um Leute aus dem Regierungskreis selbst, die mit dem Kurs der Ostpolitik nicht einverstanden waren.

Auf der Ebene der Pressesprecher war der Kontakt zu den beiden neuen Regierungssprechern der sozialliberalen Koalition, Conrad Ahlers und Rüdiger von Wechmar, sehr gut. Beide kannte ich aus ihrer Journalistenzeit, die Ahlers beim »Spiegel« und von Wechmar beim damals noch existierenden deutschen Dienst von »United Press International« (upi) und der »Welt am Sonntag« verbracht hatten.

In der Phase der Diskussion um die Ostverträge habe ich nur einmal eine »aktive« Rolle gespielt. Kurz vor der Verabschiedung des Moskauer Vertrags im Deutschen Bundestag – inzwischen waren die Kontakte zwischen Regierung und Opposition etwas enger – schickte mich Rainer Barzel mit einer sogenannten Notiz zu Außenminister Walter Scheel in dessen Amtsvilla auf dem Bonner Venusberg. Auf mehreren Blättern hatte Barzel in drei Punkten festgehalten, daß der Moskauer Vertrag nur ein Modus-vivendi-Vertrag sei und daß der Brief zur deutschen Einheit Bestandteil des Vertragswerks werden sollte. Walter Scheel zeichnete diese Notiz ab, was bedeutete, daß er als Außenminister dieser Interpretation der Ostverträge zustimmte. Anderntags konnte Rainer Barzel dann mit diesem Papier in der Fraktion auftreten.

Während ich mit Walter Scheel sprach, duftete es aus der Küche nach frischgebackenen Waffeln, und ich hörte eine weibliche Stimme rufen: »Edi, Küßchen.« Ria Ahlsen war bei Mildred Scheel zu Besuch. Sie war die – inzwischen legendäre – Wirtin des »Maternus«, des damals beliebtesten Restaurants der Bonner Politiker. Ich hatte in ihrem Lokal viele Feste mitgefeiert, und ich gehörte offenbar zu den Gästen, denen sie sich besonders verbunden fühlte. Das war mir zum Beispiel an einem Abend deutlich geworden, an dem eine sehr lange Sitzung im Bundestag stattgefunden hatte: Die Debatte nahm und nahm kein Ende, auch wenn die Mägen noch so knurrten. Ria Maternus, wie sie unmißverständlich genannt wurde, hatte mich im Fernsehen gesehen und den Eindruck gewonnen, ich wirke blaß und erschöpft. Ohne Umschweife beorderte sie einen ihrer Kellner mit einer Platte all meiner Lieblingsdelikatessen in mein Büro und sorgte so dafür, daß der anstrengende Abend doch noch ganz erträglich für mich wurde. Das war typisch für sie, und so herzlich und einfühlsam ist die achtzigjährige Dame auch heute noch.

Aber zurück zu den Scheels. Bei dem fälligen Begrüßungsküßchen bekam ich von Ria einen roten Lippenstiftabdruck auf die Wange, der mich noch schmückte, als ich Barzel die von Walter Scheel abgezeichnete Notiz zurückbrachte. Er hat es nicht bemerkt, aber meine Frau, als ich nach Hause kam. Es kostete einige Mühe, sie davon zu überzeugen, daß ich mit Walter Scheel ernsthafte Gespräche über den Moskauer Vertrag geführt hatte.

Aber nicht immer ging es bei der Entscheidung über die Ostverträge so spaßig zu. In der Fraktion wurde monatelang hart über die Frage gerungen, ob man die Ostverträge mit Bedenken passieren lassen könne oder nicht. Natürlich wußten wir in der Opposition, daß wir das Vertragswerk insgesamt nicht verhindern konnten, also versuchten wir wenigstens, durch Ergänzungen und kleine Änderungen Korrekturen in unserem Sinne zu erreichen, das heißt, dafür zu sorgen, daß der Vertrag die Teilung Deutschlands nicht endgültig besiegelte. Die Regierung wiederum hatte nur eine hauchdünne Mehrheit im Bundestag, und es mußte ihr daran gelegen sein, der Bevölkerung eine möglichst breite Mehrheit für ihr Vorhaben zu präsentieren, und daher war sie zu Gesprächen mit uns bereit. Diese »Gespräche« waren im Grunde zähe Verhandlungen, wenngleich letzterer Terminus natürlich nicht zutreffend war, denn eine Regierung führt wohl mit einer anderen Regierung Verhandlungen, nicht aber mit ihrer eigenen Opposition. Die jeweilige Interessenlage brachte es aber mit sich, daß in den Gesprächen damals durchaus hartnäckig »verhandelt« wurde – beide Seiten brauchten den Kompromiß. An ein solches Gespräch in der Wohnung von Walter Scheel auf dem Venusberg, das dem Polenvertrag gewidmet war, erinnere ich mich noch recht gut. Die Einladung Walter Scheels an Rainer Barzel kam sehr überraschend, und da von der Fraktionsführung gerade niemand greifbar war, nahm er mich gewissermaßen als Eideshelfer mit. Dabei ging es um den Punkt, daß der Warschauer Vertrag kein Grenzanerkennungsvertrag werden dürfe. Walter Scheel hat ihn dann schließlich auch so interpretiert.

Zur Vorbereitung der Entscheidung in der Fraktion fanden zahlreiche Diskussionen bei Rainer Barzel zu Hause statt, an denen neben ihm die Abgeordneten Werner Marx und Alois Mertes sowie Will Rasner, Ludwig Rehlinger, Ottfried Hennig und auch ich beteiligt waren. Gelegentlich wurde auch Kurt Plück hinzugezogen, der im Bundespresseamt das Referat Deutschlandpolitik leitete und der früher unter Ernst Lemmer, aber auch bei Rainer Barzel Pressesprecher im gesamtdeutschen Ministerium gewesen war. Kurt Plück, der später in der ersten Regierung Helmut Kohls Abteilungsleiter im innerdeutschen Ministerium unter Rainer Barzel wurde, war ein sehr kenntnisreicher und nüchterner Deutschlandpolitiker.

Vor der endgültigen Abstimmung in der Fraktion hatte es noch einmal Gespräche der Fraktionsführung mit der Regierung sowie dem sowjetischen Botschafter Falin gegeben. Als Franz Josef Strauß und Werner Marx aus der Botschaft zurückkehrten, warteten sie im Vorstandszimmer der Fraktion auf Rainer Barzel, der von Kanzler Brandt empfangen worden war. Aus dem Gespräch zwischen Strauß und Marx, das in meinem

Beisein stattfand, konnte ich entnehmen, daß Strauß der Meinung war, man könne die Verträge passieren lassen. Auch Werner Marx war dieser Meinung, wollte aber selbst mit Nein stimmen, weil er sich einen besseren Vertrag gewünscht hatte. Das Ergebnis ist bekannt. Ein Teil der Fraktion stimmte mit Nein, ein Teil mit Enthaltung, eine kleine Gruppe, darunter der spätere Bundespräsident von Weizsäcker, mit Ja.

Vor der Entscheidung hatte Rainer Barzel zwei Reisen – seine ersten Reisen in Länder des Ostblocks – nach Moskau und Warschau gemacht. Er flog mit einer Privatmaschine nach Moskau, die in Polen zwischenlanden mußte, um einen sowjetischen Navigator mit an Bord zu nehmen. Ich selbst war schon einen Tag vorher mit Ludwig Rehlinger mit einer Linienmaschine nach Moskau geflogen, um die letzten Einzelheiten des Besuches vorzubereiten und die ersten Kontakte mit deutschen Korrespondenten in Moskau aufzunehmen. Wir holten dann Rainer Barzel, seine Frau Kriemhild und Ottfried Hennig auf dem Moskauer Flughafen Scheremetjewo ab, alle drei in neue Lammfellmäntel gekleidet und mit modernen Pelzkappen ausgestattet. Ich selbst besaß keinen solchen Mantel und hatte mir den alten Lammfellmantel von Rainer Barzel ausgeliehen. Wir wohnten in Moskau im »Sowjetskaja«, einem Regierungshotel, das seine Gäste besonders gut bewirtete, einschließlich viel Wodka und Kaviar (den ich leider nicht esse). Jedenfalls konnten die Sowjets die Barzel-Crew als trinkfest erleben – auch bei den offiziellen Essen, bei denen reichlich eingeschenkt wurde und wo man die bekannten Trinksprüche hörte wie »Auf einem Bein kann man nicht stehen« oder beim vierten Glas »Das Haus steht auf vier Ecken«.

Rainer Barzel wurde vom sowjetischen Ministerpräsidenten Alexei Kossygin, von Außenminister Andrei Gromyko und Außenhandelsminister Nikolai Patolitschew empfangen. In allen Gesprächen versuchte er die Sowjets davon zu überzeugen, daß die deutsche Frage trotz des geplanten Moskauer Vertrags offen bleiben müsse.

Bei dem Besuch in Moskau schenkte man dem Fraktionschef der CDU/CSU viel Aufmerksamkeit, wohl auch deswegen, weil man ihn für den Vertreter der »deutschen Wirtschaftspartei«

hielt, von der man sich zumindestens Hilfe bei der Verbesserung
der deutsch-sowjetischen Wirtschaftsbeziehungen versprach.
Verändern konnte er den Vertrag nicht – das hatte er auch nicht
erwartet –, aber um Verständnis bitten für die Sorgen der Opposition mit diesem Vertrag. Ein Besuch im Bolschoi-Theater mit
Tschaikowskis »Schwanensee« auf dem Programm gehörte
neben anderen Sehenswürdigkeiten zu dem mehr privaten Teil
des Besuches Rainer Barzels in Moskau. Auch die spätere Reise
nach Warschau lief ähnlich ab. Es gab hochrangige Gesprächspartner und zum ersten Mal eine große Zahl von Bonner Journalisten, die Rainer Barzel auf einer Auslandsreise begleitete.

Ich selbst machte in Warschau, wo wir in dem Hotel »Euro-
pejski« wohnten, eine Erfahrung, die weitab vom Politischen
lag. Viele Journalisten vertreiben sich die Wartezeiten auf Auslandsreisen mit einem Skat, und da ich glaubte, das Spiel einigermaßen zu beherrschen, entschloß ich mich an einem Abend
zu einem Spiel mit den Bonner Korrespondenten Willy Zirngibl
und Gustav Trampe – beide große Könner des Skatspiels. Noch
heute amüsieren sie sich darüber, daß sie mir damals 27 US-
Dollar abgenommen haben. Danach habe ich nie mehr mit Bonner Journalisten Skat gespielt. Die meisten sind einfach besser
als ich.

Aber einmal abgesehen von dieser lehrreichen Lektion,
konnte ich bei dieser Reise, wie schon zuvor in Moskau, wichtige Erfahrungen bezüglich der Betreuung von Journalisten auf
Auslandsreisen sammeln. Das hieß konkret: Wie betreut man
eine große Meute unabhängiger und neugieriger Leute in einem
Land, in dem man sich nicht auskennt und dessen Sprache man
nicht versteht? Wie organisiert man Quartiere und Termine, wie
stellt man sicher, daß alle rechtzeitig und gleichzeitig die Informationen erhalten, die sie für ihre Arbeit brauchen? Und das
alles mit geringen finanziellen Mitteln, denn als Oppositionsfraktion war unser Etat sehr begrenzt. Es waren Erfahrungen,
die mir bei meinen künftigen Aufgaben, vor allem beim Bundeskanzler Helmut Kohl, sehr zugute kamen, auch wenn ich
später ganz andere Möglichkeiten, vor allem andere Apparate
und Helfer zur Verfügung hatte.

Vor diesen Reisen wegen der Ostverträge hatte ich auch

schon bei Besuchen in den westlichen Hauptstädten diesbezüg-
liche Erfahrungen gesammelt, aber da wurden wir immer nur
von einer Handvoll Journalisten begleitet, und alles war noch
sehr bescheiden, gemessen an den heutigen Verhältnissen. Nur
ein einziges Mal habe ich dabei negative Erfahrungen gemacht,
und zwar auf einer Reise mit Rainer Barzel nach Washington
und New York, wo er einen Vortrag mit anschließender Diskussion vor dem bekannten »Council on Foreign Relations« halten
sollte. Der »Council« ist in New York die beste Adresse. Prominente Politiker und Wirtschaftler gehören diesem Gremium an.
Es gibt aber eine Clubregel, die heiliggehalten wird: Die Presse
darf nicht über den Inhalt der Vorträge des Gastes und die
anschließende Diskussion unterrichtet werden. An diese Regel
hatte ich mich nicht gehalten, sondern bereits in Washington
einigen deutschen Korrespondenten Einblick in den beabsichtigten Redetext von Rainer Barzel gegeben, und die dpa sendete
den Inhalt mit Sperrfrist, noch bevor die Rede gehalten war.

Der Geschäftsführer des »Council« ließ mich daraufhin im
Hotel wissen, wahrscheinlich müsse die Veranstaltung mit Rainer Barzel abgesagt werden. Mir wurde ziemlich mulmig, und
ich hängte mich ans Telefon, um, wie man so sagt, die Beziehungen spielen zu lassen – nur daß ich keine besonderen Beziehungen hatte. Beim damaligen Konsul am deutschen General-
konsulat in New York, Franz Schepper, fand ich Unterstützung.
Er tröstete mich immer wieder mit dem Satz: »Ihr ›very good
old friend‹ Schepper hilft Ihnen schon.« Und er tat es; mit seiner
Hilfe konnte ich meinen Fehler schließlich wieder ausbügeln.
Mit Konsul Schepper habe ich später noch viele gute Gespräche
geführt, und bis zu seiner Pensionierung stand er uns bei vielen
Besuchen in New York mit seiner liebenswürdigen Art immer
wieder hilfreich zur Seite. Und besonders ich hatte das in den
ersten Jahren nötig, auch wenn ich bei einem der Besuche Rainer Barzels in Washington zum »Senator« ernannt wurde: Bei
einem Abendessen, das der deutsche Botschafter in Washington, Heinrich Knappstein, in seiner Residenz in der Foxhall
Road gab, fragte ein amerikanischer Politiker ihn, indem er auf
mich deutete: »What is that for a fellow? He looks like a Senator.« – »Wer ist der Bursche da? Er sieht wie ein Senator aus.«

Heinrich Knappstein klärte das Mißverständnis auf und ernannte mich zum Gelächter der gesamten Abendgesellschaft zum »Senator ehrenhalber«. Rainer Barzel und seine Frau nannten mich später häufig so. Dieser Spitzname wurde später abgelöst durch »Graf Carbonara« oder schlicht »Carbonara«, und zwar wegen meiner Vorliebe für auf diese Art zubereitete Spaghetti. Helmut Kohl verlieh mir diesen Titel in den ersten Monaten seiner Tätigkeit als Bonner Oppositionsführer in dem auch heute noch gelegentlich von ihm besuchten italienischen Restaurant »Cäcilienhöhe«, später dann nur noch »Bei Bruno« genannt. Noch heute spricht er mich oft so an, auch wenn die Phase längst vorbei ist, in der ich diese köstlichen Nudeln bedenkenlos futtern konnte.

Rainer Barzel pflegte die internationalen Kontakte sehr. Einmal lud ihn sogar Richard Nixon auf seinen Feriensitz nach Kalifornien ein, weil er dort gerade Urlaub machte, als das Treffen im Weißen Haus stattfinden sollte. Neben Frau Barzel gehörten auch Tochter Claudia zur Begleitung des Vaters sowie Ottfried Hennig und ich. Allein die Tatsache, daß der amerikanische Präsident den deutschen Oppositionsführer in seinem Ferienhaus empfing, war schon interessant genug. Eine Geste besonderer Art bestand dann noch darin, daß wir an seinem Privatstrand in den Fluten des Pazifiks baden durften. Das im nahegelegenen Hollywood gelegene phantastische Hotel »Bel Air« war eine Nacht vor unserer Rückreise nach Deutschland unser Quartier, eines der schönsten Hotels, das ich jemals kennengelernt habe.

Auch in Europa waren wir viel unterwegs. So besuchte Barzel in einer einwöchigen Reise die vier nordischen Länder Finnland, Schweden, Norwegen und Dänemark oder machte Besuche in Rom, wo er auch von Papst Paul VI. in Privataudienz empfangen wurde. Im Anschluß daran wurden auch die Mitreisenden vorgestellt.

Damals mußte man bei einem solchen Besuch beim Heiligen Vater noch einen Frack mit schwarzer Weste und schwarzer Fliege tragen, und die Damen trugen einen Schleier. Später wurde diese strenge Regel aufgehoben, und bei den ersten Privataudienzen, die ich mit Helmut Kohl bei Papst Johannes Paul II.

erlebte, genügte schon der dunkle Anzug. Bei meiner ersten
Papstaudienz machte ich dann Bekanntschaft mit der besonderen Regelung, daß nur ein Fotograf das Monopol für die Papst-
fotos hatte, wenn es sich bei den Besuchern nicht um Staats-
oberhäupter oder Regierungschefs handelt, bei denen dann ja
auch das Fernsehen zugelassen ist.

Im Oktober 1971 fand in der neuen Saarlandhalle in Saarbrücken der CDU-Parteitag statt, auf dem Rainer Barzel zum
Parteivorsitzenden gewählt wurde. Nach zwei Oppositionsjahren hatte er die erste Etappe auf dem Weg zur Macht geschafft.
Ich wohnte während dieser Tage im Hotel »Berlin«, in dessen
Bar sich spätabends Politiker und Journalisten zum Dämmer-
schoppen trafen. Barzel allerdings hielt von nächtlichen Trink-
gelagen nichts. Es gab bei ihm ein Prinzip, egal ob in der Tagesarbeit in Bonn, auf Reisen ins Ausland oder auch bei
Veranstaltungen wie diesem Parteitag: Er wollte gegen Mitternacht im Bett sein, um am nächsten Tag wieder ausgeruht ans
Werk gehen zu können. Seine Frau Kriemhild, genannt Timmchen, hielt da schon länger aus. Sie erfreute sich großer Beliebt-
heit bei den Journalisten und war eine gute Gesellschafterin. Zu
der nächtlichen Runde gehörte auch zum letzten Mal an diesen
Oktoberabenden 1971 der schwer krebsleidende parlamentarische Geschäftsführer der CDU/CSU-Fraktion Will Rasner, der
unbedingt dabeisein wollte, als sein Freund Rainer Barzel
Parteivorsitzender der CDU wurde. Man sah ihm sein schweres
Leiden schon an, aber er ertrug es tapfer. Sechs Wochen später
starb er, erst 50 Jahre alt. Er hinterließ eine große Lücke in der
Fraktion.
    Im April 1972 hatte Rainer Barzel einen kurzen Osterurlaub
gemacht, wie in diesen Jahren gerne im Hotel »Négresco« in
Nizza. Als er nach Bonn zurückkehrte, versammelte er seine
engste Beratercrew um sich und teilte ihr mit, er sei entschlossen, ein konstruktives Mißtrauensvotum gegen Willy Brandt zu
wagen. Seitdem Walter Scheel am 30. Januar 1968 – eineinvier-
tel Jahre nach Bildung der Großen Koalition – Erich Mende als
FDP-Vorsitzenden abgelöst hatte, war in der FDP ein Streit um
die politische Richtung der Partei ausgebrochen, was schließlich

zum Austritt Erich Mendes aus der FDP führte und was auch
zur Folge hatte, daß Rainer Barzel sich eine – wenn auch
knappe – Mehrheit für ein Gelingen des konstruktiven Mißtrauensvotums ausrechnete.

Einige seiner Berater gaben zu bedenken, daß die Bevölkerung einen solchen Schritt für verfrüht halten würde, weil die
sozialliberale Koalition noch gar keine Chance gehabt habe, zu
zeigen, was sie könne. Rainer Barzel glaubte aber, nur durch ein
konstruktives Mißtrauensvotum die inzwischen unterzeichneten, aber noch nicht vom Bundestag ratifizierten Ostverträge in
die Hand bekommen zu können, um sie, wie er es ausdrückte,
noch in unserem Sinne zu beeinflussen. Er war überzeugt, die
Bevölkerung werde diesen Schritt verstehen. Beim Durchzählen
der möglichen Stimmen war er zu dem Ergebnis gekommen,
daß er zwei Stimmen mehr als die absolute Mehrheit haben
werde, zumal der noch in der FDP-Fraktion verbliebene Abgeordnete Wilhelm Helms, ein Bauer aus Niedersachsen, fest
zugesagt hatte, Barzel zu wählen, obwohl er massiv unter Druck
gesetzt wurde – bis hin zu der Drohung, man werde seinen Hof
anstecken.

Ich selbst nahm noch am Vorabend der Abstimmung ein
Telefonat von Wilhelm Helms entgegen, weil er Rainer Barzel
nicht erreichen konnte, und er teilte mir mit, er stehe zu seinem
Wort.

Barzel hatte seine Absicht in der Fraktion und auch im Parteivorstand zur Diskussion gestellt und auch die Zustimmung
der CSU und ihres Vorsitzenden Franz Josef Strauß erhalten,
das Risiko einzugehen. Hans Katzer war einer der wenigen
Skeptiker, der Rainer Barzel sogar wissen ließ, manche in Partei und Fraktion würden es nicht ungern sehen, wenn er ver-
löre. In der Tat war Barzel manchen schon zu stark geworden in
seiner Doppelfunktion als Fraktions- und Parteichef. Doch er
schlug alle Warnungen in den Wind. Er war so fest überzeugt,
daß er gewinnen würde, daß er sich über solche Mahnungen
und Warnungen hinwegsetzte.

Der 27. April 1972 war für mich dann ein denkwürdiger Tag.
Ich erlebte die Abstimmung nicht im Deutschen Bundestag, sondern in Barzels Privatwohnung mit seiner Frau »Timmchen«

und dem damaligen Chefredakteur der Illustrierten »Quick«, Wilfried Ahrens, der eine Reportage schreiben wollte, wie Timmchen den Tag des konstruktiven Mißtrauensvotums erlebte. Die Story konnte nicht geschrieben werden, weil das konstruktive Mißtrauensvotum mißlang. Zwei Stimmen fehlten an der Kanzlermehrheit. Als Bundestagspräsident Kai-Uwe von Hassel das Ergebnis bekanntgab, schlug Rainer Barzel, wie wir im Fernsehen sahen, fassungslos die Hände vors Gesicht, seine Frau reagierte nur mit den Worten: »Das darf doch nicht wahr sein! Das ist ja entsetzlich!« Ich fuhr mit ihr ins Büro, wo wir auf einen noch völlig ratlosen Rainer Barzel trafen. Seine Freunde versuchten ihn zu trösten, aber das war vergebliche Liebesmüh. Er wies nur darauf hin, daß es schließlich sein persönlicher Entschluß gewesen sei, das konstruktive Mißtrauensvotum zu wagen. Er müsse jetzt auch die Konsequenzen tragen. Abends versammelten wir uns in seiner Wohnung, praktisch der gleiche Kreis wie am Abend nach seinem Scheitern bei dem Versuch, Ludwig Erhard als Kanzler nachzufolgen. Nur Will Rasner war nicht mehr unter uns. Die Stimmung war gedrückt bis gereizt. Sofort kam der Verdacht auf, die fehlenden Stimmen könnten nur aus der eigenen Fraktion kommen, was sich in einem Fall, dem des Abgeordneten Julius Steiner, später ja auch bestätigte. Die anderen zwei – nach Barzels Berechnung drei – Abweichler wurden nie bekannt.

Rainer Barzel zog sich dann zwei Tage von Bonn zurück, um zu sich selbst zu finden und den Weg für die Zukunft neu zu bestimmen. Die Ostverträge waren nun nicht mehr in seinem Sinne zu ändern. Als Opposition konnten wir daran arbeiten, noch entsprechende Interpretationen zu den Verträgen zu erreichen, was Barzel denn auch mit Hilfe seiner Freunde versuchte, wie vorher ausgeführt.

Das politische Leben normalisierte sich allmählich wieder, und der Alltag forderte von allen, auch von Barzel, äußersten Einsatz.

Neun Jahre lang war ich mit meiner Familie über Weihnachten und Silvester nach Garmisch-Partenkirchen gefahren, teils um zwei Wochen Urlaub zu machen, teils um Rainer Barzel bei der Betreuung von Journalisten, die ihn dort besuchten, zur

Hand gehen zu können. 1972 streikte die Familie. Sie wollte
einen Winterurlaub mit dem Vater allein, ohne ihn mit der Politik teilen zu müssen. Rainer Barzel akzeptierte das. So entschlossen wir uns, zwei Wochen im »Spitzingsee-Hotel« zu verbringen. Wir hatten ausreichend Schnee, und die Politik blieb
außen vor, aber den Politikern konnten wir nicht entrinnen.
Denn zugleich mit uns verbrachten drei Bundestagsabgeordnete ihren Urlaub in der Gegend, nicht in unserem Hotel, sondern am tiefer gelegenen Schliersee. Zum Skifahren oder
Schneewandern kamen sie nach oben an den Spitzingsee. Es
waren Elmar Pieroth, Ferdi Breidbach und Anton Pfeifer (heute
Staatsminister im Kanzleramt). Alle waren mit Familie in
Urlaub. So ergab es sich von selbst, daß man sich auch einmal
zum gemeinsamen Wandern mit den Kindern traf oder abends
beim Essen. Elmar Pieroth besaß ein Haus am Schliersee und
lud dort auch zu einer Silvesterparty ein. Es gab ein großes Feuerwerk, was den Kindern besonderen Spaß machte. Es war eine
fröhliche, entspannte Atmosphäre. Meine Frau hatte mir zu
Weihnachten einen Lammfellmantel geschenkt, meinen ersten –
in Moskau hatte ich zwei Jahre zuvor ja noch den alten Mantel
von Rainer Barzel getragen. Den neuen Mantel trug ich dann,
bis die Spaghetti Carbonara eine weitere Verwendung nicht
mehr zuließen.

Als Sprecher der Bundestagsfraktion habe ich in den ganzen
Jahren meiner Tätigkeit immer darauf geachtet, nicht zu sehr in
die Geschäfte des Sprechers der Partei hineinzureden.
    Als Rainer Barzel sich entschloß, neben dem Fraktionsvor-
sitz auch den Parteivorsitz anzustreben, betrachtete ich es nicht
als meine erste Aufgabe, auch die Kampagne für ihn als Parteivorsitzenden zu organisieren, nicht zuletzt weil der Sprecher
der Partei, Willi Weiskirch, ein guter Freund von mir geworden
war und bis zum heutigen Tag ist. Ich hatte öfter mit ihm zu tun,
als er noch Chefredakteur von »Weltbild« war, einer katholischen Illustrierten, die in Augsburg herausgegeben wurde. In
dieser Eigenschaft hatte er auch einmal während eines Winterurlaubes von Barzel ein Interview mit ihm in dem Hotel »Clau-
sings Post« in Garmisch-Partenkirchen gemacht, wo Rainer

Barzel zunächst zu wohnen pflegte, bevor er in das Hotel »Alpina« wechselte, das dem »Bunte«-Verleger Franz Burda gehörte.

Nur im Vorfeld des Saarbrücker Parteitages war ich doch mit dem Komplex »Parteivorsitzender Rainer Barzel« befaßt. Rainer Barzel hielt sich wieder einmal in den Staaten auf; ich war wie üblich dabei. Schon vor seiner Abreise war in Bonn die Frage diskutiert worden, ob es zweckmäßig sei, die Ämter des Partei- und Fraktionsvorsitzenden zusammenzulegen. Barzel war für diese Konzeption eingetreten, während Helmut Kohl, sein Mitbewerber um den Parteivorsitz, genau die entgegengesetzte Konzeption vertrat, die Ämtertrennung.

Während der Amerikareise und kurz vor dem Parteitag in Saarbrücken war in der »Rheinischen Post« ein Aufmacher erschienen mit der Schlagzeile: »Barzel – alles oder nichts.« Der Inhalt des Artikels lief darauf hinaus, daß Rainer Barzel parteiintern gedroht hatte, den Fraktionsvorsitz niederzulegen, wenn er nicht zugleich auch Parteivorsitzender werde. Nachts um vier Uhr erreichte mich im Hotel »Waldorf Astoria« ein Anruf von Günter Englisch, meinem Mitarbeiter, der über diese unterstellte Erpressung furchtbar erregt war.

Er teilte mir mit, daß nicht nur die »Rheinische Post«, sondern auch die »Bild«-Zeitung in das Problem eingestiegen sei und daß die Agenturen breit darüber berichteten. In Deutschland war es zehn Uhr vormittags. Ich beruhigte Günter Englisch und versprach ihm so schnell wie möglich eine klärende Äußerung von Rainer Barzel. Den suchte ich morgens noch vor dem Frühstück auf und berichtete ihm, daß man in Bonn kopfstehe. Er reagierte gelassen und erklärte lediglich, er stehe zu seiner Konzeption, daß die Zusammenfassung der Ämter besser sei, wolle aber niemanden erpressen. Die Sache müsse auf dem Parteitag offen ausgetragen werden. So geschah es dann auch.

Für Helmut Kohls Auffassung sprach Gerhard Schröder, wie ich fand, nicht unbedingt überzeugend. Das Abstimmungsergebnis war deutlich. Barzel gewann die Abstimmung mit fast Zweidrittelmehrheit, aber Helmut Kohl hatte gezeigt, wo in der CDU eine Alternative zu Rainer Barzel liegen könnte.

Zu der Mannschaft von Helmut Kohl hatte ich damals bis auf

zwei Kollegen nur wenig Kontakt. Der eine war der damalige Bundesgeschäftsführer der CDU, Karl-Heinz Bilke, mit dem ich mich gelegentlich traf und mit dem ich zu den Parteitagen der anderen Parteien fuhr. Der zweite Kontaktmann, der noch enger zu Helmut Kohl stand, war Wolfgang Bergsdorf, der schon vor der Übernahme des Parteivorsitzes durch Rainer Barzel als Mitarbeiter der Bundesgeschäftsstelle der CDU zu Helmut Kohl nach Mainz gewechselt war, ebenso wie Horst Teltschik, der das außenpolitische Büro in der CDU-Zentrale geleitet hatte.

Bergsdorf und Teltschik sind, was die Zusammmenarbeit angeht, die ältesten Mitarbeiter Helmut Kohls; Bergsdorf seit nunmehr 23 Jahren – heute ist er Leiter der Kulturabteilung im Bonner Innenministerium. Besonders er, der mich aus meiner Arbeit bei Rainer Barzel kannte, hatte wohl erheblichen Einfluß darauf, daß Helmut Kohl, als er 1976 Fraktionsvorsitzender in Bonn wurde, mich weiter beschäftigte, was keine Selbstverständlichkeit war, nachdem ich so lange mit Rainer Barzel gearbeitet hatte. Aber dazwischen lag ja noch meine Zeit mit Karl Carstens, der 1973 Barzel als Fraktionschef ablöste.

6 DAS ENDE DER ÄRA BARZEL

Am 17. Mai 1972 wurden im Deutschen Bundestag die Ostverträge ratifiziert. Rainer Barzel hatte sich von dem konstruktiven Mißtrauensvotum erholt und immerhin erreicht, daß die Verträge durch ergänzende Interpretationen und zusätzliche Dokumente, wie den »Brief zur deutschen Einheit«, soweit verbessert wurden, daß Franz Josef Strauß dann in der Debatte erklären konnte, die Union werde sie nach dem Motto behandeln: »pacta sunt servanda« – Verträge müssen eingehalten werden. Von der Politik der Ostverträge Willy Brandts, Walter Scheels und Egon Bahrs bis zur Verwirklichung der Deutschen Einheit war es dann noch ein weiter Weg, und nicht die Politik der Ostverträge, an die sich später die Regierung von Helmut Kohl hielt, hat die Deutsche Einheit schließlich herbeigeführt, sondern die konsequente Politik Helmut Kohls, der sich immer in der Kontinuität der Politik Konrad Adenauers sah und nicht in der von Willy Brandt und Helmut Schmidt.

In der Politik gibt es ja nie Atempausen, aber die Olympischen Sommerspiele in München im Sommer 1972 waren doch so etwas ähnliches. Die Deutschen waren jedenfalls mehr mit diesem Ereignis beschäftigt als mit der großen Politik. Leider wurde es ja dann durch das Attentat arabischer Extremisten auf israelische Sportler überschattet und endete blutig auf dem Flughafen von Fürstenfeldbruck – und damit war die Politik dann schon wieder voll einbezogen.

Rainer Barzel glaubte, er müsse bei dem sportlichen Großereignis dabei sein, und bezog im Garmischer Hotel »Alpina« Quartier. Mit einem Hubschrauber ließ er sich jeweils zu den Wettkämpfen nach München fliegen. Dort betreute ihn mein Freund, der Parteisprecher Willi Weiskirch, der selbst ein sportbegeisterter und sachverständiger Olympiafreund war. Ich hielt Stallwache in Bonn und hatte regelmäßigen Kontakt mit beiden.

Ein Vorfall am Rande ist mir dabei noch in frischer Erinnerung. Rainer Barzel hatte in den Jahren zuvor durch seinen Freund Walther Casper die Opernsängerin Anneliese Rothenberger und ihren Mann und Manager Gerd Dieberitz kennengelernt. Während der Olympiade gab Anneliese Rothenberger an einem Wochenende in München ein Konzert. Anschließend fand in kleinerem Kreis ein Abendessen im »Hotel Vier Jahreszeiten« statt, zu dem auch das Ehepaar Barzel eingeladen war. Rainer Barzel wollte nun unbedingt Fotos von diesem Ereignis haben und beauftragte Willi Weiskirch damit, das sicherzustellen. Willi Weiskirch beschaffte auch eine in München lebende sehr gute Fotografin, brachte aber die Bilder, wie es Barzels Wunsch war, nicht mehr rechtzeitig in die Sonntagspresse.

Am Sonntagmorgen rief mich Rainer Barzel schon in aller Herrgottsfrühe aus Kiel an, wohin er sich für einige Tage zu den dort stattfindenden olympischen Segelwettkämpfen begeben hatte, und beschwerte sich, warum Weiskirch denn die Bilder nicht in der Presse untergebracht habe. So könne man keine Wahl gewinnen – die Neuwahlen vom November 1972 standen ins Haus. Ich rief daraufhin Willi Weiskirch in München an und erklärte ihm mit tiefer Stimme: »Die Wahl ist verloren.« Weiskirch erklärte mich für verrückt und lachte dann laut los, als ich ihm den Grund erklärte: die nicht rechtzeitig erschienenen Bilder von Rainer Barzel mit Anneliese Rothenberger.

Solche Begebenheiten sind zwar nicht gerade politisch zu nennen, aber sie gehören zum täglichen Brot, wenn man für die Pressearbeit zuständig ist. Während der Olympiade gab es noch einen weiteren Vorfall ähnlicher Art, allerdings schon folgenreicher. Das Fernsehen brachte ein Rainer-Barzel-Porträt von Dagobert Lindlau. Teile des Films waren in Barzels Urlaubsort an der Algarve gedreht worden, und da gab es einige Szenen, die für die Ausstrahlung nicht geeignet waren. Mir war die Aufgabe zugefallen, den Film abzunehmen, das heißt, die letzte kritische Sichtung vorzunehmen, und dabei hatte ich Lindlau gesagt, er möge die betreffenden Bilder herausschneiden. Er sagte zu, tat es aber nicht. Nicht nur ich bekam daraufhin verständlicherweise Ärger, sondern auch ein Sicherheitsbeamter, der in der Filmpassage vorkam. Seine Dienststelle warf ihm Nachlässigkeit vor und suspendierte ihn vom Dienst. Das war mir eine bittere Lehre und zugleich einer der seltenen Fälle, wo ich mich einem Journalisten gegenüber nicht durchsetzte. Später bin ich in ähnlichen Fällen immer auf Nummer Sicher gegangen und habe nur noch eindeutige Regelungen getroffen.

Schon vor der Sommerpause 1972 war deutlich geworden, daß die Regierung im Parlament die Mehrheit verloren hatte und sich bei der bevorstehenden Verabschiedung des Haushalts ein Patt ergeben würde, was dann ja auch der Fall war.

Für Rainer Barzel war das eine große Genugtuung, so kurz nach dem gescheiterten konstruktiven Mißtrauensvotum die Regierung schachmatt setzen zu können. Es blieb SPD und FDP nichts anderes übrig, als in vorgezogene Neuwahlen einzuwilligen, die dann am 19. November 1972 stattfanden.

Bei dieser Wahl wollte Rainer Barzel die Macht für die Union wieder zurückerobern, und er ließ eine große Kampagne für sich vorbereiten. Zum ersten Mal habe ich dabei den Einsatz einer großen Werbeagentur erlebt, heute eine Selbstverständlichkeit. Es wurde ein Vierer-Plakat entwickelt mit Strauß, Katzer, Schröder und Barzel. Erstmals in meiner Laufbahn kam ich auch mit dem Münchner Medienmanager Josef von Ferenczy ins Gespräch, der Barzel versprach, mit Hilfe der großen Autorenschar, die er betreute, Interviews und Artikel besonders in der Boulevard- und Illustriertenpresse zu plazieren. So erinnere ich mich noch gut an ein zweiseitiges »Bild«-Interview mit dem bekannten Autor Hans Habe, das Ferenczy vermittelte.

Zu meinen besonderen Erlebnissen außerhalb der politischen Arena zählt in diesem Zusammenhang ein Fest, das es im Hause von Ferenczy in München-Grünwald für dessen Mutter gab, zu dem auch meine Frau und ich eingeladen waren. Neben Franz Josef Strauß, dem österreichischen Bundeskanzler Bruno Kreisky und vielen deutschen Politikern war bei diesem Fest alles anwesend, was im deutschen Pressewesen damals Rang und Namen hatte. Für mich war das natürlich eine gute Kontaktbörse, die ich auch nutzte. Auch das Buffet ist mir noch in Erinnerung – natürlich von »Feinkost Käfer« –, das sich beson-

ders dadurch auszeichnete, daß der Kaviar in einem aus Eis
gehauenen Wikingerschiff serviert wurde.

Die Wahltournee für Rainer Barzel wurde im Herbst 1972
generalstabsmäßig vorbereitet. Es gab eine eigene Wahlkampfkommission, an der Partei- und Fraktionsvertreter beteiligt
waren, und als ein besonders in Fragen der Öffentlichkeitsarbeit erfahrener Mann stieß Klaus Oertel dazu, der zu Zeiten des
Wirtschaftsministers Kurt Schmücker Sprecher des Wirtschaftsministeriums gewesen und nach der Bildung der Großen Koalition zu Daimler-Benz in die Abteilung Öffentlichkeitsarbeit
gegangen war. Er sollte bei einem Wahlsieg der Union Regierungssprecher werden.

Für mich war die Rolle des Regierungssprechers nie vorgesehen, ich habe sie aber auch nie angestrebt, schon wegen meines starken Augenleidens nicht, das mich, besonders im Zeit-
alter des Fernsehens, in meinem Aktionsradius doch sehr
eingeschränkt hat.

In dem Wahlkampf für die vorgezogene Bundestagswahl gab
es zum ersten Mal auch am Donnerstag vor der Wahl die große
Fernsehdiskussion der vier Parteivorsitzenden. Damals waren
das Brandt, Scheel, Strauß und Barzel, und sie lieferten sich
eine mehrstündige Diskussionsschlacht, bei der vor allem Franz
Josef Strauß den attackierenden Part spielte. Wahlentscheidend
war diese Diskussion jedoch nicht. Auch die Kundgebungen mit
Rainer Barzel und vor allem mit Franz Josef Strauß waren zwar
sehr gut besucht, aber sie waren schon damals wie auch heute
kein Gradmesser für die tatsächliche Stimmung in der Bevölkerung. Die Demoskopie war noch nicht so entwickelt wie heute,
so daß man von daher auch keinen verläßlichen Hinweis auf
den vermutlichen Ausgang der Wahl bekommen konnte.

Trotz massiven Wahlkampfeinsatzes und trotz einer Presse,
die zumindest in Teilen durchaus gut über die Veranstaltungen
der Union berichtete, waren Zweifel angebracht, ob es gelingen
könnte, nach nur drei Jahren die Regierung schon wieder
abzulösen. Zudem schien es, als seien die Ostverträge bei einem
großen Teil der Bevölkerung nicht unpopulär, nach dem Motto:
Adenauer hat den Ausgleich mit dem Westen geschafft und
Brandt den mit dem Osten. Und außerdem war eine Stimmung

zu spüren, die darauf hinauslief, man müsse der Regierung Brandt/Scheel nach erst drei Jahren eine weitere Chance geben. Kurz und schlecht: Die Zeichen standen nicht gerade günstig für einen Sieg.

Während seiner Wahltournee wurde Rainer Barzel auch von seiner Tochter Claudia begleitet, die nach dem Abitur zunächst an der Universität Mainz Psychologie studiert hatte, nach Aufgabe des Studiums aber in einer der CDU gehörenden Verlagsgesellschaft arbeitete. Oft half sie mir bei der Betreuung der Journalisten. Sie war bei den Kollegen sehr beliebt, weil sie die muntere rheinische Art ihrer Mutter geerbt hatte. Im März 1977 jedoch, sie hatte inzwischen geheiratet und einen Sohn geboren, setzte sie ihrem jungen Leben ein Ende. Rainer Barzel, mit dem ich zu diesem Zeitpunkt schon gar keinen großen Kontakt mehr hatte, rief mich von einem Aufenthalt in Wien an, um mir den Schicksalsschlag mitzuteilen – eine Nachricht, die nicht nur mich, sondern alle, die Claudia Barzel kannten, tief erschütterte.

Zu den sogenannten journalistischen Wegbegleitern Rainer Barzels gehörte damals schon Mainhardt Graf Nayhauß, der zunächst noch für die Gesellschaftszeitung »Jasmin« und später dann für Zeitungen des Springer-Konzerns arbeitete. Er hatte damals aber noch nicht die publizistische Bedeutung wie heute mit seinen Kolumnen in der »Bild«-Zeitung. Er brachte in »Jasmin« eine Barzel-Story, in der Frau Barzel auf die Frage: »Sind Sie nicht eifersüchtig, wenn Ihr Mann zum Beispiel im Ausland ist?« geantwortet hatte: »Mein Mann ist doch nicht Franz Josef Strauß«, eine Bemerkung, die große Aufregung verursachte und zu einem Entschuldigungsbrief von Frau Barzel an Strauß führte, an dem ich selber mitformulierte. Die Bemerkung war auch wirklich nicht böse gemeint. Später soll das Verhältnis von Barzel zu Strauß sehr eng gewesen sein.

Neuen Auftrieb für die Wahl versprach der legendäre Frontwechsel von Karl Schiller, Wirtschaftsminister im Kabinett Brandt. Schiller hatte sich mit seinen Genossen überworfen, trat spektakulär von seinem Amt zurück und versuchte zusammen mit Ludwig Erhard eine Kampagne für die soziale Marktwirtschaft zu starten. Seine damalige Frau, Etta Schiller, unter-

stützte ihn dabei. Rainer Barzel machte sich die Verärgerung
Schillers zunutze und versuchte ihn vor seinen Wahlkampfkar-
ren zu spannen. Zu Schillers Freunden gehörte in diesen
Wochen der für das Haus Springer arbeitende Wirtschaftskorre-
spondent Paul C. Martin, der 1992 unter dem neuen »Bild«-Chef
Claus Larass wieder bei »Bild« anheuerte.

Ich erinnere mich an einen Samstag in Karl Schillers Wohnung auf dem Hardtberg in Bonn, wo ich mit ihm eine beabsichtigte Erklärung für die Springer-Presse besprach. Diese
Aktion verunglückte aber, weil »Bild am Sonntag« mit der
Schlagzeile herauskam: »Schiller und Erhard unterstützen Rainer Barzel.« Das ging Karl Schiller zu weit, und nach den ersten
Agenturmeldungen über die Story verlangte er dringend, Barzel
am Telefon zu sprechen, was schließlich erst spät am Abend
gelang, als Barzel nach einer Wahlveranstaltung in Hamburg im
»Atlantic-Hotel Kempinski« übernachtete. Die Sache war nicht
mehr zu reparieren. Schiller blieb verärgert. Er reiste noch am
Abend nach Hamburg, um Rainer Barzel zu treffen. Ich erfuhr
danach nur, daß es in Barzels Suite eine heftige Auseinandersetzung zwischen den beiden gegeben hatte, deren Ergebnis ich
nicht kenne. Barzel selbst hatte in einer vorausgegangenen Rede
in der Ernst-Merck-Halle in Hamburg zumindest deutlich
gemacht, daß Schiller jetzt auch zu ihm stehe, was die Agenturen als eine Bestätigung der Vorausmeldungen der Sonntagspresse empfanden, wo es ja geheißen hatte, Karl Schiller gehöre
nun auch zur Mannschaft von Rainer Barzel. Einen Bericht in
der »Bild«-Zeitung vom 26. September 1992 kann ich aus eigener Kenntnis nicht bestätigen, wonach Rainer Barzel Karl Schiller den Posten des Bundesbankpräsidenten angeboten haben
soll, wenn Schiller nicht mehr auf seiner Forderung beharre,
Barzel müsse dementieren, daß Schiller zu seiner Mannschaft
für eine mögliche Regierung gehöre. Ich selbst habe nur den
ungeheuren Zorn Karl Schillers erlebt, als ich mit ihm in seiner
Wohnung in Bonn sprach. Alles in allem brachte der Rücktritt
des SPD-Wirtschaftsministers der CDU/CSU mehr Unruhe als
Hilfe.

Eine besondere Wahlkampfattraktion glaubte man 1972 in
der Person des heute noch im Showgeschäft tätigen Dieter Tho-

mas Heck gefunden zu haben. Er moderierte eine Show mit
bekannten Sängern und Sängerinnen, die quer durch die ganze
Republik zog und junge Leute ansprechen sollte. Dieser Wahl-
kampfstil wäre heute nicht mehr aktuell.

Die Wahl am 19. November 1972 endete schließlich mit
einem schlechten Ergebnis für die CDU/CSU. Sie erhielt lediglich 44,9 Prozent, und SPD und FDP setzten ihre Regierung fort.
Der ursprünglich blockierte Haushalt von 1973 wurde dann
bald mit der neuen Mehrheit verabschiedet.

In der Phase zwischen der Wahl zum Bundestag 1972 und
dem späteren Ausscheiden Rainer Barzels als Fraktionsvorsitzender machte ich mit meiner Frau noch eine Reise nach
Moskau und Leningrad. Durch den langjährigen Chefredakteur
der »Ruhr-Nachrichten« und später der »Frankfurter Neuen
Presse«, Robert Schmelzer, hatte ich einen Sowjetrussen mit
Namen Wladimir Zagorski kennengelernt. Er gab an, Vizepräsident des sowjetischen Journalistenverbandes zu sein, was
sicherlich nicht seine einzige Tätigkeit war. Schmelzer wiederum kannte ihn durch den Moskauer Korrespondenten eines
großen Zeitungspools, Heinz Lathe, der jahrelang aus Moskau
für viele deutsche Zeitungen berichtet und der unter anderem
auch die Reise von Chruschtschows Schwiegersohn, Alexei
Adschubei, der in führender Position in der sowjetischen Presse
tätig war, nach Deutschland organisiert hatte. Robert Schmelzer
war auf Einladung Zagorskis mit seiner ersten Frau schon 1971
in Moskau gewesen und wohnte zufällig zur selben Zeit im selben Gästehaus der sowjetischen Regierung wie Rainer Barzel
und dessen Delegation. Schmelzer hatte auch noch zu einem
anderen Moskauer Journalisten namens Waleri Wadimowitsch
Lednew von der Zeitschrift »Kulturnaja Gaseta« Kontakt und
diesen an Rainer Barzel als Gesprächspartner vermittelt.

Die sowjetischen Journalisten Zagorski und Lednew durften
gelegentlich nach Deutschland reisen und Kontakte pflegen,
immer mit nur wenigen Devisen ausgestattet. Robert Schmelzer
und ich haben manchmal geholfen, vor allem bei Zagorski,
damit er für seine Frau und seine beiden Kinder etwas mit nach
Hause bringen konnte, was es in Moskau nicht gab. Dafür
brachte er hin und wieder für meinen damals zwölfjährigen

Sohn Thomas russisches Spielzeug mit, zum Beispiel ein Modell des Panzerkreuzers »Aurora«, von dem bei Beginn der Oktoberrevolution im Jahre 1917 der erste Schuß auf das Winterpalais des Zaren in St. Petersburg abgegeben worden war. Besagter Wladimir Zagorski, oder auch Wolodja, wie Robert Schmelzer ihn nannte, überbrachte mir und meiner Frau im Februar 1973 eine Einladung des sowjetischen Journalistenverbandes nach Moskau und Leningrad. Ich fragte Rainer Barzel, ob ich diese Einladung zu einer einwöchigen Reise in die Sowjetunion annehmen könnte. Er stimmte sofort zu und gab mir als einzigen politischen Auftrag mit, ich solle in Moskau herausfinden, ob der sowjetische Generalsekretär – inzwischen war es Breschnew – vielleicht bereit sei, bei seinem für das Frühjahr 1973 vorgesehenen Besuch in Bonn auch ein Gespräch mit dem deutschen Oppositionsführer in sein Programm aufzunehmen.

Ich habe mir dann ganz normal in der sowjetischen Botschaft, damals noch in Rolandseck, ein Visum besorgt und in Moskau ein Zimmer im »Intourist«-Hotel gebucht. Von Sondervergünstigungen, wie später behauptet wurde, konnte gar nicht die Rede sein. Zagorski holte uns auf dem Flughafen ab und bot uns ein phantastisches Programm: verschiedene Theateraufführungen, einen Besuch im sowjetischen Staatszirkus, einen Abstecher zum gut eineinhalb Autostunden von Moskau entfernten Kloster Sagorsk. In Leningrad, wohin wir mit dem Schlafwagenzug fuhren, besichtigten wir unter anderem die Eremitage und die zum größten Teil wieder aufgebauten Zarenschlösser in dem nahegelegenen Dorf Puschkin. Natürlich gehörte auch ein Besuch des großen Friedhofs von Leningrad dazu, auf dem 600 000 Menschen begraben liegen, die während der deutschen Belagerung gefallen oder verhungert waren. Vor der Rückkehr nach Moskau besuchten wir noch die Leningrader Oper und sahen eine zauberhafte Aufführung von »Madame Butterfly«.

Ein Programmteil war allerdings von den Sowjets nicht vorgesehen. Der damals in Moskau für die »Frankfurter Neue Presse« und andere Blätter arbeitende Korrespondent Wolfgang Kuballa verschaffte uns einen Termin im Atelier des bekannten

Moskauer Malers Ilya Glasunow. Er war in Moskau abwechselnd sehr geschätzt oder auch geächtet; 1973 stand er gerade
hoch im Kurs. Eines seiner Bilder gefiel mir so gut, daß ich ihn
fragte, ob er es mir verkaufen wolle. Er meinte, verkaufen nicht,
aber er könne es mir schenken, dann könne ich es auch leichter
mit nach Hause nehmen. So geschah es auch. Trotzdem gab
ich ihm eine Summe in deutschem Geld. Sicherheitshalber
bestätigte er die Schenkung auf der Rückseite der Leinwand.
Wir besiegelten meine Neuerwerbung anschließend noch mit
einigen Wodkas und einer Buttercremetorte, die Glasunows
Frau gebacken hatte. Dann entstand das Problem mit dem
Transport des Bildes. Unsere Koffer waren zu klein, und so lieh
mir der Korrespondent Kuballa einen von seinen. Als am nächsten Tag unser Moskauer Betreuer Zagorski – er hatte es aus
wohlerwogenen Gründen abgelehnt, mit in das Atelier von Ilya
Glasunow zu gehen – den fremden Koffer sah, fragte er ver-
dutzt, was das bedeuten solle. Wir klärten ihn auf, daß wir von
Ilya Glasunow ein Bild geschenkt bekommen hätten, und er gab
sich damit zufrieden. Das expressionistische Bild mit dem Titel
»Moskauer Liebe« hängt seitdem in meiner Wohnung und hat
heute einen vielfachen Wert von dem, was ich Glasunow im Mai
1973 dafür gab.

Wenige Monate später reiste Glasunow nach Chile, um dort
den sozialistischen Präsidenten Allende zu malen, kurz bevor
dieser gestürzt wurde und den Tod fand. Einige Jahre später
durfte Glasunow dann auch in Düsseldorf und Berlin ausstellen
– übrigens sehr unterstützt von Axel Springer –, und er ver-
kaufte auch einige Bilder, darunter eines von denen, die wir
1973 im Atelier in Moskau gesehen hatten, an Peter Boenisch.

Die Reise hatte keinen politischen Gehalt, abgesehen von
politischen Gesprächen mit Zagorski, bei denen es im wesentlichen um Abrüstungsfragen ging. Die Ostverträge waren ja
schon ratifiziert. Kurz vor meiner Abreise aus Moskau teilte mir
mein Moskauer Reisebegleiter dann mit, er gehe davon aus, daß
Generalsekretär Breschnew bei seinem Besuch in Bonn, der
kurz bevorstand, auch mit dem Oppositionsführer sprechen
werde – eine Praxis, die später selbstverständlich wurde. Es
kam dann allerdings doch nicht zu dieser Begegnung, weil Rai-

ner Barzel im Mai 1973, unmittelbar vor dem Breschnew-Besuch, zurücktrat. Statt dessen empfing Breschnew gleich vier CDU/CSU-Politiker, nämlich Gerhard Schröder, Helmut Kohl, Karl Carstens und Franz Josef Strauß. Das war die denkwürdige Begegnung, bei der Breschnew fragte, »Was ist Opposition?« und Gerhard Schröder klar und eindeutig antwortete: »Opposition ist die Regierung von morgen, Herr Generalsekretär.«

Die erlebnisreiche Moskaureise hatte aber noch böse Folgen für mich. Auf Wunsch Barzels hatte ich die Reise zunächst geheimgehalten. Selbst mein damaliger Kollege, der Sprecher der CSU-Landesgruppe, Norbert Schäfer – heute Stellvertretender Regierungssprecher in der Bundesregierung –, wußte nichts davon. Er glaubte, ich sei mit meiner Frau für einige Tage in Wien im Urlaub. Erst durch eine kurze Notiz im »Stern« wurde die Reise publik, und wie ich erfuhr, hatte Franz Josef Strauß den Verdacht, Barzel habe heimlich hinter seinem Rücken in Moskau durch mich Gespräche führen lassen. Es kam noch schlimmer. Später, als Rainer Barzel schon gar nicht mehr im Amt war, veröffentlichte die »Quick« einen wahren Horrorbericht über meine Reise, unter anderem hieß es da, ich hätte mich heimlich zur Vorbereitung dieser Reise mit einem sowjetischen Abgesandten getroffen, der mir auch das Visum besorgt habe, und in Moskau sei es um die Einrichtung eines direkten Drahtes zwischen dem Kreml und dem deutschen Oppositionsführer gegangen – eine abenteuerliche Vorstellung.

Lange Zeit später traf ich in einer Sitzungspause des Steiner-Untersuchungsausschusses, der die Vorwürfe untersuchen sollte, der Abgeordnete Julius Steiner sei von der SPD für seine Stimmabgabe beim konstruktiven Mißtrauensvotums mit 50 000 D-Mark bestochen worden, den seinerzeitigen Chefredakteur der »Quick«, Heinz van Nouhuys, und fragte ihn, warum er einen solchen Blödsinn über meine Moskaureise geschrieben habe. Er antwortete mir kurz und trocken, das Material stamme vom Bundesnachrichtendienst (BND), und er habe es aus einer CSU-Quelle bekommen.

Als der neugewählte Fraktionsvorsitzende Karl Carstens mich als Sprecher der Fraktion übernahm, spielten die Spekulationen und falschen Gerüchte über diese Reise immer noch eine Rolle. Als ich Carstens die Hintergründe schilderte, war die Sache klar. Er hat herzhaft gelacht.

Ein Jahrzehnt verging, bis ich wieder nach Moskau kam: Im Mai 1983 besuchte ich die Stadt in Begleitung von Bundeskanzler Helmut Kohl. Die Situation hatte sich völlig verändert. Wir waren wieder an der Regierung, und ich reiste als Mitglied der Delegation des Kanzlers. In den kommenden Jahren war ich dann noch mehrmals dort, insbesondere in dem entscheidenden Jahr der deutschen Einheit 1990, wo es dann auch den historischen Abstecher mit Michail Gorbatschow in den Kaukasus gab, bei dem er dem Verbleib des gesamten Deutschland in der NATO zustimmte. Der Unterschied war natürlich kraß. 1973 wohnte ich im »Intourist«-Hotel, ab 1983 im Gästehaus der sowjetischen beziehungsweise russischen Regierung. 1973 ging ich mit meinem Begleiter Zagorski im Gorki-Park spazieren, wenn ich etwas Politisches besprechen wollte, ohne abgehört zu werden, später war das nicht mehr nötig.

Erst 1993 traf ich Zagorski wieder. 1973 hatte er unter Breschnew eine Rolle im Apparat gespielt, heute ist er Rentner, arbeitet aber noch im Protokoll der russischen Raumfahrtbehörde als Betreuer ausländischer Gäste, weil er sehr gut Deutsch spricht. Mit Politik will er heute nichts mehr zu tun haben. Jahrelang hatte ich mich bemüht, ihn in Moskau ausfindig zu machen, aber lange vergebens. Erst durch die Vermittlung eines russischen Journalisten gelang es mir, ihn im Dezember 1993 bei dem Besuch des Kanzlers in Moskau wieder aufzuspüren. Inzwischen hat er mich im Rahmen einer Dienstreise nach Deutschland auch wieder in meiner Bonner Wohnung besucht.

Von der Bundestagswahl im November 1972 bis zum Rücktritt Rainer Barzels vom Amt des Fraktionsvorsitzenden am 9. Mai 1973 hatte sich in Bonn neben der Bildung der zweiten Regierung von Willy Brandt und der Debatte über die Regierungserklärung, in der Rainer Barzel noch einmal mit Willy Brandt die Klingen kreuzte, nicht sehr viel ereignet. Heiß her ging es erst wieder, als die Regierung vorschlug, die Bundesrepublik Deutschland solle die Vollmitgliedschaft in den Vereinten Nationen beantragen und den reinen Beobachterstatus beenden. In der CDU/CSU-Fraktion gab es darüber heftigen Streit, es mußte darüber abgestimmt werden. Rainer Barzel plädierte für Zustimmung und erhielt auch in der ersten offenen Abstimmung eine, wenn auch geringe, Mehrheit. Das reichte ihm nicht. Er ließ noch einmal geheim abstimmen und unterlag dabei mit einer Stimme. Diese Niederlage sah er nicht nur als eine Entscheidung in der Sache an, sondern auch als eine Entscheidung gegen seine Person. Er ging eine Nacht mit sich zu Rate und teilte dann zunächst seinem Freundes- und Beraterkreis seine Entscheidung mit, vom Amt des Fraktionsvorsitzenden zurückzutreten. Er hatte wohl auch gesehen, daß die Kritik an ihm gewachsen war. Das verlorene konstruktive Mißtrauensvotum und die verlorene Bundestagswahl vom November 1972 saßen ihm doch noch tief in den Knochen. Viele seiner Freunde hatten ihm davon abgeraten, eine geheime Abstimmung in der Frage des UNO-Beitritts durchzuführen, weil sie natürlich die Gefahr sahen, daß man ihm einen Denkzettel verpassen könnte. Mit einer so blitzschnellen Reaktion Barzels hatte man jedoch nicht gerechnet. Er hatte sich wohl auch eingehend mit seiner Frau besprochen, und die hatte ihm zugeraten, den Schritt zu tun.

In der Fraktionssitzung am 9. Mai 1973, in der Barzel seinen Rücktritt bekanntgab, herrschte tiefe Betroffenheit, hatte doch Barzel durch neuneinhalb Jahre hindurch seit der schweren Erkrankung Heinrich von Brentanos die Fraktion geführt und sie zu einem schlagkräftigen Oppositionsinstrument gemacht, ein Verdienst, das ihm niemand streitig machen kann, auch wenn einzelne seiner Aktionen im In- und Ausland nicht immer die ungeteilte Zustimmung der Fraktion gefunden hatten. Sein rhetorisches und organisatorisches Talent waren unbestritten, auch wenn er seine politischen Ziele nicht erreicht hatte.

Nach seinem Rücktritt begann sofort die Suche nach einem Nachfolger. Sehr schnell stellte sich heraus, daß die Zahl der möglichen Kandidaten klein war. Es kandidierten Gerhard Schröder, langjähriger Außen- und Verteidigungsminister, Richard von Weizsäcker und Karl Carstens, der erst ein halbes Jahr zuvor, nach langjähriger Tätigkeit als Staatssekretär im Auswärtigen Amt, im Verteidigungsministerium und im Kanzleramt unter Kiesinger in die Fraktion gekommen war. Dort war er mit einer beachtlichen Rede über die Politik Willy Brandts, besonders zum Thema Deutsche Einheit, aufgefallen. Die Profis in Bonn kannten ihn als messerscharfen Analytiker und exzellenten Kenner der Akten, besonders des gesamten Vertragswerks der Ostverträge. Außerdem war sein Ruf als Wissenschaftler bedeutend – er hatte seinen Lehrstuhl an der Kölner Universität als Rechtslehrer immer beibehalten. In Bonn stellte sich nur die Frage, ob er gegen seinen langjährigen Mentor Gerhard Schröder wirklich antreten würde.

Ich war nach dem Rücktritt Rainer Barzels sozusagen frei und in keiner Weise Parteigänger des einen oder des anderen Kandidaten für das Amt des Fraktionsvorsitzenden. Ich spürte nur sehr rasch, daß sich in der Presse ein starker Trend zugunsten von Karl Carstens bemerkbar machte. Selten ist ein Kandidat für ein hohes politisches Amt so durch die Presse »gemacht« worden wie Karl Carstens. Er wurde mit einem überzeugenden Ergebnis gewählt, und zwar am 17. Mai 1973, nur wenige Tage nach dem Rücktritt Barzels.

Am Tage seiner Wahl betreute ich Karl Carstens zum ersten Mal bei den zahlreichen Interviews, die er für Presse, Rundfunk und Fernsehen zu geben hatte. Ich hatte ihm angeboten, ihn in seiner Pressearbeit zu unterstützen, auch wenn er noch keine Entscheidung über seine künftigen Mitarbeiter getroffen hatte. Der erste Arbeitstag mit ihm dehnte sich bis in den späten Abend des 17. Mai aus. An diesem Abend gab Rainer Barzel ein Abschiedsessen für seine engsten Mitarbeiter im »Amerikanischen Club« in Bonn-Bad Godesberg, der bekannt war für seine guten Steaks und seine Shrimps. Zu diesem Essen kam ich zu spät, weil ich es für meine Pflicht gehalten hatte, Carstens bei seinen ersten Aktionen mit der Bonner Presse zu unterstützen, zumal er selbst sagte, daß er hier ohne jede Erfahrung sei. Aus der Tafelrunde trafen mich einige mißbilligende Blicke, aber das konnte ich in der entstandenen Lage verstehen.

In den kommenden Tagen richtete sich Rainer Barzel im Südflügel des alten Bundeshauses ein kleines Büro ein. Er nahm seine langjährige Sekretärin, Ingrid Faßbender, und seinen persönlichen Referenten, Thomas Jansen, mit. Die Fraktion stellte ihm wieder einen Wagen und einen Chauffeur zur Verfügung,

und auch ein Teil seiner bisherigen Bezüge als Fraktionsvorsitzender wurde ihm bis zur nächsten Wahl zugebilligt. Die
Fraktion wollte und durfte ihm gegenüber nicht undankbar
sein.

Das Kapitel über Rainer Barzel wäre unvollständig ohne
einige Bemerkungen über seine Frau Kriemhild, mit der mich in
den fast zehn Jahren, in denen ich sie kannte, ein sehr mensch-
lich-kameradschaftliches Verhältnis verband. Kriemhild Barzel
war eine prachtvolle, lebensnahe Frau mit sehr viel Realitäts-
sinn, die politisch sehr engagiert und auch durchaus in der Lage
war, einen kritischen Dialog mit ihrem Mann zu führen. Sie hat
ihn auf dem nicht immer leichten politischen Weg, den er zu
durchwandern hatte, in Höhen und Tiefen bis zu ihrem frühen
Tod am 25. Oktober 1980 begleitet. In Bonn war sie für uns Mitarbeiter immer so etwas wie die Mutter der Kompanie, und
wenn es in der Mitarbeitercrew zu Spannungen kam, wirkte sie
immer ausgleichend. Sie war eine gute Reisebegleiterin auf den
zahlreichen Auslandsreisen, die wir gemeinsam machten, und
sie hat oft meinen Rat eingeholt, wenn es einmal schwierig
wurde. Ich bedaure sehr, daß nach dem Ausscheiden Rainer
Barzels aus der Führung der Fraktion der Kontakt zu ihr sehr
rasch abbrach, wie auch zu Rainer Barzel selbst. Ich besuchte
ihn zwar noch einige Male in seinem Büro, um mit ihm über die
politische Lage zu sprechen, aber er selbst legte immer weniger
Wert auf weitere Kontakte. Unsere Wege haben sich dann nur
noch einmal gekreuzt, als er am 25.10.1984 nach wenigen
Monaten Amtszeit sein Amt als Bundestagspräsident verlor.

7 DROHENDE SPALTUNG

Unmittelbar nach seiner Amtsübernahme bestellte mich Karl Carstens in sein Büro, um mit mir über meine weitere Verwendung zu sprechen. Einige Politiker aus der Fraktionsführung hatten ihm geraten, mich wegen meiner langjährigen Erfahrung im Bonner Pressegeschäft als Fraktionssprecher zu behalten, auf meine Loyalität könne er sich sicher verlassen. Diesem Rat folgte er.

Er bildete sehr rasch seinen Mitarbeiterstab, zu dem als Büroleiter Hans Neusel gehörte, der nach dem Ausscheiden Kiesingers aus dem Kanzleramt diesem das Büro im Bundeshaus geführt hatte. Als Mitarbeiterin gewann Karl Carstens auch Christina Neunzig, die vorher bei Baron Guttenberg gearbeitet hatte. Beide haben mit Karl Carstens auch später noch zu seiner Zeit als Bundespräsident zusammengearbeitet. Hans Neusel wurde danach Staatssekretär im Bundesinnenministerium und blieb es bis zu seiner Pensionierung im Oktober 1992.

Die Jahre mit Karl Carstens waren für mich eine gute Zeit – besonders auch im menschlich-persönlichen Bereich. Er hatte sehr schnell Vertrauen zu mir gefaßt, weil er spürte, daß ich ihm in jeder Weise loyal zur Seite stand. Angenehm war auch, daß ich plötzlich mehr freie Abende und Wochenenden hatte als bei Barzel und so meine Familie häufiger sah und auch ab und zu dazu kam, meinen wenigen Hobbys nachzugehen: mal eine Schallplatte mit italienischer Opernmusik aufzulegen oder eine Wanderung zu machen. Bei Barzel war die Politik nahtlos in den Feierabend übergegangen; er wollte auch beim Abendessen und am Wochenende Ansprechpartner um sich haben, und so war ich oft mit ihm im Amerikanischen Club in Godesberg oder auch bei ihm zu Hause gewesen.

Karl Carstens hatte andere Gewohnheiten. Er besuchte keine

Restaurants, sondern fuhr abends lieber zu seiner Frau Veronika in sein schönes Haus in Meckenheim. Lediglich Hans Neusel saß oft abends oder auch am Wochenende im Büro. Er war ein Aktenmensch, der volle Schreibtische nicht leiden konnte, und abends, so sagte er, hätte er die meiste Zeit zum Arbeiten.

An der Pressearbeit störte Karl Carstens zunächst am meisten, wenn die Fernsehredakteure von ihm verlangten, einen komplizierten politischen Sachverhalt in einer Minute und zehn Sekunden darzustellen. Rasch aber hatte er diese Methode akzeptiert. Er war ein glänzender Formulierer und bald auch ein gesuchter Interview- und Gesprächspartner für die Bonner und internationale Presse. Dabei kam ihm sehr zugute, daß er Interviews auch in englischer und französischer Sprache geben konnte, wobei sich sein Studium an der Yale University in den USA und seine langjährige Erfahrung im Auswärtigen Amt auszahlten, wie es auch sein Vorteil war, daß er die angesehenen anglo-amerikanischen und französischen Zeitungen in der Originalsprache las.

Nur ein einziges Mal glaubte er, daß ich ihn falsch beraten hätte. Er wurde gebeten, für die im Bauer-Verlag erscheinende Illustrierte »Neue Revue« ein Interview zu geben. Das Interview sollte der damalige Korrespondent dieser Zeitschrift, Wolf J. Bell, machen. Ich riet ihm zu, das Interview zu geben, auch wenn die Illustrierte nicht ganz nach seinem Geschmack war. Das Interview wurde sehr gut, aber in der gleichen Nummer, in der es abgedruckt wurde, waren auch barbusige Mädchen abgebildet. Frau Dr. Veronika Carstens, die in Meckenheim bei Bonn eine Arztpraxis betrieb und auch heute noch betreibt, hatte das Heft in die Hand bekommen und sich doch etwas befremdet darüber gezeigt, in welchem Umfeld das Interview ihres Mannes erschien. Er teilte mir das mit. Ich nahm es ohne großen Kommentar zur Kenntnis, stellte aber dann doch die Auswahlpraxis für Interviews ein bißchen um. Später hatte ich auch zu Veronika Carstens einen sehr guten Kontakt, und ich konnte ihr bei ihrem Kampf für die stärkere Berücksichtigung der Naturheilkunde gegenüber der Schulmedizin manche Unterstützung geben und ihr zahlreiche Gespräche mit sachverständigen Journalisten vermitteln. Sie wiederum gab mir manchen guten Tip, etwa daß ich die seit meiner Studienzeit chronische Gastritis am besten mit dem Naturheilmittel »Nux Vomica« bekämpfen könne, was sich als richtig erwies.

Karl Carstens hatte sich sehr schnell in die Geschäfte der Fraktion eingelebt und sich dabei zu einem guten, von der Opposition gefürchteten Debattenredner entwickelt. Nur eines machte ihm dabei zu schaffen: Einerseits erwartete die Fraktion von ihm einen kämpferischen Stil in den Debattenreden, andererseits entsprach es nicht seinem Naturell, zu polemisieren und den politischen Gegner verbal zu verletzen. Nach solch kämpferischen Reden im Bundestag fragte er oft Hans Neusel und mich, ob er denn zu scharf gewesen sei in seiner Rede und was wohl seine Verwandten auf der Insel Fehmarn von ihm halten sollten, wenn sie das gehört hätten. Wir beruhigten ihn – und er lernte, mit diesem Zwiespalt zu leben, besonders in der Zeit als Helmut Schmidt als Nachfolger von Willy Brandt Kanzler geworden war. Auf die oft polemischen Beiträge Helmut Schmidts konnte man gar nicht anders als scharf antworten.

Im Laufe von dreieinhalb Jahren als Fraktionsvorsitzender eroberte sich Karl Carstens in der Fraktion ein, wie man heute sagen würde, gutes Standing. Trotzdem fiel es ihm manchmal schwer, sich in der großen Fraktion mit ihren rund 240 Mitgliedern das nötige Gehör zu verschaffen. Er klagte dann uns Mitarbeitern gegenüber, die Fraktion komme ihm bei mancher Sitzung vor wie eine »Horde heulender Derwische«.

Obwohl Carstens die gepflegteren Umgangsformen bevorzugte, machte ihm im Laufe der Jahre eine Sache zunehmend mehr Spaß, das waren seine Auftritte auf den Parteitagen der bayerischen CSU, bei denen er bald ein gefeierter Redner war, weil er dort so richtig vom Leder zog. Er war, wie man so sagt, Mitglied im Verein für deutliche Aussprache. Er mochte die Bayern in ihrer Direktheit aber auch sehr, und der Jubel war besonders groß, als er nach seinem ersten großen Rednererfolg in einem bayerischen Trachtenanzug beim gemütlichen Abend im Münchner Hofbräuhaus erschien und auf der Bühne die Blaskapelle dirigierte – eine Mordsgaudi, wie die Delegierten und Journalisten meinten. Ich habe ihn auf all diesen Reisen begleitet, und er hatte immer einen Heidenspaß daran, wie gut mir das bayerische Bier schmeckte, das er selbst allerdings nur maßvoll trank.

In die Zeit, in der Karl Carstens Fraktionsvorsitzender war, fielen vier wichtige Vorgänge:

Erstens: Helmut Kohl wurde am 12. Juni 1973 Parteivorsitzender der CDU, nachdem Rainer Barzel auch dieses Amt abgegeben hatte. Kohl war mittlerweile ein sehr erfolgreicher Ministerpräsident in Rheinland-Pfalz und hatte eine erstklassige Regierungsmannschaft, zu der unter anderem Bernhard Vogel, Heiner Geißler, Heinz Schwarz und Johann-Wilhelm Gaddum gehörten, die später alle in der Politik ihres Landes, im Bund oder im Bankwesen Karriere machten.

Zweitens: Im Mai 1974 löste Walter Scheel Gustav Heinemann als Bundespräsident ab, was den Wechsel im Auswärtigen Amt von Walter Scheel zu Hans-Dietrich Genscher zur Folge hatte.

Drittens: Helmut Schmidt folgte Willy Brandt als Kanzler, nachdem in Brandts unmittelbarer Umgebung der DDR-Topspion Günter Guillaume aufgeflogen war, ein Ereignis, das damals nicht nur Bonn erschütterte.

Viertens: Der sogenannte Steiner-Untersuchungsausschuß sollte klären, ob es beim konstruktiven Mißtrauensvotum gegen Willy Brandt im Jahre 1972 mit rechten Dingen zugegangen war, ob der damalige SPD-Fraktionsgeschäftsführer Karl Wienand den Abgeordneten Julius Steiner tatsächlich mit 50 000 DM bestochen hatte oder ob sogar der DDR-Geheimdienst, das MfS, dabei seine Hand im Spiel hatte, wie es den Akten zufolge, die man nach der Wiedervereinigung in Ost-Berlin gefunden hat, heute als belegt gilt. Offenbar, so sieht es heute aus, stammte das Geld für Steiner tatsächlich aus der DDR. (Steiner hatte übrigens schon damals, als der erste Verdacht gegen ihn aufkam, ganz unverhohlen erzählt, er sei Doppelagent und stehe mit der Stasi in Verbindung, doch niemand hatte ihm glauben wollen. Man hielt ihn für viel zu unbedarft für diese Rolle – außerdem trank er ein bißchen viel. Ost-Berlin, so dachte man, würde sich doch nicht mit einem so unsicheren Kantonisten einlassen. Denkste.)

Karl Carstens fand sehr rasch ein gutes Verhältnis zu Helmut

Kohl, und er besprach alle wichtigen politischen Vorgänge mit ihm, nicht nur im Parteivorstand der CDU, an dessen Sitzungen er als Fraktionsvorsitzender regelmäßig teilnahm, sondern auch in vielen Einzelgesprächen. Diese Verbindung blieb sehr lange erhalten, auch als Carstens später Bundestagspräsident, Bundespräsident und nach seinem Ausscheiden aus der aktiven Politik, Vorsitzender des Ältestenrates der CDU war, einer Vereinigung führender Persönlichkeiten der CDU, die in ihrer aktiven Zeit hohe Ämter bekleidet hatten.

Ich selbst durfte, wie unter Rainer Barzel, weiterhin als Fraktionssprecher an den Vorstandssitzungen der Partei teilnehmen und hatte so einen guten Einblick in das Wirken Helmut Kohls, der in den siebziger Jahren als der große Parteireformer galt, weil er ein Programm entwickelt hatte, das die CDU erst zu einer richtigen Volkspartei und auch zu einer Mitgliederpartei machen sollte. Beides ist ihm gelungen.

Vorwiegend war ich aber in der ersten Hälfte der siebziger Jahre mit den großen Ereignissen in der Regierungspolitik beschäftigt, wie mit dem Kanzlerwechsel und seinen Folgen im Mai 1974.

Keine Nachricht hatte Bonn in diesen Jahren so erschüttert wie die Tatsache, daß es der DDR gelungen war, einen ihrer Topspione in die unmittelbare Nähe von Willy Brandt zu plazieren. Sicherlich hatte es auch vorher – und zwar in allen Parteien – Spionagefälle gegeben, und es gab sie auch hinterher, aber keiner war so spektakulär wie der Fall des Kanzlerspions Günter Guillaume. Willy Brandt trat daraufhin zurück, wenngleich sicher noch andere Umstände dabei eine Rolle spielten. Er wurde inzwischen von etlichen Genossen in seiner eigenen Partei als zu schwach angesehen, nicht zuletzt von Herbert Wehner, dem SPD-Fraktionsvorsitzenden, und dann gab es da auch noch Vorwürfe moralischer Art, verbunden mit der Sorge, er könne als Kanzler erpreßbar werden. Ich will die Einzelheiten hier nicht noch einmal ausbreiten, wie das ja in jüngerer Zeit reichlich geschehen ist, aber ich bin insgesamt nach wie vor der Meinung, daß der Rücktritt die einzig mögliche Konsequenz für ihn war. Zu der sogenannten Guillaume-Affäre gab es später einen parlamentarischen Untersuchungsausschuß, der von Walter

Wallmann geleitet wurde, dem späteren Oberbürgermeister von Frankfurt und bisher einzigen hessischen Ministerpräsidenten, der der CDU angehörte.

Zu jener Zeit wurde mir durch einen Zufall vor Augen geführt, wie abhängig ich in meiner Arbeit von scheinbar selbstverständlichen technischen Einrichtungen war: Am 1. Mai 1974 entdeckte ich plötzlich, daß das Telefon bei mir zu Hause nicht funktionierte. Damals hatte ich nur eine Leitung, heute sind es zwei mit vier Apparaten, die über das Parterre und den ersten Stock meines Reihenhauses verteilt sind. Ich muß Tag und Nacht erreichbar sein und andererseits Tag und Nacht andere erreichen können, angefangen vom Kanzler über die zuständigen Leute im Kanzleramt und in den einzelnen Ressorts bis hin zu den Journalisten aller Medien.

Am besagten 1. Mai war ich nun von der Außenwelt abgeschnitten. Anstatt mich zu freuen, daß ich endlich einmal Ruhe vor dem ewigen Klingeln des Telefons hatte, befiel mich gelinde Panik. Was, wenn gerade jetzt irgendwo etwas Wichtiges passierte? Von der nächsten Telefonzelle aus rief ich die Störungsstelle an. Obwohl Feiertag war, erschien auch ein Postbeamter in meiner Wohnung, da er beim Durchmessen der Leitung keinen Schaden entdeckt hatte. Er prüfte das Kabel im Haus, und siehe da, es war durchtrennt. Ich rätselte, wie das geschehen konnte, bis mein heranwachsender Sohn, dessen große Leidenschaft Tiere waren, mir sagte, sein Goldhamster sei ausgerissen. Und das war tatsächlich die Lösung des Rätsels. Die Leitung wurde repariert, der Goldhamster kam fortan unter strenge Aufsicht, und zum Glück war inzwischen draußen in der Welt nichts Dramatisches passiert. Aber ich wagte gar nicht, mir vorzustellen, wie ich im Ernstfall mit einem beißfreudigen Goldhamster als Entschuldigung für ein Versäumnis dagestanden hätte.

Im Gegensatz zu Barzel unternahm Carstens nur einige wenige Auslandsreisen, vorwiegend in die westlichen Hauptstädte. An einer Amerikareise mit ihm fiel nur auf, daß er nicht in den bisherigen Delegationshotels – zunächst dem »Shoreham«-Hotel oder später dem »Watergate«-Hotel – wohnte, sondern in einem ganz normalen Washingtoner Hotel, dessen

Name mir wieder entfallen ist. Das war so seine Art. Für sich persönlich war er sehr bescheiden. Nur eine große Leidenschaft hatte er, das Segeln. Mit seinem Vetter, Fritz Mackeprang, der auf Fehmarn lebt, besaß er gemeinsam ein Boot. Wenn es ihm die Zeit erlaubte, fuhr er auf die Insel, um dort mit seinem Vetter Fritz und einem zweiten Segelkameraden, einem ehemaligen Marineoffizier, der den schönen Namen Sherry Dehning trug, einen Segeltörn zu machen. Gelegentlich begleitete ihn dabei auch seine Frau. Von diesen Segelausflügen gibt es wunderbare Bilder. Ich selbst hatte leider nie die Gelegenheit, Karl Carstens an die Ostsee zu begleiten – Segeln konnte ich ohnehin nicht. Aber ich lernte Carstens Wahlheimat Schleswig-Holstein kennen, besonders seinen Wahlkreis Plön, den ihm, wie er immer wieder betonte, Kai-Uwe von Hassel verschafft hatte, der ihn auch in die aktive Politik hineinbrachte.

In Plön lernte ich auch den dortigen Kreispräsidenten und Freund von Karl Carstens, Günter Röhl, kennen, einen ungeheuer aktiven Mann, der viele Jahre dem Verwaltungsrat des ZDF angehörte. Noch heute, er ist inzwischen 79, ist er in der Wirtschaft tätig, und er besucht mich in Bonn, wenn er dort zu tun hat. Manches Glas Bier und manchen Schnaps haben wir gemeinsam getrunken. Carstens selbst war in diesem Punkt immer sehr zurückhaltend, wenn wir zum Beispiel im schleswig-holsteinischen Wahlkampf auch beim Biertrinken unseren Mann stehen mußten.

An das wunderschöne Fest zu Karl Carstens 60. Geburtstag am 14. Dezember 1974 habe ich noch heute die besten Erinnerungen. Die Geburtstagsfeier fand im Bonner Hotel »Königshof« statt. Neben einer Reihe prominenter Bonner Politiker hatte Karl Carstens auch alte Freunde aus seiner Bremer Zeit, aber vor allem die Verwandtschaft von der Insel Fehmarn eingeladen, alles sehr gestandene Leute. Sie nannten ihren Vetter aus Bonn »unser liewer Karl«. Das Fest nahm ungewöhnlich fröhliche Züge an. Am Schluß nahmen sich alle bei den Händen und sangen gemeinsam »Kein schöner Land in dieser Zeit«. Als sich das Ehepaar Carstens dann nach Hause zurückzog, meinte er zu mir: »Sie können ja noch mit meinen Verwandten in der Bar einen trinken gehen. Wie ich die kenne, gehen die noch nicht ins

Bett.« So geschah es dann auch, und es wurde noch ein langer, ausgelassener Abend.

Die Öffentlichkeitsarbeit mit und für Karl Carstens gestaltete sich immer besser. Die Interviews, Pressekonferenzen und Hintergrundgespräche wurden immer häufiger. Wie schon unter Rainer Barzel hielt ich jeden Morgen einen Pressevortrag, um ihn über die wichtigsten Artikel und Meldungen zu informieren, auch über das Fernsehen. Diese Aufgabe habe ich übrigens bis zum Ende meiner Tätigkeit beibehalten, unter dem Fraktionsvorsitzenden Helmut Kohl und auch unter dem Bundeskanzler Kohl.

Vom Showgeschäft als politisches Mittel hielt Carstens sehr wenig. Nur einmal stimmte er zu, als Gast in der damals beliebten Fernsehsendung »Zum Blauen Bock« mit dem bekannten Moderator Heinz Schenk teilzunehmen. Die Sendung wurde aus der Wiesbadener Rhein-Main-Halle ausgestrahlt, und da gerade Karnevalszeit war, trat in dieser Sendung auch die Mainzer Sängerin Margit Sponheimer auf. Sie hatte in der Karnevalssaison 1975 den Schlager »Mein lieber Karl« kreiert. Da lag es nahe, Karl Carstens zu ihrem Auftritt in dieser Sendung einzuladen. Carstens willigte nach anfänglichem Zögern ein und ließ sich von Margit Sponheimer ansingen. Er hatte schließlich sogar Spaß dabei. Ja, selbst bei den Karnevalsfesten der Fraktion, die schon in der Zeit Rainer Barzels regelmäßig in der Godesberger Stadthalle stattfanden, ließ sich Karl Carstens Karnevalsorden umhängen und von den Funkemariechen »bützen«, wie das im Rheinland üblich ist.

Seit dem Amtsantritt Helmut Schmidts als Bundeskanzler hatte sich das politische Szenario in Bonn erheblich verändert. Während Willy Brandt sich von Literaten und Journalisten hatte beraten lassen, deren zum Teil wolkige Formulierungen sich in den Regierungserklärungen von 1969 und 1972 niederschlugen, versuchte Helmut Schmidt wieder einen sachlicheren Ton in die Politik hineinzubringen. Ähnlich wie heute gingen viele Gesetzesvorlagen durch die Mehrheit der von der Opposition geführten Länder an den Vermittlungsausschuß. Dadurch war ein Zwang zur Einigung gegeben, und Helmut Schmidt versuchte immer wieder, auch durch direkte Gespräche mit der

CDU/CSU die wesentlichen Elemente seiner Politik zu retten, vor allem auf dem Steuersektor oder etwa in der Frage eines Kredits für Polen, der der Zustimmung des Bundesrates bedurfte. Während in der Steuerfrage Franz Josef Strauß Schmidt »behilflich« war, war es in der Frage des Polenkredits im Jahre 1975 der rheinland-pfälzische Ministerpräsident und CDU-Vorsitzende Helmut Kohl, der schließlich den Ausschlag für die Zustimmung der unionsgeführten Länder gab. Unter Karl Carstens betrieb die Union im Bundestag eine konstruktive Opposition, was ihr auch immer wieder in der Presse bescheinigt wurde.

Meine Zusammenarbeit mit Carstens dauerte nur knapp dreieinhalb Jahre, aber auch in seinen späteren Ämtern hat er mir immer wieder Gelegenheit gegeben, Gespräche mit ihm zu führen. Das gilt sowohl für die Zeit, als er Bundestagspräsident war, wie auch für seine Amtszeit als Bundespräsident, während der ich ihn immer wieder in der Villa Hammerschmidt besuchte. Er freute sich, von mir Dinge aus dem sogenannten Bonner Nähkästchen zu hören, die er in seinem morgendlichen Pressevortrag, den ihm ein Beamter hielt, nicht erfahren konnte. Staatssekretär Hans Neusel nahm meistens an unseren Gesprächen teil. Wenn Karl Carstens im Bundespräsidialamt eine entsprechende Stelle für mich frei gehabt hätte, hätte er sie mir sicher angeboten, wie er mir mehrmals sagte. Aber zu diesem Zeitpunkt arbeitete ich schon zweieinhalb Jahre mit dem neuen Oppositionsführer Helmut Kohl zusammen. Ein Wechsel wäre für mich ohnehin nicht in Frage gekommen.

Was mich immer wieder an Karl Carstens erfreut hat, war seine warme, menschliche Art. Auch in den Jahren, in denen ich nicht mehr mit ihm arbeitete, erkundigte er sich immer danach, wie es meiner Frau ging oder welche Fortschritte mein Sohn in seiner Ausbildung und später in seinem Beruf machte, und es lag immer echte Anteilnahme in seinen Fragen.

1976 beteiligte sich Karl Carstens am Wahlkampf für die Bundestagswahl im Herbst, für die Helmut Kohl von den Unionsparteien zum Kanzlerkandidaten nominiert worden war. Carstens Beitrag zum Wahlkampf fiel erwartungsgemäß relativ bescheiden aus, wenngleich er sich ein großes Programm aufbürdete. Er reiste nur mit seinem eigenen Wagen, gesteuert von seinem Fraktionsfahrer Willy Wolter, der schon Rainer Barzel jahrelang gefahren hatte. Zu seinem Begleiterstab gehörte neben mir auch einer seiner früheren Mitarbeiter aus dem Auswärtigen Amt, Christian Ueberschaer, der heute deutscher Botschafter in Südafrika ist und der sich für sechs Wochen vom Auswärtigen Amt ohne Bezüge hatte beurlauben lassen, weil er Karl Carstens gerne im Wahlkampf unterstützen wollte. Er war zuvor als junger Diplomat deutscher Botschafter in der Zentralafrikanischen Republik unter der Herrschaft von Kaiser Bokassa gewesen und konnte unglaubliche Geschichten über seine Erlebnisse in diesem exotischen Land erzählen. Er war übrigens später unter Helmut Kohl, vor seiner Berufung nach Südafrika, sieben Jahre Referatsleiter im Bundeskanzleramt für die Länder Asiens, Afrikas und Lateinamerikas – ein ungemein kenntnisreicher und sympathischer Kollege, mit dem ich vorzüglich zusammengearbeitet habe, besonders wenn es um die Bewältigung von Krisensituationen wie zum Beispiel die Befreiung von Geiseln aus der Hand der Hisbollah oder der Hamadi-Familie im Libanon ging.

Carstens hatte sich für den Wahlkampf 1976 ein großes Pensum vorgenommen, um Helmut Kohl tatkräftig zu unterstützen. So reisten wir, nur noch begleitet von einem Sicherheitsmann – welch ein Unterschied zur heutigen Situation! – von Stadt zu Stadt, in Bayern auch von Bierzelt zu Bierzelt. Die Reisen waren immer so geplant, daß wir zwischen zwei Veranstaltungen eine kurze Rast machen konnten, wobei ich neben der Betreuung der Presse vor Ort auch für das leibliche Wohl der kleinen Truppe zu sorgen hatte. Carstens bevorzugte Fischgerichte und zwischendurch Obst. Da ich die Kasse zu verwalten hatte, sorgte ich dafür, daß keiner mit seinen Wünschen zu kurz kam.

Karl Carstens sprach in seinen Versammlungen nur frei, für aktuelle Stellungnahmen wurden ständig mehrere Passagen in seine Texte eingefügt, die ich auch schriftlich formuliert an die Presse weitergab. Bei Rainer Barzels Wahlkampfreden hatten wir seinerzeit einen sogenannten Mustertext, den wir an die Lokalpresse verteilten und der die wesentlichen Elemente seiner jeweiligen Wahlkampfrede enthielt.

Auch bei Karl Carstens nahmen wir gelegentlich Bonner Journalisten mit in den Wahlkampf, aber die Gruppe war überschaubar, nicht zu vergleichen mit dem Troß, der seit den siebziger Jahren dem jeweiligen Kanzler oder dem Kanzlerkandidaten folgt.

Einen Einblick in den Wahlkampf bekam ich dadurch, daß ich 1976 mehrfach in die Sitzungen der großen Wahlkampfkommission eingeladen wurde. Daran nahmen neben Politikern aus Partei und Fraktion auch besonders sachverständige Persönlichkeiten aus dem Bereich der Medien teil, wie zum Beispiel der Generalintendant des Österreichischen Rundfunks Gerd Bacher, der Helmut Kohl beratend zur Seite stand und mit vielen Ideen maßgebliche Beiträge zur Entwicklung einer modernen Wahlkampagne lieferte, auch wenn man nicht immer mit all seinen Vorschlägen einverstanden sein konnte. Gerd Bacher beeindruckte mich von Anfang an durch seine Vitalität, durch seine Diskutierkunst und durch seinen Ideenreichtum. Später, als ich selbst auch zu Helmut Kohls Wahlkampfteam gehörte, habe ich ihn noch viel besser in Aktion erleben können.

Das Wahlergebnis vom September 1976 war ein großer Erfolg für Helmut Kohl. 48,6 Prozent der Wähler stimmten für die beiden Unionsparteien. Trotzdem wurde eine Koalition der Verlierer gebildet, von SPD und FDP. Kohl entschloß sich, sein Amt als Ministerpräsident von Rheinland-Pfalz aufzugeben und als Oppositionsführer nach Bonn zu gehen, ein Entschluß, der sich hinterher als konsequent und richtig herausstellte.

Dann folgte Mitte November 1976 das Drama von Kreuth. Ich war mit dem CDU-Sprecher Wolfgang Wiedemeyer als Gast auf dem FDP-Parteitag in Frankfurt, als plötzlich ein Vertreter der dpa zu uns kam und uns eine Blitzmeldung von der Tagung der CSU-Landesgruppe in Wildbad Kreuth zeigte: »CSU will eigene Fraktion im Bundestag«. Wir waren wie elektrisiert und gingen sofort in das nahegelegene »Frankfurt Plaza Hotel«, um zu telefonieren. Wiedemeyer sprach mit dem Büro von Helmut Kohl und sagte dem Pressechef der Landesregierung, »Hennes« Schreiner, er werde sofort mit mir nach Mainz kommen. Als wir ankamen, hatte Helmut Kohl bereits seine engste Mitarbeitercrew versammelt, darunter auch seinen damaligen Redenschreiber Ministerialrat Horst Teltschik. Kohl wurde bereits für das erste Statement im Fernsehen geschminkt. Er prägte sich die kurze vorbereitete Erklärung ein, in der er den Beschluß der CSU-Landesgruppe bedauerte und darauf hinwies, daß CDU und CSU nur gemeinsam stark sein könnten und nicht getrennt, wie man in Kreuth geglaubt hatte, nach dem dort beschlossenen Motto: »Getrennt marschieren, vereint schlagen.«

Helmut Kohl, der wohl eine erste Information vom damaligen stellvertretenden CSU-Vorsitzenden Werner Dollinger erhalten, aber noch nicht mit Franz Josef Strauß gesprochen hatte, wirkte äußerlich sehr ruhig. Er wolle versuchen, so schnell wie möglich mit Strauß Kontakt aufzunehmen, so sagte er, und die CSU-Führung zu Gesprächen über die entstandene Lage nach Bonn einladen. Er werde und wolle nicht hinnehmen, daß dieser Beschluß so stehen bleibe, sechs Wochen nach einer erfolgreichen Wahl.

An diesem Freitagnachmittag des 19. November 1976 begegnete ich auch zum ersten Mal Juliane Weber, der immer aktiven und engagierten Mitarbeiterin Kohls. Sie war damals schon einige Jahre für Helmut Kohl tätig und hatte sich auch aktiv am Wahlkampf beteiligt. An diesem Tag war noch nicht abzusehen, daß wir später viele Jahre zusammenarbeiten würden.

Am darauffolgenden Montag tagten in Bonn Präsidium und Bundesvorstand der CDU. Sie stellten sich voll hinter die Linie von Helmut Kohl, zumal man inzwischen Einzelheiten über den Ablauf der Kreuther Tagung der CSU erfahren hatte. Danach waren viele Teilnehmer von ihrem eigenen Beschluß selbst überrascht. Manche hatten vielleicht auch nur der großen Schwester einen Schuß vor den Bug geben wollen. Jedenfalls willigte die CSU nach langem Hin und Her in die Gespräche mit der CDU ein. Als Tagungsort wurde nicht die Fraktion gewählt, um deren Wiederherstellung es ja ging, und auch nicht das Konrad-Adenauer-Haus, die Parteizentrale der CDU, sondern die Landesvertretung von Baden-Württemberg, schräg gegenüber der Bayerischen Landesvertretung in der Bonner Schlegelstraße. Dort gab es genügend Konferenzräume, damit CDU und CSU auch getrennt beraten konnten, was auch häufiger geschah. Mitarbeiter waren zu den Beratungen nicht zugelassen, weder Norbert Schäfer als Sprecher der CSU-Landesgruppe noch ich als Sprecher der Gesamtfraktion, die ja noch existierte. Die einzelnen Mitarbeiterstäbe trafen sich nur auf den Fluren, wobei streng darauf geachtet wurde, daß keiner dem anderen in die Karten schauen konnte. Nur bei den Mittagessen, die die beiden Verhandlungsdelegationen getrennt einnahmen, um sich auf die nächste Verhandlungsrunde vorbereiten zu können, bekamen die Mitarbeiter etwas über den jeweiligen Stand der Beratungen mit. Dabei erfuhr ich, daß Helmut Kohl, der mit gut vorbereiteten Papieren in die Gespräche gegangen war, anstrebte, mit der CSU einen politischen Sachkatalog für die nächste Legislaturperiode auszuhandeln. Am Ende sollte eine neue Fraktionsvereinbarung stehen, die die Rolle der CSU-Landesgruppe und ihrer Führungspersönlichkeiten genau festschreiben würde. Aber darüber mußte noch hart verhandelt werden. Die Presse durfte nur jeweils zu Beginn der Verhandlungen am Vormittag Bilder und Fernsehaufnahmen machen und mußte dann das Haus verlassen. Natürlich warteten die Journalisten alle vor dem Haus der Landesvertretung, ob nicht doch der eine oder andere, der die Sitzung wegen anderer Verpflichtungen kurzfristig verlassen mußte, etwas in die aufgestellten Mikrofone sagen würde. Das war jedoch nicht der Fall. Die Spannung stieg von Tag zu Tag, ob es Helmut Kohl gelingen werde, die zerstrittenen Schwesterparteien wieder zu einer politischen Gemeinschaft zusammenzufassen. Natürlich stand im Hintergrund auch die Gefahr, daß die beiden Unionsparteien den heiß begehrten Posten des Bundestagspräsidenten nicht wieder besetzen könnten, da er immer nur der stärksten Fraktion zusteht. Die SPD wies bereits unmißverständlich darauf hin, daß sie bei einer Spaltung der CDU/CSU dieses Amt für sich beanspruchen würde.

Nach mehreren Tagen strapaziöser und zum Teil entnervender Verhandlungen gelang es Helmut Kohl schließlich, die Tauenden wieder zusammenzuknüpfen. Die Spaltung war vermieden. Für den Abend des 9. Dezember 1976 wurde dann zu einer Pressekonferenz in die Landesvertretung von Baden-Württemberg eingeladen, die ich als Fraktionssprecher leiten durfte, was allerdings nur soviel hieß, daß ich den einzelnen Journalisten das Wort erteilte. Das war allerdings nicht ganz einfach, denn jeder wollte möglichst rasch seine Fragen stellen, weil die Redaktionsschlüsse und die Termine für die Abendmagazine im Fernsehen nahten. Ich habe schon oft turbulente Pressekonferenzen erlebt, aber diese fiel besonders aus dem Rahmen.

Eines war Helmut Kohl von vornherein zugute gekommen. Er hatte von der ersten Minute an nie einen Zweifel daran gelassen, daß die Verwirklichung des Kreuther Beschlusses auch bedeuten würde, daß die CDU dann die Mainlinie überschreiten und einen eigenen Landesverband in Bayern gründen würde, wobei er davon überzeugt war, daß sich genügend CSU-Politiker bereitfinden würden, dabei mitzumachen. Auch später hat Helmut Kohl immer wieder, wenn die CSU erneut das Schreckgespenst von Kreuth an die Wand malte, um die CDU unter Druck zu setzen, darauf hingewiesen, daß er fest entschlossen sei, mit der CDU nach Bayern zu gehen, und daß er auch die notwendigen Geldmittel habe, um in Bayern einen CDU-Landesverband einzurichten. Auf Vorstellungen einiger CSU-Politiker, CDU und CSU könnten unter einem gemeinsamen Dach auch in getrennten Formationen weiter zusammenarbeiten, hat sich Helmut Kohl nie eingelassen. Er befürchtete bei einer Trennung der beiden Schwesterparteien einen Bruderkrieg bis auf die Ebene der Ortsverbände herab und sah die Gefahr, daß sich Politiker, die in den jeweiligen Unionsparteien nicht zum Zuge gekommen waren, bei einer Trennung ihr Heil bei der jeweils anderen christlich orientierten Partei suchen würden.

Ich wage die Behauptung, daß neben der Wiederherstellung der deutschen Einheit am 3. Oktober 1990 Helmut Kohls größte politische Leistung darin bestand, die Einheit der Union bewahrt zu haben, für die er im Jahr 1980 durch den Verzicht auf eine eigene Kanzlerkandidatur ein großes persönliches Opfer brachte, was sich aber im nachhinein als die richtige Strategie erwies.

Unmittelbar nach dem Kreuther Beschluß hatte ich übrigens erleben können, daß bis weit in die Mitarbeiterschaft der CSU-Landesgruppe hinein der Beschluß der eigenen Parteiführung mit Skepsis betrachtet wurde, zumal von solchen Mitarbeitern, die nicht aus Bayern stammten und als Angehörige der CDU bei der Bonner Landesgruppe der CSU arbeiteten. Ich kann mich an Gespräche in meiner Wohnung oder in meinem Büro erinnern, bei denen mir wenigstens zwei Mitarbeiter der Landesgruppe sagten, sie würden bei einer Trennung als Nicht-CSU-Mitglieder lieber in der Fraktion der größeren Schwesterpartei beschäftigt werden. Sie wurden bekanntlich nie vor diese Frage gestellt. Sie bekleideten hinterher übrigens hohe Regierungsämter, als Helmut Kohl Bundeskanzler wurde.

Nach der Kreuther Krise ging es um die Besetzung des Amtes des Bundestagspräsidenten. Als Helmut Kohl Karl Carstens fragte, ob er dieses Amt übernehmen wolle, zögerte dieser zunächst, weil er der Auffassung war, daß es ihm möglicherweise nicht genügend Möglichkeiten für eine aktive politische Rolle bieten könne, obwohl frühere Bundestagspräsidenten wie Hermann Ehlers oder Eugen Gerstenmaier sich nie das Recht hatten nehmen lassen, auch zu aktuellen Fragen der Politik Stellung zu nehmen.

Schließlich kandidierte Carstens doch, zum einen, weil er die Möglichkeit sah, in einer politisch schwieriger werdenden Zeit vom Stuhl des Präsidenten des Bundestages aus ausgleichend wirken zu können, was ja auch seinem Naturell entsprach, zum anderen, weil ihm zusehends bewußter wurde, daß dieses Amt durchaus politische Betätigungsmöglichkeiten eröffnet. Formalpolitisch ist es zwar ohne Bedeutung, doch der Prestigegewinn in der Öffentlichkeit bietet die Chance, Äußerungen auf allen Tätigkeitsfeldern erhebliches Gewicht zu verleihen. Wenn man betrachtet, was etwa Rita Süssmuth in den letzten Jahren – gestützt auf das Ansehen dieses Amtes – alles politisch bewegt hat, dann hat man ein gutes Beispiel vor Augen.

Hans Neusel und ich hatten Carstens jedenfalls sehr in der Absicht bestärkt, das protokollarisch zweithöchste Amt im Staate zu übernehmen, und nach einer kurzen Kampagne für Carstens in der Presse gab es bei seiner Nominierung durch die Fraktion und seiner späteren Wahl im Bundestag keine Schwierigkeiten. Als er nach seiner Wahl einen kleinen Empfang für einige Politiker und Mitarbeiter gab, kam er spontan auf mich zu und bedankte sich – für alle deutlich hörbar – bei mir dafür, daß ich ihm so effektiv geholfen hatte, das angesehene Amt zu erhalten.

Zum zweiten Mal nach seiner Wahl zum Fraktionsvorsitzenden der CDU war Karl Carstens auch durch Mitwirkung der Presse in ein hohes politisches Amt gelangt.

Im Laufe meiner Arbeit in der Fraktion konnte ich in der Tat mehrfach daran mitwirken, daß Politiker in angestrebte Ämter gelangten, ohne meinen Einfluß dabei übertreiben zu wollen. Ich erinnere mich zum Beispiel noch gut daran, wie Klaus Oertel und ich eine, wenn auch bescheidene Rolle dabei gespielt haben, daß Kurt Schmücker der Nachfolger Ludwig Erhards im Amt des Wirtschaftsministers wurde. Das Geheimnis dabei liegt darin, einen Trend in der Öffentlichkeit zu bewirken. Ist die veröffentlichte Meinung erst einmal auf einen Kandidaten ausgerichtet, dann ist er in den meisten Fällen, die ich erlebt habe, auch erfolgreich. Um so einen Trend zu schaffen, muß man natürlich auf der Klaviatur der Medien zu spielen verstehen, aber das ist schließlich mein Beruf gewesen – bis zum heutigen Tage.

8 HELMUT KOHL
KOMMT NACH BONN

Die Nominierung Helmut Kohls zum Kanzlerkandidaten der beiden Unionsparteien für die Bundestagswahl am 3. Oktober 1976 war eine logische Entscheidung. Nach dem Ausscheiden Rainer Barzels aus der aktiven Politik war Helmut Kohl die bestimmende Kraft in der größeren der beiden Schwesterparteien geworden. Er war unbestritten die Nummer eins der CDU. Mit seinem Generalsekretär Kurt H. Biedenkopf war er darangegangen, die Union zu einer modernen Partei zu machen, weg vom Kanzlerwahlverein, was sie unter den drei CDU-Kanzlern Adenauer, Erhard und Kiesinger gewesen war. Modern, das hieß, effektives Management, zeitgemäße Kommunikationsmittel, Einsatz von Public-Relations-Techniken, aber es bedeutete auch, daß die Partei selbst – als Gegenstück zu ihrer Fraktion im Bundestag, die zweifellos als Kontrahent der Regierung eine bedeutende Rolle spielte – größeres Eigenleben und deutlicheres Profil bekam. Kohl machte die CDU für neue Mitglieder interessant, nicht zuletzt dadurch, daß er der Partei Luft für Eigendynamik ließ, was sich unter anderem darin ausdrückte, daß er so eigenwillige Köpfe wie Kurt Biedenkopf und dann zwölf Jahre lang Heiner Geißler als Generalsekretäre einsetzte. Sicher reagierte er mit der neuen Linie auch auf den Druck, den die schnell wachsenden Medien ausübten: Eine Partei ist unter den Argusaugen des Fernsehens gezwungen, der Öffentlichkeit gegenüber attraktiv zu wirken, will sie eine Chance bei der Wählerschaft haben. Ich wage die Behauptung, daß die CDU Adenauers nicht so lange an der Regierung gewesen wäre, wenn das Fernsehen damals schon dieselbe Rolle gespielt hätte wie heute.

Zur Vorgeschichte: Bei der Nominierung Helmut Kohls zum Kanzlerkandidaten, die am 19. Juni 1975 in der Bayerischen

Vertretung in der Bonner Schlegelstraße stattfand und an der ich zeitweilig teilnehmen durfte, stand nicht mehr die Frage zur Diskussion, wer Kanzlerkandidat der CDU und der CSU werden sollte. Der CSU ging es lediglich darum, daß in der Nominierungserklärung klargestellt wurde, daß auch der bayerische CSU-Vorsitzende ein geeigneter Kanzlerkandidat sei. Es durfte nicht der Eindruck entstehen, daß man Zweifel an dem Kandidaten Helmut Kohl habe, zugleich aber mußte darauf hingewiesen werden, daß auch Franz Josef Strauß in der Lage sei, diese Aufgabe zu übernehmen. In der gemeinsamen Sitzung der Vorstände von CDU und CSU wurde bis in die Abendstunden hinein heiß um die richtige Formulierung gestritten, wobei mancher Unmut über die Haltung der CSU in den Reihen der CDU aufkam. Kurt Georg Kiesinger, der als Ehrenvorsitzender der CDU an der Sitzung teilnahm, versuchte immer wieder, einen möglichst eleganten Text zu formulieren, der nicht sofort in der Presse Argwohn erregen würde.

Als das Werk vollbracht war, wurde noch über die Frage diskutiert, wer denn der Öffentlichkeit die Nominierungserklärung bekanntgeben sollte – die Bonner Journalisten warteten schon ungeduldig im Saal der Bundespressekonferenz auf das Ergebnis. Helmut Kohl selbst konnte schlecht seine eigene Nominierung bekanntgeben, Franz Josef Strauß wollte es nicht, auch Karl Carstens sah sich nicht als kompetent an, und so bat man Kurt Georg Kiesinger, den Elder statesman, diese Aufgabe zu übernehmen. Trotz aller Formulierungskünste gab es in der Presse sogleich Kommentare mit dem Tenor, die CSU habe Helmut Kohl einen Dämpfer aufgesetzt. Helmut Kohl ließ sich davon überhaupt nicht beeindrucken; er war der Kanzlerkandidat der beiden Unionsparteien, und in einer, wie ich finde, großartigen Kampagne schaffte er aus dem Stand ein Wahlergebnis, das das zweitbeste nach Konrad Adenauers absoluter Mehrheit im Jahr 1957 war, nämlich 48,6 Prozent für die CDU/CSU.

Obwohl ich an der Wahlkampfplanung nicht unmittelbar beteiligt war, konnte ich doch einen guten Einblick in die erstmals sehr modern angelegte Wahlkampagne nehmen. Es gab Großflächenplakate, der Spitzenkandidat bekam ein neues Outfit, wie man heute sagt, und zu der profimäßig vorbereiteten Kampagne wurde erstmals auch die heute noch für Helmut Kohl arbeitende Werbeagentur von Mannstein aus Solingen herangezogen. Kohl machte seine bundesweite Wahltournee zum Teil auch mit einem Sonderzug, wie einst Ludwig Erhard, immer begleitet von seiner persönlichen Mitarbeiterschar Wolfgang Bergsdorf, Horst Teltschik und Juliane Weber. Die Presse staunte über das Tempo und das Pensum, das Helmut Kohl als Wahlkämpfer vorlegte, und begleitete seine Herausforderung von Kanzler Helmut Schmidt mit großem Interesse. Kohls damaliger Parteisprecher war Wolfgang Wiedemeyer, der meinen Freund Willi Weiskirch abgelöst hatte, weil dieser selbst für den Bundestag im Wahlkreis Olpe kandidierte, wo er eine deutliche absolute Mehrheit bekam. Wolfgang Wiedemeyer, mit dem ich ebenfalls seit vielen Jahren befreundet bin, lud mich gelegentlich ein, an den Veranstaltungen von Helmut Kohl teilzunehmen und auch an dem im Anschluß an manche Kundgebung stattfindenden Pressegespräch. Kohls Veranstaltungen waren wirklich Massenveranstaltungen mit viel Publikum, und die Partei war unglaublich motiviert und mobilisiert.

Natürlich hört man nach jeder beliebigen Wahl in den Interviews mit Gewinnern wie Verlierern, daß »ein ganz toller Wahlkampf« stattgefunden habe. Das ist eine rituelle Formel, genau wie der obligate Dank an »alle, die uns so tatkräftig unterstützt haben«. Doch 1976 war die Partei tatsächlich bis auf die unterste Ebene voller Einsatzfreude. Die Leute gingen von Haus zu Haus, um Wahlmaterial zu verteilen, und überall gab es Straßenstände, selbst nach Feierabend und an den Wochenenden. Das war um so ungewöhnlicher, als es sich bei dem Kandidaten um einen Newcomer handelte, aber – und das ist Helmut Kohls Verdienst – um einen, dem es gelungen war, sich in kürzester Zeit als Hoffnungsträger Profil zu verschaffen. Heute wird eine Wahlschlacht hauptsächlich in den Medien geschlagen und entschieden, aber 1976 war die Mobilisierung des Parteivolks auf der Straße und in den Sälen noch ein höchst wirkungsvolles Mittel, um auch Unschlüssige anzusprechen. Wenn sich so viele so intensiv für eine Partei einsetzen, dann muß an der doch was dran sein – das war die Formel, die den Erfolg brachte.

Lediglich von der Ebene der politischen Mandatsträger kam
nicht zu hundert Prozent die Unterstützung, die nötig gewesen
wäre. Ich bin der Überzeugung – und so mancher politische
Beobachter mit mir –, daß es Helmut Kohl bei ein bißchen mehr
Rückenwind aus den Führungskreisen, vor allem aus dem
Süden unseres Vaterlandes, gelungen wäre, das Unglaubliche
zu schaffen, nämlich die wenigen fehlenden Stimmen für die
absolute Mehrheit zu erringen. Aber der Triumph war auch so
groß genug. Und so konnte Helmut Kohl in der Wahlnacht am
3. Oktober 1976 auch die Parole verkünden: »Ich will Bundeskanzler werden.«

Dazu fällt mir eine Geschichte ein, die er mir später einmal
erzählt hat. Bei dem Besuch des britischen Königspaares 1977
in Bonn wurde das Ehepaar Kohl Königin Elizabeth und Prinz
Philip vorgestellt. In dem kurzen Gespräch fragte Prinz Philip
Helmut Kohl, wie viele Stimmen er denn für seine Unionsparteien gewonnen habe. Als Helmut Kohl ihm antwortete: »48,6
Prozent«, fragte Prinz Philip zurück: »Und warum sind Sie dann
nicht Bundeskanzler geworden? Bei uns wären Sie Premierminister.« Helmut Kohl konnte das nur mit einem Lächeln quit-
tieren, aber unser Verhältniswahlrecht ist eben anders als das
britische Mehrheitswahlrecht.

Bis zur Kanzlerschaft Helmut Kohls war es aber noch ein
weiter Weg. Zunächst einmal mußte die Zusammenarbeit der
beiden Unionsparteien neu geordnet werden, die durch den
Kreuther Beschluß der CSU-Landesgruppe vom Herbst 1976
stark belastet worden war.

Am 15. Dezember 1976 wurde Helmut Kohl in der wieder
gemeinsam tätigen Bundestagsfraktion zum Vorsitzenden
gewählt, nachdem er sich entschlossen hatte, sein Amt als
rheinland-pfälzischer Ministerpräsident aufzugeben und die
Rolle des Oppositionsführers zu übernehmen. Die FDP, die allen
Grund gehabt hätte, mit der stärkeren Fraktion, dem eigentlichen Wahlgewinner, eine Koalition einzugehen, versagte sich.
Die sozialliberalen Kräfte waren noch nicht zu einem Wechsel
bereit. So richtete sich Helmut Kohl auf vier weitere Jahre
Opposition für die CDU/CSU im Deutschen Bundestag ein.

Der Vorsitzende der CSU-Landesgruppe, Fritz Zimmermann,

wie Friedrich Zimmermann unter Freunden genannt wird, wurde sein erster Stellvertreter, und der Parlamentarische Geschäftsführer der CSU-Landesgruppe wurde zugleich auch einer der Stellvertretenden Parlamentarischen Geschäftsführer der Gesamtfraktion. Erster Parlamentarischer Geschäftsführer der Gesamtfraktion wurde Philipp Jenninger. Eminent wichtig für Helmut Kohls Arbeit wurde eine Gruppe von Fraktionsmitgliedern, die sich im Lauf der Zeit bildete und sich selbst als so etwas wie Kohls Stoßtrupp betrachtete. Es waren (damals) vorwiegend jüngere Leute, die sich einmal in der Woche trafen, um Strategien auszuarbeiten. Sie gingen für ihren Chef durch dick und dünn und kamen vor allem dann zum Einsatz, wenn es für Kohl galt, in der Fraktion etwas durchzusetzen. Neben Philipp Jenninger gehörten dazu: die Abgeordneten Anton Pfeifer, heute Staatsminister im Bundeskanzleramt, Volker Rühe, heute Verteidigungsminister, Dieter Schulte, zehn Jahre Parlamentarischer Staatssekretär im Bundesverkehrsministerium, Elmar Pieroth, heute Finanzsenator in Berlin, Friedrich Vogel, heute noch Mitglied des Bundestages, und Olaf von Wrangel, der in der Fraktion sowohl das Amt eines parlamentarischen Geschäftsführers als auch später das des Vorsitzenden des innerdeutschen Bundestagsausschusses innehatte. Auch der heutige Fraktionsvorsitzende Wolfgang Schäuble gehörte dazu, der Helmut Kohl schon sehr früh als kenntnisreicher Abgeordneter besonders in allen Fragen der Wirtschafts- und Finanzpolitik aufgefallen war.

Zunächst aber richtete sich Helmut Kohl als Fraktionsvorsitzender seinen eigenen Stab ein. Ich habe noch das Bild vor mir, wie er am Tage nach seiner Wahl mit seinen engsten Mitarbeitern das Bundeshaus-Büro und die Vorzimmer bezog. Aus Mainz waren Juliane Weber, Horst Teltschik und sein langjähriger Fahrer Eckart Seeber, genannt Ecki, mit ihm gekommen. Zunächst bot sich ein chaotisches Bild, bis die mitgebrachten Kisten ausgepackt, der Inhalt einsortiert und das Arbeitszimmer und Juliane Webers Arbeitsplatz entsprechend den Wünschen der neuen Mannschaft eingerichtet waren. Inmitten dieses Durcheinanders ordnete Juliane Weber alles mit sicherer Hand, und schon nach wenigen Stunden atmete Helmut Kohls

Büro seinen Geist, ohne daß zunächst große Änderungen in der Ausstattung vorgenommen wurden.

Für Juliane Weber und Horst Teltschik war es selbstverständlich gewesen, mit ihrem Chef nach Bonn zu gehen und ihn in seiner neuen Aufgabe zu unterstützen; Horst Teltschik in der Funktion des Büroleiters und zugleich verantwortlich für die Reden des Oppositionsführers Kohl.

Es war mir klar, daß ich nicht wie selbstverständlich auch unter Helmut Kohl Sprecher der Bundestagsfraktion bleiben konnte, zumal noch in Mainz ein Kollege verblieben war, der als Regierungssprecher des Ministerpräsidenten Helmut Kohl sehr eng mit ihm zusammengearbeitet hatte und dem der Ruf vorausging, er habe ein geschicktes Händchen für die Behandlung der Presse, nämlich Hennes Schreiner.

Ich war eigentlich davon ausgegangen, daß auch er mit Helmut Kohl nach Bonn kommen würde. Aber entgegen meiner Annahme blieb Hennes Schreiner in Mainz. Nun hätte trotzdem die Möglichkeit bestanden, daß Helmut Kohl sich einen anderen Pressesprecher aus dem Bonner Bereich aussuchte. Aber schon kurze Zeit nach seinem Amtsantritt war klar, daß ich in meinem bisherigen Amt bleiben konnte. Wie selbstverständlich hielt ich am ersten regulären Arbeitstag Helmut Kohls als neuem Oppositionsführer den morgendlichen Pressevortrag, wie ich ihn auch schon unmittelbar nach seiner Wahl bei seinen zahlreichen Interviews unterstützt hatte. Ich merkte sehr bald, daß er ein Routinier war, anders als Karl Carstens, und daß er das Gespräch mit der Presse suchte.

Gegenüber Kohls Parteimitarbeiter Wolfgang Bergsdorf, den ich ja schon länger kannte, hatte ich mein Interesse bekundet, meine Arbeit mit Helmut Kohl fortsetzen zu können. Er hielt das für richtig und teilte das Helmut Kohl auch mit. In einem persönlichen Gespräch beauftragte mich Helmut Kohl dann auch sehr bald mit der Weiterführung der Aufgaben des Pressesprechers der Fraktion. Nach kurzer Zeit bildete sich eine kleine morgendliche Beratungsrunde, die regelmäßig zum Auftakt der Arbeit im Arbeitszimmer des Fraktionsvorsitzenden zusammenkam. Dazu gehörten der erste Parlamentarische Geschäftsführer Philipp Jenninger, Horst Teltschik, Wolfgang Bergsdorf,

Juliane Weber und ich. Später kam auch der neue Pressesprecher der Partei, Günther Henrich, häufiger dazu. Lange Zeit
blieb dieser Kreis so bestehen. Später wurde er von Fall zu Fall
durch Abgeordnete, die einen bestimmten Fachbereich bearbei-
teten, ergänzt. Schon damals tauchte der Begriff von Kohls
»Küchenkabinett« auf, später noch verstärkt, als Helmut Kohl
gelegentlich mit diesem Kreis seine abendlichen Besprechungen
in einem Bonner Restaurant abhielt – eine Vorliebe, die er bis
zum heutigen Tag, wenn auch in anderer Zusammensetzung
beibehalten hat. Da ich die Gastronomie in Bonn und Umgebung einigermaßen kannte, konnte ich diesbezüglich manch
guten Tip geben. Schon damals wurde das Restaurant »Cäcilienhöhe« von Bruno Pierini – kurz: »Bei Bruno« – zu einem der
Lieblingslokale von Helmut Kohl. Noch heute hängt dort ein Bild
des späteren Kanzlers mit der Widmung »Gut, viel und billig«.
Die Besuche in den Restaurants wurden in den letzten Jahren
allerdings seltener, die Besprechungen dagegen zahlreicher –
nur daß sie jetzt im Bungalow des Kanzlers im Park des Kanzleramtes stattfinden und das Essen von einem Koch zubereitet
wird, der im Kanzleramt angestellt ist. Inzwischen ist es schon
der dritte. Die beiden ersten haben nach ihrer Zeit im Kanzleramt in der privaten Gastronomie Karriere gemacht. Alle drei
waren – oder besser sind – ausgezeichnete Köche.

Helmut Kohl zeigte sich von Anfang an als ein intensiver
Arbeiter. Bis heute kommt er morgens als erster ins Büro, in der
Regel gegen 7.30 Uhr, und ist abends der letzte, zumindest von
montags bis donnerstags. Freitags verläßt er regelmäßig gegen
16.30 Uhr Bonn in Richtung Ludwigshafen-Oggersheim –
damals als Oppositionsführer mit seinem Dienstwagen, gesteuert von seinem Cheffahrer Ecki Seeber, später als Kanzler meist
mit einem Hubschrauber des Bundesgrenzschutzes, der ihn
auch am Montag wieder rechtzeitig nach Bonn bringt. Die
Wochenenden pflegt er in der Regel zu Hause zu verbringen,
wenn er nicht irgendeine Veranstaltung hat – und die wurden
im Laufe der Jahre immer zahlreicher. Aber zu diesen Veranstaltungen fliegt er von zu Hause aus, so daß die Wochenenden
für mich, bis auf den Pressevortrag am Samstag und Sonntag,
frei sind, mit Ausnahme natürlich der zahlreichen Journalisten-

anrufe oder von Anrufen, die das Amt betreffen, zum Beispiel in der Kanzleramtszeit die Dringlichkeitsmeldungen des rund um die Uhr besetzten Lagezentrums, die dem Kanzler sofort weitergegeben werden müssen. Aber davon waren wir 1977 noch weit entfernt. Erst einmal regierte Helmut Schmidt weiter.

Für den neuen Fraktionschef und Führer der parlamentarischen Opposition im Deutschen Bundestag war das Bonner Terrain kein unbekanntes Land. Schließlich hatte Helmut Kohl durch seine Tätigkeit im Bundesrat, wo er einer der wichtigsten, wenn nicht der wichtigste Ministerpräsident der CDU-geführten Bundesländer war, Bonn-Erfahrung. Außerdem hatte er in den dreieinhalb Jahren als CDU-Vorsitzender viele Sitzungen des Präsidiums und des Parteivorstandes im Bonner Adenauer-Haus geleitet. Und stellvertretender Parteivorsitzender der CDU war er ja schon seit 1969.

Viele der führenden Mitglieder der Unionsfraktion im Bundestag waren ihm aus jahrelanger Zusammenarbeit in der Partei bekannt. Und dennoch war Bonn ein anderes Pflaster als Mainz. Hier galt es Gruppeneinflüsse einzukalkulieren und abzuschätzen, wer über wieviel Hausmacht in der Fraktion verfügte. Wie immer in der Politik, zogen auch in der Bundestagsfraktion nicht immer alle an einem Strang. Es gab viele Stolpersteine für Helmut Kohl.

Nachdem er sich davon überzeugt hatte, daß ich ihm mit äußerster Loyalität gegenüberstand und nicht irgendwelche alten Seilschaften mit internen Informationen versorgte, faßte er sehr schnell Vertrauen zu mir. Das erstreckte sich sowohl auf seine politischen Überlegungen wie auch natürlich auf die Zusammenarbeit mit der Presse. Dabei konnte er sehr schnell feststellen, daß ich zu einem großen Kreis Bonner Korrespondenten und darüber hinaus zu Journalisten in den Heimatredaktionen sehr gute Kontakte besaß und auch schon vor den eigentlichen Veröffentlichungen von den verschiedenen Medien viel erfuhr, was für seine politischen Entscheidungen wichtig war.

Die Schonfrist, die man auch in Bonn jedem Neuen gewährt, dauerte für ihn nicht sehr lange. Er mußte sich in den Parlamentsdebatten gegen Bundeskanzler Helmut Schmidt behaupten, was ihm nach sehr kurzer Zeit auch gut gelang. Dabei kam ihm zugute, daß er mit Horst Teltschik einen exzellenten Redenschreiber besaß, der in allen Sparten der Politik – nicht nur in der Außenpolitik, die später im Kanzleramt sein großes Aufgabengebiet wurde – zu Hause war. Teltschik holte sich noch einen erfahrenen Bonner Beamten aus dem Forschungsministerium, Ministerialrat Klaus Lutz (heute Abteilungsleiter im Bundesministerium für Familie und Senioren), als Mitarbeiter hinzu, und auch Klaus Hoff, der heute noch in der Fraktion tätig ist, diente als Formulierungshelfer. Natürlich nahm Teltschik auch die Unterstützung der einzelnen Arbeitsgruppen in der Fraktion in Anspruch. Er hatte aber die Oberleitung und war schließlich für die Entwürfe verantwortlich, die dem Fraktionschef vorgelegt wurden. Ich habe oft über das Arbeitspensum von Horst Teltschik gestaunt, der zudem auch noch die Büroführung hatte, wenn auch die gesamte Verantwortung für Termine und Kontakte Helmut Kohls bei Juliane Weber lag. Sehr bald konnte ich feststellen, daß in der »Kohl-Truppe«, wie man in Bonn sagte, sehr hart gearbeitet wurde, daß aber immer ein kameradschaftlicher Ton herrschte und daß die menschlichen Beziehungen zueinander stimmten. Die alten Kohl-Mitarbeiter nahmen mich schon bald in ihrer Mitte auf. Sehr schnell wurden wir alle vor große Herausforderungen gestellt.

Nachdem Helmut Kohl seinen Generalsekretär Kurt Biedenkopf nach nur vierjähriger Amtszeit abgelöst und durch seinen langjährigen Sozialminister im rheinland-pfälzischen Kabinett, Heiner Geißler, ersetzt hatte, überraschte Biedenkopf die Öffentlichkeit mit einem Memorandum, in dem er die Trennung von Fraktions- und Parteivorsitz forderte. Durch einen glücklichen Zufall war mir das Biedenkopf-Dokument rechtzeitig inhaltlich bekanntgeworden. Kurt Biedenkopf hatte einige Kollegen aus der Partei konsultiert, weil er ihre Unterstützung für seinen Vorschlag suchte. Darunter war auch der langjährige niedersächsische CDU-Vorsitzende Wilfried Hasselmann, der spätere Bundesratsminister Niedersachsens und Veranstalter von in Bonn sehr geschätzten Festen in der Niedersachsen-Vertretung. Wilfried Hasselmann hatte zu Beginn des Jahres 1978, wie in jedem Jahr, eine sogenannte »Nordlandreise« mit Bonner Journalisten gemacht, die abwechselnd durch die verschiedenen niedersächsischen Regionen ging. Beim abendlichen Umtrunk hatte er unbedacht Hinweise auf die geplante Biedenkopf-Druckschrift gegeben. Noch in der Nacht informierte mich der damalige Korrespondent der »Kölnischen Rundschau«, Peter Quay, vertraulich über den geplanten Vorstoß Biedenkopfs. Ich rief unmittelbar danach Helmut Kohl an, um ihn über die vorbereitete Aktion zu unterrichten. Er handelte sofort und berief zum frühestmöglichen Termin eine Sitzung des Parteivorstandes ein. Wie nicht anders zu erwarten war, scheiterte Biedenkopf mit seinem Vorstoß, brachte aber viel Unruhe in die Partei und die Fraktion hinein. Diese Aktion hat den Keim für das später abgekühlte Verhältnis zwischen Kohl und Biedenkopf gelegt, wenn es auch nie an Versuchen gefehlt hat, wieder einen Ausgleich zwischen den beiden Politikern herbeizuführen, deren Karrieren ja sehr unterschiedlich verliefen. Kohl wurde wenige Jahre nach seinem Überwechseln nach Bonn Bundeskanzler und blieb es bis heute. Biedenkopf wurde schließlich 1990 nach der Erlangung der absoluten Mehrheit für die CDU bei den Wahlen zum sächsischen Landtag Ministerpräsident dieses jungen Bundeslandes.

9 TERRORISMUS

In die Zeit Helmut Kohls als Oppositionsführer fielen einige der Hauptereignisse im Kampf mit dem Terrorismus in Deutschland, von denen er auch in zwei Fällen persönlich betroffen war. Die Bildung der Roten-Armee-Fraktion (RAF) in Deutschland und die ersten Entführungen und Ermordungen durch diese Bande, die trotz mancher Erfolge bei der Terrorismus-Bekämpfung ja leider bis zum heutigen Tage in der zweiten und dritten Generation weiter ihr Unwesen treibt, haben die Arbeit Helmut Kohls stark mitgeprägt.

Die Entführung seines Freundes, des Berliner CDU-Vorsitzenden Peter Lorenz im Februar 1975 ereignete sich noch in seiner Mainzer Zeit. Er hat später oft darüber berichtet, in welchem inneren Konflikt er sich damals befand, als es um die Frage ging, ob es richtig sei, Lorenz gegen eine Gruppe inhaftierter Terroristen auszutauschen. Kanzler Schmidt hatte sowohl Helmut Kohl zu diesem Problem konsultiert wie auch den Regierenden Bürgermeister von Berlin, Klaus Schütz, der ebenfalls mit Peter Lorenz befreundet war. Beide hatten sich für den Austausch und damit für die Freilassung von Peter Lorenz ausgesprochen. Peter Lorenz, den Helmut Kohl später als Berlin-Beauftragten ins Kanzleramt holte, hat noch lange unter den Auswirkungen der Terrorhaft gelitten. Nach seiner Freilassung hatte Helmut Kohl ihn in Bad Bergzabern an einem geheimen Ort untergebracht, weil die Presse Lorenz bedrängte, ihr seine Erlebnisse in der Haft der Terroristen zu schildern. In Bergzabern hatte er Ruhe und konnte er erst einmal wieder zu sich selbst finden.

Die Freigepreßten tauchten ja später wieder in der Terrorszene auf, und die Ermordung des Generalbundesanwalts Siegfried Buback (7. April 1977) und des Bankiers Jürgen Ponto

(30. Juni 1977) zeigte, daß das Terroristen-Problem weiterhin
akut blieb.

Auch als deutsche Terroristen am 24. April 1975 die deutsche
Botschaft in Stockholm stürmten, nahm Helmut Kohl zusammen mit Friedrich Zimmermann und Franz Josef Strauß an Kri-
senberatungen im Kanzleramt teil. Inzwischen war man um
etliche, wenn auch bittere Erfahrungen reicher, und es war von
Beginn an klar, daß ein Nachgeben wie im Fall Lorenz nicht in
Frage kam. Der Staat durfte sich nicht als erpreßbar zeigen –
jede erfüllte Forderung der Terroristen würde neuen Terror
bewirken. Es gab auch bereits Überlegungen, die Antiterrorge-
setze zu verschärfen, aber dafür war es wohl noch zu früh.

Wir, das heißt, der engste Mitarbeiterstab von Helmut Kohl,
harrten während der Beratungen des Krisenstabs im Büro aus,
bis Helmut Kohl und Fritz Zimmermann aus dem Kanzleramt
kamen und uns berichteten – oft genug war das erst um vier Uhr
morgens. So waren wir stets über den Stand der Dinge unterrichtet. Das Drama endete dann, ohne daß die Regierung direkt
eingreifen mußte: Die Schweden stürmten die besetzte Botschaft, nachdem ein deutscher Diplomat ums Leben gekommen
war.

Den zweiten großen Terroranschlag, über dessen Ausgang
Helmut Kohl praktisch mitzuentscheiden hatte, war die Entführung und spätere Ermordung seines Freundes, des Arbeitge-
berpräsidenten Hanns Martin Schleyer im September bzw.
Oktober 1977. Die Vorgänge um diesen grausamen Terrorakt
habe ich aus nächster Nähe miterlebt. Anfang September tagte
wie in jedem Jahr zum Auftakt des neuen parlamentarischen
Jahres die CDU/CSU-Bundestagsfraktion in Berlin. Helmut Kohl
und seine Mitarbeiter waren im »Hotel am Zoo« am Kurfürsten-
damm untergebracht, einem Hotel, in dem er schon in seiner
Vor-Bonner-Zeit immer gewohnt hatte. Es gehörte der Familie
Köhler, die der CDU große Sympathie entgegenbrachte. In diesem Hotel fühlte sich Helmut Kohl wohl – er erhielt immer die
gleiche Suite im obersten Stockwerk mit dem Blick zum
Kudamm. Am Abend des ersten Sitzungstages, am 5. September 1977, hatte Helmut Kohl seine Crew – Juliane Weber, Horst
Teltschik, Günther Henrich, den Parteisprecher, und mich – zu

einem Besuch in das Berliner Kabarett »Die Stachelschweine« mit dem bekannten Kabarettisten Wolfgang Gruner eingeladen. Im Hotel wußte man, wo Helmut Kohl zu erreichen war.

Etwa eine halbe Stunde nach Beginn der Vorstellung im Berliner Europa-Center wurde ich von dem im Berliner Studio des ZDF arbeitenden Journalisten Helmut Witzler, den ich aus seiner Bonner Zeit als Korrespondent der »Kölnischen Rundschau« her gut kannte, aus der Vorstellung gebeten. Er teilte mir die schreckliche Nachricht von der Entführung Hanns Martin Schleyers mit. Um die Vorstellung nicht zu stören, bat ich Helmut Kohl so diskret wie möglich aus dem Zuschauerraum. Als er die Nachricht erfuhr, wurde er kreidebleich. Wir versuchten noch vom Europa-Center aus erste Nachrichten über den Verlauf der Entführung zu erfahren und fuhren dann mit Helmut Witzler in das ZDF-Studio nach Berlin-Tempelhof, wo Helmut Kohl eine erste Erklärung für die beiden deutschen Fernsehanstalten ZDF und ARD abgab. Danach begaben wir uns sofort wieder in das »Hotel am Zoo«, um weitere Verbindung nach Bonn zu halten. Es kam auch zu einem ersten Telefonat zwischen Bundeskanzler Helmut Schmidt und Helmut Kohl, und beide verabredeten sich für den nächsten Morgen in Bonn, wo Kanzler Schmidt einen Krisenstab einberufen wollte. Die halbe Nacht saßen wir noch mit Helmut Kohl in einem Konferenzzimmer des Hotels zusammen. In einem Nebenzimmer versuchten Horst Teltschik und ich abwechselnd, neue Nachrichten per Telefon zu erhalten. Wir erfuhren nur so viel, daß der Fahrer und drei Hanns Martin Schleyer begleitende Polizeibeamte ermordet worden waren.

Helmut Kohl sah eine riesige Verantwortung auf sich zukommen. Gerade nach dem Entführungsfall Peter Lorenz fiel ihm die Entscheidung im Fall Schleyer doppelt schwer. Einerseits erwartete die Familie Schleyer von ihm, daß er alles tat, um das Leben des Mannes und Vaters zu retten, zum anderen gebot es die Staatsräson, erpresserischem Druck von Terroristen nicht nachzugeben. Es kam hinzu, daß Helmut Kohl noch acht Tage vor der Entführung Schleyers mit ihm in einem Bonner Restaurant namens »Roma« beim Abendessen darüber gesprochen hatte, wie sich der jeweils andere in einem Entführungsfall des

Freundes verhalten sollte, und sie waren dabei zu dem Ergebnis gekommen, man dürfe Erpressern nicht nachgeben.

Ich erinnere mich noch gut an diesen Tag, an dem Schleyer Kohl in dessen Büro abholte und man gemeinsam in Schleyers Wagen ins »Roma« fuhr. Als Helmut Kohl später von seinem Gespräch mit Hanns Martin Schleyer berichtete – während man um seine Freilassung rang –, habe ich oft darüber nachgedacht, daß es der gleiche Wagen war, mit dem Kohl und Schleyer zum Essen fuhren und mit dem Schleyer unterwegs war, als er entführt wurde.

Schlagartig veränderte sich nun auch das Leben des Oppositionsführers Kohl. Sofort nach der Entführung wurden die Sicherheitsmaßnahmen für ihn enorm verstärkt. Manchmal wurde er von zwei Begleitfahrzeugen der Polizei und von einem weiteren Sicherheitsbeamten mit Motorrad begleitet – und es gab in diesen Tagen manchen, der nicht mehr gerne mit ihm im Auto fahren wollte, weil ihm das Risiko zu groß erschien.

Der Terrorismus war in jenen Wochen und Monaten wirklich eine Geißel, wie Helmut Kohl später oft formulierte. Seine Kinder mußten lange Zeit mit Polizeibegleitung in die Schule gebracht werden, und so manche Mutter überlegte sich, ob sie ihr Kind noch mit den Kohl-Söhnen gemeinsam zur Schule schicken sollte. Gerade für die Familien der vom Terrorismus bedrohten Politiker hat dieses Übel manche Belastung gebracht, und bringt sie immer noch.

Zurück zur Schleyer-Entführung. Am Tage danach, am 6. September 1977, setzte Kanzler Helmut Schmidt einen Krisenstab ein, an dem neben den Vertretern der Regierung (Justiz, Inneres und andere Ressorts) auch die Fraktionsvorsitzenden Kohl, Wehner und Mischnick und der CSU-Landesgruppenvorsitzende Friedrich Zimmermann teilnahmen. Mehrmals täglich kam diese Runde zusammen und ließ sich, meist bis in den frühen Morgen hinein, über die fieberhafte Tätigkeit der Sicherheitsorgane berichten. Welche Maßnahmen waren eingeleitet worden, welche Erkenntnisse hatte man gewonnen, welche Schritte konnte man tun? Die Berichte kamen von Innenminister Werner Maihofer, der für das Bundeskriminalamt zuständig war, von Justizminister Jochen Vogel, dem die Bundesanwaltschaft unterstand, aber auch von den Ämterchefs selbst, etwa von Richard Meier vom Verfassungsschutz oder von Horst Herold vom BKA. Ein Krisenstab ist im wesentlichen ein Beratungs- und Entscheidungsgremium: Hier müssen für den Fall eines plötzlichen Entscheidungsbedarfs auch alle maßgeblichen und verantwortlichen Leute beisammen sein.

Wie schon bei der Stockholmer Botschaftsbesetzung kam Kohl in den Sitzungspausen oder erst tief in der Nacht ins Büro zurück, um über den Verlauf des Dramas zu berichten – wir hatten solange auf ihn gewartet oder wurden herbeigerufen. Friedrich Zimmermann zitierte dann gelegentlich Einzelheiten aus seinen Notizen. Er war eine Art Protokollführer im Krisenstab. Einen schwierigen Stand in diesen Tagen hatte der von Helmut Schmidt als Regierungssprecher gewonnene Chefredakteur des NDR, Klaus Bölling. Es war eine strenge Nachrichtensperre über die Fahndung nach den Entführern Schleyers und auch über die Sitzungen des Krisenstabes angeordnet worden. Dennoch ging Klaus Bölling jedesmal vor die Presse. Auch in der Nacht noch berichtete er, daß er nichts zu berichten habe, oder er nannte nur einige belanglose Fakten. Die Presse hielt sich in den ganzen Wochen an die Spielregeln und berichtete so gut wie nichts. Nur einige illustrierte Blätter fielen gelegentlich aus dem Rahmen und versuchten, mit Interna, die sie irgendwelchen Eingeweihten oder deren Mitarbeitern abgeluchst hatten, Schlagzeilen zu machen.

Was mir an den Berichten Helmut Kohls über die Sitzungen besonders auffiel, waren seine Bemerkungen über den Innenminister Werner Maihofer, der als sozialliberaler Politiker in der Union bisher nicht besonders hoch eingeschätzt worden war. Helmut Kohl war voll des Lobes über Maihofers Engagement und über seine menschliche Art, mit den schwierigen Problemen fertig zu werden. Manchmal gingen die beiden noch in den Nachtstunden in die zentrale Einsatzleitung des Bundeskriminalamtes in der Nähe des Godesberger Bahnhofs. In dieser Leitstelle liefen alle Informationen zusammen, die den Entführungsfall Schleyer betrafen. Aber jedesmal war die Enttäuschung groß, wenn es keine Fahndungsergebnisse gab. So gingen Wochen ins Land.

Dann wurde über den Genfer Rechtsanwalt Jean Payot versucht, den Fall mit Hilfe von Lösegeld zu beenden, ein Plan, der insbesondere von der Familie Schleyer befürwortet wurde. Aber leider scheiterte auch dieser Versuch, Hanns Martin Schleyer freizubekommen. Die Terroristen versuchten, mit Tonband- und Videoaufnahmen, die sie von ihrem Opfer gemacht hatten, die Regierung in die Knie zu zwingen. Gerade das Abspielen dieser Videos war für Helmut Kohl besonders schmerzlich, weil er einerseits daraus erkennen konnte, daß der Wille seines entführten Freundes ungebrochen war, andererseits aber auch dessen tiefe seelische Not sah. Der Krisenstab blieb sich einig in der Ablehnung der Forderungen der Terroristen, eine Reihe von inhaftierten RAF-Häftlingen im Austausch gegen Hanns Martin Schleyer freizulassen.

Nach fast 40 Tagen erhielt der Entführungsfall eine völlig neue Dimension, die die verantwortlichen Politiker vor eine noch größere Herausforderung stellte. Ein palästinensisches Terroristen-Kommando entführte am 13. Oktober 1977 eine deutsche Lufthansa-Maschine auf dem Flug von Mallorca nach Frankfurt. Nach abenteuerlichen Zwischenstationen – bei einer war der Pilot, Jürgen Schumann, erschossen worden – konnte die Maschine schließlich in Mogadischu, der Hauptstadt Somalias, landen. Die Forderung der Kidnapper, die mit den deutschen Terroristen zusammenarbeiteten, lautete: Freilassung der Hauptakteure der RAF, der sogenannten Baader-Meinhof-Bande, die in Stuttgart-Stammheim einsaßen, im Austausch gegen den entführten Hanns Martin Schleyer. Außerdem sollten auch palästinensische Häftlinge von Israel freigelassen werden, weiter wurde ein Lösegeld in Höhe von zehn Millionen D-Mark gefordert. Im Krisenstab liefen die Drähte heiß, wobei sich rasch zeigte, daß Israel solche Forderungen wie immer ablehnte. Schließlich entschloß sich das Beratungsgremium unter der Leitung von Bundeskanzler Helmut Schmidt, die Maschine in Mogadischu durch eine Sondereinheit des Bundesgrenzschutzes, die GSG 9, stürmen zu lassen. Vom Bundeskanzleramt aus konnten die Mitglieder des Krisenstabes den Ablauf der Aktion verfolgen. Staatsminister Wischnewski vom Bundeskanzleramt war mit der Grenzschutz-Sondereinheit nach

Mogadischu geflogen und stand mit dem Krisenstab in unmittelbarer Verbindung.

Wie Helmut Kohl uns später in einer nächtlichen Zwischenrunde in seinem Büro berichtete, fiel die Entscheidung für die Stürmung des Flugzeugs ohne eine Gegenstimme – und Helmut Kohl wußte, daß mit dieser Entscheidung nicht nur über Leben und Tod der Insassen der gekaperten Lufthansa-Maschine entschieden worden war, sondern auch über das Schicksal seines Freundes Hanns Martin Schleyer. Er hat später nie viel über die dramatische Nacht des 18. Oktober 1977 gesprochen, welche zermürbenden Stunden bis zur erlösenden, aber in Hinsicht auf Schleyer zugleich bedrückenden Nachricht man gemeinsam erlebt hatte. Die Geiseln waren unverletzt befreit worden, nachdem drei Entführer erschossen worden waren. Als schließlich Wischnewski die befreiende Nachricht durchgab, waren – so Helmut Kohl – die Reaktionen der einzelnen sehr unterschiedlich. Aus manchen brach die Erleichterung laut heraus, während etwa Herbert Wehner beinah stumm einigen die Hand drückte und nur undeutlich etwas von Dank knurrte. Über die Gefühle in dieser Nacht aber können nur die unmittelbar Beteiligten selbst etwas sagen. Eines scheint mir aber gewiß zu sein – menschlich nähergekommen ist man sich sicher in dieser Stunde der Bewährung des demokratischen Rechtsstaates. Vor eine solch schwere Herausforderung wurde die Staatsräson später lange nicht mehr gestellt. Zwar mordeten die Terroristen weiter, aber so schwerwiegende Versuche, den Staat zu erpressen, fanden nicht mehr statt. Die Solidarität unter den Demokraten hat später leider auch nicht mehr so gehalten wie in den dramatischen Tagen des September und Oktober 1977.

Am 18. Oktober 1977 wurde die Nachricht vom Selbstmord der drei Baader-Meinhof-Häftlinge Andreas Baader, Gudrun Ensslin und Jan-Carl Raspe verbreitet, und nur einen Tag später wurde die Befürchtung zur Gewißheit. Hanns Martin Schleyer war in der Nähe von Mulhouse im Elsaß ermordet in einem Auto gefunden worden. Helmut Kohl, den diese Nachricht schwer traf, obwohl er mit ihr hatte rechnen müssen, entschloß sich sofort zu einem Besuch bei der Witwe und den Kindern seines Freundes, um zu versuchen, ihnen Trost zu spenden. Aus eigener Erfahrung kann ich sagen, daß Helmut Kohl unter keiner Entscheidung so gelitten hat, wie derjenigen, über Leben und Tod seines Freundes mit entscheiden zu müssen. Für seine Einstellung, daß der Rechtsstaat sich keinem Terror beugen dürfe, hatte er einen hohen Preis bezahlt.

10 EIN NEUER ANLAUF

Im Sommer 1978, knapp eineinhalb Jahre nach dem Beginn meiner Zusammenarbeit mit dem Oppositionsführer Helmut Kohl, hatte ich eine erste schwierige Mission zu erfüllen. Es ging um die in der Presse gegen den damaligen Ministerpräsidenten von Baden-Württemberg, Hans Filbinger, erhobenen Vorwürfe wegen seiner Tätigkeit als Marinerichter insbesondere gegen Ende des Zweiten Weltkriegs und kurz danach. Es hatte schon in der voraufgegangenen Zeit immer wieder Vorwürfe gegen Filbinger gegeben, die dieser aber stets abwehren konnte. Im Sommer 1978 hatte die Presse aber neue Dokumente ausgegraben, die den Ministerpräsidenten als einen Mann darstellen sollten, der noch zu einem Zeitpunkt Todesurteile gefällt habe, als der Krieg praktisch schon beendet war. Helmut Kohl war im Juli, wie in jedem Jahr, nach St. Gilgen in Urlaub gefahren. In seiner zweiten Urlaubswoche gingen dann die Wogen hoch, und schon sehr bald wurde der Rücktritt Filbingers als Ministerpräsident gefordert. Da Filbinger zugleich auch Landesvorsitzender der CDU in Baden-Württemberg war, konnte der CDU-Vorsitzende Helmut Kohl nicht untätig bleiben. Als Stallwache in Bonn hatte ich den notwendigen Kontakt zwischen Filbinger und Kohl zu organisieren, was nicht immer leicht war, da Helmut Kohl oft den ganzen Tag auf Bergtour war und Hans Filbinger ihn oft mehrfach am Tag zu sprechen wünschte. Ich konnte ihm natürlich kein Ersatz sein, habe ihm aber stets geraten, die Fakten offen auf den Tisch zu legen und offensiv gegen die Vorwürfe anzugehen, was er auch tat. Die eigene Partei in Baden-Württemberg brachte ihm jedoch nicht mehr die ausreichende Solidarität entgegen, so daß ihm letztlich nichts anderes übrigblieb, als sein Amt niederzulegen. Am Abend des 6. August 1978 kündigte er dann Helmut Kohl für den nächsten Tag seinen

Rücktritt an, der ihm nach den vielen Jahren erfolgreicher Arbeit für Baden-Württemberg sehr schwer fiel. Lothar Späth wurde sein Nachfolger und übte das Amt des Ministerpräsidenten in Baden-Württemberg mehr als zwölf Jahre erfolgreich aus, bis er selber in die Schußlinie geriet und im Jahre 1991 sein Amt aufgab. Hans Filbinger ist nach seinem Rücktritt – ein Jahr später gab er auch das Amt des Landesvorsitzenden der CDU ab – weiter als Elder statesman in Erscheinung getreten. Zuletzt habe ich ihn – als fast Achtzigjährigen – noch als Diskussionsredner auf dem Bundesparteitag der CDU 1992 in Düsseldorf erlebt.

In meinen vier Bonner Jahrzehnten habe ich viele politische Karrieren entstehen und zerfallen sehen – immer steckte auch ein Stück Tragik darin und die subjektive Meinung, zu Unrecht eine liebgewonnene Position aufgeben zu müssen. Mancher, wie Hans Filbinger, ist nur schwer darüber hinweggekommen, andere, wie sein Nachfolger Lothar Späth oder wie Philipp Jenninger, starteten auf anderen Gebieten eine neue Karriere. Immer aber spielte die Presse – oder besser, ein bestimmter Teil von ihr – dabei eine entscheidende Rolle. Und die Pressemitarbeiter, die Journalisten, das waren meine Bezugspersonen. Oft gelang es mir, das Heraufziehen einer »Kampagne« frühzeitig zu erkennen oder auch Informationen über eine bevorstehende Veröffentlichung zu erhalten, so daß ich für die Betroffenen ab und zu einige Warnlampen setzen konnte. Das war natürlich nicht immer leicht, da ich ja auch das Vertrauen meiner Gesprächspartner behalten mußte, ohne das ich sonst nie mehr etwas vorweg erfahren hätte. Es war nicht immer einfach, die richtige Balance zu halten, denn meine Aufgabe in der Fraktion wie im Kanzleramt bestand nicht nur in der Vermittlung von Informationen, sondern auch in deren Beschaffung. Dabei konnte ich natürlich im Laufe von vier Jahrzehnten ein Vertrauenskapital ansammeln, das mir bis heute zugute kommt, auch wenn sich die Zusammensetzung der Bonner Presse in den letzten Jahren erheblich verändert hat und die Journalisten meiner Generation bereits überwiegend in den Ruhestand gegangen sind. Leider haben in meinen letzten Amtsjahren die von der Presse entdeckten oder auch hochgespielten »Affären« von Politikern, Gewerkschaftern und Managern merklich zugenommen, so daß ein Gutteil meiner Arbeit mit der Bewältigung dieser »Fälle« ausgefüllt war. Ich erwähne nur die Rücktritte der Minister Jürgen Möllemann und Günther Krause, der Ministerpräsidenten Björn Engholm und Max Streibl, die Affären um die »Neue Heimat« oder den Rücktritt des IG Metall-Vorsitzenden Franz Steinkühler.

Aber zurück in die späten Siebziger.

Ungeachtet seiner Aufgabe als Oppositionsführer ließ Helmut Kohl die Arbeit für die Partei nicht schleifen. Er berief eine Grundsatzkommission, die unter Führung von Richard von Weizsäcker ein neues Grundsatzprogramm ausarbeitete, das schließlich auf dem Ludwigshafener Parteitag im Jahre 1978 verabschiedet wurde. Dieses Programm sollte der CDU neue Wählerschichten erschließen und die Politik für »neue soziale Fragen« problembewußt machen. Themen wie Umweltschutz oder Frauenpolitik, die nicht zu den klassischen Themen der CDU gehörten, wurden hier erstmals, wenn auch noch vorsichtig, einbezogen. Das Programm, das in der Partei nicht unumstritten war, gab der CDU in der Tat eine moderne Prägung.

Auf dem dann im nächsten Jahr stattfindenden Parteitag in Kiel wurde Helmut Kohl mit großer Mehrheit wiedergewählt. Am 23. März 1979 erhielt er 617 von 740 abgegebenen Stimmen. Aber trotz unbestreitbarer Erfolge in Partei und Fraktion versuchte man immer wieder, ihm das Leben schwerzumachen, obwohl er als Gegenspieler von Helmut Schmidt auch im Parlament eine gute Figur machte. Manche in Partei und Fraktion waren einfach zu ungeduldig und konnten die Zeit der Ablösung der sozialliberalen Koalition nicht abwarten. Man drängte Helmut Kohl, seine guten Beziehungen zur FDP, besonders zu Hans-Dietrich Genscher, endlich auszunutzen, um eine neue christliberale Koalition zu bilden. Andere Kritiker, besonders aus den Reihen der CSU, warfen ihm vor, er ginge im politischen Parteienkampf zu schonend mit der FDP um. Er aber vertrat die Auffassung, man könne nicht mit ständigem Drängeln oder mit Attacken die FDP eines Tages wieder als Regierungspartner gewinnen, sondern nur durch das ständige Bemühen, die FDP-Führung und ihren Anhang davon zu überzeugen, daß auch mit

der CDU/CSU unter ihrer neuen Führung in der Fraktion »fort-
schrittliche« Politik möglich sei, ohne daß die Union dabei ihre
politischen Prinzipien opfern müsse – ein Kurs, der sich schließlich auszahlte, wenn es bis dahin auch noch ein langer und
steiniger Weg war.

Doch zunächst stand die Wahl des Bundespräsidenten auf
der Tagesordnung. Nach eingehenden Diskussionen hatten sich
CDU und CSU auf Karl Carstens als Nachfolger von Walter
Scheel geeinigt; besonders intensiv hatte CSU-Landesgruppenchef Fritz Zimmermann dessen Kandidatur betrieben. Carstens
wurde am 23. Mai 1979 zum Bundespräsidenten gewählt. Für
die SPD hatte die Vizepräsidentin des Bundestages Annemarie
Renger kandidiert. Carstens erhielt 528 Stimmen, Frau Renger
431.

Im Vorfeld der Wahl hatte es eine Kampagne gegen Karl Carstens gegeben, weil er als junger Referendar nominelles Mitglied der NSDAP geworden war, eine Mitgliedschaft, die nie vollzogen wurde, weil er sie später, als er Soldat wurde, ruhen
lassen konnte. Leider hatte sich auch die SPD an der Kampagne
gegen Carstens beteiligt. Selbst Helmut Schmidt bezeichnete
Carstens als einen Mann, der zum rechten Rand der CDU
gehöre und sehr konservativ sei.

Als die bekannten Magazine wie der »Spiegel« das Thema
aufgriffen, bat mich Hans Neusel, der Büroleiter von Carstens,
mit Carstens und ihm zu beratschlagen, wie man dieser Kampagne am besten begegnen könne. Ich riet dazu, die Fakten auf
den Tisch zu legen und der Öffentlichkeit klar zu sagen, wie die
Situation in den dreißiger Jahren war, als Carstens studierte,
und daß er gar nicht anders gekonnt habe, als der Partei nomi-
nell beizutreten.

Da CDU und CSU geschlossen hinter Carstens standen und
die gegen ihn gerichteten Angriffe scharf zurückwiesen, war das
der einzig richtige Weg. Er formulierte eine offensive Erklärung
und bestand die Kampagne gut. Allerdings war sie erst richtig
beendet, als sich herausstellte, daß Carstens Vorgänger als Bundespräsident, Walter Scheel, ebenfalls nominelles Mitglied der
NSDAP gewesen war. Ich weiß aber, wie sehr Carstens unter
den gegen ihn gerichteten Angriffen gelitten hat und sogar

ernsthaft überlegte, ob er auf die Wahl zum Bundespräsidenten verzichten sollte, was ein schwerer Fehler gewesen wäre. Viele seiner damaligen Kritiker haben ihm später, als er wirklich ein guter Bundespräsident wurde, Abbitte geleistet. Ich weiß, daß Helmut Kohl die SPD davor warnte, die Kampagne gegen Carstens fortzusetzen, sonst werde er auch das Verhalten führender SPD-Politiker in der Zeit des Dritten Reichs offenlegen.

Der Tag der Wahl von Karl Carstens zum Bundespräsidenten war für die beiden Unionsparteien ein Tag der Freude, hatte man doch nach zehn Jahren das Amt wieder mit einer Persönlichkeit aus den eigenen Reihen besetzen können.

Der 23. Mai 1979 war ein wunderbarer, sonniger Frühlingstag. Der Präsident des Deutschen Bundestages, Richard Stücklen, gab aus Anlaß der Bundespräsidentenwahl ein großes Fest auf dem Gartengelände des Bundestages. Die Stimmung bei den CDU- und CSU-Mitgliedern der Bundesversammlung, die den Bundespräsidenten wählt, war fröhlich und ausgelassen. Plötzlich verbreitete sich die Nachricht, Helmut Kohl habe vor der Bekanntgabe des Wahlergebnisses am Rande der Wahlhandlung das CDU-Präsidium auf Ernst Albrecht als Kanzlerkandidaten der CDU eingeschworen. Insbesondere die Politiker der CSU zeigten sich über diese Nachricht schockiert, weil es in dieser Frage keinen Kontakt zur CSU gegeben hatte. Auch der Vorsitzende der CSU-Landesgruppe und Stellvertreter Helmut Kohls in der Gesamtfraktion, Friedrich Zimmermann, war ahnungslos. Er rief sofort seine Mannen zusammen und beratschlagte mit ihnen, wie man diesem Vorgehen des CDU-Vorsitzenden begegnen sollte. Friedrich Zimmermann hat in seinem Buch »Kabinettstücke« diese Szene eindrucksvoll beschrieben.

Im Garten des Bundestages ging es zu wie in einem Bienenhaus. Scharen von Journalisten stürmten auf mich und den Sprecher der CDU ein, ob wir ihnen die Nachricht bestätigen könnten, daß Helmut Kohl Ernst Albrecht zum Kanzlerkandidaten machen wolle. Die Sache war nicht mehr geheimzuhalten, obwohl der CDU-Parteivorstand erst am 28. Mai 1979 über diese Frage beraten sollte. In der Tat hatte Kohl erkannt, daß er nur gegen äußersten Widerstand der CSU erneut Kanzlerkandidat der Union werden konnte. Er entschloß sich, einem anderen CDU-Politiker den Vortritt zu lassen, dem inzwischen in der Partei und in der Öffentlichkeit populär gewordenen Ministerpräsidenten von Niedersachsen, Ernst Albrecht, dem es gelungen war, die SPD-Herrschaft in Niedersachsen zu beenden.

Als Helmut Kohl zum erstenmal einen kleinen Kreis von seiner Absicht unterrichtete, Albrecht den Parteigremien der CDU als Kandidat für das Amt des Bundeskanzlers vorzuschlagen, gab es zunächst ungläubiges Staunen, weil trotz des gestiegenen Ansehens von Albrecht viele nicht daran glaubten, daß er sich in einer Wahl gegen Helmut Schmidt behaupten werde. Helmut Kohl aber hielt an seinem Vorschlag fest und brachte auch am 28. Mai 1979 den Parteivorstand der CDU dazu, seinen Vorschlag zu akzeptieren.

Allerdings hatte die CSU inzwischen Strauß bewogen, er solle erklären, daß auch er zur Kandidatur bereit sei. Strauß tat dies, auch wenn in den Tagen nach dem Bekanntwerden der Kandidatur Albrechts viele Zeitungen schrieben, er habe gegen Helmut Schmidt keine Chance, gewählt zu werden.

Viereinhalb Wochen tobte der Kampf um den besseren Kanzlerkandidaten hin und her. Er wurde mit Leidenschaft geführt und erst durch die Abstimmung in der gemeinsamen Bundestagsfraktion am 2. Juli 1979 beendet. Lange Zeit war zwischen den beiden Schwesterparteien strittig, in welchem Gremium von CDU und CSU die Kür des gemeinsamen Kanzlerkandidaten erfolgen sollte. Nach vielen Gesprächen, auch zwischen Helmut Kohl und Friedrich Zimmermann, einigte man sich schließlich auf die gemeinsame Bundestagsfraktion als das entscheidende Gremium (und nicht die Parteivorstände), weil in ihr CDU und CSU entsprechend ihrem Wähleranteil am besten repräsentiert waren.

In den Wochen vor der Sitzung hatte die Presse dieses Thema täglich auf den Frontseiten. Dabei ging es nicht nur darum, wer der bessere Kandidat für die Union sei, sondern es wurde vor allem die Frage ausgeleuchtet, wie es um das Verhältnis der beiden Schwesterparteien zueinander bestellt sei, nachdem es schon im Jahre 1975 um die Aufstellung Helmut Kohls zum Kanzlerkandidaten für die Bundestagswahl 1976 erheblichen Streit gegeben hatte, weil die CDU in den Augen der CSU schon damals einen Alleingang unternommen hatte. Jetzt sprach man in der CSU sogar von einem Überraschungs-coup Helmut Kohls. In dieser Diskussion taten sich besonders zwei überregionale Zeitungen hervor: »Die Welt« mit dem damaligen Chefredakteur Peter Boenisch und ihrem Bonner Korrespondenten und späteren Chefredakteur Manfred Schell und die FAZ mit ihrem Bonner Korrespondenten Karl Feldmeyer, der nach anfänglicher positiver Einstellung zu Helmut Kohl schon vor der Nominierung Albrechts zu ihm auf Distanz gegangen war. Die beiden Zeitungen wurden von der CSU besonders gut gespickt, das heißt, sie wurden ganz gezielt mit bestimmten Informationen versorgt, und in diesen Wochen erwies sich der spätere stellvertretende Regierungssprecher der Bundesregierung, Norbert Schäfer, als ein wahrer Meister dieser Kunst. Nicht, daß er Unwahrheiten verbreitet hätte, aber auch mit Teilwahrheiten oder behaupteten Trends kann man Politik machen – anderswo nennt man so etwas psychologische Kriegsführung. Während in der »Welt« die Vor- und Nachteile der Kandidaturen abgewogen wurden, trat Feldmeyer in der FAZ mit Leidenschaft für die Kandidatur von Franz Josef Strauß ein, immer auch mit dem Argument, an dieser Frage entscheide sich das Schicksal der Union und ihr späterer Zusammenhalt. Damals sind alte Verbindungen zwischen Politikern, ihren Mitarbeitern und einigen engagierten Journalisten zu Bruch gegangen. Es hat lange gedauert, bis hier wieder Normalität einkehrte. Bei manchen sind immer noch Narben zurückgeblieben.

Meine Position in der damaligen Situation war schwierig. Ich mußte und wollte loyal sein gegenüber Helmut Kohl, mit dem mich nach nunmehr zweieinhalbjähriger Zusammenarbeit ein vertrauensvolles Verhältnis verband. Mir persönlich wäre es lieber gewesen, Helmut Kohl hätte auch für 1980 noch einmal um die Kanzlerkandidatur gekämpft. Aber so wie die Dinge lagen, sah er für sich keine Chance, zumal er trotz seiner engen Beziehungen zu Hans-Dietrich Genscher und anderen führenden FDP-Politikern und trotz zunehmender Spannungen in der Koalition von SPD und FDP die Zeit für einen Wechsel noch nicht für reif hielt. Es kam hinzu, daß die Rivalitäten zwischen ihm und Franz Josef Strauß eine reibungslose Nominierung unmöglich gemacht hätten. Daß andererseits Franz Josef Strauß über einen Wähleranteil von rund 45 Prozent nicht hinauskommen würde, sagten ihm die demoskopischen Prognosen. Mancher in Bonn glaubte sogar, Kohl kalkuliere bewußt ein, daß sein Kandidat Ernst Albrecht keine Chance habe zu gewinnen, wenn Strauß selbst Kanzlerkandidat werden wolle. Das ist jedoch eine reine Unterstellung. Auch die Tatsache, daß sich später sein Verhältnis zu Ernst Albrecht etwas abkühlte, ist hierfür kein Beweis. Das hatte mehr mit Querelen innerhalb der niedersächsischen CDU zu tun.

Der Vorschlag, in der Bundestagsfraktion über den Kanzlerkandidaten abzustimmen, stammte von Fritz Zimmermann. Obwohl viele in der CSU glaubten, es liege auch ein gewisses taktisches Risiko darin, hatte sich der Landesgruppenvorsitzende schließlich mit seinem Vorschlag behauptet. Die Sitzung fand am Nachmittag des 2. Juli 1979 statt und dauerte viele Stunden. Erst nach einer erbitterten Debatte fiel gegen 23 Uhr die Entscheidung. 135 der anwesenden Abgeordneten stimmten für Strauß, 102 für Albrecht. Helmut Kohl und Friedrich Zimmermann verkündeten das Ergebnis im Vorraum des Fraktionssaals, wobei Helmut Kohl erklärte, er werde Franz Josef Strauß im bevorstehenden Wahlkampf loyal unterstützen, was er dann auch tat.

In der vorangegangenen Diskussion stand, wie in den Sitzungen des Parteivorstandes, immer die Frage im Vordergrund, welche Kandidatur am besten für die Einheit von CDU und CSU sei. Viele Abgeordnete, die nicht an eine Chance für Strauß bei der Bundestagswahl glaubten, stimmten dennoch in der Fraktion für den CSU-Vorsitzenden, um die Einheit der Union nicht zu gefährden. Ich will nicht die ganze Diskussion nachzeichnen, wie es Friedrich Zimmermann in seinem Buch getan hat. Ich erinnere mich nur an zahlreiche Gespräche, die ich selbst mit Abgeordneten geführt habe. Immer wieder wurde dabei die Befürchtung geäußert, die Union könne sich spalten, wenn Strauß nicht nominiert werden sollte. Ob diese Gefahr wirklich bestanden hat, wage ich zu bezweifeln. Strauß selbst mußte eigentlich mehr zu seiner Kandidatur getrieben werden, als daß er sie selber betrieb. Es ist sicher richtig, daß sich Fritz Zimmermann als der eigentliche Kandidatenmacher fühlen konnte. Letztlich wird man die Motive von Franz Josef Strauß nie ganz ergründen können. Ich sehe seine Kandidatur als einen Versuch an, nach der »Spiegel«-Affäre, bei der er sein Amt als Verteidigungsminister verloren hatte, politisch voll rehabilitiert zu werden.

Helmut Kohl hatte uns in der Fraktion gesagt, mit der Abstimmung sei das Kapitel Kanzlerkandidatur der Union für die Bundestagswahl 1980 für ihn abgeschlossen. Wenn Strauß gewinnen sollte, werde er ihn selbstverständlich loyal unterstützen, und er bat auch uns Mitarbeiter, die Auseinandersetzungen der letzten Wochen, die oft mit sehr harten Bandagen geführt worden waren, einzustellen und nicht nachzukarten. Helmut Kohl hat sich an seine Worte gehalten. Er sorgte dafür, daß neben Franz Josef Strauß, dem Süddeutschen, ein Vertreter der CDU aus dem Norden eine wichtige Position in der Wahlkampfmannschaft von Strauß erhielt, nämlich Gerhard Stoltenberg, der sich als Vizekanzlerkandidat zur Verfügung stellte. Das – und anderes – waren wichtige Maßnahmen, damit später, nach einer möglicherweise verlorenen Wahl, niemand würde sagen können, Strauß habe nicht die uneingeschränkte Unterstützung der CDU bekommen. Kohl selbst hatte es ja 1975/76 bei seiner ersten Nominierung anders erlebt.

Die Bundestagswahl am 5. Oktober 1980 lag noch in weiter Ferne. Von Wahlkampf war zunächst noch gar nichts zu spüren, und als der Wahlkampf begann, startete Franz Josef Strauß erst relativ spät, dann allerdings mit einer großen Tournee. Die Veranstaltungen waren immer überfüllt, aber bei jeder Kundgebung gab es auch Störungen, die manchmal in Krawalle ausarteten. In der Berichterstattung lauteten oft die Schlagzeilen: »Wieder Krawall bei Strauß-Kundgebung!«

Helmut Kohl machte als Parteivorsitzender der CDU und Vorsitzender der gemeinsamen Bundestagsfraktion eine große Wahltournee, wobei seine Kundgebungen ebenfalls enormen Zulauf hatten. Er wurde, wie schon bei seiner ersten Kanzlerkandidatur im Jahr 1976, wieder jeweils von einem großen Troß Journalisten begleitet. In der Berichterstattung wurde ihm bescheinigt, daß er ein hervorragender Wahlkämpfer sei, auch wenn er für einen anderen kämpfen müsse, den er eigentlich nicht gewollt habe. Aber man hatte sich mit der CSU auf ein gemeinsames Wahlprogramm verständigt, und das vertrat er in seinen Reden. Im Wahlkampf des Jahres 1980 konnte ich Helmut Kohl zum ersten Mal richtig als Wahlkämpfer erleben, weil ich ihn auf vielen seiner Wahlkampfreisen begleitete. Ich besuchte aber auch einige Veranstaltungen von Franz Josef Strauß, um Vergleiche anstellen zu können. Hauptsächlich interessierte mich dabei, wer von beiden wie argumentierte und wie das Publikum jeweils darauf reagierte. Aufschlußreich war auch, wie souverän beide mit Störungen aus dem Publikum zurechtkamen. Vor allem bei Strauß gab es den erwähnten Krawall – er zog die Radaumacher förmlich an –, und die ebenfalls erwähnten Schlagzeilen waren nicht gerade eine gute Reklame.

Wahlkampf-Großveranstaltungen haben ihre eigene Wirkung. Natürlich erreicht man bei solchen Kundgebungen keine Wechselwähler oder stimmt gar jemanden in seinem Wahlverhalten um. Wer eine solche Veranstaltung besucht, weiß, was er zu erwarten hat, sei er nun Anhänger des jeweiligen Redners oder Provokateur. Dennoch sind diese Ereignisse sozusagen als Aufputschmittel für die eigenen Parteigänger notwendig. Man will den eigenen Matador sehen, und man will auch, daß er kein Blatt vor den Mund nimmt und dem politischen Gegner ordentlich einheizt. Viele der Besucher sind auf irgendeiner Ebene selbst im Wahlkampf engagiert, und es wirkt bestärkend und aufbauend, den Mann oder die Frau an der Spitze live zu erleben.

Auch für den Wahlredner selbst ist der (fast immer) zu erwartende Beifall natürlich ein Stimulans, allerdings darf er sich dadurch nicht täuschen lassen. Helmut Kohl hat seiner Mannschaft seit Jahren eindringlich eingeschärft, den Applaus bei Wahlveranstaltungen nicht mit der wirklichen Stimmung in der Bevölkerung zu verwechseln. Er wies immer wieder darauf hin, daß die lautesten Beifallsorkane der eigenen Anhängerschaft nichts wert sind, wenn es nicht auch gelingt, den allgemeinen Wähler-Trend in die richtige Richtung zu lenken.

Im Jahre 1980 bin ich zum einzigen Mal Gast beim traditionellen Aschermittwoch der CSU in der Nibelungenhalle in

Passau gewesen. Norbert Schäfer hatte mich eingeladen, mich der jährlich anreisenden Gruppe Bonner Journalisten anzuschließen. Die Reise war in jeder Hinsicht von hohem Erlebniswert. Es war ungeheuer beeindruckend, wie Franz Josef Strauß die Menschen in seinen Bann schlug und wie sich die Zuhörermassen andererseits von ihm fesseln ließen. Neben diesen Eindrücken konnte ich während dieses Ausflugs nach Bayern aber auch feststellen, daß sich auf der Ebene der Mitarbeiter das Klima verbessert hatte. Ich muß überhaupt sagen, daß mein Verhältnis zu Franz Josef Strauß trotz der Auseinandersetzungen, die er mit Helmut Kohl vor und nach 1980 bis zu seinem Tod gehabt hat, durchaus in Ordnung war. Manchmal nannte er mich den »großen Strippenzieher«, meistens aber redete er mich mit »Kollege Ackermann« an, was von den Umstehenden oft mit Erstaunen registriert wurde. An den geselligen Abenden auf den CSU-Parteitagen in München war ich oft Gast an seinem Tisch. Seine Mitarbeiter – besonders in seiner Bonner Zeit, aber auch danach – wußten und haben es ihm auch immer gesagt, daß ich in den ganzen Jahren meiner Tätigkeit in der Fraktion und auch später im Kanzleramt immer Wert darauf gelegt habe, daß das Verhältnis zwischen CDU und CSU intakt blieb, besonders das zwischen dem Fraktionsvorsitzenden der CDU und dem Landesgruppenvorsitzenden der CSU, aber auch das zwischen den beiden Parteivorsitzenden. Oft habe ich bei Spannungen auf dem sogenannten kleinen Dienstweg vermittelnd eingreifen können. Wenn Helmut Kohl nicht da war, lud Strauß auch schon mal seine Klagen über Vorgänge in der CDU, die ihm mißfielen, über mein Telefon ab. Bei allem Hin und Her in der Beziehung Kohl-Strauß und im Verhältnis zwischen CDU und CSU hat es mich Jahre später doch sehr bedrückt, als ich Helmut Kohl am 3. Oktober 1988, als er sich im Rahmen einer Ostasienreise auf dem Flug nach Australien befand, die Nachricht vom Tod von Franz Josef Strauß übermitteln mußte.

Am Ende eines schließlich doch noch mächtig in Gang gekommenen Wahlkampfes im August/September erlebte ich die Bekanntgabe des Wahlergebnisses am Abend des 5. Oktober 1980 zusammen mit Helmut Kohl und seinen Mitarbeitern im Bonner Konrad-Adenauer-Haus, wo wir im neunten Stock im

Büro des Parteivorsitzenden die Hochrechnungen verfolgten. Später stießen Franz Josef Strauß, seine Frau Marianne, seine Tochter Monika und der CSU-Generalsekretär Stoiber dazu. Das Ergebnis lautete 44,5 Prozent für die CDU/CSU, 42,9 Prozent für die SPD und 10,6 Prozent für die FDP. Das waren für die Union 4,1 Prozent weniger, als Helmut Kohl 1976 geholt hatte. Für Franz Josef Strauß war es eine bittere Niederlage. Die CDU/CSU-Fraktion blieb allerdings die stärkste Fraktion im Deutschen Bundestag. Für Helmut Schmidt war es darum auch kein strahlendes Ergebnis, wo doch manche in der SPD gehofft hatten, daß er, auf den der ganze Wahlkampf der SPD abgestellt war, vielleicht sogar die absolute Mehrheit der Mandate holen könne.

In dieser Wahlnacht habe ich Helmut Kohl bewundert. Er war es, der die richtigen Worte für Strauß und seine Familie fand, zunächst nur im Kreis der allerengsten Freunde, aber später auch vor den laufenden Kameras des Fernsehens, und es war wiederum Helmut Kohl, der in der Nachwahlbetrachtung seinen Freunden klarmachte, daß es jetzt nicht darum gehen könne, einseitige Schuldzuweisungen vorzunehmen. Aber trotz all dieser Bemühungen brodelte es zunächst in der Union, vor allem als dann feststand, daß die FDP, wie schon 1976, wieder mit der zweitstärksten Partei im Bundestag koalieren würde, obwohl es im Gebälk der sozialliberalen Koalition schon mächtig knisterte, vor allem in der Wirtschaftspolitik. Helmut Kohl sagte seinen Freunden immer wieder, die FDP werde die Koalition verlassen, wenn es ihr in ihrem eigenen Interesse als notwendig erscheine und nicht unter äußerem Druck durch die Union.

An der Spitze der CDU/CSU-Bundestagsfraktion blieb zunächst alles beim alten: Strauß kam nicht als Oppositionsführer nach Bonn, Helmut Kohl blieb Oppositionsführer. Innerhalb der Fraktion kamen aber auch neue Leute nach vorn. Einer davon war der heutige Verteidigungsminister Volker Rühe, der als Bildungspolitiker angefangen hatte, nunmehr aber in das außenpolitische Fach überwechselte. Er spielte neben dem späteren Staatsminister im Auswärtigen Amt, Alois Mertes, der den außenpolitischen Arbeitskreis in der Fraktion leitete, und Werner Marx, der dem Auswärtigen Ausschuß des Bundestages vorstand, schon die entscheidende Rolle.

Die Zusammenarbeit zwischen Helmut Kohl und Friedrich Zimmermann, dem CSU-Landesgruppenchef, verlief im großen und ganzen reibungslos. Das Arbeitsteam in der Umgebung von Helmut Kohl hatte sich immer besser aufeinander eingestellt, mit Horst Teltschik, dem Büroleiter, und Juliane Weber, die schon immer mehr als eine Vorzimmerdame war – sie kannte wegen ihrer langjährigen Zusammenarbeit mit Helmut Kohl den Chef am besten –, mit Wolfgang Bergsdorf als Büroleiter des Parteivorsitzenden im Adenauer-Haus und mir als Pressesprecher der Fraktion. Auch Wolfgang Schäuble trat allmählich stärker in den Vordergrund; neben dem Ersten Parlamentarischen Geschäftsführer der Fraktion, Philipp Jenninger, war er schon einer der wichtigsten Berater Helmut Kohls in Fragen der Wirtschafts- und Finanzpolitik geworden. Schäuble hatte als gelernter Steueranwalt im Haushaltsausschuß des Bundestages gearbeitet und war schon früh in der Fraktion durch seinen scharfen Verstand aufgefallen. Wenn Horst Teltschik mit seinem Redenschreiberteam die Bundestagsreden Helmut Kohls zusammenstellte, konnte er oft auf Ausarbeitungen von Wolfgang Schäuble zurückgreifen. 1981 wurde Wolfgang Schäuble dann Zweiter Parlamentarischer Geschäftsführer in der CDU/CSU-Bundestagsfraktion; heute ist er ihr Vorsitzender. Zuvor war er Kanzleramtsminister und Innenminister.

Zum guten Klima unter den Kohl-Mitarbeitern trug bei, daß wir uns untereinander angefreundet hatten und auch – wenn es der Dienst zuließ – gelegentlich privat, bei Geburtstagen und sonstigen Familienfesten zusammentrafen. Dabei war Juliane Weber immer der gute Geist der »Kohl-Truppe«. Da sie nur am Wochenende nach Mainz nach Hause fuhr, ging sie oft mit uns zum Abendessen – manchmal kam Helmut Kohl mit, wenn er keine Termine hatte. Dabei konnten wir vieles besprechen, was tagsüber in der Hektik des Arbeitsbetriebes zu kurz gekommen war. Unsere kameradschaftliche Runde hat bis heute gehalten, nur Horst Teltschik hat zuletzt einen anderen Weg genommen. Er ist inzwischen als Vorstandsmitglied bei BMW in München tätig und war vorher ab 1991 Geschäftsführer der Bertelsmann-

Stiftung in Gütersloh. Aber auch heute noch telefonieren wir häufig miteinander, oder er besucht Juliane Weber und mich im Büro im Kanzleramt, wenn er in Bonn zu tun hat. Sein Herz hängt weiterhin an der Politik.

11 AUF REISEN

Während der Oppositionszeit hatten wir zweimal im Jahr Fraktionssitzungen in Berlin, und Helmut Kohl nutzte möglichst jede Gelegenheit, auch Ost-Berlin zu besuchen; als er später Kanzler war, ging das natürlich nicht mehr. Bei zweien dieser Besuche war ich dabei. Beim ersten Mal fuhren wir – auch Juliane Weber und Günther Henrich, der damalige Parteisprecher, waren dabei – mit der S-Bahn über den Bahnhof Friedrichstraße und machten dann einen Spaziergang bis zum Alexanderplatz und dem Fernsehturm. Sobald die Menschen Helmut Kohl erkannten, blieben sie erstaunt stehen, und nur ganz mutige erbaten ein Autogramm von ihm. Die anderen Besucher aus Westdeutschland verhielten sich wie bei ähnlichen Situationen zu Hause: Sie umringten ihn und ließen sich mit ihm fotografieren. Und das alles unter den Augen der Stasi. Denn die Abfertigung am Grenzübergang dauerte so lange, daß die Grenzpolizisten ihre Kollegen bequem informieren konnten, damit sie sich an unsere Fersen hefteten. Sie verloren uns aber doch aus den Augen, als wir mit der S-Bahn weiter in die Außenbezirke von Ost-Berlin fuhren. Dort hatte man einen ganz anderen Eindruck als in den Renommiervierteln um den Alexanderplatz mit den großen Hotels und Restaurants. Die Außenbezirke wirkten trist, die Straßen waren kaum beleuchtet, und eine Gaststätte war weit und breit nicht zu finden. An einer einsamen Straßenecke hielten wir ein Taxi an. Als der Fahrer Helmut Kohl erkannte, war er total verblüfft – den hatte er in dieser Gegend nun wirklich nicht vermutet. Er fand seine Fassung aber sehr schnell wieder. Wir baten ihn, uns in ein typisches Berliner Lokal zu fahren. Das tat er auch. Es war eine Kneipe, die bestimmt noch keinen Westtouristen gesehen hatte. Sie hieß »Raabe Diele« und lag am Märkischen Ufer. Günther Henrich, der inzwischen Stu-

dioleiter des NDR in Berlin ist, trinkt heute noch gelegentlich
dort ein Bier.

Der Fahrer war so beeindruckt, daß er immer wieder sagte:
»Wenn ich das meiner Frau erzähle, was ich heute erlebt habe,
erklärt sie mich für verrückt.« Wir luden ihn zum Essen ein und
baten ihn, uns später wieder zum Übergang Friedrichstraße
zurückzufahren, natürlich gegen Westmark, was ihm sehr lieb
war. Er verlor nach und nach die Zurückhaltung und beschrieb
uns ganz offen die Stimmung der Bevölkerung in der DDR.
Seine Schilderungen waren bei weitem aufschlußreicher als
viele Lageberichte aus dem innerdeutschen Ministerium. Als
wir nach dem Abstecher wieder in unser »Hotel am Zoo« nach
West-Berlin zurückgekehrt waren, diskutierten wir noch lange
über die Eindrücke und Einsichten, die wir in Ost-Berlin gewonnen hatten. Für mich war es ein Erlebnis besonderer Art, weil
ich vorher noch nie die Gelegenheit gehabt hatte, Ost-Berlin
oder eine andere Stadt in der DDR zu besuchen.

Wenige Monate danach waren wir erneut mit Helmut Kohl in
Ost-Berlin, und zwar wieder mit derselben Mannschaft, zu der
diesmal noch Horst Teltschik dazukam. Ich muß an dieser Stelle
noch erwähnen, daß Helmut Kohl während seiner Zeit als
Oppositionsführer immer nur mit der S-Bahn nach Ost-Berlin
fuhr, niemals mit seinem Dienstwagen. Er wollte seine Besuche
so gestalten wie jeder andere Bürger auch. Selbstverständlich
entging auch er, wie alle anderen, nicht dem Zwangsumtausch
in Höhe von 25 D-Mark.

Was wir bei dem zweiten Besuch erlebt haben, ist der Öffentlichkeit bisher nicht bekannt. Auf unserem Spaziergang kamen
wir auch zu dem erst kurz zuvor fertiggestellten Vorzeigeobjekt
der DDR, dem »Palast der Republik«, einem großen Gebäude-
komplex mit Versammlungsräumen – dort tagte auch die Volkskammer –, einem Theater und einigen Restaurants. Helmut
Kohl entschied kurzentschlossen: »Das gehen wir mal besichtigen. Mal sehen, was der Honecker da für einen Kasten hinge-
stellt hat.« Gesagt, getan. Innerhalb des Gebäudes wurden wir
von neugierigen Blicken der Besucher und des Personals verfolgt. Schließlich entschloß sich Helmut Kohl, in einem der
Restaurants zu essen. Wir bekamen auch sofort einen Tisch,

obwohl das Bedienungspersonal offensichtlich unsicher war, wie es sich auf den prominenten Besucher aus dem Westen einstellen sollte. Nach der ersten Überraschung lief aber alles wie am Schnürchen. Wir wurden sehr aufmerksam bedient. Das Essen war für Ostberliner Verhältnisse sehr ordentlich, und es gab auch ein gutes »Radeberger Pils« und dazu einen russischen Wodka. Als wir das Lokal verließen, verabschiedete sich der Geschäftsführer mit den Worten: »Herr Kohl, es war uns eine Ehre. Besuchen Sie uns einmal wieder.« Daraus ist aber nie etwas geworden. Weder in der westdeutschen noch in der ostdeutschen Presse ist jemals etwas über diesen Besuch des westdeutschen Oppositionsführers im »Palast der Republik« erschienen.

Bei einem anderen Versuch Helmut Kohls, Ost-Berlin zu besuchen, wurde ihm die Einreise verweigert. Die politische Atmosphäre zwischen Bonn und Ost-Berlin war in diesen Wochen sehr angespannt, insbesondere wegen der von Bonn unterstützten Absicht der NATO, neue Mittelstreckenraketen in Westeuropa – und auch in Deutschland – zu stationieren, um die Sowjets an den Abrüstungsverhandlungstisch zu bringen. Als Helmut Kohl Bundeskanzler geworden war, hat er bekanntlich den sogenannten NATO-Doppelbeschluß im Deutschen Bundestag trotz heftiger Widerstände durchgesetzt.

Helmut Kohl und seine Begleiter wurden also nicht nach Ost-Berlin hineingelassen. Ich selbst war diesmal nicht mit dabei, sondern im Hotel geblieben, wo ich mich mit einem Berliner Journalisten treffen wollte. Während ich noch auf ihn wartete, klopfte es an meine Zimmertür. Ich glaubte, daß jemand draußen war, der mein Bett machen wollte, und antwortete: »Das ist nicht nötig, ich liege gerade auf demselben.« Danach ein großes Gelächter auf dem Flur. Ich öffnete. Auf dem Gang standen Helmut Kohl, Horst Teltschik, Juliane Weber und Wolfgang Bergsdorf. Wir gingen in Kohls Suite, wo er mir über die Verweigerung der Einreise berichtete. Ich ärgerte mich, daß ich ausgerechnet diesmal nicht dabeigewesen war, begab mich dann aber sofort an mein Telefon, um die Presse über die Zurückweisung des deutschen Oppositionsführers am Bahnhof Friedrichstraße zu unterrichten. Helmut Kohl machte mir später an dem Abend ein großes Kompliment, weil er mitbekommen hatte, daß ich den Vorgang so anschaulich geschildert hatte, als ob ich selber dabeigewesen wäre.

Von einem anderen Erlebnis Helmut Kohls in Ost-Berlin kann ich auch nicht persönlich berichten, nämlich von dem Unfall, den das Taxi hatte, mit dem er durch Ost-Berlin fuhr. Es stieß dabei in der Nähe der Stasi-Zentrale in der Ostberliner Normannenstraße ausgerechnet mit einem Stasi-Fahrzeug zusammen. Verletzt wurde zum Glück niemand, und der Fahrer des Taxis war so geschickt, daß bei der Aufnahme des Unfalls gar nicht auffiel, daß Helmut Kohl in dem Taxi saß. Kohl hat diesen Vorfall erst am 30. September 1992 zum ersten Mal einem Kreis von Journalisten in »Auerbachs Keller« in Leipzig erzählt, da lag die Sache schon knapp zehn Jahre zurück.

Aus der Zeit von Helmut Kohls Oppositionsführertätigkeit im Bonner Bundeshaus sind mir einige Episoden in Erinnerung geblieben, die festgehalten zu werden verdienen. 1978 zum Beispiel sollte Helmut Kohl zum 17. Juni im Bundestag sprechen. Am Vorabend hatte er in Berlin eine Rede gehalten, wohin ihn Günther Henrich begleitet hatte. Als sie am Vormittag des 17. Juni nach Bonn zurückfliegen wollten, konnten sie wegen dichten Nebels nicht in Köln-Bonn landen, sondern nur in Düsseldorf. Aber auch dort kamen sie so spät an, daß die Zeit knapp wurde. Zunächst versuchten die beiden, mit einem Taxi nach Bonn zu kommen. Helmut Kohl stieg dann allein in ein Polizeiauto um, das jedoch nur bis zu einer bestimmten Stelle fahren durfte, weil dort der zuständige Polizeibezirk aufhörte. Er stellte sich an die Autobahnausfahrt, wo ihn Günther Henrich wieder in das Taxi aufnahm, ein altes Dieselfahrzeug, das sich nur langsam in Richtung Bonn bewegte. Als Helmut Kohl schließlich Bonn erreichte, hatte Fritz Zimmermann bereits improvisiert und die Rede verlesen, die dann aber in der Presse doch als Kohl-Rede lief.

Unvergessen ist mir auch der Kieler Parteitag der CDU im Jahre 1979, an dem ich als Beobachter der Fraktion teilnahm. Dieser Parteitag ist mir nicht wegen seiner sachlichen Ergebnisse im Gedächtnis haften geblieben, sondern wegen des sogenannten gemütlichen Abends, bei dem ein Pariser Ballett auftrat. Die Ballett-Mädchen tanzten oben ohne, eine wirkliche Sensation für die CDU, damals jedenfalls. Die meisten Delegierten schienen mir sehr angetan zu sein, wenngleich auch einige der konservativen eher etwas pikiert blickten. Manche, die sich noch am Abend vor Begeisterung auf die Schenkel geschlagen hatten, distanzierten sich dann anderntags von diesem Programmteil, weil sie auf ihre konservativen Wähler Rücksicht nehmen mußten – und das Fernsehen hatte natürlich ausführlich darüber berichtet. Selten hat es auf einem CDU-Parteitag so viel Wirbel gegeben wie auf diesem. Helmut Kohl war von der Bundesgeschäftsstelle nicht mitgeteilt worden, welches Unterhaltungsprogramm an dem Abend geboten werden sollte. Er war einigermaßen überrascht. Ich bin mir nicht sicher, ob er nicht andernfalls vielleicht sein Veto eingelegt hätte.

Einen Vorgang ganz anderer Art erlebte ich ebenfalls in dieser Zeit. Wir ärgerten uns gelegentlich darüber, daß der »Spiegel« auch aus internen Fraktionsberatungen ausführlich berichten konnte, wußten aber nie, wo seine Informanten saßen. Nur einmal gelang es mir, das an einer Stelle aufzudecken. Einer der Bonner »Spiegel«-Redakteure hatte bei einem Gespräch mit mir in meinem Büro ein Papier liegengelassen, das Aufzeichnungen über interne Fraktionsberatungen enthielt – und zwar mit Schreibmaschine geschrieben. Ich rief den Redakteur an, er möge das Papier bei mir abholen, was ihm sichtlich peinlich war. Ich hatte mir aber, bevor er es wieder abholte, eine Kopie davon gemacht. Die Schreibmaschinentypen waren nicht sehr gebräuchlich in der Fraktion. Zudem hakte ein Buchstabe auf der Maschine, mit der der Text geschrieben war. Das erleichterte die Suche nach dem Autor des Papiers sehr. Ich stellte den Betroffenen zur Rede, der sich damit rechtfertigte, der »Spiegel« habe die Sache ohnehin gewußt, und er habe nur präzise den Sachverhalt darstellen wollen. Da es sich um den Mitarbeiter eines hochrangigen Mitgliedes der Fraktionsführung handelte, der später bis zum Rang eines Parlamentarischen Staatssekretärs aufstieg, handelte ich mir sogar Schelte ein, weil ich angeblich hinter einem Abgeordneten hergeschnüffelt hätte. Das ertrug ich mit Gelassenheit. Abgestellt haben wir die Zuträgereien zum »Spiegel« dennoch nicht.

Der folgende Vorgang ging da schon anders aus. Die Führungskräfte der Fraktion erhielten auch in der Zeit, als die CDU/CSU in der Opposition war, regelmäßig Berichte über die Erkenntnisse des Bundesnachrichtendienstes über wichtige Vorgänge im Ausland. Der Mitarbeiter eines der Bezieher dieses Materials gab gelegentlich einer Zeitung Informationen aus diesem Material weiter, was den Präsidenten des BND gewaltig ärgerte. Er ließ deshalb in jeden der einzelnen Berichte ein spezielles Wort einfügen, so daß er bei Verwendung des Materials in der Presse schnell feststellen konnte, in welchem Büro der Fraktion diese Indiskretion begangen worden war. So flog die Sache auf. Von da ab wurden die Lieferungen an die Fraktionsspitze aus dem BND erheblich eingeschränkt, bis Gras über die Sache gewachsen war.

Während seiner Zeit als Oppositionsführer hat Helmut Kohl auch einige wichtige Auslandreisen unternommen, auf denen ich ihn begleitete, so in die USA und nach Großbritannien. Die Reise in die USA fand im Oktober 1981 statt, ein Jahr, bevor er Bundeskanzler wurde. Dabei begegnete er auch zum ersten Mal Präsident Ronald Reagan, der 1980 ins Amt gekommen war. Helmut Kohl traf mit ihm im Oval Office des Weißen Hauses zu einem ausführlichen Gespräch zusammen, bei dem es vor allem um die Ost-West-Beziehungen, die Entwicklung in Europa und um die Abrüstung ging. Der spätere Staatsminister im Auswärtigen Amt, Alois Mertes, der zu den außenpolitischen Experten der Bundestagsfraktion gehörte, war mit uns gefahren. Er gab manch guten Tip zur Einschätzung der jeweiligen Gesprächspartner und war auch sonst in jeder Hinsicht ein angenehmer Reisebegleiter.

Während unseres Aufenthaltes in den USA wurde dort am 19. Oktober der zweihundertste Jahrestag der berühmten Schlacht von Yorktown gefeiert, in der George Washington den englischen Lord Cornwallis mit Hilfe der Franzosen entscheidend geschlagen hatte. Diese Schlacht wurde detailgenau nachgestellt. Unter den Mitwirkenden waren auch einige deutsche Soldaten, die in den USA ausgebildet wurden. Sie trugen Uniformen der preußischen Armee, die damals mit einem Kontingent auf seiten Washingtons mitkämpfte. Helmut Kohl, der an historischen Dingen sehr interessiert ist, war von dem Besuch in Yorktown fasziniert. Wir wurden von einem Vertragsdolmetscher des Auswärtigen Amtes begleitet, Reinhard-Karl Lochner, der sich sehr gut in der amerikanischen Geschichte auskannte und nicht nur für uns übersetzte, sondern uns auch viele Zusammenhänge erklärte. Bei den Feierlichkeiten war auch der gerade neu ins Amt gekommene französische Präsident François Mitterrand als Gast auf der Ehrentribüne dabei. Zu beiden Präsidenten, Reagan und Mitterrand, entwickelte Helmut Kohl später eine tiefe Freundschaft. In Yorktown konnte er natürlich noch nicht wissen, daß er bald deutscher Bundeskanzler sein und mit den großen Staatsmännern der Welt die besten Beziehungen unterhalten würde.

Wir – das heißt Kohls Begleitung – waren mit einem Bus nach Yorktown gefahren, und dabei hatten wir reichlich Gelegenheit, die prachtvolle Landschaft im beginnenden Herbst zu bewundern. Es war die Zeit des sogenannten »indian summer«, in der die Natur die schönsten Farben hervorzaubert. Auf der Rückfahrt nach Washington wurde es im Bus sehr unterhaltsam. Alois Mertes erzählte am laufenden Band Witze in allen Mundarten und aus allen Ländern. So hatte ich ihn bis dahin noch nicht erlebt – und auch seine Frau, die in Washington ihre Freundin, die Frau des deutschen Botschafters Peter Hermes, besuchte und zu unserer Reisebegleitung gehörte, kannte ihren Mann nicht mehr wieder. Hiltrud Mertes flog im übrigen mit uns von Washington zurück nach Deutschland, hatte aber als sparsame Hausfrau und Mutter von fünf Kindern ein Ticket in der Economyklasse gebucht, während Kohl und Mertes erster Klasse flogen.

Als Helmut Kohl das erfuhr, sagte er zu Alois Mertes, er wolle sicherlich seinen Platz mit seiner Frau tauschen, damit sie bequemer fliegen könne. So geschah es auch. Im Laufe des Fluges wollte ich mich dann mal erkundigen, wie es dem Armen hinten in der »Holzklasse« wohl erging. Ich war ziemlich perplex. Das Flugzeug war nicht ganz voll, und so hatte er sich auf drei freien hinteren Plätzen zum Schlafen hinlegen können, während die übrige Delegation vorne in den engen Sesseln nur mühsam Platz fand. Damals reisten wir ja noch nicht mit der

Bundeswehr, deren Langstreckenmaschinen eine kleine Schlaf-
kabine für den Kanzler zur Verfügung haben.

Eine weitere Reise in diesen Jahren hatte ebenfalls einen
starken historischen Akzent. Bei einem Besuch in London, wo
Helmut Kohl Gespräche mit dem Premierminister, dem Außenminister und führenden Vertretern des Parlaments führte, stand
auch die Besichtigung des Grabes von Winston Churchill auf
dem Programm, der auf einem kleinen Dorffriedhof in der Nähe
des Schlosses seiner Familie beigesetzt ist. Helmut Kohl hatte
sich diesen Besuch schon lange gewünscht, hatte aber bisher
nie die Zeit dafür gefunden. Ein Wagen der deutschen Botschaft
brachte uns zu dem kleinen Friedhof, auf dem dieser große
britische Staatsmann seine letzte Ruhestätte gefunden hat.
Churchill war der erste europäische Politiker, der für die Idee
eines geeinten Europa warb und der Deutschland nach dem
schrecklichen Krieg wieder die Hand reichte. Helmut Kohl hat
die großen staatsmännischen Leistungen Churchills immer
anerkannt und auch bewundert.

Vor dem Besuch am Grab Churchills hatten wir in London
das »British War Museum« besichtigt, ein Museum, in dem
Gegenstände aus dem Zweiten Weltkrieg gezeigt werden, von
der Kanone bis zum Jagdflugzeug. In diesem Museum ist auch
der Bunkerraum nachgebildet, in dem sich Premierminister
Churchill mit seinen Mitarbeitern während der Luftangriffe auf
London aufhielt. Für einen Mann wie Helmut Kohl, der an
Geschichte und besonders an Militärgeschichte interessiert ist,
war das sehr beeindruckend.

Nicht nur im Urlaub, sondern auch als Politiker hat Helmut
Kohl stets eine besondere Vorliebe für unseren Nachbarn Österreich entwickelt. Seit nunmehr über 15 Jahren fährt er regelmäßig zur Kur in das Nachbarland, zunächst nach Schruns in
Vorarlberg und seit einigen Jahren nach Bad Hofgastein, wo er
sich regelmäßig in der Woche vor und nach Ostern einer Kur
unterzieht, um sein Gewicht zu reduzieren – der sogenannten
»Mayer-Kur«, bei der es zunächst nur Tee und Mineralwasser
gibt und in der zweiten Phase ein trockenes Brötchen mit Milch.
Diese Fastenkur hat jedes Jahr ihre Wirkung – Helmut Kohl
nimmt dabei regelmäßig 14 bis 15 Pfund ab. Es war schon in

der Oppositionszeit zur Gewohnheit geworden, daß ich ihn in
den letzten Tagen der Kur besuchte, um ihm die angefallenen
Akten zu bringen und mit ihm die aktuellen Bonner Probleme
durchzusprechen, die ihn nach seiner Rückkehr erwarteten. Ich
fastete dann natürlich nicht, was ihm aber überhaupt nichts
ausmachte. Im Gegenteil, er war stolz auf seine Standhaftigkeit.
Bei meiner Stippvisite besuchten wir dann immer eine Reihe
von Bauernhöfen. Helmut Kohl hat nach dem Krieg eine Land-
wirtschaftslehre absolviert, und von daher ist er sehr an Acker-
bau und Viehzucht, aber auch an der wirtschaftlichen Situation
auf dem Land interessiert. Schon als Ministerpräsident von
Rheinland-Pfalz hatte er auf seinen Urlaubswanderungen in
Österreich die Bekanntschaft etlicher Landwirte gemacht, die
meist sehr erstaunt waren, wie sachkundig dieser Politiker
nicht nur über die allgemeine Agrarpolitik, sondern auch ganz
konkret über Milchwirtschaft oder Saatgut mitreden konnte. So
entwickelten sich dauerhafte Bekanntschaften, die Kohl bis
heute während seiner Fastenkur pflegt. Meist meldet er uns vor
seinen Besuchen telefonisch an, aber manche Höfe besucht er
auch ganz spontan. Die Bauern begrüßen ihn immer sehr
erfreut. Auf diese Weise komme ich jedes Frühjahr in den
Genuß einer reichlichen Prise Landluft.

Aber auch rein dienstlich begleitete ich Helmut Kohl in den
Oppositionsjahren zweimal nach Österreich. Er pflegte rege
politische Kontakte dorthin, und zwar nicht nur mit dem jeweiligen Vorsitzenden der Österreichischen Volkspartei, zum
Beispiel dem Außenminister Alois Mock, mit dem er auch persönlich befreundet ist, sondern ebenfalls mit den österreichischen Bundeskanzlern. In der Oppositionszeit hatten wir
auch noch etwas Muße, uns im Land umzusehen. So besuchten
wir das Burgenland, den Neusiedler See und ein anderes Mal
die Wachau – ein lieblicher Landstrich. Gelegentlich begleitete
uns dabei der Generalintendant des Österreichischen Rundfunks, Gerd Bacher, oder einer seiner Programmdirektoren,
zum Beispiel Gerhard Weiß, heute Intendant von Radio Wien,
der vor allem mit der Geschichte und Kunstgeschichte Österreichs besonders vertraut ist. Er zeigte uns die Stadt Wien, wie
man sie als Tourist normalerweise nicht erlebt, und er fuhr mit

uns zu den bekannten Benediktinerklöstern Melk und Göttweig, wahre Kleinodien Österreichs. Genauso zielsicher suchte er aber auch das richtige Heurigen-Lokal in Grinzing aus, wo wir einige entspannte Stunden verbrachten.

Wie meist waren bei diesen Reisen Juliane Weber und Horst Teltschik dabei. In dieser Zeit konnten wir noch ohne große Delegation reisen, mit zwei Fahrzeugen und ohne Polizeibegleitung. Als Helmut Kohl Bundeskanzler wurde, war es mit diesem Privileg vorbei, aber er ließ es sich bei seinen späteren Reisen nie nehmen, neben den protokollarisch vorgeschriebenen Gesprächen etwas von dem jeweiligen Land und seinen Menschen sehen und erleben zu können. Vermutlich erwecke ich bald den Eindruck, daß das Leben eines Pressesprechers hauptsächlich aus Reisen besteht – sozusagen Urlaub mit journalistisch-politischem Beiwerk. Aber die Reisen, ob mit Barzel oder Kohl, ob in der Opposition oder in der Regierungszeit, bildeten natürlich nur den kleinsten Teil meiner Arbeit hinter den Bonner Kulissen. Eben weil sie die Ausnahme von der Regel waren, sind sie mir als besondere Ereignisse lebhafter in Erinnerung als der graue Büroalltag. Der bestand aus harter Knochenarbeit von morgens 6 Uhr bis abends um 23 Uhr, ohne freie Wochenenden und mit zwei, beziehungsweise drei Wochen Urlaub mit der Familie, im Sommer und im Winter. Aber wenn man eine solche Aufgabe hat, kann man sie nur ganz oder gar nicht erfüllen, sie erfordert den vollen Einsatz.

Nur zweimal während meiner ganzen Arbeit bei Fraktion und Partei konnte ich meine Frau auf eine Reise mitnehmen. Einmal auf die schon geschilderte Reise nach Moskau und Leningrad im März 1973 und ein weiteres Mal auf eine Informationsreise, die ich auf Einladung der italienischen Christdemokraten nach Rom machte. Das war schon zu Zeiten der Großen Koalition. Rom zeigte sich im April des Jahres 1969 von seiner schönsten Seite. Man konnte im Freien essen oder Kaffee trinken. Eingeladen hatte mich Angelo Bernassola, der damals in der Democrazia Cristiana für auswärtige Beziehungen, besonders für die Beziehungen zu den europäischen Christlich-Demokratischen Parteien, zuständig war. Ich besuchte das Parlament, den Senat, die Parteizentrale der DC und hatte eine

1 Eduard Ackermann war 24 Jahre lang Sprecher der CDU/CSU-Bundestagsfraktion. Von 1982 bis 1994 war er im Bundeskanzleramt Leiter der Abteilung für Öffentlichkeitsarbeit. Der diskrete Berater galt manchem als »eine der bestinformierten Personen dieser Republik«, aber auch als maßgeblicher Meinungsmacher.

2 Im April 1961 fand der Staats-
besuch von Bundeskanzler Konrad
Adenauer in den Vereinigten
Staaten statt. Während des Besuchs
bei Präsident John F. J. Kennedy
im White House begleiteten ihn (im
Vordergrund von links):
der Publizist Johannes Gross;
Fraktions-Pressesprecher Eduard
Ackermann; (links v. Kennedy)
Pressesprecher der Regierung
Felix von Eckardt; (rechts v.
Kennedy) Bundesaußenminister
Heinrich von Brentano; Presse-
sprecher des Auswärtigen Amtes
Karl-Günter von Hase.

3 Mit Rainer Barzel vor dem Bonner Bundeshaus. Barzel war von 1964-1973 Vorsitzender der CDU/CSU-Bundestagsfraktion.

4 Eduard Ackermann im Gespräch mit dem Vorsitzenden der CDU/CSU-Bundestagsfraktion Heinrich Krone im Jahre 1958.

5 (Von links) Ehepaar Ackermann, Ehepaar Barzel mit dem Berliner Journalisten Rudolf Stiege und Frau auf Schloß Brühl während des Besuchs des britischen Königspaares. Rechts, mit Zigarre: Franz Josef Strauß.

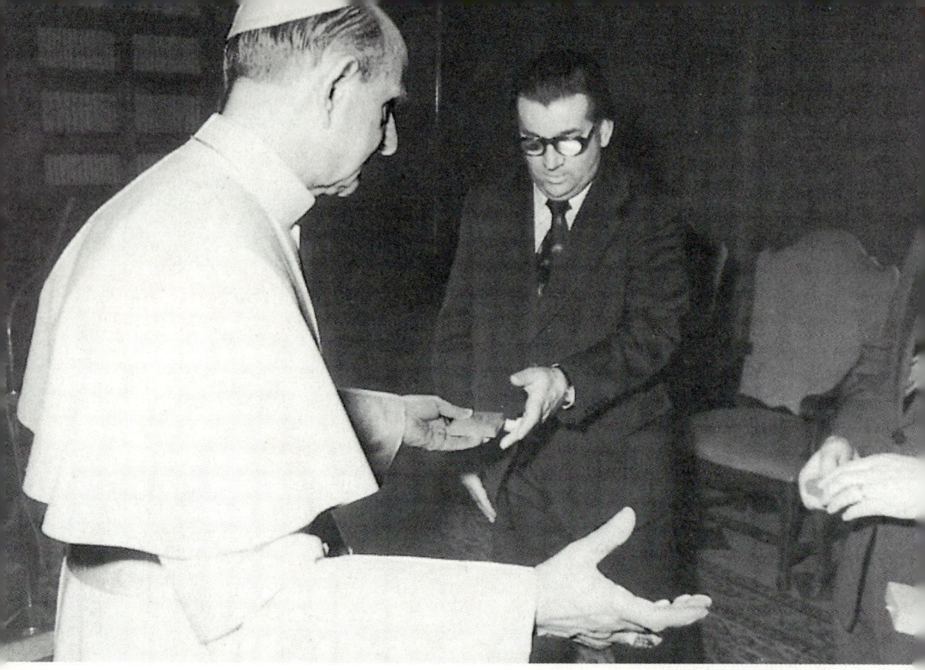

6 Privataudienz bei Papst Paul VI.

7 Oppositionsführer Helmut Kohl
und Eduard Ackermann wurden
1981 bei einem Besuch im US-
amerikanischen State Department
vom amerikanischen Außenminister Al Haig empfangen.

8 Im März 1993 Reise nach China.
Eduard Ackermann im Gespräch
mit dem stellvertretenden chinesischen Außenminister Jiang Enshu,
zuständig für Europafragen.

9 Lange Reisen mit dem Flugzeug
fordern ihren Tribut.

10 Das Bundeskanzleramt, lange Jahre Arbeitsstätte von Eduard Ackermann. Blick vom rheinwärts gelegenen Park auf den Kanzlerflügel.

11 Der Kanzler-Bungalow, Amtswohnung des Bundeskanzlers im Garten des Palais Schaumburg. Hier bespricht Helmut Kohl häufig abends mit seinen engen Beratern politische Tagesereignisse. Vor dem Gebäude eine Plastik von Bernhard Heiliger: »Die drei Grazien«.

Menge Gespräche, aber es gab auch genügend Zeit, die Ewige Stadt kennenzulernen. Wir wohnten im Hotel »Forum«, ganz in der Nähe des Forum Romanum, und hatten fast eine Woche Zeit, uns Rom zu erobern, einschließlich des Vatikan. Als Führer diente uns gelegentlich der damalige Korrespondent des ZDF in Rom, Norbert Harlinghausen, den ich noch aus seiner Tätigkeit als Rundfunkreferent in der Bundesgeschäftsstelle der CDU kannte. Damals entstand meine ausgeprägte Vorliebe für die italienische Küche, die bis heute angehalten hat.

Später bin ich noch sehr oft in Rom gewesen, zunächst mit Rainer Barzel, der einmal auf einem Parteikongreß der italienischen Christdemokraten eine kurze Begrüßungsrede hielt, die er sich auf italienisch hatte übersetzen lassen und mit dem Dolmetscher vorher lange eingeübt hatte, was natürlich Eindruck machte. In den späteren Jahren fuhr ich dann häufiger mit Helmut Kohl nach Rom, besonders als er Bundeskanzler war und regelmäßig zu den deutsch-italienischen Konsultationen reiste, wenn er den Heiligen Vater im Vatikan besuchte oder einen Vortrag vor den Studenten des Germaniums, des deutschen Priesterseminars in Rom, hielt und mit den angehenden Klerikern diskutierte, was vor ihm noch kein deutscher Bundeskanzler getan hatte.

Seit dem Sommer des Jahres 1985 war ich gezwungen, meine Reisebegleitung des Kanzlers sehr stark einzuschränken, da ich mich zweimal hintereinander einer sehr komplizierten Augenoperation unterziehen mußte: Netzhautablösung und Grauer Star auf beiden Augen und Grüner Star auf dem rechten. Mein angeborener Augenfehler, der dazu führte, daß ich mein Leben lang eine schwere Brille tragen mußte, hatte sich derartig verschlechtert, daß die Operationen notwendig wurden. Ausgeführt wurden die Eingriffe vom Direktor der Bonner Universitätsaugenklinik, Prof. Dr. Manfred Spitznas, dem ich zu verdanken habe, daß ich überhaupt noch etwas sehe. Zur Zeit habe ich nur noch 25 Prozent Sehfähigkeit auf dem rechten Auge, ein starkes Handicap bei meiner Arbeit, bei der ich viel lesen muß. Aber mit Hilfe meiner starken Brille geht es immer noch, nur daß ich meine Informationen mehr als früher aus Radio und Fernsehen beziehe. In fremder Umgebung bin ich jedoch in meinen Möglichkeiten sehr eingeschränkt, so daß ich auf die meisten Reisen verzichten mußte. Ich hielt dann Stallwache in Bonn, was aber nicht bedeutet, daß ich gar nicht mehr gereist wäre. Ich war mit dem Kanzler in Moskau und im Kaukasus und immer wieder in Berlin und in Rom. Ohne die große Unterstützung meiner Kollegin Juliane Weber hätte ich jedoch auch diese Reisen nicht machen können, und das wäre schon bitter für mich gewesen.

Das Privatleben reduziert sich in einem Beruf wie dem meinen auf ein Minimum. Wie viele Politiker war ich in der Woche eigentlich nur zum Schlafen zu Hause und am Wochenende immer noch halb im Dienst. Das erfordert viel Anpassungsvermögen von einer Ehefrau. Ich hatte das große Glück, daß meine Frau sehr viel Verständnis für meine häufige häusliche Abwesenheit zeigte. Sie hat mit Aufopferung unseren heute vierunddreißigjährigen Sohn Thomas großgezogen, hat viele Hobbys im kunstgewerblichen Bereich und einen großen privaten Freundeskreis. Entschädigt wird sie gelegentlich durch Einladungen zu den illustren Essen, die es für die Bonner Staatsgäste gibt – ob auf Schloß Brühl, in der Godesberger Redoute oder jetzt auf dem Petersberg bei Bonn –, und ab und zu nehmen wir auch an einem festlichen Diner in der Residenz eines Botschafters teil.

Bleibende Erinnerungen sind für uns aber unsere gemeinsamen Urlaube, besonders an der Algarve in Portugal, auf Ibiza, Mallorca oder Gran Canaria, an der Côte d'Azur in Port Grimaud oder Villefranche, aber besonders auch in Negril auf Jamaica, wo ich einmal dienstlich zu tun hatte und danach meiner Frau versprach, mit ihr und unserem Sohn dort einmal Urlaub zu machen. Wir erinnern uns auch gern an unsere Winterurlaube in Garmisch-Partenkirchen, am Spitzingsee, oder in Schruns/Tschagguns in Vorarlberg, wo wir regelmäßig in den letzten Jahren mit unserem Sohn und seiner Frau Annette im März einen Winterurlaub verbrachten, zusammen mit einer ganzen Freundesclique meines Sohnes, lauter nette junge Leute, mit denen sich diskutieren, aber auch herrlich feiern läßt.

Seit meiner Augenoperation im Jahre 1985 machten meine Frau und ich im Sommer regelmäßig Urlaub in Lana bei Meran, im Haus von Heini und Irmgard Winterholer, einem liebenswürdigen Ehepaar. Früher bewirtschafteten die beiden dort das »Berghotel Vigiljoch«, das viele prominente deutsche Urlauber beherbergte, darunter auch jahrelang Willy Brandt und seine Frau Rut mit ihrem jüngsten Sohn Mathias. Der Besitz der Winterholers in Lana, mit Schwimmbad und kleinem Park inmitten einer Apfelplantage, ist eine Oase der Ruhe. Hier habe ich begonnen, diese Erinnerungen aus 40 Jahren in der Bonner Politik niederzuschreiben – bei einem guten Südtiroler Wein zur Anregung. Wir sind heute mit dem Ehepaar befreundet und haben auf vielen gemeinsamen Ausflügen Südtirol kennen- und liebengelernt. Wenn ich nicht mehr arbeite, werde ich sicher häufiger meine Zelte dort aufschlagen und zurückdenken an die aufregende Zeit in Bonn.

TEIL II
IM KANZLERAMT

1 DER KAMPF UMS KANZLERAMT

Nach dem 5. Oktober 1980, dem Tag der Bundestagswahl, ging das politische Leben in Bonn zunächst normal weiter. In der neugebildeten Regierung von Helmut Schmidt gab es keine wesentlichen Veränderungen, und im Parlament war Helmut Kohl weiterhin der Gegenspieler des Kanzlers und bestritt mit ihm die großen Wortgefechte, wobei immer stärker sichtbar wurde, daß auch damals die schwierigste Aufgabe in der Politik darin bestand, die Wirtschaft in Gang zu halten und das Heer der Arbeitslosen nicht weiter ansteigen zu lassen. Helmut Schmidts verhängnisvoller Satz, fünf Prozent Inflation seien ihm lieber als fünf Prozent Arbeitslose, war von den Fraktionen mit viel Kopfschütteln zur Kenntnis genommen worden. Und im Bereich der Außenpolitik und der Sicherheitspolitik tat sich die SPD schwer, den NATO-Kurs mitzuvollziehen. Auch Helmut Schmidts Besuch bei Erich Honecker im Jahre 1981 mit der gespenstischen Szene der total abgesperrten Stadt Güstrow, die die beiden besuchten, wirkte eher peinlich, besonders als Honecker Helmut Schmidt zum Abschied noch ein Bonbon in das Abteilfenster seines Sonderzuges reichte. Aber es dauerte noch ein ganzes Jahr, bis die Krise in der Koalition wirklich sichtbar wurde. Im September 1981, also nicht einmal ein ganzes Jahr nach der letzten Bundestagswahl, schrieb Hans-Dietrich Genscher als FDP-Vorsitzender einen Brief an die Mitglieder seiner Partei, in dem er dafür eintrat, neue Akzente in der Wirtschafts- und Außenpolitik zu setzen – ein Vorgang, der in Bonn schon aufhorchen ließ, zumal der Brief auch veröffentlicht wurde.

Helmut Kohl hatte nach den Turbulenzen um die Kanzlerkandidatur seine Position in der CDU und CSU wieder absolut gefestigt. Er galt jetzt wieder unbestritten als die Nummer eins

in der Partei und auch in der Fraktion. Natürlich spürte er die
Ungeduld unter seinen Gefolgsleuten, die an die Regierungsmacht drängten. In dem letzten Jahr vor der Wende, 1982,
führte er viele Gespräche mit Hans-Dietrich Genscher, was dieser zum ersten Mal am zehnten Jahrestag der Kanzlerschaft
Helmut Kohls bei einer Festveranstaltung im Bonner Hotel
»Maritim« bestätigte. Diese Gespräche fanden meist dann statt,
wenn Genscher von internationalen Konferenzen zurückgekehrt war und er dem Oppositionsführer darüber berichtete.
Jedoch wurde nie über die Bildung einer neuen Koalition unter
der Führung Helmut Kohls gesprochen, sondern über Notwendigkeiten in der praktischen Politik. Dabei konnten beide feststellen, daß ihre Standpunkte sehr nahe beieinander lagen. Die
FDP hatte bei den Bundestagswahlen mit 10,6 Prozent sehr
respektabel abgeschnitten, allerdings hatten Wahlforscher festgestellt, daß viele ihrer Stimmen sogenannte Parkstimmen
waren, das heißt, sie stammten von Wählern, die normalerweise CDU oder CSU gewählt hätten, aber mit dem Kandidaten
Strauß nicht einverstanden waren. Hans-Dietrich Genscher
wußte, daß er diesen zweistelligen Wert nicht halten konnte,
wenn die Schwierigkeiten in der Koalition fortdauern würden.
   Helmut Kohl tat in der Zwischenzeit alles, um in der praktischen Politik die Alternativen der Opposition der Regierungspolitik entgegenzustellen. Dazu gaben ihm zahlreiche Debatten im
Bundestag eine gute Möglichkeit. Außerdem versuchte er die
Kontakte in die Partei hinein zu verstärken. Er wollte sicherstel-
len, daß Fraktion und Partei geschlossen hinter ihm stünden,
wenn es zu einem Koalitionswechsel käme. Zum Jahreswechsel
1981/82 hatte er das erreicht.
   Als er im Sommer 1982 nach St. Gilgen am Wolfgangsee in
Urlaub fuhr, war Bonn schon voller Gerüchte über einen bevorstehenden Wechsel in der Regierung. Die Stimmung zwischen
den Koalitionspartnern wie auch zwischen Regierung und
Opposition war äußerst gereizt. Selbst bei Helmut Schmidt müssen die Nerven blank gelegen haben, denn anders ist es kaum
zu verstehen, daß er den Presseleuten ein quasi geheiligtes
Recht nehmen wollte. Es war Usus, daß die Journalisten vor
Beginn einer Kabinettsitzung im Kabinettsaal filmen durften,

und Schmidt untersagte das plötzlich für eine Sitzung. Der Eklat
war enorm. Die Berichterstatter boykottierten daraufhin diesen
wöchentlichen Termin – so etwas hatte es im politischen Bonn
bis dahin nicht gegeben. Schmidt gab dann nach.

Ich hatte im Sommer 1982 schon relativ früh Urlaub
gemacht, um während des Urlaubs von Helmut Kohl engen
Kontakt zu ihm am Telefon halten zu können. Als ich Ende Juli,
unmittelbar nach meinem Urlaub, zum Essen ins Bundeshausrestaurant ging, traf ich dort Friedrich Nowottny, den Studioleiter des WDR-Fernsehens in Bonn und heutigen Intendanten
des WDR in Köln. Von Nowottny wußte ich, daß er besonders
gute Beziehungen zu den Liberalen in Bonn hatte, sowohl zum
FDP-Vorsitzenden und Außenminister Hans-Dietrich Genscher
wie auch zum Ehrenvorsitzenden der FDP Walter Scheel und
dessen Frau Mildred. Nowottny bat mich um ein Gespräch unter
vier Augen, weil er mir wichtige Beobachtungen aus dem Lager
der FDP mitzuteilen habe. In dem Gespräch erfuhr ich, daß
Genscher einige Tage zuvor in einem vertraulichen Gesprächskreis mitgeteilt hatte, nach Lage der Dinge werde die Koalition
wohl nicht mehr lange bestehen bleiben können. Die FDP dürfe
nicht in den Abwärtstrend der SPD geraten. Die Bevölkerung
registriere sehr sorgfältig, daß Helmut Schmidt immer mehr an
Rückhalt in seiner eigenen Partei verliere, auch wenn er immer
wieder mächtige Reden in der Öffentlichkeit oder auch vor seiner eigenen Bundestagsfraktion halte.

In der Tat hatte Schmidt seine Genossen in der Fraktion
nachdrücklich aufgefordert, eine sparsame Haushaltspolitik zu
unterstützen und nicht für eine unbegrenzte Ausgabenpolitik
einzutreten. Er blieb aber ohne Gehör. Die konsumtiven über-
stiegen erstmals die investiven Ausgaben, worin die Opposition
einen Verfassungsverstoß erblickte und einen entsprechenden
Vorstoß beim Bundesverfassungsgericht in Karlsruhe unternahm – das schärfste Schwert, das eine Opposition gegen die
Haushaltspolitik der Regierung ziehen kann.

Ich fragte Friedrich Nowottny, ob er den Eindruck habe, daß
die FDP bald die Koalition verlassen werde. Er antwortete: »Sag
dem Helmut, er soll sich darauf vorbereiten, daß er bald Kanzler werden kann.«

In Bonn ging man in den Sommermonaten des Jahres 1982 davon aus, daß ein Koalitionswechsel vielleicht im November stattfinden könnte, wenn der Haushalt im Parlament gelesen würde. Nowottny aber meinte, die Entwicklung könne sehr viel schneller gehen. Bei meinen Kontaktgesprächen mit anderen Bonner Journalisten, die ebenfalls gute Beziehungen zur FDP hatten, wie etwa dem langjährigen Bonner Korrespondenten der »Westdeutschen Allgemeine« (WAZ), Willy Zirngibl, konnte ich eine ähnliche Tendenz erkennen. Ich unterrichtete Helmut Kohl noch in St. Gilgen über meine Eindrücke. Nach seiner Rückkehr nach Bonn Ende August 1982 setzten wir die Klimaforschung fort. Er empfahl mir, mir alles genau anzuhören, was die Presseleute zu sagen hatten, aber nichts über seine möglichen Aktivitäten auszuplaudern. Gerade in der für die Freien Demokraten schwierigen Phase wollte er nicht den Eindruck erwecken, daß er die FDP besonders bedränge. Er ermahnte seine Kollegen in der Führung von Partei und Fraktion und auch uns Mitarbeiter, ja nicht den Eindruck zu erwecken, als ob wir den Zeitpunkt eines Koalitionswechsels der FDP gar nicht mehr abwarten könnten.

Die Presseleute nahmen mir das überhaupt nicht ab, daß Helmut Kohl angeblich mit größter Gelassenheit der Entwicklung der Dinge zusah. Sie glaubten, er stünde Tag und Nacht mit der FDP in Verbindung, um den Koalitionswechsel zu besprechen. Die Journalisten vermuteten sogar, daß wir schon Programme in der Schublade hätten, die man nach einem Regierungswechsel gleich hervorziehen könnte, genauso wie eine neue Kabinettsliste. Ich konnte bzw. durfte die Neugier der Presseleute zu diesen Fragen nicht befriedigen, auch wenn mir mancher augenzwinkernd in die Rippen stieß und sagte: »Nun rück schon raus damit!« In Tat und Wahrheit hatte Helmut Kohl seinen Mitarbeitern natürlich den Auftrag gegeben, Material zusammenzutragen, um für den Tag X gerüstet zu sein. Horst Teltschik stand in Verbindung mit einigen Professoren wie Werner Weidenfeld und Michael Stürmer, die sich Gedanken über eine künftige Regierungspolitik machten, und in der Fraktion rauchten die Köpfe der Wirtschafts- und Finanzexperten. Das Ganze war aber noch sehr vage.

Ernsthaft wurde die Sache erst, als Otto Graf Lambsdorff am
12. September 1982 sein berühmtes »Wendepapier« vorlegte,
in dem er als amtierender Wirtschaftsminister praktisch eine
neue Wirtschafts- und Finanzpolitik nach den Prinzipien der
sozialen Marktwirtschaft vorschlug und eine sparsamere Haus-
haltsführung forderte. Helmut Schmidt, dessen Vorstöße in
diese Richtung von seiner Partei nicht mitgetragen wurden,
mußte dieses Papier als eine Kampfansage betrachten, was es ja
auch war. Es kam, wie es kommen mußte. Schmidt stellte die
FDP-Minister vor die Wahl, entweder freiwillig aus der Regierung auszuscheiden oder entlassen zu werden. Die vier FDP-
Minister Genscher, Lambsdorff, Baum und Ertl traten geschlossen am 17. September 1982 zurück. Helmut Schmidt versuchte
zunächst, mit einem Minderheitskabinett weiterzuregieren.
Aber noch am Abend der Rücktritte der vier FDP-Minister
beschloß der FDP-Bundesvorstand, Koalitionsverhandlungen
mit der CDU/CSU aufzunehmen, was letztlich auch die Zustimmung zu einem konstruktiven Mißtrauensvotum gegen Helmut
Schmidt bedeutete. Die FDP hatte auch keine andere Wahl. Eine
alsbaldige Auflösung des Parlaments und die Herbeiführung
von Neuwahlen hätten bei der Stimmungslage in Deutschland
leicht zum Aus für sie führen können. Ihr Interesse mußte es
sein, zu zeigen, daß in einer neuen Bundesregierung unter
Führung von Helmut Kohl die notwendigsten politischen
Schritte eingeleitet werden würden, um in der Bundesrepublik
Deutschland wieder stabile politische Verhältnisse zu schaffen.
Mancher in der Union, vor allem der CSU-Vorsitzende Strauß,
hätte es lieber gesehen, wenn die FDP bei baldigen Neuwahlen
»durch den Rost gefallen wäre«, wie es in Bonn damals formuliert wurde. Das konnte aber nicht das Interesse von Helmut
Kohl sein. Er wollte Kanzler einer Koalition von CDU/CSU und
FDP werden, ein Ziel, das er zumindest seit seinem Wechsel
nach Bonn nie aus den Augen verloren hatte. Er konnte auch
nicht unbedingt damit rechnen, daß die CDU/CSU bei Neuwahlen die absolute Mehrheit gewinnen würde, und wenn überhaupt, dann nur ganz knapp. Später hat er uns oft erzählt, wie
Konrad Adenauer ihm bei dem letzten Gespräch vor seinem Tod
gesagt hatte: »Herr Kohl, wenn Se mal Kanzler werden sollten,

achten Se immer darauf, dat Se noch einen kleinen Partner
haben. Bei einer absoluten Mehrheit regiert et sich schwerer.«
Hier liegt sicher ein Schlüssel dafür, daß Helmut Kohl immer um
ein gutes Verhältnis zur FDP bemüht war.

Nach der Entscheidung der FDP für eine neue Koalition
wurde eine Verhandlungskommission gebildet, zu der auf seiten
der FDP Hans-Dietrich Genscher und Wolfgang Mischnick
gehörten und auf seiten der CDU/CSU neben Helmut Kohl der
CSU-Vorsitzende Franz Josef Strauß, Friedrich Zimmermann
und Gerhard Stoltenberg. Später wurden bei den einzelnen
Sachfragen auch Experten für Wirtschafts- und Finanzfragen
sowie für Außen- und Verteidigungspolitik hinzugezogen.

Als sich die Verhandlungspartner zum ersten Mal im Arbeitszimmer von Helmut Kohl, dem Raum 202 F des Bundeshauses,
trafen, gab es auf dem Flur vor dem Büro ein solches Gedränge
von Kameraleuten und Fotografen, wie ich es in Bonn noch
nicht erlebt hatte. Die Herren von der FDP konnten sich nur
mühsam einen Weg durch die Presseleute bahnen. Im Zimmer
Helmut Kohls selbst durften Aufnahmen gemacht werden, aber
dort war das Chaos noch größer, obwohl Juliane Weber und
ich immer wieder versuchten, die Sache einigermaßen unter
Kontrolle zu halten. Die erste Verhandlung ging bis tief in die
Nacht, aber keiner der Journalisten wich von der Stätte des
historischen Geschehens. Als dann die ersten Politiker Kohls
Büro verließen, gab es noch einmal einen erbitterten Kampf
um die besten Plätze. Die Mitteilungen über den Ablauf
des Gesprächs waren zunächst sehr kärglich. Aber man hatte
immerhin beschlossen, weiter zu verhandeln. So ging es dann
tagelang – immer die gleiche Szene. Aber schon nach der
ersten Verhandlungsrunde gab es keinen Zweifel mehr, daß
die Koalition zustandekommen und Kohl mit Hilfe eines
konstruktiven Mißtrauensvotums der neue Kanzler werden
sollte.

Während die großen Bosse berieten, trafen Horst Teltschik
und ich in Teltschiks Büro mehrfach mit dem damaligen Büroleiter des FDP-Vorsitzenden Genscher, Peter Schumacher, der
später Leiter der Nachrichtenabteilung im Bundespresseamt
wurde, zusammen sowie mit dem damaligen Pressechef der

FDP, Herbert Schmülling, der heute als Staatssekretär im Bundesbauministerium arbeitet, nachdem er zunächst viele Jahre stellvertretender Regierungssprecher war. Beide unterstützten die Bemühungen um die Bildung einer neuen Koalition sehr. Teltschik und Schumacher haben später auch gelegentlich Protokoll bei den Koalitionsverhandlungen geführt.

Während dieser Tage kam auch erstmals der spätere Chef des Bundeskanzleramtes, Waldemar Schreckenberger, nach Bonn. Er war viele Jahre unter Helmut Kohl und Bernhard Vogel Chef der Staatskanzlei der rheinland-pfälzischen Landesregierung gewesen. Schreckenberger, ein erstklassiger Jurist, Professor für Staatsrecht und erfahrener Verwaltungsbeamter, besprach mit Philipp Jenninger, aber auch mit Teltschik und mir, wie das Kanzleramt nach der Wahl Helmut Kohls organisiert werden könnte und wer von den bisherigen Mitarbeitern mit dorthin gehen sollte, wobei Horst Teltschik und ich dafür von Anfang an feststanden, wenn auch noch nicht sicher war, welche Abteilung Teltschik übernehmen würde. Die außenpolitische Abteilung war bis 1982 immer durch einen Beamten des Auswärtigen Amtes besetzt worden. Helmut Kohl selbst entschied schließlich, auch gegen die Bedenken des Auswärtigen Amtes, daß Horst Teltschik die »Abteilung 2 für auswärtige Angelegenheiten, Verteidigung und innerdeutsche Fragen« übernehmen sollte, eine völlig richtige Entscheidung, wie sich später herausstellte. Horst Teltschik wurde in den nächsten acht Jahren der entscheidende außenpolitische Berater Helmut Kohls.

Für mich wurde eine völlig neue »Abteilung für Kommunikation und Dokumentation« geschaffen, der auch die Redenschreibergruppe und die Pressestelle angegliedert wurden sowie der Bereich Kunst, Kultur, Kirchen und Wissenschaft, einschließlich der Zusammenarbeit mit Professoren, die die Regierung gutachterlich berieten. Heute ist das die »Abteilung 5 für Kommunikation, Dokumentation und politische Planung«.

Die Verhandlungen über die Bildung einer neuen Koalition wurden alsbald erfolgreich abgeschlossen. Der Wahl Kohls stand nun nichts mehr im Wege, wenn auch in der FDP etliche Abgeordnete des sozialliberalen Lagers klar zu verstehen gege-

ben hatten, daß sie Helmut Kohl nicht zum Kanzler wählen würden. Am 29. September 1982 kam Kohl in mein Büro und sagte:
»Der Mischnick hat doch heute Geburtstag. Kommen Sie, wir
gehen mal gratulieren.« Das war nicht nur eine Formsache, es
war eine Geste, in der sich die menschliche Seite des neuen
Bündnisses ausdrückte. Beiden war anzusehen, daß sie harte,
schwere Arbeit hinter sich hatten. Besonders die FDP hatte es
schwer, ihren Mitgliedern die Notwendigkeit der Wende klarzumachen. Aber Wolfgang Mischnick stellte sich von Anfang an
ganz in den Dienst der neuen Partnerschaft, und er war für Helmut Kohl bis zu seinem Ausscheiden aus dem Amt des FDP-
Fraktionsvorsitzenden ein verläßlicher Partner, der vielfach
dazu beitrug, Wogen des Unmuts in der Koalition zu glätten.

Am Vorabend der Wahl zum Bundeskanzler wollte Helmut
Kohl von dem Bonner Trubel nichts mehr wissen. Er lud seine
engsten Mitarbeiter und Philipp Jenninger zu einem Besuch in
der Benediktinerabtei Maria Laach in der Eifel ein, eine gute
halbe Autostunde von Bonn entfernt. Wir nahmen an der
abendlichen Komplet der Mönche teil, hatten ein kurzes
Gespräch mit dem Abt, wanderten noch ein Stück am Laacher
See entlang und fuhren dann zum Essen in das Weinlokal
»Brogsitter's Sanct Peter« in Walporzheim. Die Atmosphäre war
entspannt, und jedermann war zuversichtlich, daß am nächsten
Tag alles gelingen würde.

In geheimer Abstimmung wählte der Deutsche Bundestag am 1.
Oktober 1982 mit 256 Stimmen Helmut Kohl zum Bundeskanzler der Bundesrepublik Deutschland. Nach Konrad Adenauer,
Ludwig Erhard und Kurt Georg Kiesinger war er der vierte
Kanzler aus den Reihen der CDU/CSU. Die Spannung im Plenum war groß, aber im Gegensatz zu 1972, als die CDU/CSU
schon einmal ein konstruktives Mißtrauensvotum gegen den
Kanzler versucht hatte, aber mit zwei fehlenden Stimmen scheiterte, glaubte diesmal niemand an einen Fehlschlag. Die Spannung lag in der Frage, wie viele Stimmen Helmut Kohl schließlich bekommen würde. Das Ergebnis war ausreichend. Es gab
Grund zum Feiern. Nach der Wahl kam Helmut Kohl in die
Lobby des Bundestages, wo ihm seine Frau Hannelore und

seine beiden Söhne, Walter und Peter, gratulierten. Das schön-
ste Foto von diesem Glückwunsch hat der leider sehr früh verstorbene Fotograf Richard Schulze-Vorberg gemacht, ein Foto,
das um die ganze Welt ging und auch heute noch vielfach abgedruckt wird. Helmut Kohl mußte in der Lobby zahlreiche Interviews geben, bevor es ihm gelang, sich in sein Büro zurückzu-
ziehen, wo ihm dann auch wir Mitarbeiter gratulieren konnten.
Es war schon Nachmittag geworden. Wir waren alle mächtig
stolz, daß es unserem Chef gelungen war, das bedeutendste
politische Amt in der Bundesrepublik Deutschland zu übernehmen, aber wir alle ahnten auch, daß die Zukunft kein Zucker-
schlecken werden würde.

Natürlich wurde abends erst einmal gefeiert, und zwar im
Restaurant »Herrenhaus Buchholz« in Alfter nahe Bonn, wohin
Helmut Kohl eine Reihe persönlicher Freunde, seine Mitarbeiter
mit Ehepartnern und einige Politiker, die schon lange mit ihm
arbeiteten, eingeladen hatte. Unter den Gästen war auch der
später von Terroristen ermordete Chef der Deutschen Bank,
Alfred Herrhausen. Die Laudatio auf den frisch gewählten
neuen Bundeskanzler hielt der Generalintendant des Österreichischen Rundfunks, Gerd Bacher, dem eine vorzügliche
Mischung von launigen und sehr ernsten Anmerkungen gelang.

Schon am nächsten Tag, Samstag, dem 2. Oktober, zog Helmut Kohl ins Kanzleramt ein, und zwar nicht mit einem großen
Troß und vielen Möbelpackern, sondern allein mit seiner Frau,
seinen Kindern, einigen wenigen Mitarbeitern (Juliane Weber,
Horst Teltschik, Wolfgang Bergsdorf und ich) sowie seinen beiden Fahrern Eckart Seeber und Gabriel Schuld. Helmut Schmidt
hatte das Büro vollständig geräumt, und auch das Vorzimmer
konnte bezogen werden. In wenigen Stunden war das Notwen-
digste eingeräumt, so daß das Kanzlerbüro schon am Abend
den persönlichen Stil Helmut Kohls erkennen ließ. Das Mobiliar
ist bis auf den heutigen Tag geblieben, erst neuerdings sind
einige Sessel ausgewechselt worden. Aber der neue Kanzler
stellte und hängte viele persönliche Dinge auf, etwa seine Mine-
raliensammlung, eine Gedenkplakettensammlung auf dem
Schreibtisch, ein zeitgenössisches Bild von Joseph von Görres,
dem bedeutenden Publizisten des 19. Jahrhunderts und ersten

Herausgeber des »Rheinischen Merkur«, und natürlich einige alte Stiche seiner pfälzischen Heimat. Später kam das Aquarium dazu sowie die Bundesflagge, die es vorher im Kanzlerbüro nicht gegeben hatte.

Am Tage des Umzuges stellte der damalige Leiter der Verwaltungsabteilung des Kanzleramtes, Ernst Kern, Helmut Kohl und seinen Mitarbeitern die wichtigsten Einrichtungen des Gebäudes vor, so daß man gleich einen guten Eindruck von der Funktionalität des Amtes bekommen konnte. Zum Mittagessen ließ Hannelore Kohl aus einem nahegelegenen italienischen Restaurant einige Portionen Pizza kommen, die sie in der Küche des Kanzleramtes aufwärmte. Wir aßen mit Heißhunger und waren dann sofort wieder bei der Sache, beim Einräumen. Kein Bonner Journalist hatte diesen Kohl-Umzug am Wochenende bemerkt, und so staunten die Angestellten des Amtes am darauffolgenden Montag nicht wenig, daß der Neue schon eingezogen war. Leider hat damals niemand von uns daran gedacht, die Szene im Foto festzuhalten. Es hatte schon etwas Bemerkenswertes, die schwitzende Kohl-Mannschaft hemdsärmelig ins Zentrum der Macht einziehen zu sehen.

Schon am ersten Arbeitstag flog der neue Kanzler zu seinem ersten Auslandsbesuch, und zwar zu Präsident Mitterrand nach Paris, was ganz Bonn in Erstaunen versetzte, weil Helmut Kohl (wieder mal) ein solches Tempo vorlegte.

Die ersten Monate im neuen Amt waren für mich schwierig. Zunächst fing es damit an, daß ich kein eigenes Büro hatte. Meine Mitarbeiterin Barbara Schneeberg und ich – Barbara Schneeberg ist seit 20 Jahren für mich als allseits bewährte Kraft tätig – wurden vorerst in einem Kanzlervorzimmer untergebracht, das vielleicht 20 Quadratmeter Fläche hatte. Es gab zwei Telefonleitungen, eine Schreibmaschine und einen einzigen Schreibtisch. In den ersten Tagen hatten wir täglich sicher zwischen 100 und 150 Telefongespräche zu erledigen. Ein neuer Regierungssprecher war noch nicht im Amt. Deshalb wollte unsere alte »Journalistenkundschaft« aus der Fraktionszeit direkt von uns wissen, was der neue Bundeskanzler im neuen Amt denn nun so mache. Dazwischen gab es zahlreiche Gespräche mit dem Kanzler und erste Beratungen über eine

Regierungserklärung. Meine eigentliche Abteilungsleiterarbeit begann erst später, da zahlreiche Beamte und Angestellte aus der alten Abteilung 5 (Planung) erst umgesetzt werden mußten. An manchen Abenden bin ich buchstäblich mit zitternden Händen nach Hause gegangen, weil ich kein gelernter Beamter war und mich erst an administrative Arbeit gewöhnen mußte.

Gott sei Dank konnte Helmut Kohl sehr rasch einen Regierungssprecher gewinnen, und zwar einen hochkarätigen Mann, den Mitherausgeber der Hamburger Wochenzeitung »Die Zeit«, Diether Stolze, der dort auch für die Wirtschaftspolitik zuständig war. Er war wie ich kein Mann der Administration, aber er verstand viel von Wirtschaft, was in der schwierigen wirtschafts- und finanzpolitischen Situation ein großer Vorteil war. Diether Stolze, der leider vor einigen Jahren bei einem Autounfall ums Leben kam, war in jeder Hinsicht das, was man einen feinen Kerl nennt. Auch er brauchte eine gewisse Zeit, um sich einzuarbeiten, aber dann bildete er mit Juliane Weber, Horst Teltschik, Wolfgang Bergsdorf, dem neuen Abteilungsleiter Inland des Bundespresseamtes, und mir ein gutes Team. Wir fünf und der Staatsminister Philipp Jenninger sowie der Chef des Bundeskanzleramtes, Waldemar Schreckenberger, waren zunächst die Teilnehmer der Morgenlage beim Bundeskanzler.

Helmut Kohl legte auch bei der Bildung des Kabinetts ein ungeheures Tempo vor. Die FDP erhielt vier Minister – wie zuvor das Auswärtige Amt, das Wirtschaftsministerium und das Landwirtschaftsministerium und dazu das Justizministerium mit den Ministern Genscher, Graf Lambsdorff, Ertl und Engelhard. Genscher blieb Vizekanzler, oder korrekter, Stellvertreter des Bundeskanzlers. Die CDU/CSU erhielt das Finanzministerium für Gerhard Stoltenberg, das Verteidigungsministerium für Manfred Wörner (heute NATO-Generalsekretär), das Arbeits- und Sozialministerium für Norbert Blüm, das Familien- und Jugendministerium für Heiner Geißler, das Innenministerium für Friedrich Zimmermann, das Verkehrsministerium für Werner Dollinger, das Postministerium für Christian Schwarz-Schilling, das Bildungsministerium für Dorothee Wilms, das innerdeutsche Ministerium für Rainer Barzel, das Ministerium für wirtschaftliche Zusammenarbeit für Jürgen Warnke, das Woh-

nungsbauministerium für Oscar Schneider sowie das Ministe-
rium für Forschung und Technologie für Heinz Riesenhuber.
Stellvertretender Regierungssprecher wurde Jürgen Sudhoff,
bis dahin deutscher Botschafter in Mexiko und lange Jahre
Sprecher des Auswärtigen Amtes, der mit Hans-Dietrich Gen-
scher eng verbunden war. Der langjährige Sprecher der CSU-
Landesgruppe im Bundestag, Norbert Schäfer, wurde Leiter der
Nachrichtenabteilung im Bundespresseamt.

Von den sechs Abteilungen des Kanzleramtes wurden
zunächst vier an der Spitze neu besetzt, die außenpolitische
Abteilung mit Horst Teltschik, die Wirtschafts- und Finanzabtei-
lung mit Georg Grimm, der aus dem Wirtschaftsministerium
kam und dort an dem Lambsdorff-Papier vom September 1982
maßgeblich mitgearbeitet hatte. Die Abteilung für Innenpolitik
(Soziales, Verkehr, Wohnungsbau, Agrarpolitik, Umwelt) übernahm Klaus König, der bis zu seiner Berufung als Hochschul-
lehrer an der Verwaltungshochschule in Speyer gearbeitet
hatte, ein erfahrener Verwaltungsjurist. Die neue Abteilung für
Kommunikation, Dokumentation und politische Planung übernahm ich. Die Verwaltungsabteilung blieb zunächst in der Hand
des Amtsinhabers, Ernst Kern, und auch die Abteilung für die
Nachrichtendienste blieb zunächst bei Gerhard Ritzel, einem
erfahrenen Diplomaten, der zum Beispiel in der Zeit der Geisel-
nahme der amerikanischen Botschaftsangehörigen deutscher
Botschafter im Iran gewesen war.

Von den Ministern des ersten Kabinetts Helmut Kohl ist zu
dem Zeitpunkt, da ich diese Zeilen schreibe, nur noch einer im
Amt, und zwar Norbert Blüm.

Nur wenige Tage nach der Wahl Helmut Kohls zum Bundeskanzler begannen die Arbeiten an der Regierungserklärung.
Horst Teltschik, der geübte Redenschreiber schon aus Kohls
Mainzer Tagen, aber vor allem in der Fraktion, übernahm dabei
die Regie. Es wurden zwar auch, wie das bei der Produktion von
Regierungserklärungen üblich ist, die einzelnen Ressorts um
Beiträge gebeten. Aber den Duktus und die Sprache bestimmten
doch Horst Teltschik und seine Kollegen, alles, wie es sich in
einem Kanzleramt gehört, unter der Oberleitung des Kanzler-
amtschefs Schreckenberger. An den Beratungen über die erste

Regierungserklärung Helmut Kohls, die in der sogenannten »kleinen Lage«, in einem Konferenzzimmer auf der Kanzleretage stattfanden, waren neben Horst Teltschik und Wolfgang Bergsdorf der Leiter der politischen Abteilung in der Parteizentrale der CDU, Baldur Wagner, sowie die Professoren Michael Stürmer und Werner Weidenfeld beteiligt, der eine Historiker und der andere Politikwissenschaftler. Eine richtige Redenschreibergruppe, wie sie dem Kanzler heute natürlich zur Verfügung steht, gab es in den Anfängen der Regierung Kohl noch nicht. Dennoch schaffte es die erwähnte Mannschaft innerhalb weniger Tage, eine Regierungserklärung aus dem Boden zu stampfen. Da Helmut Kohl ohnehin nach einigen Monaten Neuwahlen herbeiführen wollte, um seine Kanzlerschaft und seine Politik auch durch die Bevölkerung bestätigen zu lassen, mußte die erste Regierungserklärung nur die Grundrichtung der Politik angeben und einige wesentliche Perspektiven für die Zukunft aufzeigen. Vor allem mußte die Bevölkerung davon überzeugt werden, daß zur Sanierung der Finanzen und der Stabilisierung der Wirtschaft und vor allem zur Eindämmung der auf 2,5 Millionen angewachsenen Zahl der Arbeitslosen auch Opfer zu bringen waren. In der Außenpolitik galt es, das Vertrauen der Bündnispartner zu Deutschland wiederherzustellen, nachdem die SPD Helmut Schmidt zum Beispiel in der Frage des NATO-Doppelbeschlusses die Gefolgschaft verweigert hatte, ein wesentlicher Grund für das Scheitern der sozialliberalen Regierung Schmidt-Genscher. Dieser Aspekt wurde später, als die Dolchstoßlegende aufgebracht wurde, nach der die FDP dem Kanzler Helmut Schmidt in den Rücken gefallen war, viel zu wenig berücksichtigt. Meine These ist, daß Helmut Schmidt nicht in erster Linie an der FDP gescheitert ist, sondern an seiner eigenen Partei, wie auch Willy Brandt nicht nur an der Guillaume-Affäre scheiterte, sondern auch daran, daß seine eigene Partei ihm die Gefolgschaft zu versagen begann. Dies ist ein Umstand, der bei den vielen Nachrufen zum Tode Willy Brandts am 8. Oktober 1992 wieder stärker in Erinnerung gerufen wurde, genauso wie die Tatsache, daß Willy Brandt seinem Nachfolger Helmut Schmidt Anfang der achtziger Jahre in der Frage des NATO-Doppelbeschlusses in den Rücken fiel, als er

zum Beispiel bei der großen Massenkundgebung der Friedensbewegung in Bonn gegen jede deutsche Nachrüstung bei der
immer stärker werdenden sowjetischen Hochrüstung Stellung
bezog.

Als der Text der Regierungserklärung stand, wurde Wolfgang
Bergsdorf beauftragt, den Inhalt mit dem FDP-Vorsitzenden
Hans-Dietrich Genscher abzusprechen, der – soweit mir in Erinnerung ist – kaum Einwände oder Änderungsvorschläge hatte.
Der Redetext wurde dann sogar noch so zeitig fertig, daß die
Schreibkräfte im Kanzleramt und andere Mitarbeiter, die mit
der Verbreitung der Rede zu tun hatten, im Gegensatz zu früher
keine Nachtschicht einlegen mußten. Und auch die Mitarbeiter
des Bundespresseamtes, die das Manuskript drucken und am
nächsten Morgen an die Presse und die Abgeordneten des Bundestages verteilen mußten, waren ganz sprachlos, wie schnell
sie den Text der Regierungserklärung von Helmut Kohl erhielten. In den zwölf Jahren der Regierungszeit Helmut Kohls, die
ich miterlebte, haben wir versucht, diese Zügigkeit beizubehalten. Natürlich gab es später eine Redenschreibergruppe, die ab
und zu mal eine Nachtschicht einlegen mußte. Aber die leidvol-
len Erfahrungen, die die CDU/CSU-Fraktion mit Regierungserklärungen früherer Kanzler gemacht hatte, als sie den Text oft
erst eine halbe Stunde vor Beginn des Plenums zur Einsicht
bekam, gibt es seit langem, praktisch seit dem Beginn der Kanzlerschaft Helmut Kohls, nicht mehr. Der Oppositionsführer der
SPD erhält sie in der Regel am Vorabend oder spätestens am
frühen Morgen des Tages, an dem die Regierungserklärung vor-
getragen wird.

Wolfgang Bergsdorf hatte es bei der Erarbeitung der ersten
Regierungserklärung von Helmut Kohl besonders schwer, weil
er sich zugleich auch auf seine Prüfung für die Habilitation an
der Bonner Universität vorbereitete. Er gab übrigens den Text
auch dem bekannten Publizisten und Kolumnisten der FAZ,
Johannes Gross, zu lesen, weil dieser im Vorfeld an einer Diskussion mit Kohls Mitarbeitern über den Inhalt der Regierungserklärung teilgenommen hatte, und von ihm kamen einige gute
Anregungen. Johannes Gross war schon 1976 gelegentlich zum
Kohl-Team gestoßen, das sich regelmäßig im Weinkeller der

Mainzer Staatskanzlei traf, und so zog man ihn auch 1982 gerne zu Rate. Bevor die Regierungserklärung in ihrer Endform vorlag, sprach Wolfgang Bergsdorf sie noch einmal mit Horst Teltschik und mir und einer ganz kleinen Gruppe Bonner Journalisten durch, so daß diese für ihre Kommentierung schon wußten, worauf es dem Kanzler ankam. Diese Methode haben wir später oft angewandt. Wenn der Kanzler eine wichtige Regierungserklärung abzugeben hatte, besonders nach einer Wahl und der Regierungsbildung, trommelten wir am Vorabend eine Anzahl Journalisten im Kanzleramt zusammen, drückten ihnen den – oft 70 bis 80 Seiten umfassenden – Text in die Hand und wiesen sie vorab auf Kernaussagen hin. Die Veröffentlichung war ihnen zwar bis zum nächsten Tag untersagt, aber sie konnten sich immerhin schon mit dem Inhalt beschäftigen und nicht erst unmittelbar vor der Rede. Der Vorteil für beide Seiten lag auf der Hand: Die Presseleute gewannen Zeit, und wir hatten die Gewißheit, daß die Kommentierung nicht zwischen Tür und Angel entstand. Vor allem in den ersten Jahren, als wir uns in Bonn noch behaupten mußten, war dies eine effektive Methode, die wir oft einsetzten. Heute ist der Kontakt zur Presse längst so eingespielt, daß gar kein Termin für so etwas mehr anberaumt werden muß; ein paar Anrufe reichen, und die Journalisten wissen, daß sie ihre Materialien rechtzeitig am Eingang des Kanzleramtes abholen können.

Kaum war ich in dem neuen Amt, erinnerten sich alte Bekannte, frühere Mitschüler oder Bundesbrüder wieder an mich und wollten mich für alles mögliche einspannen, von der Befreiung ihrer Söhne vom Wehrdienst bis hin zur Beschaffung von Aufträgen für ihre Betriebe. Ich habe alle Wünsche dieser Art stets abgelehnt. Lieber habe ich dem einen oder anderen jungen Menschen geholfen, eine vernünftige Anstellung oder einen Job für die Semesterferien zu finden. Anfragen der beschriebenen Art hat es bis in die letzten Jahre gegeben. Ich erinnere mich daran, daß ich einem früheren Mitschüler einmal einen Käufer für einen Reitstall besorgen sollte, für eine Kaufsumme von elf Millionen D-Mark. Ich habe nur herzhaft gelacht und dem Betreffenden klargemacht, daß das meine Möglichkeiten weit überschreitet. Später, als mir die Presse den

Titel »Kanzlerberater« verliehen hatte, nahmen die Bitten von
Außenstehenden zu, die glaubten, ich könne ihre Anliegen beim
Kanzler vorbringen. Das ging von Gesprächswünschen bis hin
zu handfesten Interessen, die man in der Regierungspolitik
berücksichtigen sollte. Auch das habe ich stets abgelehnt und
auf den offiziellen Weg verwiesen, den man in solchen Fällen zu
beschreiten hat. Geholfen hat es nicht viel, weil manche meine
Position überschätzt haben oder sich falsche Vorstellungen von
mir und meiner Aufgabe machten. Im Laufe der Jahre habe ich
mich daran gewöhnt, auf vieles angesprochen zu werden, was
mit meinem Amt nichts zu tun hat.

Am deutlichsten wird mir bewußt, wie selbstverständlich es
offenbar für viele Leute ist, sich durch Beziehungen Vorteile zu
verschaffen, wenn ich jemanden kennenlerne, der das überhaupt nicht anstrebt. Der Fabrikant Josef Lenßen gehört zum
Beispiel zu diesen seltenen Menschen. Ich begegnete ihm und
seiner Familie zufällig, als ich mit meiner Frau auf Mallorca
Urlaub machte, und seitdem sind wir durch eine herzliche
Freundschaft verbunden. Obwohl seine Frau und er schon drei
Kinder hatten, haben sie vor Jahren noch ein viertes aus Indien
adoptiert – das hat mich immer tief beeindruckt. Am meisten
aber imponiert mir, daß er nie etwas anderes von mir wollte als
eine aufrichtige Freundschaft.

Der Bundeskanzler selbst wird natürlich auch mit Wünschen
eingedeckt. Er bekommt jeden Monat bis zu 3000 Briefe, in
denen sich die Bürger direkt an ihn wenden und zu politischen
Ereignissen Stellung nehmen oder ihm auch ganz persönliche
Anliegen vortragen. Viele Briefe beantwortet er selber, andere
werden vom Petitionsreferat des Bundeskanzleramtes bearbeitet. Jeder bekommt eine Antwort, es sei denn, es handelt sich
um gezielte Kampagnen, wenn zum Beispiel eine große deutsche Illustrierte ihre Leser auffordert, dem Bundeskanzler eine
vorgedruckte Karte zu schicken, um auf diese Weise gegen das
Robbensterben zu protestieren.

Die Einarbeitung im Kanzleramt dauerte eine gewisse Zeit,
gerade was die räumliche Unterbringung anbetraf. Helmut Kohl
hatte Wert darauf gelegt, daß ich ein Büro möglichst in seiner
Nähe bekam. Das Provisorium in einem seiner kleinen Vorzim-

mer konnte nicht lange anhalten. Ein Büro im Abteilungsleiter-
bau hätte ich sofort bekommen können, was aber zu weit vom
Kanzlertrakt entfernt war. So entschloß sich die Verwaltung des
Amtes, zwei nebeneinanderliegende normale Büroräume im
Kanzlertrakt durch Entfernung einer Trennwand zu einem
»richtigen« Abteilungsleiterbüro zu machen. Frau Schneeberg
konnte es aus dem Fundus des Hauses einrichten, mit einer
hübschen Sitzgruppe, einem indischen Teppich, einigen
Drucken von Picasso und Dali und einem Original des Expressionisten Schmidt-Rottluff (»Das Kornfeld«), das noch heute das
Prachtstück meines Büros ist und von vielen Besuchern bewundert wird. Barbara Schneeberg wurde Sachbearbeiterin in meinem Büro und wickelt seitdem den ganzen Betrieb ab, vor allem
die nach wie vor zahlreichen täglichen Telefonate, die Termin-
absprachen und die Pressetermine des Kanzlers. Wenig später
bekam ich dann noch eine Sekretärin hinzu – erst Charlotte
Kessler, danach Angelika Kaiser – sowie einen Referenten für
mein persönliches Büro, Hans Wolfgang Wolter, der schon in
der Administration von Helmut Schmidt gearbeitet hatte. Mit
ihm fand ich einen qualifizierten Gehilfen – er ist gelernter
Publizistik- und Kommunikationswissenschaftler –, dem ich
absolut vertrauen konnte. Er blieb die ganzen Jahre mein enger
persönlicher Mitarbeiter, hat sich um eine Fülle von Aufgaben
unserer Öffentlichkeitsarbeit gekümmert und dann zusätzlich
die Leitung des Referats für Medienbeobachtung in meiner
Abteilung übernommen.

Die Pressestelle des Kanzleramtes, die mit zwei Beamten des
höheren Dienstes besetzt war, habe ich zunächst nicht verändert, zumal die beiden Kollegen, Horst-Jürgen Winkel und Hans
Peter Gärtner, erfahrene Kanzleramtsmitarbeiter waren. Beide
waren bei der Bonner Presse sehr angesehen und konnten mich
gut unterstützen, wenn sich auch der Charakter der Pressearbeit im Kanzleramt in den letzten zwölf Jahren sehr verändert
hat. Zu Helmut Schmidts Zeiten hatte die Pressestelle eine
andere Rolle. Ich habe sie Zug um Zug zu einem kraftvollen
Instrument ausgebaut. Ab Frühjahr 1991 wurde meine Abteilung wesentlich bereichert. Ich erhielt für den gesamten Bereich
der Presse- und Öffentlichkeitsarbeit einen Stellvertreter in der

Person von Andreas Fritzenkötter, der vor seiner Berufung ins
Kanzleramt Pressesprecher der CDU im Konrad-Adenauer-
Haus und davor wiederum mehrere Jahre Bonner Korrespondent der in Düsseldorf erscheinenden »Rheinischen Post« gewesen war. Fritzenkötter war mir in meinen letzten Amtsjahren
eine hervorragende Stütze. Er verfügte über glänzende Kontakte zur Bonner Presse und den Zentralredaktionen, vor allem
zu den jüngeren Journalisten (er ist jetzt erst 36 Jahre alt), und
erwarb sich auch sehr rasch das Vertrauen von Helmut Kohl,
der ihn bei den Wahlkämpfen für die ersten freien Volkskammerwahlen und auch auf seiner Wahltournee für die Bundestagswahl am 2. Dezember 1990 kennengelernt hatte. Durch die
Mitwirkung von Andreas Fritzenkötter konnten wir in den letzten Jahren, die ja nicht besonders leicht waren, unsere Effekti-
vität sehr steigern – vorher war ich immer ohne echten Stellvertreter gewesen.

Am 20. Januar 1983 erhielt ich meine Ernennungsurkunde
zum Ministerialdirektor auf Probe, da ich vorher nur in einer
dem öffentlichen Dienst vergleichbaren Tätigkeit gearbeitet
hatte. Nach einem halben Jahr überreichte mir dann der Bundeskanzler die Ernennungsurkunde zum Ministerialdirektor auf
Lebenszeit – ein stolzer Augenblick in meinem Leben. Ich hatte
nur gehofft, meine Mutter hätte diesen Tag noch erleben können, weil sie immer gewünscht hatte, daß ich einmal Beamter
werden sollte, auch wenn sie sich das etwas anders vorgestellt
hatte. Ein richtiger Beamter im klassischen Sinne bin ich im
Kanzleramt wohl nie geworden, was bei der Art meiner Tätigkeit wohl auch von niemandem erwartet wurde, am wenigsten
vom Kanzler. Ein Ministerialdirektor ist allerdings auch ein politischer Beamter und kann im Gegensatz zu einem Laufbahnbe-
amten jederzeit in den einstweiligen Ruhestand versetzt werden, zum Beispiel bei einem Regierungswechsel oder auch aus
anderen Gründen. Dennoch habe ich im Laufe der Jahre
gelernt, wie man Akten bearbeitet, Vorlagen und Vermerke
schreibt oder wie man sachgerecht mit den anderen Abteilungen des Amtes zusammenarbeitet. Ich habe es immer als wohl-
tuend empfunden, wie gut das Klima der Kollegen im Amt
untereinander war und wieviel Zuarbeit ich durch die Kollegen

aus den Fachabteilungen erhielt. Gute Informationen sind die beste Voraussetzung für eine gute Öffentlichkeitsarbeit. Dies gilt nicht nur für mich, sondern in gleichem Maß natürlich auch für den Regierungssprecher, der zugleich Leiter des Presse- und Informationsamtes der Bundesregierung ist. Deshalb habe ich in den ganzen Jahren meiner Arbeit im Kanzleramt immer Wert darauf gelegt, daß zwischen mir und dem Regierungssprecher oder seinem Stellvertreter ein möglichst enger Kontakt bestand und die Regierungssprecher auch all das erfuhren, was ich im Kanzleramt an Informationen durch den Bundeskanzler, den Chef des Kanzleramtes, die Staatsminister oder aus den einzelnen Fachabteilungen erhielt. In den meisten Fällen ist das gelungen, vor allem auch, weil ich mich stets gehütet habe, selbst eine Art Sprecherrolle zu übernehmen.

In den ersten Monaten meiner Arbeit im Kanzleramt hatte ich zwei Erlebnisse, die sich mir bis heute fest eingeprägt haben. Bei der Abgabe der ersten Regierungserklärung von Helmut Kohl im Deutschen Bundestag am 13. Oktober 1982 saß ich zum ersten Mal als Vertreter des Bundeskanzleramtes auf der Regierungsbank im Deutschen Bundestag, unmittelbar hinter dem Chef des Bundeskanzleramtes, Waldemar Schreckenberger, direkt neben der Bundesfahne. Das war für mich ein großer Tag in meiner beruflichen Laufbahn, als der Gehilfe des Bundeskanzlers auf der Regierungsbank zu sitzen. Später habe ich oft Gelegenheit dazu gehabt – aber beim ersten Mal war es doch ein besonderes Gefühl.

Ein zweites Erlebnis dieser Art hatte ich bei dem ersten Besuch eines ausländischen Gastes im Bundeskanzleramt. Der französische Präsident François Mitterrand wurde von Bundeskanzler Helmut Kohl vor dem Amt mit militärischen Ehren empfangen. Ich stand zum ersten Mal in der Reihe der Minister, Staatssekretäre und Generale, die dem französischen Präsidenten vorgestellt wurden, bevor die beiden Nationalhymnen erklangen, gespielt vom Musikkorps des Wachbataillons der Bundeswehr. Dieser Moment war sicher auch für den Kanzler sehr bewegend, aber auch ich war von der Zeremonie sehr berührt. Später wurden die vielen Besuche ausländischer Regierungs- und Staatschefs für mich zur Routine.

Bei der Gelegenheit des ersten Besuches von Präsident Mitterrand im Kanzleramt lernte ich die komplizierten protokollarischen Regeln im Umgang mit Besuchern kennen. (Wir hatten sie der Einfachheit halber zunächst übernommen: später stellten wir manches nach unseren Vorstellungen um.) Der Fototermin mit Mitterand hatte demnach im Heckel-Zimmer stattzufinden, dem großen Raum neben dem Arbeitszimmer des Kanzlers, der Staatsoberhäuptern und Regierungschefs vorbehalten ist. Der Raum bietet genug Platz, um gegebenenfalls eine Tribüne für die Fotografen aufzustellen, und ist von der Einrichtung her sehr repräsentativ. Die Bezeichnung Heckel-Zimmer geht auf den expressionistischen Maler Erich Heckel zurück, von dem einige Werke dort hängen. (Das Bundeskanzleramt hat zahlreiche Kunstwerke in seinen Räumen, vorwiegend deutsche Expressionisten. So gibt es auch ein Nolde-Zimmer und ein Schmidt-Rottluff-Zimmer, und im Foyer befinden sich weitere bedeutende Gemälde und Plastiken.) Die Fototermine mit Besuchern unterhalb der Staats- und Regierungschef-Ebene, zum Beispiel Außenminister oder auch Verbandspräsidenten, finden im Arbeitszimmer des Bundeskanzlers statt.

Ähnlich sind die Orte der gemeinsamen Pressekonferenzen von Gast und Bundeskanzler von protokollarischer Bedeutung: Hochrangige Gäste befreundeter Länder werden dazu in den Informationssaal des Kanzleramtes gebeten – etwa im Rahmen der regelmäßigen Konsultationen mit Frankreich, Großbritannien oder Italien –, während sonst das Foyer diesem Zweck dient. Bei ganz großen und bedeutenden Anlässen, wenn auch die Zahl der Journalisten entsprechend groß ist, besteht die Möglichkeit, in den Saal der Bundespressekonferenz oder ins Adenauer-Haus zu gehen. Das war zum Beispiel der Fall, als der Weltwirtschaftsgipfel in Bonn stattfand oder als die Präsidenten Reagan und Gorbatschow auf Deutschlandbesuch waren. Neuerdings steht auch das Hotel »Maritim« zur Verfügung, wo zum Beispiel am 11. Mai 1994 die Pressekonferenz mit Helmut Kohl und Boris Jelzin stattfand.

2 DIE BESTÄTIGUNG DURCH DIE WÄHLER

Heftige Auseinandersetzungen innerhalb der Union waren der Entscheidung Helmut Kohls vorausgegangen, am 6. März 1983 einen neuen Bundestag wählen zu lassen. Voraussetzung dafür war, daß er im Bundestag die Vertrauensfrage stellte, das Parlament ihm das Vertrauen verweigerte und der Bundespräsident dann das Parlament auflöste, obwohl der amtierende Kanzler eine, wenn auch knappe, aber ausreichende Mehrheit im Parlament hatte. Im Jahre 1972, als diese Methode schon einmal angewandt worden war, um zu Neuwahlen zu kommen, hatte Kanzler Brandt keine Mehrheit mehr. Es gab ein Patt, und der Haushalt konnte nicht verabschiedet werden. Helmut Kohl wollte die Neuwahlen aus einem anderen Grund. Seiner neuen Regierung standen auf außen- und innenpolitischem Gebiet schwierigste Entscheidungen bevor; die parlamentarische Verwirklichung des NATO-Doppelbeschlusses und die Durchsetzung eines wirtschafts- und finanzpolitischen Konsolidierungsprogrammes. Dafür wollte er die Zustimmung der Bürger. Er wählte einen Zeitpunkt, der es der FDP ermöglichte, sich im Ansehen der Bevölkerung nach dem Koalitionswechsel wieder zu stabilisieren. Die FDP war tief erschüttert worden und hatte schon unmittelbar nach dem Ausscheiden ihrer Minister aus dem Kabinett von Helmut Schmidt bei den am 21. September 1982, also zehn Tage vor dem konstruktiven Mißtrauensvotum stattfindenden hessischen Landtagswahlen eine schwere Niederlage erlitten. Alfred Dregger konnte mangels Koalitionspartner nicht hessischer Ministerpräsident werden, obwohl die CDU in Hessen stärkste Partei geworden war. Die von der SPD aufgetischte Verratslegende hatte ihre Wirkung getan, und sie saß auch noch einige Monate nach der Wende der liberalen Partei tief in den Knochen. In den demoskopischen Umfragen war

die FDP unter vier Prozent abgesackt, und alles sah so aus, als
ob sie den Einzug in den Bundestag bei Neuwahlen nicht schaffen würde. Ich habe noch die Bemerkung von Hans-Dietrich
Genscher im Ohr, die er einmal auf dem Flur vor dem Kanzlerbüro scherzhaft zu mir machte: »Ackermann, ihr habt doch so
gute Beziehungen zu den demoskopischen Instituten: Wie
sieht's aus für uns mit der Vier vor dem Komma? Dann wählen
uns nämlich die Leute auch wieder.« Ich konnte ihn zunächst
nicht trösten. Es ging schon bedenklich auf den Wahltermin zu,
bis die FDP tatsächlich die Vier vor dem Komma hatte, und erst
unmittelbar vor den Wahlen kam sie in den Prognosen über fünf
Prozent.

Über die Frage, ob und wann Neuwahlen stattfinden sollten,
hatte es innerhalb der Union schon vor der Wende heftige Diskussionen gegeben. Franz Josef Strauß wäre – in der Hoffnung,
die FDP würde von der Bildfläche verschwinden – am liebsten
auf das Angebot Helmut Schmidts zu Neuwahlen eingegangen,
das dieser noch kurz vor seiner Abwahl machte. Das wollte und
konnte Helmut Kohl schon damals nicht mitmachen, da er in
der FDP den langfristigen Partner sah. Er setzte sich durch.
Trotz der Hessenwahl-Niederlage beteiligte sich die CSU am
konstruktiven Mißtrauensvotum, und sie gab schließlich auch
nach, als es um die Festlegung des Termins für die Neuwahlen
nach dem Kanzlerwechsel ging.

Helmut Kohl ging ein hohes Risiko ein, weil als Voraussetzung für Neuwahlen die Zustimmung des Bundespräsidenten
zur Auflösung des Bundestages nötig war und nicht von vornherein feststand, ob der Bundespräsident von der Möglichkeit
der Anwendung von Artikel 68 des Grundgesetzes Gebrauch
machen würde, zumal er sich darüber im klaren war, daß seine
Entscheidung vor dem Bundesverfassungsgericht Bestand
haben mußte. Es gab dann später tatsächlich eine entsprechende Klage. Aber Bundespräsident Carstens erhielt durch das
oberste deutsche Gericht Recht.

Wie mir bekannt wurde, bereiteten sich Carstens und sein
Staatssekretär Neusel mit namhaften Staatsrechtlern auf die
Entscheidung vor. Häufiger Gesprächspartner des Bundespräsi-
denten war in dieser Sache auch der Chef des Bundeskanzler-

amtes, Waldemar Schreckenberger, selbst ein angesehener Staatsrechtslehrer. Helmut Kohl hatte Waldemar Schreckenberger in dieser Frage sehr viel zu verdanken. Er wußte das auch und betonte es in internen Gesprächen immer wieder. Auch wenn sich später das Verhältnis zwischen Schreckenberger und Helmut Kohl abkühlte, ist sein Respekt vor dem Juristen Schreckenberger nach wie vor groß und bis heute erhalten geblieben.

Bundespräsident Carstens hat mir später einmal gesagt, daß für ihn die Entscheidung, den Bundestag aufzulösen, die schwerste seiner Amtszeit war. Aber nachdem er die Entscheidung getroffen hatte, stand er auch ganz dahinter.

In der Kampagne für die Wahl von 1983 ging es um die zentralen Themen der deutschen Politik: wie der Aufschwung zu sichern sei und wie man in der Außen- und Sicherheitspolitik das Vertrauen unserer Partner wieder zurückgewinnen könne. Die FDP spielte noch eine andere Karte. Sie plädierte bei den Wählern dafür, ihr die zweite Stimme zu geben, die allein ausschlaggebend für den Einzug in den Bundestag und seine Zusammensetzung ist. Manchen in der CDU/CSU ging diese Kampagne zu weit. Viele Mandatsträger meinten, die Unionsparteien müßten auf die absolute Mehrheit setzen, und sie forderten Helmut Kohl auf, in der Wahlkampagne um jede Stimme zu kämpfen, was dieser ja auch tat. Aber er tat auch nichts, um der FDP das Leben zu erschweren, da er sie als Partner haben wollte. Er wußte genau, daß das Regieren in einer so schwierigen Lage mit einer knappen absoluten Mehrheit sehr mühsam sein würde.

Und so war das Wahlergebnis an jenem 6. März 1983 geradezu wie gemalt: Die CDU/CSU erhielt 48,8 Prozent, das beste Ergebnis, das Helmut Kohl jemals seit seinem Wechsel in die Bundespolitik im Jahre 1976 erreichen sollte. Die SPD kam auf 38,2 Prozent, mehr als 10 Prozent weniger als bei der vorigen Wahl, die FDP errang überraschend 7,0 Prozent, und die Grünen, die erstmals in den Bundestag einzogen, hatten 5,6 Prozent. Erst bei der ersten gesamtdeutschen Wahl am 2. Dezember 1990 wurden sie wieder aus dem Bundestag herausgewählt. Heute haben sie sich mit dem Bündnis 90, einer

Bürgerbewegung aus den Tagen der Einheit, zu einer Partei zusammengeschlossen.

Am Abend der Wahl fand im Kanzlerbungalow eine kleine Feier statt. Helmut Kohl hatte allen Grund dazu. Später am Abend erschien sichtlich erleichtert auch Hans-Dietrich Genscher mit einigen Freunden und Helfern aus seiner Partei, um mit dem Kanzler auf den gemeinsamen Wahlsieg anzustoßen. Zu den Freunden der FDP gehörte auch deren Wahlhelfer, der Schauspieler und Kabarettist Dieter Hallervorden, der auf Straßen und Plätzen für die FDP geworben hatte. Hallervorden, den ich bis dahin nur vom Bildschirm kannte, ist auch privat ein glänzender Unterhalter, wenn auch von ganz anderer Art als in seinen Filmen und Sketchen, die nicht jedermanns Geschmack sind.

Helmut Kohls Strategie war aufgegangen. Er hatte jetzt eine stabile Mehrheit für seine Politik und konnte in Ruhe an die Regierungsbildung sowie an die Abfassung der Regierungserklärung herangehen, die er am 4. Mai 1983 abgab. Das Kabinett wurde nur unwesentlich umgebildet. Rainer Barzel verließ die Regierung nach nur acht Monaten. Er wurde Präsident des Deutschen Bundestages. Sein Nachfolger als Bundesminister für innerdeutsche Beziehungen wurde der langjährige stellvertretende Vorsitzende der CDU/CSU-Bundestagsfraktion und Vorsitzende der CDU Westfalens, Heinrich Windelen.

Im Kanzleramt blieb die Mannschaft unverändert, samt Jenninger und Schreckenberger. Nur zwei Abteilungen wurden im Laufe des Jahres 1983 neu besetzt, die Abteilung 1 für Verwaltung, Recht und Inneres mit Franz-Josef Fischer, der aus der Staatskanzlei in Saarbrücken kam, und die Abteilung 6 für Koordinierung der Nachrichtendienste mit Hermann Jung, der aus der Bundestagsverwaltung kam, wo er viele Jahre als Sekretär des Auswärtigen Ausschusses gewirkt hatte. Auch als Militärhistoriker hatte er sich einen Namen gemacht und ein bedeutendes Buch über die Ardennenoffensive im Jahre 1944 geschrieben. Jung war ein Studienkollege von Helmut Kohl an der Universität in Heidelberg, wo beide Geschichte studiert hatten. Presseberichte, daß Helmut Kohl einen persönlichen Freund ins Kanzleramt geholt habe, waren immer falsch. Jung

war bis 1992 im Kanzleramt tätig und ging dann in den Ruhestand.

Auch bei den Redenschreibern konnte Helmut Kohl zwei
gute Leute gewinnen. Aus der Adenauer-Stiftung holte er
Norbert Prill, einen gelernten Juristen, der an der ENA (Ecole
Nationale d'Administration), der anerkannten französischen
Hochschule für Verwaltungskräfte, ausgebildet worden war,
und die französische und englische Sprache fließend beherrschte.
Etwas später stieß dann noch Stephan Eisel hinzu, ein promo-
vierter Politikwissenschaftler, der ebenfalls aus der Adenauer-
Stiftung kam. Bei der Erstellung der Regierungserklärung für
den 4. Mai 1983 brauchten wir nun nicht mehr mit Selbst-
gestricktem zu arbeiten, weil nunmehr die Redenschreiber die
angelieferten Texte aus den Ministerien und aus den Fachabteilungen des Kanzleramtes koordinieren konnten. Dennoch
waren auch bei dieser Regierungserklärung die Professoren
Stürmer und Weidenfeld beratend tätig. Wir konnten jetzt auch
Beraterverträge abschließen. In der von mir geführten Abteilung gibt es einen entsprechenden Etat-Titel, allerdings in sehr
bescheidenem Rahmen, wenn man es etwa mit den Honoraren
in der Wirtschaft vergleicht. Aber sich Kanzlerberater nennen
zu dürfen, ist auch etwas Besonderes.

Diether Stolze, der nach der Wende Regierungssprecher
geworden war, schied schon nach der Wahl vom 6. März 1983
wieder aus diesem Amt aus, weil er den Strapazen gesundheit-
lich nicht gewachsen war, was er selbst und auch Helmut Kohl
sehr bedauerten. Mir ging es nicht anders. Dieter Stolze und ich
hatten eine enge Zusammenarbeit entwickelt, und er hat mir
später oft gesagt, daß auch ihm das Teamwork sehr gefallen
hat. Wir haben uns noch öfter bei seinen Besuchen in Bonn
getroffen und über die politische Lage diskutiert. Das letzte Mal
sahen wir uns an meinem Urlaubsort in Lana bei Meran, wo er
meine Frau und mich auf der Durchreise nach Italien besuchte.
Das war 1989, das Jahr, in dem auch Juliane Weber und ihr
Mann Benny Weber, stellvertretender Verwaltungsdirektor des
ZDF in Mainz, bei uns in Lana Urlaub machten. Bei gutem
Essen und Südtiroler Wein haben wir alle einen für mich
unvergeßlichen Abend zusammen verbracht. Als ich ein gutes

Jahr später die Nachricht von Diether Stolzes Tod erhielt, hat
mich das tief getroffen. Obwohl wir nur ein gutes halbes Jahr
zusammengearbeitet hatten, habe ich so etwas wie Freundschaft zu ihm empfunden, weil die Wellenlänge zwischen uns
stimmte.

Während der Wahlkampagne für die Bundestagswahl 1983
hatte uns der frühere langjährige Chefredakteur der »Bild«-Zei-
tung und der Tageszeitung »Die Welt«, Peter Boenisch, sehr
geholfen, vor allem bei der Formulierung griffiger Texte für
Anzeigen oder bei der Redaktion von Wahlillustrierten und Falt-
blättern. Helmut Kohl wußte den Stil von Peter Boenisch offenbar zu schätzen, und er machte sich auch oft sein fachmänni-
sches Urteil zu eigen. So war es fast selbstverständlich, daß
Peter Boenisch mit zur Wahlkampfkommission gehörte, ebenso
wie eine Gruppe von Fachleuten aus der Wirtschaft, die dort mit
Öffentlichkeitsarbeit zu tun hatte und Helmut Kohl und seinen
Mitarbeitern aus Partei, Fraktion und dem Kanzleramt wertvolle Anregungen geben konnte.

Als Diether Stolze während der Osterpause 1983 dem Kanzler mitteilte, daß er nach der Regierungsbildung ausscheiden
werde, zögerte Helmut Kohl nicht lange und fragte Peter Boenisch, ob er den Posten des Regierungssprechers als Staatssekretär in der neuen Regierung übernehmen wolle. Der Kanzler
hatte mich vorher gefragt, ob ich mir Boenisch als Regierungssprecher vorstellen und ob ich mit ihm zusammenarbeiten
könne. Vor allem aber wollte er wissen, wie die Bonner Presse
auf eine Ernennung Boenischs reagieren würde. Ich erklärte
dem Kanzler, daß ich Peter Boenisch schon seit den sechziger
Jahren kannte und ihn und seine Qualitäten außerordentlich
schätzte. Sicher werde die Bonner Presse zunächst überrascht
reagieren, sich aber schnell auf den neuen Mann einstellen, weil
er besonders kontaktfreudig sei und sein journalistisches Handwerk gut beherrsche, was ihm als Regierungssprecher sehr
zugute komme.

Ich hatte mit meiner Einschätzung recht. Peter Boenisch
fand rasch in das neue Amt hinein, hielt engsten Kontakt zum
Kanzler und zum Kanzleramt und war zeitweilig eher in meinem Büro oder bei Sitzungen im Kanzleramt anzutreffen als in

seinem eigenen Büro. Er hatte seinen eigenen saloppen Stil, der sich schon bei der Auswahl seiner Mitarbeiter zeigte. So beschäftigte er jahrelang einen Büroleiter, Matthias Walter, einen Sozialdemokraten, der später als Presseattaché an die deutsche Botschaft in Mexico ging und heute als Referatsleiter in der Zentralabteilung des Bundespresseamtes arbeitet. Walter war ein sehr einsatzfreudiger und vertrauenswürdiger Mitarbeiter und wurde von Peter Boenisch sehr geschätzt.

Peter Boenisch gab in seiner Zeit als Regierungssprecher auch seine ihm liebgewordenen, zeitraubenden Hobbys nicht auf. So war er sonntags oft auf dem Rennplatz, besuchte auch das Formel-1-Rennen in Monte Carlo oder flog übers Wochenende nach Berlin, wo er ein zauberhaftes Haus aus der Bauhaus-Zeit besaß, ein Kleinod, am Nikolassee gelegen, das er über alles liebte. Er wußte, daß ich in seiner Abwesenheit mit seinen Mitarbeitern im Bundespresseamt engen Kontakt hielt und wir ihn überall erreichten, wenn er gebraucht wurde. Unsere Freundschaft, die in seinen Bonner Jahren sehr ausgeprägt wurde, hat sich bis zum heutigen Tag erhalten. Wir haben uns nach seinem Ausscheiden immer wieder getroffen oder telefoniert. Dieser Kontakt besteht weiter, und unsere Freundschaft ist nicht nur politisch bedingt. In der Kohl-Crew wurde Peter Boenisch gut aufgenommen. Alle mochten ihn in seiner saloppen Art. Auch für die Wahlen am 16.10.1994 steht er Helmut Kohl wieder als Berater zur Verfügung.

Über den Wahlkampf für die Bundestagswahl am 6. März 1983 ist aber noch etwas anzumerken. Dieser Wahlkampf, in den Helmut Kohl zum ersten Mal als Kanzler ging, war natürlich ganz anders zu organisieren als vorherige Kampagnen. Helmut Kohl legte allergrößten Wert darauf, daß der Staatsapparat nicht für Parteizwecke in Anspruch genommen wurde. Hubschrauber des Grenzschutzes oder Flugzeuge der Bundeswehr, die den Kanzler zu Wahlkampfeinsätzen flogen, wurden von der Partei bezahlt, und auch die Fahrbereitschaft des Bundestages wurde – bis auf den Kanzlerwagen selbst – nicht in Anspruch genommen. Autos für die Begleiter des Kanzlers im Wahlkampf stellte grundsätzlich die Partei, und auch die mitreisenden Journalisten wurden von der Partei betreut. Deren Sprecher war nach Günther Henrichs Ausscheiden Wolter von Thiesenhausen, der davor als Bonner Korrespondent für mehrere Tageszeitungen gearbeitet hatte.

Um etwas Wahlkampfatmosphäre zu schnuppern, fuhr ich gelegentlich in dem Journalistentroß oder in der Begleitung des Kanzlers mit. Es tat ab und zu gut, von dem Bonner Schreibtisch wegzukommen und direkt zu erleben, welche Themen draußen bei der Bevölkerung ankamen und wie der Kanzler seine Argumente an das Wahlvolk heranbrachte. In der Regel blieb ich aber in Bonn, weil auch während des Wahlkampfes das politische Geschehen weiterlief und ich die Kanzlerbegleiter während seiner Tournee immer mit den neuesten Nachrichten versorgen mußte.

Für die neue Regierungsbildung war die erforderliche Zeit vorhanden, und auch die Ausarbeitung der Regierungserklärung konnte in Ruhe angegangen werden. Der Kanzler gab sie am 4. Mai 1983 ab. Darin konnte er zum ersten Mal die langfristigen Ziele seiner Politik ansprechen. Mit ihrer stabilen Mehrheit saß die Regierung fest im Sattel und konnte nun darangehen, ihre Vorstellungen in die Tat umzusetzen. Dennoch war die Legislaturperiode von 1983 bis 1987 alles andere als ruhig. Es gab eine Reihe von Ereignissen, die die junge Koalition erheblich belasteten.

Der erste Vorgang, der Bonn schwer erschütterte, war die sogenannte Kießling-Affäre, die schon im September 1983 begann und sich bis ins Jahr 1984 fortsetzte. Im September 1983 hatte Verteidigungsminister Wörner den Bundeskanzler eher beiläufig über Informationen unterrichtet, die dem militärischen Abschirmdienst (MAD) vorlagen und nach denen General Günter Kießling homosexuell sein sollte. Der Kanzler hatte Manfred Wörner gebeten, dies sorgfältig untersuchen zu lassen, weil ein so schwerwiegender Verdacht gegen einen verdienten hohen Offizier sehr schnell zu einer ungerechtfertigten Verurteilung führen und die Karriere und den Ruf des Mannes schlagartig zerstören konnte. Daher hielt er diese Information zunächst zurück; auch ich war nicht eingeweiht.

Heute würden solche Fragen vermutlich nicht mehr soviel Staub aufwirbeln, aber Anfang der achtziger Jahre war das noch ein ganz brisantes Thema, zumal es hier um den militärischen Bereich ging. Die Armeen aller Länder haben sich im Umgang mit Homosexualität schon immer sehr schwer getan, was auch jüngste Diskussionen in den USA zeigen.

Lange Zeit blieben die Informationen unter der Decke, bis der »Spiegel« die Öffentlichkeit im Januar 1984 mit einer Enthüllungsstory aufschreckte. Normalerweise wäre ich von Amts wegen überhaupt nicht mit dieser Sache befaßt gewesen, aber seit meiner Sprechertätigkeit in der Fraktion hatte ich immer ein gutes Verhältnis zu Manfred Wörner gehabt. Da ich den »Spiegel« schon am Sonntag per Eilboten erhielt, war ich einer der wenigen in Bonn, der die Story schon vor ihrem offiziellen Erscheinen am Montag kannte. An dem fraglichen Sonntag rief mich Manfred Wörner überraschend an und fragte mich, ob er mich zu Hause besuchen könne. Wir verabredeten uns für den 24. Januar 1984 um 17 Uhr in meiner Wohnung in der Bad Godesberger Lucas-Cranach-Straße 1.

Manfred Wörner kam mit einer riesigen Mappe voller Akten, in der das vom MAD gesammelte Material zum »Fall Kießling« zusammengetragen war. Ich war ziemlich verblüfft, zumal ich darauf nicht vorbereitet war, und ich fragte Wörner, was er nun zu tun gedenke. Er sagte: »Ich habe keine andere Wahl, als den General ohne Begründung, wie es üblich ist, in den einstweiligen Ruhestand zu versetzen.«

Das Problem dabei war nur, daß sich der Bundeskanzler Ende Januar, als in Bonn bereits die Wogen hochgingen, zu seinem ersten Besuch in Israel aufhielt, und ohne die Unterschrift des Kanzlers (und des Bundespräsidenten) kann ein so hoher Staatsdiener weder berufen noch entlassen werden. Wörner bat mich, den Kanzler zu unterrichten und sicherzustellen, daß am nächsten Tag ein Kontakt zwischen Helmut Kohl und ihm hergestellt werden könnte, was auch geschah. Die Dinge überschlugen sich dann aber so, daß die hochpolitische Reise des Kanzlers dadurch stark beeinflußt wurde. Peter Boenisch, der den Kanzler in Israel begleitete, berichtete mir täglich am Telefon, daß die mitreisenden deutschen Journalisten sich viel mehr für die Kießling-Affäre als für die Gesprächsergebnisse des Kanzlers interessierten, weil nach Meinung der Presse der Ver-

teidigungsminister zu schnell gehandelt habe. Für die Boule-
vard-Blätter »Bild« und »Express« war der Fall Kießling natürlich das gefundene Fressen. Besonders die Geschichten, in
denen die Lokale beschrieben wurden, in denen der General
angeblich verkehrt hatte, oder die Aussagen von sogenannten
Zeugen, die ihn dort gesehen haben wollten, fanden reißenden
Absatz – und sicher wurden manche Artikel auch eher unter
dem Aspekt der Auflagensteigerung geschrieben als in dem
Bemühen, zur Wahrheitsfindung beizutragen.

In den entscheidenden Wochen dieser unangenehmen Ange-
legenheit liefen bei mir die Telefondrähte noch heißer als sonst.
In der Presse verdichtete sich sehr schnell der Eindruck, der
General sei zu Unrecht verdächtigt worden, und der Minister
habe zu schnell gehandelt. Von da ab war es nicht mehr weit bis
zu der Forderung an den Kanzler, er solle Manfred Wörner aus
dem Amt entlassen. Der Druck aus den Medien gegen den Kanzler wurde immer stärker – die Opposition war ohnehin für die
Entlassung Wörners –, aber auch in den eigenen Reihen, bis
hinein in die Mitarbeiterschar des Kanzlers, waren die Meinungen sehr geteilt, zumal Manfred Wörner bei der taktischen
Behandlung des Falles Fehler gemacht hatte. Aber das alles
reichte für den Kanzler nicht aus, einen bis dahin verdienten
Politiker, der sich in der Oppositionsarbeit wie in der Regierung
große Verdienste erworben hatte und bei seinen Soldaten
beliebt war, schlicht und einfach in die Wüste zu schicken.

Die im Fall Kießling an den Tag gelegte Haltung des Bundeskanzlers ist für ihn ganz typisch. Er läßt sich höchst ungern
unter Druck setzen, von wem auch immer – und im Fall Wörner-Kießling stand er unter massivstem Druck. Bei einer Güter-
abwägung kam er zu dem klaren Ergebnis, daß das »schuld-
hafte« Verhalten Manfred Wörners für eine Entlassung nicht
ausreiche, auch wenn General Kießling bitter Unrecht geschehen war. Und als die Sache aufgeklärt war, war Helmut Kohl der
erste, der dafür eintrat, daß der General rehabilitiert und in
allen Ehren, das heißt mit großem Zapfenstreich verabschiedet
wurde.

Bis zum heutigen Tage wird Helmut Kohl immer noch vorge-
halten, er habe in der Auseinandersetzung um General Kießling

falsch reagiert. Er ist aber nach wie vor der Meinung, richtig gehandelt zu haben, was ihn allerdings nie daran gehindert hat, danach auch manche sachliche Differenz mit Manfred Wörner als Verteidigungsminister auszutragen. Aber zwischen Kohl und Wörner gab es dennoch immer wieder Kontakt. Der später als NATO-Generalsekretär amtierende Manfred Wörner besucht den Kanzler regelmäßig in Bonn und bespricht mit ihm die politische Lage. Der Meinungsaustausch war besonders intensiv, als es in die entscheidende Phase der Abrüstungsgespräche der Großmächte ging, die – auch als Folge der konsequenten Politik der Bonner Bundesregierung in den letzten Jahren – zu beachtlichen Fortschritten geführt hatten und zu einer völlig veränderten NATO-Strategie beitrugen. Das Motto Helmut Kohls, daß es das Ziel seiner Politik sei, »Frieden zu schaffen mit immer weniger Waffen«, das er zum ersten Mal in seiner Regierungserklärung im Mai 1983 verkündete, hat ja in der Zwischenzeit Erfolg gebracht. Es wäre allerdings, anmaßend zu behaupten, Helmut Kohl hätte das alles schon 1983/84, als es um die Bereinigung des Falls Wörner-Kießling ging, im Auge gehabt oder vorausgesehen und deshalb Wörner im Amt gehalten.

3 MIT JOURNALISTEN UM DIE WELT

Andere Reisen des Bundeskanzlers standen unter einem gün-
stigeren Stern als die von der Kießling-Affäre überschattete
Israelreise Anfang 1984. Bei diesen Reisen lernte ich zum
ersten Mal kennen, was es heißt, nicht mehr wie in der Oppositionszeit mit einer normalen Linienmaschine fliegen zu müssen, sondern mit einer großen Boeing 707 der Flugbereitschaft
der Bundeswehr. Diese Maschinen haben die neuesten technischen Einrichtungen an Bord, einschließlich der Möglichkeit zu
telefonieren, Fernschreiben abzusetzen oder zu empfangen. Bei
den wenigen Reisen, bei denen auch Bundesaußenminister
Genscher mitflog, wurden diese Mittel häufig in Anspruch
genommen. So ließ sich Hans-Dietrich Genscher meistens
Nachrichtenüberblicke, einschließlich eines Überblicks über die
Abendfernsehnachrichten, in die Maschine durchschreiben.
Damals prägte der Kanzler den Satz: »In Deutschland gibt es
zwei Leute, die auf dpa-Material süchtig sind, Hans-Dietrich
Genscher und Eduard Ackermann.« Noch heute macht der
Kanzler gelegentlich Bemerkungen über meine angebliche
Sucht nach dpa-Meldungen und anderem Agenturmaterial. Je
länger er aber im Amt war, um so mehr beschäftigte er sich
auch selbst mit den anfallenden Nachrichten, die ihm täglich
vorsortiert auf den Tisch gelegt werden. Auf Auslandsreisen
bekommt der Kanzler regelmäßig morgens und abends einen
Sonderbericht über die vorhandenen Meldungen. Früher unterrichtete ich ihn selbst über den Inhalt der Sendungen des Presseamtes. Seit dem Eintritt von Andreas Fritzenkötter fällt ihm
auf den Reisen diese Aufgabe zu, denn seit meinen schweren
Augenoperationen bin ich meistens in Bonn geblieben, wenn
der Kanzler unterwegs war.

Wenn es nicht zu viele sind, nimmt Helmut Kohl die Journalisten immer in seiner Maschine mit, nur wenn der Pressetroß bei besonderen Reisen zu groß ist, muß eine zweite Bundeswehrmaschine oder ein Flugzeug von einer privaten Fluggesellschaft eingesetzt werden. Am liebsten fliegen die Journalisten natürlich in der Kanzlermaschine mit, wegen der Nähe zum Kanzler und weil die Reisekosten sich aufgrund einer Vereinbarung mit dem Finanzminister erheblich verringern. Aber auch die Charterflüge werden so kalkuliert, daß die Kosten tragbar bleiben. Freiflüge gibt es in der Regel für Journalisten nicht. An Bord der Kanzlermaschine macht der Kanzler jedesmal auf dem Hin- und Rückflug ein »Briefing«, eine lockere Form der Pressekonferenz, und unterwegs trifft er sich meistens auch einmal gesondert mit den mitreisenden Journalisten. Die Bilder von den Briefings an Bord der Bundeswehrmaschine sind mir unvergeßlich: Auf engstem Raum in einer kleinen Konferenzkabine drängten sich etwa 20 Journalisten, und der Kanzler selbst hockte in der Mitte auf einer Verpflegungskiste. Bei so einem Briefing kann nach Belieben gefragt werden, aber alles ist »off the record«, dient also nur als Hintergrundinformation und darf nicht veröffentlicht werden. Ich habe nur selten erlebt, daß diese Briefings mißbraucht wurden. Man will sich ja als Journalist nicht den Ast absägen, auf dem man sitzt.

Während der Reisen selbst, auf denen für die Betreuung der Presse der jeweilige Regierungssprecher mit von der Partie ist, gibt es natürlich einen harten Kampf um die Pool-Plätze. Da aus Platzgründen nicht sämtliche Journalisten gleichzeitig bei den einzelnen Stationen eines Staatsbesuchs dabeisein können, bildet man kleine Gruppen, Pools, mit jeweils nur wenigen Mitarbeitern der einzelnen Sparten – Fotografen, Kameraleute, Presse- und Agenturberichterstatter –, die aber, zumindest moralisch, verpflichtet sind, den Kollegen anschließend ihr Material und ihre Informationen zur Verfügung zu stellen. Die Auswahl der Pool-Mitglieder nimmt im allgemeinen der Regierungssprecher in Absprache mit dem Kanzleramt vor, mit mir oder dem Kollegen Fritzenkötter, wobei wichtig ist, daß ein breites Spektrum abgedeckt ist. Sympathie oder Abneigung gegenüber bestimmten Zeitungen etwa spielen keine Rolle bei der Auswahl der Teilnehmer.

Besonders spannend wurde es im Juli 1990 bei der Reise des Bundeskanzlers mit Michail Gorbatschow in den Kaukasus, wo man einen Abstecher auf eine Datscha machte und wo nur jeweils fünf deutsche und sowjetische Journalisten zugelassen werden konnten. Hans Klein, dem Regierungssprecher, gelang es jedoch meines Erachtens sehr gut, die Verteilung der Plätze fair zu regeln. Ich selbst blieb mit dem Gros der Journalisten in dem Kurort Mineralnije Wodi – auf deutsch Heilwasser – zurück und versuchte zusammen mit Juliane Weber, die Riesenmeute bei Laune zu halten. Natürlich waren die Zurückbleibenden einigermaßen sauer, ging es doch bei diesem Besuch darum, daß Gorbatschow Helmut Kohl seine Zustimmung dazu signalisierte, daß auch ein wiedervereinigtes Deutschland Mitglied in der NATO bleiben könne, das heißt, hier fand die wirkliche Besiegelung der deutschen Einheit statt.

Als Helmut Kohl und Michail Gorbatschow am nächsten Tag wieder zu uns stießen, hätte die Stimmung sich eigentlich schlagartig bessern müssen. Ich kam schnell dahinter, warum das nicht der Fall war. Ganz offensichtlich hatten manche Pool-Mitglieder das ungeschriebene Journalistengesetz gebrochen und ihre Informationen nur an befreundete Kollegen weitergegeben. Das Dilemma war da – nicht nur für die zu kurz gekommenen Presseleute, denen in den Heimatredaktionen Ärger ins Haus stand, sondern auch für mich, denn es konnte nicht in meinem Sinne sein, wenn die Berichterstattung über dieses historische Gespräch nicht die weitestmögliche Verbreitung fand. In meiner Not kam mir der Gedanke, einen sowjetischen Kollegen einzuspannen. Ich sprach mit Wladimir Markow von der Agentur »Nowosti«, der beim Spitzengespräch in der Datscha dabeigewesen war. Markow hatte viele Jahre in Bonn gearbeitet, daher konnte er ausgezeichnet deutsch. Ich bat ihn um einen Bericht vor der versammelten Mannschaft der mitgereisten Journalisten – er wolle doch sicher eine gute deutsche Berichterstattung über seinen Chef Gorbatschow –, und er berichtete darauf sehr farbig und ausführlich über das große Ereignis. Die Situation war gerettet. Markow ist heute übrigens ein enger Berater von Boris Jelzin und Ministerpräsident Tschernumyrdin.

Doch ich bin weit vorausgeeilt. Vom 27. bis 29. Mai 1983 fand in Williamsburg, Virginia, der Weltwirtschaftsgipfel statt, zu dem ich den Kanzler begleitete. Williamsburg ist ein kleines Städtchen, gut eineinhalb Autostunden von Washington entfernt. Der Ort ist noch so erhalten wie in seiner kolonialen Gründerzeit, mit Geschäften, Saloons und öffentlichen Gebäuden im alten Stil. Alles ist sehr malerisch.

Peter Boenisch war Regierungssprecher, und ich versuchte, so gut es ging, zu assistieren. Unser Problem – und das der Journalisten – war nur, daß die Staats- und Regierungchefs der größten Industrienationen der Welt, die an diesem Weltwirtschaftsgipfel teilnehmen, sich erst nach Abschluß der Konferenz der Presse stellen. Selbst die begleitenden Minister und der Regierungssprecher verfügen in den ersten Tagen nur über spärliche Informationen. In Williamsburg kam noch hinzu, daß der innere Kern der Stadt hermetisch abgeriegelt war und von Journalisten nur mit speziellen Pool-Karten für den jeweiligen Termin, zu dem sie zugelassen waren, betreten werden durfte.

Um so erstaunter waren wir, als plötzlich vor dem wunderbaren alten Landhaus im Kolonialstil, in dem wir Quartier bezogen hatten, der Journalist Mainhardt Graf von Nayhauß auftauchte. Auf unsere fragenden Blicke hin deutete er auf eine Ansteckplakette, die ihn – bei oberflächlicher Betrachtung – als Sicherheitsbeamten erscheinen ließ. Er bat uns, das Haus, in dem der Kanzler wohnte, besichtigen zu dürfen, um es besser beschreiben zu können. Wir taten ihm diesen Gefallen, sagten ihm aber auch, daß wir ihm auf dem Weg durch die Sicherheitssperren nach draußen nicht würden helfen können. Er schaffte das auch ohne uns, und er tauchte sogar am Abend des gleichen Tages auf einem Empfang des amerikanischen Präsidenten Ronald Reagan für die Delegationen des Weltwirtschaftsgipfels auf, wo Journalisten überhaupt nicht zugelassen waren. Wir sahen ihn plötzlich in einer Gruppe direkt neben Präsident Reagan stehen. Das war typisch Nayhauß, der eine Chuzpe hat, wie sie nur äußerst selten zu finden ist. Er ist ein Tausendsassa, der immer alles auf eine Karte setzt und oft gewinnt.

Einen Höhepunkt dieser Art von Auftritten lieferte er wäh-

rend der ersten Reise des Kanzlers nach Moskau. Zu dieser
Zeit, im Mai 1983, war der starke Mann im Kreml noch Generalsekretär Juri Andropow, der aber nur kurz amtierte. Die
Sicherheitsvorkehrungen des Kreml waren damals die schärf-
sten der Welt, aber auch das schreckte Graf Nayhauß nicht ab.
Der Siebenundfünfzigjährige zog einen gutsitzenden dunkel-
blauen Anzug an, steckte sich eine bedeutungsvoll aussehende
Anstecknadel ans Revers, warf den Wachen ein lässiges »Dele-
gati« hin und spazierte geradewegs in den Raum, in dem der
Generalsekretär Andropow Bundeskanzler Kohl empfing. Kanzleramtsminister Jenninger dagegen war irgendwo im Netz der
Wachen hängengeblieben und konnte erst nach Intervention
von Helmut Kohl zur Delegation stoßen.

Ich habe in meiner ganzen Laufbahn keinen Journalisten
mehr getroffen, der mit soviel Geschick – manchmal auch unter
Anwendung von Tricks – an seine Informationen herangekom-
men ist. Während dieses Staatsbesuchs war der Kanzler in
einem Gästehaus der sowjetischen Regierung auf den Leninhügeln oberhalb von Moskau untergebracht. Es reizte Graf
Nayhauß natürlich, dieses Gästehaus einmal von innen zu
sehen, um beschreiben zu können, wie der Kanzler in Moskau
wohnte. Regierungssprecher Peter Boenisch und ich logierten
zusammen mit Horst Teltschik, Walter Neuer und Juliane Weber
ebenfalls in diesem Gästehaus, zu dem nur Zutritt hatte, wer
einen Ausweis als Mitglied der Delegation besaß. Graf Nayhauß
hatte einen solchen Ausweis natürlich nicht. Also fragte er Peter
Boenisch nach einem Termin im Kreml, ob er ihn in seinem
Wagen mit hinaus auf die Leninhügel nehmen würde. Boenisch
hatte nichts dagegen, aber ähnlich wie kurz darauf in Williamsburg konnte er ihm keinen gesicherten Rückzug garantieren.
Hinein ins Gästehaus kamen die beiden ohne Probleme. Graf
Nayhauß sah sich kurz in den Räumen um, dann verschwand
er. Wir rätselten, wie er es schaffen wollte, zurück in sein Hotel
in die Stadt zu kommen, aber später erfuhren wir, daß es ganz
einfach gewesen war – der Graf hatte die U-Bahn genommen.

Peter Boenisch war selbst Journalist und wußte daher, daß
für einen Pressemann nur eins zählt: Informationen. Deshalb
war er schon mal zu solch einer Extratour bereit. Aber das war

natürlich die absolute Ausnahme. Oberstes Prinzip unserer gemeinsamen Arbeit war, immer möglichst alle Kollegen von der Presse gleich zu behandeln, um unnötige Reibereien zu vermeiden. Aber es ist leichter, einen Bienenschwarm zu hüten, als eine große Gruppe von Korrespondenten bei einer Auslandsreise des Kanzlers möglichst gerecht und umfassend zu informieren.

Die Reise, die ich im Oktober 1984 in Begleitung von Kanzler Kohl in die Volksrepublik China machte, hat sich mir besonders eingeprägt, nicht nur weil es meine erste Reise nach Beijing (Peking) und in andere Städte Chinas war, sondern vor allem, weil wir wirklich viel von Land und Leuten zu sehen bekamen. Neben Beijing, Shanghai und Wuhan besuchten wir auch noch Xian sowie die »Ebene der Tonkrieger und Pferde«, eine Ausgrabungsstätte, an der Tausende in Ton modellierte, lebensgroße Krieger zu besichtigen sind, die seit 2000 Jahren ein Kaisergrab bewachen. Ein Versuch Peter Boenischs, der Kanzler solle sich doch einmal neben so einem Tonkrieger fotografieren lassen, scheiterte. Helmut Kohl empfand das als zu aufgesetzt. Im Rahmen dieser Reise gastierte übrigens das Ensemble der Münchner Staatsoper mit Mozarts »Zauberflöte« in Beijing, eine hinreißende Aufführung unter der Regie von August Everding, der neben vielen Wirtschaftlern zu den Sondergästen des Kanzlers gehörte. Als wir dann in der chinesischen Provinz ein altes chinesisches Theaterstück vorgeführt bekamen, hatte ich mehr denn je das Gefühl, in einer anderen Welt und in einer anderen Zeit zu sein.

Wenn ich bis dahin noch kein Freund der chinesischen Küche gewesen wäre, hätten mich die zahlreichen Bankette auf dieser Reise mit Sicherheit dazu gemacht. Unter anderem bekam ich das Ausgefallenste vorgesetzt, was ich jemals in meinem Leben gegessen habe, eine Kamelfußsehnensuppe, die beim Gouverneur der Provinz von Xian serviert wurde. Noch heute besitze ich die Speisekarte, auf der diese Köstlichkeit aufgeführt ist, und zwar in chinesisch und in deutsch. Noch heute kann ich gelegentlich Besucher mit dieser Karte beeindrucken.

Die erste Reise des Kanzlers in die Volksrepublik China war sehr erfolgreich. Für die deutsche Industrie wurde manche Tür

aufgestoßen. Während dieses Besuchs fand die Grundstein-
legung eines VW-Automobilwerkes statt, in dem heute der VW
Santana produziert wird, nicht nur ein Parade- und Prestigeob-
jekt der deutschen Wirtschaft, sondern auch ein gutes Geschäft
für den deutschen Automobilkonzern. Die Anteilnahme der
deutschen Presse an dieser Reise war so groß, daß wir ein zweites Flugzeug chartern mußten, um alle Interessenten und Journalisten mitnehmen zu können. Sie kamen alle auf ihre Kosten,
und diese Reise konnte mit Fug und Recht als der bisherige
Höhepunkt der deutschen Chinapolitik bezeichnet werden.
Besonders wichtig war dabei, daß Helmut Kohl, der schon einmal 1975 als rheinland-pfälzischer Ministerpräsident in der
Volksrepublik gewesen war, einen besonders guten Kontakt zu
dem starken Mann Chinas, Deng Xiaoping, herstellen konnte.
Deng war der Garant für den wirtschaftlichen Reformkurs Bei-
jings und blieb es bis in sein hohes Alter hinein. Auch mit den
übrigen Führern der Volksrepublik China gab es ausführliche
Gespräche, so mit Ministerpräsident Zhao Ziyang, Außenminister Wu Xueqian, mit Staatspräsident Li Xiannian sowie mit
Generalsekretär Hu Yaobang. Der Ministerpräsident gab ein
großes Festessen in der berühmten »Halle des Volkes«, an dem
die gesamte Delegation und alle Sondergäste teilnahmen. Zur
besonderen Freude und Überraschung der deutschen Gäste
spielte ein chinesisches Orchester dabei deutsche Volkslieder
wie »Du, du liegst mir am Herzen« oder »Wenn alle Brünnlein
fließen«.

Nach dem Start der Kanzlermaschine in Richtung Deutschland zog der mitreisende damalige Präsident des Deutschen
Handwerks, Paul Schnitker, seine Mundharmonika aus der
Tasche und spielte das alte deutsche Volkslied »Muß i denn,
muß i denn zum Städtele hinaus«, was wir einige Tage zuvor
auch in der »Halle des Volkes« in Beijing vorgespielt bekommen
hatten.

Bei dieser Reise wurde mir zum ersten Mal die Verquickung
von Politik und Ökonomie so recht vor Augen geführt. Die hochkarätigen Wirtschaftsleute, die als »Sondergäste« unter dem
offiziellen Banner der politischen Delegation reisten, waren Teil
einer symbiotischen Beziehung: Die Regierung brauchte die

Wirtschaftler zur Erschließung neuer Märkte, und die Wirtschaftler brauchten die Regierung, um ihnen die Türen zu öffnen. Bereits Helmut Schmidt hatte solche mit wirtschaftlichen Anliegen verknüpften Staatsbesuche unternommen, und Helmut Kohl hat an diesem Prinzip bis heute festgehalten und es noch ganz erheblich ausgebaut.

Die Beziehungen zur Volksrepublik China wurden allerdings nach der militärischen Niederschlagung des Studentenaufstands auf dem »Platz des Himmlischen Friedens« eingefroren, und es dauerte vier Jahre, bis Kanzler Kohl 1993 seine Linie mit seinem dritten Besuch in Beijing fortsetzen konnte.

Bei seiner zweiten Reise als Kanzler in die Volksrepublik China sowie nach Tibet und Nepal (12. – 21. Juli 1987) konnte ich ihn nicht begleiten, weil die Strapazen einer solchen Reise bei meiner Sehbehinderung nicht zu verkraften gewesen wären. Um so mehr ist mir mein erster Besuch in China in bester Erinnerung, auch deswegen, weil alles so reibungslos verlief und weil kaum eine meiner sonstigen Auslandsreisen von einem so hohen Erlebniswert war, ausgenommen die in den Nahen Osten, die der Kanzler im Herbst des Jahres 1983 nach Jordanien, Saudi-Arabien und Ägypten unternahm. Diese Reise faszinierte mich deshalb so sehr, weil ich dabei zum ersten Mal mit dem Islam in Berührung kam.

Vor allem war es wohl die Fremdartigkeit dieser Welt insgesamt, die mich so beeindruckt hat. Die Allgegenwärtigkeit der Religion hatte bisweilen etwas Irritierendes, wenn etwa unser Chauffeur unvermutet den Wagen anhielt, seinen kleinen, aber kostbar aussehenden Teppich ausbreitete und darauf in Richtung Mekka niederkniete und sein Gebet verrichtete – ganz egal, wo wir uns gerade befanden. Ebenso ging es bei politischen Amtshandlungen zu, wenngleich mir auffiel, daß die Notwendigkeit, die Gebetsstunden einzuhalten, offenbar mit der Ranghöhe der Person abnimmt.

Sehr eigenartig berührte mich auch die Ausgrenzung der Frauen vom öffentlichen Leben. Daß bei den politischen Gesprächen keine Frauen dabeiwaren, war mir nicht unvertraut, aber daß auch bei keinem der Essen oder der anderen Anlässe Frauen zu sehen waren, das war doch befremdlich. Für

Hannelore Kohl und Juliane Weber wurde zum Beispiel in
Djidda ein Sonderprogramm veranstaltet, bei dem die weiblichen Angehörigen des saudischen Königshauses sich um sie
kümmerten, doch wir bekamen sie noch nicht einmal bei den
Mahlzeiten zu Gesicht.

Das erinnert mich an die Irritationen, die wir 1984 auf der
Rückreise von Beijing im Präsidentenpalast von Islamabad her-
vorriefen. Helmut Kohl legte damals einen Zwischenstop in
Pakistan ein, um ein Gespräch mit dem Präsidenten Zia ul Haq
zu führen. Für ihn war gerade ein neuer Palast errichtet worden, und wir wohnten dort im Gästetrakt. Vor den Türen hatte
man jeweils zwei malerisch uniformierte Wachen mit Hellebarden postiert, die es erkennbar merkwürdig fanden, daß wir –
männliche und weibliche Delegationsmitglieder – Zimmer auf
demselben Gang hatten und dort auch munter durcheinander-
liefen.

Die deutsche Botschaft hatte ein Telefon mit einer Standlei-
tung nach Deutschland installiert, und zwar in dem Zimmer, das
von Juliane Weber bewohnt wurde. Als ich nun meine üblichen
Gespräche mit Bonn führen wollte und zu Juliane Webers Tür
kam, da stieß ich offenbar an die Grenze des Möglichen: Die
Wachen kreuzten die Hellebarden wie in einem alten Ritterfilm,
und einer der Posten sagte: »No! She is in the bathroom.« (Kein
Zutritt! Sie befindet sich im Bad.) Natürlich war sie nicht im
bathroom, das heißt, wer wollte das wissen? Aber das half mir
nichts. Mein Gespräch mit Bonn mußte warten, bis Juliane
Weber irgendwann aus ihrem Zimmer kam.

Bei diesem Besuch in Islamabad war ich übrigens Zeuge
eines spektakulären Fernsehinterviews. Friedrich Nowottny,
der damals noch ARD-Studioleiter in Bonn war, machte es mit
dem pakistanischen Präsidenten, und zwar morgens um sieben
Uhr auf der Terrasse des erwähnten Palastes, als gerade die
Sonne aufgegangen war und die anderen Journalisten noch
schliefen. Ein Interview fürs Fernsehen mit einem solchen Panorama habe ich nie wieder erlebt. Friedrich Nowottny war eben
ein Journalist besonderer Art. Er hatte eine Witterung für unge-
wöhnliche Situationen, was er auch schon vorher auf der
Chinareise bewiesen hatte: Er hatte sich in den Kopf gesetzt,

seine durch ihn berühmt gewordene Sendereihe »Bericht aus Bonn«, die jeden Freitagabend ausgestrahlt wird, aus einem Fernsehstudio in Shanghai zu senden, natürlich samt einem großen Interview mit dem Kanzler. Das Experiment gelang, nachdem Nowottny die »Herrschaft« in dem Studio übernommen hatte. Selbst heute ist so etwas noch nicht ohne weiteres möglich, auch wenn Live-Schaltungen von allen Plätzen der Erde zum Normalen im Fernsehgeschäft gehören.

Nach Jordanien, Saudi-Arabien und Ägypten im Oktober 1983 begleiteten den Kanzler der Staatsminister im Auswärtigen Amt, Jürgen Möllemann, späterer Bildungs- und Wirtschaftsminister, sowie der damalige Parlamentarische Staatssekretär im Entwicklungshilfeministerium Wolfram Köhler aus Wolfsburg, ein kenntnisreicher und rundum gebildeter Politiker, der zudem ein witziger Reisebegleiter war. Auf dieser Reise lernte ich Jürgen Möllemann zum ersten Mal in Aktion kennen. Da Peter Boenisch erst später zur Kohl-Begleitung hinzustieß, weil er noch eine andere Verpflichtung mit dem Bundespräsidenten hatte, übernahm Jürgen Möllemann sofort auch die Betreuung der Presse, was er allerdings sehr geschickt machte. Er hatte zudem den Vorteil, sich in der arabischen Welt recht gut auszukennen.

Die wohl schwierigste Station dieser Drei-Länder-Reise in den Nahen Osten war der Besuch in Saudi-Arabien, wo wir für zwei Tage in Djidda Station machten und wo der Kanzler zahlreiche Gespräche mit König Fahd und den Mitgliedern seiner Regierung führte, darunter dem Außen- und Verteidigungsminister, die alle auch Mitglieder der Königsfamilie waren. Die Gespräche waren deshalb so schwierig, weil die Saudis zu hohe Erwartungen an diesen Besuch knüpften, nicht nur wegen der wirtschaftlichen Zusammenarbeit, sondern besonders wegen möglicher deutscher Waffenlieferungen. Wie so oft auch in anderen Ländern, ging es natürlich um den Leopard-II-Panzer, der weltweit als einer der besten Panzer gilt. Die Saudis waren der Ansicht, Bonn sei seit dem letzten Besuch des früheren Bundeskanzlers Helmut Schmidt diesbezüglich im Wort. Zumindestens hatte Helmut Schmidt in Saudi-Arabien den Eindruck erweckt, als sei er bereit, den Leo II, wie der Panzer von den Militärs

genannt wird, zu liefern. Subjektiv war er wohl auch dazu entschlossen, faktisch wurde er aber durch seine eigene Partei an
der Verwirklichung dieses Vorhabens gehindert – und zwar mit
Rücksicht auf die deutsch-israelischen Beziehungen. Die Israelis
sind und waren natürlich strikt gegen die Lieferung des deutschen Superpanzers an die Saudis. Trotz dieser mißlichen Ver-
handlungslage gelang es dem Bundeskanzler bei diesem
Besuch, das politische Klima zwischen der Bundesrepublik
Deutschland und Saudi-Arabien nicht zu belasten, sondern zu
verbessern. Der Kanzler zeigte sich bereit, Saudi-Arabien Waffen zu liefern – unterhalb der Schwelle des Leo II –, die Saudi-
Arabien für seine Verteidigung brauchte und die nicht als
Angriffswaffen bezeichnet werden konnten. Darüber sollten
deutsche und saudische Experten miteinander verhandeln, was
auch später in Bonn und in Saudi-Arabien geschah. Zu größeren Geschäften ist es aber nie gekommen, weil andere westliche
Länder wesentlich weniger Rücksichten zu nehmen hatten als
die Bundesrepublik Deutschland.

Der Besuch in Saudi-Arabien wurde natürlich mit allem
Pomp aufgezogen, den ein Königreich des Nahen Ostens zu bieten hat, dem es auch finanziell sehr gut geht. Nicht nur die
Unterbringung in einem der Paläste des Monarchen war könig-
lich großzügig, sondern auch die Geschenke, die er der Delegation machte. So erhielten wir alle eine wertvolle Uhr, die wir
allerdings nicht behalten durften. Denn dafür gibt es bei den
Bundesbehörden für Beamte strenge Regeln. Man kann ein
Geschenk nur behalten, wenn man den entsprechenden Gegen-
wert in die Bundeskasse einzahlt oder den Betrag einer ge-
meinnützigen Stiftung zukommen läßt. Ich habe die Uhr einem
Verwandten von mir verkauft und den Betrag dann einer ge-
meinnützigen Stiftung überwiesen. So ist das großzügige Geschenk in der Familie geblieben, und den Bestimmungen wurde
Genüge getan. Ich bin nur ein einziges Mal mit diesem Problem
konfrontiert worden, weil ich weder vor noch nach dieser Reise
so wertvolle Geschenke von einem Gastgeber des Kanzlers
erhalten habe.

Ein anderer Aspekt bei dieser Reise waren die allgemeinen
Wirtschaftsbeziehungen. So konnte der Kanzler in Djidda wäh-

rend seines Besuches einen neuen Bauabschnitt eines Last-
wagenwerks von Daimler-Benz einweihen, ein weiteres Symbol
für die guten wirtschaftlichen Beziehungen zwischen den beiden Ländern: Wenn man vom Flughafen, einem der modernsten
der Welt, in die Stadt fährt, sieht man ein deutsches Firmenschild
neben dem anderen, auf denen für die deutschen Produkte
geworben wird.

Auf den beiden anderen Stationen dieser Nahostreise, Jordanien und Ägypten, ging es dann in erster Linie um wirtschaftliche Beziehungen. Seit dieser Reise nach Kairo verbindet den
Bundeskanzler mit dem ägyptischen Präsidenten Hosni Muba-
rak ein enges, freundschaftliches Verhältnis, was in der Zwischenzeit zu zahlreichen Begegnungen in Bonn und an anderen
Plätzen der Welt geführt hat, zum Beispiel bei den Vereinten
Nationen oder internationalen Konferenzen. Ägypten ist bis
heute ein Schwerpunkt in der deutschen Dritte-Welt-Politik.

In Kairo wohnten wir übrigens in einem Palast, dem Kub-
beh-Palast, der früher von König Faruk benutzt wurde und
heute der ägyptischen Regierung als Gästehaus für Staatsbesuche dient. Dort gab es an einem lauen Sommerabend ein Dinner
unter freiem Himmel in einem großzügig angelegten Park.
Selbstverständlich gehörte ein Besuch der Pyramiden von Gizeh
zum Besuchsprogramm wie auch ein Abstecher nach Luxor zu
den Tempeln und Grabstätten der Pharaonen.

In Jordanien, der dritten Station dieser einwöchigen Nahostreise des Kanzlers, standen Begegnungen mit König Hussein,
seinem Bruder und wichtigen Mitgliedern seiner Regierung auf
dem Programm, aber auch Besichtigungen von Bewässerungs-
projekten im Norden des Landes und eine halsbrecherische
Fahrt zu uralten Felsenwohnungen und Kirchen, die eine
Attraktion in Jordaniens Bergen sind und ein Zeugnis hoher
Kultur dieser Region seit Tausenden von Jahren.

Andere Reisen des Kanzlers, an denen ich teilnahm, waren
für mich nicht von solcher Bedeutung, weil sie einen wesentlich
kleineren Rahmen hatten als die spektakulären Reisen nach
Washington, Beijing, Moskau oder in den Nahen Osten; es
waren meist nur Zwei-Tage-Reisen. Im Mai 1984 ging es zum
Beispiel nach Spanien oder im Juni 1985 nach Jugoslawien, wo

wir nicht nur Belgrad und die jugoslawische Zentralregierung besuchten, sondern auch Slowenien, das schon damals die am meisten entwickelte Region Jugoslawiens war. Seinerzeit konnte man noch nichts von dem späteren Zerfall des jugoslawischen Gesamtstaates ahnen, der 1992 in den brutalen Krieg zwischen Serben, Kroaten und Moslems mündete. Aber auch schon damals hatten die Teilgebiete und der Gesamtstaat große wirtschaftliche und finanzielle Probleme und hofften auf großzügige deutsche Hilfe.

Vier Wochen später reisten wir für wenige Tage in die Türkei. In Ankara wurde der Kanzler nach der obligatorischen Kranzniederlegung am Grabmal Kemal Atatürks, dem Begründer der modernen Türkei, vom Staatspräsidenten und Ministerpräsidenten empfangen. Schon damals ging es in erster Linie um wirtschaftliche und militärische Unterstützung des südöstlichsten Partners der NATO. Entsprechend den traditionell guten deutsch-türkischen Beziehungen wurde der Kanzler besonders freundlich willkommen geheißen.

Ein Abstecher nach Istanbul vor unserer Heimreise machte den Besuch zum Erlebnis. Wir hatten einen ausgezeichneten Führer, der uns den alten Sultanspalast und die zahlreichen Moscheen zeigte, natürlich auch die weltberühmte Hagia Sophia. Er ging mit uns auch durch den weltberühmten türkischen Bazar, wo wir einen Grundkurs im Feilschen erhielten. Ich war ziemlich verblüfft, als mir klar wurde, daß es fast schon eine Kränkung darstellt, wenn man einem Händler einfach den anfangs genannten Preis bezahlen will. Für Türken, die neu nach Deutschland kommen, dürften unsere festen Ladenpreise eine ziemliche Umstellung bedeuten. Ich übte mich sogleich in der frisch erlernten Kunst und erstand für meine Frau einige Souvenirs. Nach einer Dampferfahrt durch den Bosporus gab der Kanzler einen Empfang für deutsche und türkische Gäste, und zwar in einem Haus direkt über dem Bosporus, das noch zum Besitz der deutschen Botschaft gehört, ein Relikt aus alten Zeiten. Dieses Gebäude steht der deutschen Botschaft auch heute noch zur Verfügung.

Bei diesen vielen Reiseschilderungen könnte der Eindruck entstehen, daß Helmut Kohl sich vorwiegend als Außenpolitiker betätigt hätte. Das war natürlich nicht so. Der größere Teil der Arbeit wurde der Innenpolitik gewidmet, wo schon in den ersten Amtsperioden des Kanzlers große Probleme zu lösen waren, wie die große Steuerreform, die den Bürgern über mehrere Jahre hinweg Steuererleichterungen in der Gesamtgrößenordnung von rund 50 Milliarden D-Mark brachte. Aber auch die Umweltpolitik nahm einen breiten Raum in der politischen Arbeit der Regierung ein. Unter dem damals noch zuständigen Innenminister Friedrich Zimmermann wurde der Katalysator für Automobile eingeführt und durch Steuervergünstigungen gefördert. Heute gibt es kein modernes Auto ohne Katalysator mehr. Später, im April 1986, richtete Helmut Kohl zum ersten Mal ein Umweltministerium ein, dessen Chef der langjährige Frankfurter Oberbürgermeister Walter Wallmann wurde. Diese Initiative sollte den hohen Stellenwert signalisieren, den das Umweltthema für die Regierung Kohl hatte. Walter Wallmann wurde ein Jahr später Ministerpräsident von Hessen, und Klaus Töpfer übernahm das Ressort, in dem er sich im Laufe der Jahre zu einem auch international anerkannten Experten entwickelte.

Aber auch der Kanzler selbst kümmerte sich sehr intensiv um die Umweltprobleme. So besuchte er am 29. Mai 1985 ein besonders durch Umwelteinflüsse gefährdetes Waldgebiet im südlichen Schwarzwald, wo er sich von Forstbeamten die Schäden erklären ließ, immer natürlich begleitet von einer großen Zahl von Journalisten aus der dortigen Region, aber auch aus Bonn. Seit dieser Zeit hat das Problem den Kanzler nicht mehr losgelassen, zumal er ein sehr naturverbundener Mensch ist und auch bei seinen Wochenendwanderungen durch den Pfälzer Wald immer wieder das Gespräch mit den dort arbeitenden Fachleuten sucht.

Bei einer unserer sommerlichen Wanderungen, die der Kanzler regelmäßig mit seinen engsten Mitarbeitern und einigen ihm besonders nahestehenden Politikern macht, führte er uns in ein Waldgebiet in der Südpfalz, wo eine neue Eichenpflanzung angelegt wurde. Wir waren alle sehr erstaunt, wie sachverständig er sich mit dem zuständigen Förster und den

Waldarbeitern über die Probleme der Waldschäden und über die Schwierigkeiten des nachwachsenden Waldes unterhalten konnte.

4 REAGAN UND MITTERRAND

Besonders wichtig und wohl auch die politischste Reise jener
Zeit war Helmut Kohls Besuch bei Präsident Ronald Reagan
Anfang März 1984. In Bonn hatte das Parlament gerade den
NATO-Doppelbeschluß gebilligt, worüber es in Bonn zu großen
politischen Kontroversen gekommen war. Seitdem galt die Bundesrepublik Deutschland als der treueste Verbündete der USA
in Europa. Bei dem Besuch in Washington wurde die langjährige politische und auch persönliche Freundschaft zwischen
dem Präsidenten und dem Bundeskanzler begründet. Ronald
Reagan und seine Frau Nancy boten alles auf, um diesen Besuch
des Kanzlerehepaars und seiner Begleitung so angenehm wie
möglich zu machen. Höhepunkt war ein Dinner für die Delegation des Kanzlers in den Privaträumen des Präsidenten im
Weißen Haus mit einem anschließenden kleinen Hauskonzert,
bei dem der bekannte Pianist Eugen Cicero auftrat. Aber auch
sonst ließen die Reagans es an nichts fehlen. Die Presse kam
reichlich auf ihre Kosten, und der Kanzler hatte erstmals Gelegenheit, sich über das Fernsehen an ein großes amerika-
nisches Publikum zu wenden.

Die Freundschaft zwischen Reagan und Kohl hat sich über
die ganze Dauer der Amtszeit von Ronald Reagan (und darüber
hinaus) erhalten, was sich auch bei dem Besuch des amerikanischen Präsidenten in Deutschland im Mai des Jahres 1985
zeigte, dessen Stationen Bergen-Belsen, Bitburg und das Hambacher Schloß waren.

Dem Besuch auf dem Soldatenfriedhof in Bitburg war eine
scharfe Auseinandersetzung in der deutschen und amerikanischen Presse vorausgegangen, weil in Bitburg neben Soldaten
der Wehrmacht und Soldaten der amerikanischen Armee auch
einige junge ehemalige Angehörige der Waffen-SS begraben lie-

gen. Der amerikanische Präsident war wegen seiner Absicht, den Kanzler dorthin zu begleiten, scharf angegriffen worden und sah sich auch im Kongreß heftigen Attacken ausgesetzt. Präsident Reagan hielt aber an seiner Absicht fest, trotz des Protestes auch zahlreicher jüdischer Organisationen. Als die Diskussion auf dem Höhepunkt war, telefonierte der Bundeskanzler noch einmal mit dem Präsidenten und fragte ihn, ob die Schwierigkeiten für ihn nicht zu groß würden. Reagan antwortete Kohl kurz und knapp: »Ich halte an meiner Absicht fest.«

Alle Bemühungen der Bundesregierung, der amerikanischen Öffentlichkeit klarzumachen, daß die Verbände der Waffen-SS kämpfende Verbände waren und nichts mit dem SD, dem Sicherheitsdienst der SS, zu tun hatten, der die schrecklichen Greueltaten an Juden und Angehörigen anderer Völker sowie Gegnern des NS-Regimes begangen hat, waren vergeblich.

Auch in der Bundesrepublik Deutschland gingen die Wogen hoch. Der Kanzler hatte sich vehement gegen die Unterstellung zu wehren, der geplante Besuch sei keine Geste der Freundschaft über Gräber hinweg, sondern belaste die deutsch-amerikanischen Beziehungen. Nur der Leiter des jüdischen Dokumentationszentrums in Wien, Simon Wiesenthal, auch bekannt unter seinem Beinamen »Nazi-Jäger«, machte bei der Verurteilung des Kanzlers nicht mit. Er kannte die Einstellung des Bundeskanzlers zu den Verbrechen der Nazis aus vielen Gesprächen mit Helmut Kohl. Bis zum heutigen Tag besteht zwischen Helmut Kohl und Simon Wiesenthal eine enge Verbindung, was sich auch darin ausdrückte, daß der Bundeskanzler bei einer Feier zum 80. Geburtstag von Simon Wiesenthal in New York die Festrede hielt. Während der Österreichurlaube des Kanzlers ist es häufig zu Begegnungen zwischen Helmut Kohl und Simon Wiesenthal gekommen, was dem Kanzler immer sehr viel bedeutete. Er hat darüber aber nie in der Öffentlichkeit gesprochen.

Heute sind die Gespräche zwischen dem Kanzler und den Vertretern jüdischer Organisationen problemloser, obwohl es ein Jahr nach der deutschen Einheit noch einmal zu einer Kontroverse zwischen Helmut Kohl und dem jüdischen Weltkongreß kam. In Deutschland war ein Schriftstück über das Gespräch

des früheren DDR-Außenministers Oskar Fischer mit dem
Europa-Vertreter des jüdischen Weltkongresses, Maram Stern,
bekannt geworden, bei dem letzterer sich offen gegen die deutsche Einheit ausgesprochen hatte. Aber etwa zum »American
Jewish Committee« oder zur Gesellschaft »B'nai B'rith«, die für
jüdisch-christliche Zusammenarbeit eintritt, sind die Beziehungen des Bundeskanzlers heute sehr gut – auch wenn es bei diesen Organisationen im Jahre 1992 und danach wieder erhebliche Irritationen auslöste, als Rechtsradikale Ausländerheime
angriffen und jüdische KZ-Gedenkstätten und Friedhöfe schän-
deten.

Ein besonderes Verdienst um die Verständigung deutscher
Bürger mit ihren Mitbürgern jüdischen Glaubens, aber auch um
Kontakte zu den ausländischen jüdischen Organisationen, hat
ein Mitarbeiter des Kanzlers, Ministerialdirigent Michael
Mertes, der Sohn des früheren Bundestagsabgeordneten und
Staatsministers im Auswärtigen Amt, Alois Mertes. Alois Mertes
bemühte sich bis zu seinem frühen Tod im Jahre 1985 uner-
müdlich um eine Aussöhnung nicht nur mit dem Staat Israel,
sondern allgemein um die Aussöhnung der Menschen unterschiedlichen Glaubens, ob sie nun in Deutschland zusammen-
leben oder ob es sich um jüdische Bürger im Ausland handelt.
Sein Sohn, der jahrelang der Chef-Redenschreiber Helmut
Kohls war und heute als Gruppenleiter einer meiner Stellvertreter im Amt ist, hat es sich in der Tradition seines Vaters zur Aufgabe gemacht, die entsprechenden Verbindungen aufrechtzu-
halten, und er ist dabei sehr erfolgreich.

Für Helmut Kohl bildeten alle drei Stationen des Staatsbesuchs von Ronald Reagan – Bergen-Belsen, Bitburg, Hambacher
Schloß – eine Einheit, und es verstimmte ihn, daß in den Medien
oft nur vom Bitburger Soldatenfriedhof die Rede war. In Bergen-
Belsen hielt Helmut Kohl am 21. April 1985 (also schon vor der
vielzitierten Rede von Bundespräsident Richard von Weizsäcker
am 8. Mai 1985 aus Anlaß des 40. Jahrestages des Endes des
Zweiten Weltkriegs) eine bedeutsame Rede, in der er richtung-
weisende Sätze über die Bewältigung unserer Vergangenheit
formulierte. Sie fand im Ausland größere Aufmerksamkeit als in
Deutschland selbst und gehört zu den bedeutendsten Reden, die

Helmut Kohl während seiner Kanzlerschaft gehalten hat. Sie
stand unter dem Motto: »Das Geheimnis der Erlösung heißt
Erinnerung«. Darin heißt es:

»Die Mahnung dieses Ortes darf nicht verlorengehen, darf nicht
vergessen werden. Sie fordert Konsequenzen für die geistigen
Grundlagen unserer Politik. Sie ist ein Aufruf an jeden einzelnen, angesichts des hier erduldeten Leidens sein eigenes Leben,
sein eigenes Denken immer wieder zu überprüfen. Versöhnung
mit den Hinterbliebenen und den Nachkommen der Opfer ist
nur möglich, wenn wir unsere Geschichte annehmen, so wie sie
wirklich war, wenn wir uns als Deutsche bekennen: zu unserer
Scham, zu unserer Verantwortung vor der Geschichte. Und
wenn wir gemeinsam die Notwendigkeit erkennen, allen Bestre-
bungen entgegenzutreten, die die Freiheit und die Würde des
Menschen mit Füßen treten.«

In diesem Sinne hatte sich Helmut Kohl auch schon bei seinem
ersten Besuch als Kanzler der Bundesrepublik Deutschland
Ende Januar 1984 in Israel geäußert. Diese Äußerungen waren
aber von der Öffentlichkeit verdrängt worden, weil Kohl dort
von »der Gnade der späten Geburt« gesprochen hatte, eine Formulierung, die ihm bis zum heutigen Tag falsch ausgelegt wird.
Er hatte lediglich zum Ausdruck bringen wollen, daß es eine
Generation gibt, die während der Zeit des Dritten Reichs noch
zu jung war, um schuldig werden zu können, daß sich aber niemand aus der historischen Verantwortung stehlen kann und
darf, wenn er die Gegenwart und die Zukunft meistern will. Selten ist eine Formulierung eines Politikers im politischen Kampf
so schändlich mißbraucht worden wie diese Äußerung des Bundeskanzlers in Israel.

Helmut Kohl hat im Laufe seiner Kanzlerschaft viele Reden
zum Thema Vergangenheitsbewältigung gehalten, die auch
bei jüdischen Organisationen viel Zustimmung fanden. Auch
das persönliche Verhältnis Helmut Kohls zum früheren Vorsitzenden des Zentralrates der Juden in Deutschland, Heinz
Galinski, hatte sich sehr verbessert, besonders seit ihrem
gemeinsamen Besuch im ehemaligen Konzentrationslager

Auschwitz. Er fand wenige Tage nach dem Fall der Berliner Mauer im Rahmen eines Aufenthalts des Bundeskanzlers in Polen statt, bei dem sich beide auch persönlich näherkamen, zumal Heinz Galinski immer ein Anhänger der Einheit Deutschlands war.

Den krönenden Abschluß der Reagan-Reise 1985 bildete der Besuch auf dem Hambacher Schloß in der Pfalz, wo Zehntausende von deutschen und amerikanischen Jugendlichen den Präsidenten der USA feierten. Hier sollte das junge, neue Deutschland demonstriert werden, was auch hervorragend gelang, während es in Bitburg zu Demonstrationen kam, die nur durch großen Polizeieinsatz unter Kontrolle gehalten werden konnten. Bilder darüber gingen wieder um die ganze Welt, besonders von Demonstranten in KZ-Kleidung.

Aber schon bald legten sich die Wogen in den USA und auch in Deutschland, wo allerdings von seiten der Opposition immer wieder versucht wurde, dem Kanzler im Zusammenhang mit Bitburg etwas anzuhängen, und das bis zum heutigen Tag. Das internationale Ansehen des Kanzlers konnte dadurch aber nicht gemindert werden.

Neben dem guten Verhältnis zu den USA hat sich Helmut Kohl besonders um die Vertiefung der Freundschaft zwischen Deutschland und Frankreich bemüht, aufbauend auf dem von Konrad Adenauer und Charles de Gaulle geschlossenen deutsch-französischen Freundschaftsvertrag, der 1962 mit dem Bruderkuß der beiden Staatsmänner in der Kathedrale von Reims symbolisch besiegelt wurde. Der deutsch-französische Vertrag, auch Élysée-Vertrag genannt, war für Helmut Kohl immer Richtschnur seiner Politik gegenüber Paris. Dabei kam ihm zugute, daß er rasch ein sehr gutes Verhältnis zu Staatspräsident Mitterrand fand, das sich seit ihrer ersten Begegnung in Paris, drei Tage nach der Übernahme des Kanzleramtes durch Helmut Kohl, immer enger gestaltete, nicht nur durch die regelmäßigen deutsch-französischen Konsultationen, die abwechselnd in beiden Ländern stattfanden, sondern vor allem durch die persönlichen Gespräche, zu denen sich die beiden Staatsmänner in unregelmäßigen Abständen an verschiedenen

Orten in Deutschland oder Frankreich trafen. So hatte Helmut
Kohl François Mitterrand einmal in seiner pfälzischen Heimat
zu Gast, wo ihm im »Deidesheimer Hof« der inzwischen weltberühmte Pfälzer Saumagen serviert wurde, der ihm offensichtlich gut mundete. Es gab auch Begegnungen in Heidelberg
(einschließlich einer Dampferfahrt auf dem Neckar), in Bad
Wiessee am oberbayerischen Tegernsee, auf der Insel Borkum,
in Konstanz am Bodensee und an vielen anderen Orten. Helmut
Kohl traf sich mit François Mitterrand auch im Elsaß, an der
Atlantik- oder der Mittelmeerküste.

In der Zwischenzeit hat es weit mehr als 50 solcher Begegnungen gegeben, ganz abgesehen von den gemeinsamen Früh-
stücken, zu denen die beiden Politiker regelmäßig bei internationalen Konferenzen zusammenkamen. Gelegentlich erhält
Mitterrand als Geschenk des Kanzlers einen guten Pfälzer Wein
oder ein Paket mit Pfälzer Wurstspezialitäten, die der Präsident
offenbar zu schätzen weiß. Die Telefonkontakte zwischen dem
Élysée und dem Kanzleramt reißen zwischen den persönlichen
Begegnungen nicht ab, sie sind geradezu Legion. Selbstverständlich war Präsident Mitterrand auch schon Gast im Hause
des Kanzlers in Ludwigshafen-Oggersheim, wo Hannelore Kohl,
die selbst ausgezeichnet französisch und englisch spricht, eine
aufmerksame Gastgeberin war, wie bei anderen Gelegenheiten
auch, wenn ausländische Staatsmänner den Bundeskanzler in
seinem Privathaus besuchten, so zum Beispiel George Bush, als
er noch Vizepräsident unter Reagan war. Hannelore Kohl nimmt
aber bei weitem nicht nur repräsentative Aufgaben wahr. Seit
Herbst 1983 ist sie Präsidentin des Kuratoriums ZNS (Zentrales
Nervensystem), daß sich um Unfallopfer mit komplizierten
Hirn- und Rückenmarksschäden kümmert. Ich habe Frau Kohl
bei ihrer ersten Pressekonferenz als Präsidentin des ZNS im
Bonner Presseclub erlebt und gestaunt, mit welcher fachlichen
Kompetenz sie sich über diese komplexe Materie ausließ.

Höhepunkt der deutsch-französischen Begegnungen zwischen Kohl und Mitterrand war wohl das Treffen auf den
Schlachtfeldern von Verdun am 22. September 1984. Beide
wollten über die Gräber hinweg ein Zeichen für die Zukunft setzen. Ich begleitete den Kanzler nach Verdun, und es war auch

eine große Zahl Bonner Journalisten mitgereist. Das Zeremoniell
war sorgfältig vorbereitet. Deutsche und französische Soldaten
bildeten Ehrenformationen, eine französische Militärkapelle
spielte die deutsche Nationalhymne und eine deutsche Militärkapelle umgekehrt die französische. Plötzlich reichten sich Präsident und Bundeskanzler spontan die Hand, eine Szene, die
alle, die dabei waren, tief beeindruckte. Die Bilder dieser Zeremonie gingen um die ganze Welt und taten ihre Wirkung weit
über Deutschland und Frankreich hinaus, weil sie mehr als
Worte aussagten, daß hier zwei Politiker mit unterschiedlichen
Lebenswegen es wirklich ernst meinten mit Freundschaft und
Aussöhnung. Die große Zahl jugendlicher Teilnehmer bei dieser
Zeremonie war dafür der sichtbarste Ausdruck. Helmut Kohl
hat später immer wieder diese Begegnung mit François Mitterrand in Verdun als eines seiner stärksten politischen Erlebnisse
bezeichnet, das nur noch übertroffen werden konnte durch die
Ausrufung der deutschen Einheit am 3. Oktober 1990 vor dem
Reichstag in Berlin – ein Ereignis, das zweifellos die Krönung
seiner politischen Laufbahn war, wenn nicht seines Lebens.
Jahrzehntelang hatte er auf die deutsche Einheit gehofft und
von ihr geträumt und dann zugegriffen, als ihm die Geschichte
die Möglichkeit zu ihrer Verwirklichung bot.

Mit Verdun verbinden Helmut Kohl und François Mitterrand
auch noch ganz persönliche Empfindungen. Kohls Vater wurde
im Ersten Weltkrieg in Verdun verwundet, Mitterrand selbst im
Zweiten Weltkrieg auch. Danach geriet er in deutsche Kriegsge-
fangenschaft. Von seinen Erlebnissen dort hat er später einmal
bei einem privaten Abendessen dem Bundeskanzler erzählt.
Helmut Kohl hat uns jedoch auch im kleinsten Kreis nie Details
über dieses Gespräch berichtet. Nur soviel konnten wir entnehmen, daß die deutschen Familien, mit denen es Mitterrand damals zu tun hatte, ihn gut behandelt haben.

Das Verhältnis zwischen Kohl und Mitterrand hat viele Beobachter rätseln lassen, wie zwei so unterschiedliche Persönlichkeiten aus so unterschiedlichen politischen Lagern so gut miteinander auskommen konnten. Der Hauptgrund ist wohl der,
daß beide sehr schnell merkten, daß man sich jeweils auf den
anderen voll verlassen konnte. Für den eher verhaltenen Mit-

terrand hat die offene und herzliche Art seines Partners immer
etwas Ansteckendes gehabt, so daß die Gespräche abseits der
großen Politik immer auch sehr locker verliefen, was auch bald
zu der vertrauten Anrede »Helmut« und »François« führte –
eine Verbindung, die sich für die beiden Länder und für Europa
sehr positiv ausgewirkt hat. Helmut Kohl hat immer wieder
betont, daß er nahe der französischen Grenze geboren wurde
und ihm deshalb die deutsch-französische Zusammenarbeit
besonders am Herzen gelegen habe, ein Umstand, der auch für
die Beziehungen zwischen Kohl und Mitterrand selbst von
großem Vorteil war.

»Grenzen müssen ihren trennenden Charakter verlieren«
war immer ein Leitmotiv der Politik Helmut Kohls. Das galt für
ihn besonders im Verhältnis zu Frankreich, aber auch für
Europa insgesamt. Daher war es ihm stets ein besonderes Anliegen, mit François Mitterrand gemeinsam für die Einheit
Europas zu arbeiten, was schließlich seinen Höhepunkt in der
Verabschiedung der Maastrichter Verträge für die Schaffung
einer europäischen Währungsunion und einer politischen Union
Europas fand. Kohl und Mitterrand als die Vorkämpfer für ein
geeintes Europa waren ein Glücksfall für die europäische Politik
und die Einbettung der Einheit Deutschlands in eine europäische Gemeinschaft. »Deutschland ist unser Vaterland,
Europa unsere Zukunft.« Weil Helmut Kohl diesen Satz glaub-
haft machen konnte, hatte Mitterrand einem starken wiedervereinigten Deutschland gegenüber nie Grund zu Argwohn, und
der Bundeskanzler hat sich trotz mancher Schwierigkeiten bis
zum heutigen Tage an seine Maxime gehalten.

5 DIE PARTEISPENDENAFFÄRE

»Der Ackermann ist der größte Gerüchteerfinder von Bonn. Er erfindet morgens um zehn Uhr ein Gerücht, verbreitet es bei den Journalisten, und am Abend, wenn dann die ersten Storys laufen, glaubt er selber dran.« Es war wohl 1984, als Helmut Kohl diese spöttische Definition für mich und meinen Job einfiel. Sie war natürlich ein etwas fragwürdiges Kompliment für meine Arbeit, aber bis zum heutigen Tage hat der Kanzler an diesem Bonmot eine diebische Freude und verwendet es oft, wenn er mich jemandem vorstellt. Oft mußte ich natürlich aufpassen, nicht tatsächlich in den Ruf zu kommen, ein Gerüchteverbreiter zu sein. Wenn manchmal in der Presse ein Beitrag stand, der mit der Angabe gekennzeichnet war, »wie aus dem Kanzleramt verlautete« oder »aus der Umgebung des Kanzlers verlautete«, geriet ich leicht in den Verdacht, eine Quelle der Indiskretion zu sein, obwohl vielfach nur das Kanzleramt oder die Umgebung des Kanzlers in Anspruch genommen wurden, um die wahre Quelle zu verdecken. Man konnte aber durchaus knifflige Alleingänge unternehmen, also etwa Informationen taktisch streuen – »pflanzen«, wie das intern genannt wird –, ohne daß der Kanzler davon wußte. Es war auch keine Katastrophe, wenn man mal etwas falsch machte. Allerdings hatte man dann auch dazu zu stehen, denn er verträgt es ganz und gar nicht, wenn man ihn belügt.

Noch schwerwiegender war jedoch – und ist es natürlich noch immer –, wenn aus vertraulichen Besprechungen plötzlich etwas durchsickerte. Bei der Morgenlage herrschte dann dicke Luft. In der letzten Phase unserer Zusammenarbeit hat Helmut Kohl den Kreis der Teilnehmer seiner Lagebesprechungen deshalb auch sehr klein gehalten, zumal der Kanzleramtsminister jeden Morgen mit allen Abteilungsleitern und den Sprechern

der Bundesregierung und einigen Spitzenbeamten des Kanzler-
und des Presseamtes eine umfassende Lagebesprechung abhielt.

Der erste Führungswechsel im Kanzleramt fand 1984 statt und
war, wenn auch indirekt, eine Folge der sogenannten Parteispendenaffäre, die Helmut Kohl in seiner ersten Zeit als Bundeskanzler schwer zu schaffen machte. Immer mehr Firmen, die
den Parteien in den voraufgegangenen Jahren Spenden hatten
zukommen lassen, hatten dies auf dem Umweg über staatsbür-
gerliche Vereinigungen getan, die steuerlich bessergestellt
waren als die Parteien selbst. Dadurch konnten die Spender
steuerlich mehr absetzen als bei Spenden direkt an die Partei.
Diese Praxis wurde im Laufe der Zeit als immer problemati-
scher angesehen. Verschiedene Staatsanwaltschaften hatten
bereits Ermittlungsverfahren gegen Firmen eingeleitet oder
sogar Verfahren eröffnet, obwohl die Firmen im guten Glauben
gehandelt hatten und annehmen durften, sie hätten nichts
Unrechtes getan, weil die Schatzmeister der Parteien ihnen
immer wieder gesagt hatten, diese Praxis sei nicht zu beanstan-
den. Schließlich gerieten die Schatzmeister selber in die Schußlinie und wurden unter Anklage gestellt, wie Otto Graf Lambsdorff und Walther Leisler Kiep. Graf Lambsdorff, der bis dahin
eine der großen Stützen der Koalitionsregierung von Helmut
Kohl gewesen war und sich auch mit dem Kanzler persönlich
gut verstand, litt sehr unter den Anschuldigungen, er habe sich
bei der Abwicklung von Spenden nicht rechtmäßig verhalten.
Der Kanzler hielt trotz starken Drucks in der Presse nach der
Einleitung des Ermittlungsverfahrens an Graf Lambsdorff als
Minister fest. Der Graf hatte dem Kanzler aber erklärt, er werde
als Minister zurücktreten, wenn Anklage gegen ihn erhoben
würde. Beides geschah. Im Juni 1984 trat Otto Graf Lambsdorff
als Wirtschaftsminister zurück. Er hat später oft betont, daß der
Kanzler sich ihm gegenüber absolut fair verhalten habe.
   Helmut Kohl hatte mit dem FDP-Vorsitzenden Hans-Dietrich
Genscher darüber nachgedacht, ob man das leidige Spen-
denthema nicht durch eine Art Amnestiegesetz lösen könne, in
dem diejenigen von Strafe freigestellt werden sollten, die im

guten Glauben gehandelt hatten und sich keines Verstoßes gegen das geltende Recht bewußt waren. Wolfgang Schäuble, bis Ende 1984 noch erster parlamentarischer Geschäftsführer der CDU/CSU-Fraktion und wie Genscher ein erfahrener Jurist, hielt den vorgeschlagenen Weg für gangbar. Natürlich hat es nicht an Warnungen gefehlt, die Presse könne gegen eine solche Absicht der Politiker Sturm laufen. Ich selbst nahm an einer Diskussionsrunde im Kanzlerbungalow zu diesem Thema teil und kann den Vorgang aus eigener Anschauung gut beurteilen. Die Bedenken wurden gesehen, aber eine Nichtlösung des Problems als noch schlechter empfunden. So wurden die Amnestievorschläge auch an die Fraktionen herangetragen, wobei es in der FDP-Fraktion zunächst mehr Befürwortung als Bedenken zu geben schien.

Als dann aber tatsächlich der große Sturm in der Presse losbrach, mit den bekannten Formulierungen, die Politiker wollten die Probleme wieder einmal unter den Teppich kehren und die Justiz ausschalten, war die FDP nicht mehr bei der Stange zu halten. Sie stimmte auf einem Parteitag gegen die Pläne, was deren Verwirklichung unmöglich machte und Genscher schließlich dazu bewog, auf den Parteivorsitz zu verzichten. Die Delegierten entschieden sich für den Wirtschaftsminister Martin Bangemann als seinen Nachfolger. Hans-Dietrich Genscher blieb aber dennoch immer der heimliche Vorsitzende der FDP; als Außenminister hatte er ohnehin eine sehr starke Stellung. Als Martin Bangemann 1988 Mitglied der EG-Kommission in Brüssel und deren Vizepräsident wurde, kam auch Graf Lambsdorff wieder zu neuen Ehren in der Partei. Er übernahm im Oktober dieses Jahres den FDP-Vorsitz und blieb in diesem Amt bis Juni 1993.

Helmut Kohl selbst geriet im Zusammenhang mit der Spendenaffäre auch in Turbulenzen. Der Grünen-Abgeordnete Otto Schily beantragte bei der Bonner Staatsanwaltschaft die Einleitung eines Ermittlungsverfahrens gegen den Bundeskanzler, weil er eine uneidliche Falschaussage vor dem parlamentarischen Untersuchungsausschuß des Bundestages gemacht haben sollte. Wochenlang war der Kanzler einem publizistischen Trommelfeuer ausgesetzt, vor allem der linken Presse. Die

Magazine »Spiegel« und »Stern« veröffentlichten lange Berichte, die auf Akten der Staatsanwaltschaft beruhten. Der Bundeskanzler war von Anfang an der Meinung, daß hier versucht werde, den politischen Kampf mit juristischen Mitteln fortzusetzen, immer nach der Devise »Irgendwas wird schon hängen bleiben«. Dabei war schon erschreckend, wie Aktenmaterial aus dem Bereich der Bonner Staatsanwaltschaft, des Generalstaatsanwaltes in Köln oder des Justizministeriums der Landesregierung von Nordrhein-Westfalen in solchem Ausmaß an die Öffentlichkeit gelangen konnte. Die Frage, um die es ging, war dabei fast nebensächlich, nämlich ob der Bundeskanzler über den Verbleib einer Spende aus dem Hause Flick richtig ausgesagt habe. Der Kanzler wurde auch von der Staatsanwaltschaft gehört, ebenso wie Juliane Weber.

Schließlich stellte die Staatsanwaltschaft in Bonn die Ermittlungen ein. Es gab gar kein reguläres Ermittlungsverfahren, und bei einem in Koblenz anhängig gemachten Verfahren entschied die Staatsanwaltschaft genauso. Die Mitteilungen der Staatsanwaltschaften darüber wurden in der Presse jedoch nur mit kurzen einspaltigen Meldungen registriert und deshalb kaum wahrgenommen.

Der Kanzler war monatelang wegen der gegen ihn laufenden Ermittlungen Zielscheibe von heftigen Attacken gewesen. Er litt sehr darunter, daß er, wie alle Politiker in solcher Situation, von vornherein als schuldig angesehen wurde – und die SPD tat alles, um diesen Eindruck in der Öffentlichkeit zu verstärken. Helmut Kohl hat selten unter einem politischen Vorgang – und das war er im wahrsten Sinne des Wortes – so gelitten, wie bei diesen Ermittlungen der Staatsanwaltschaft gegen ihn. Bis zum heutigen Tage bezeichnet er diese Phase seiner politischen Arbeit als eine der schwierigsten, weil er sich gegen die Diffamierung und das Durchstechen in der Presse nicht durchsetzen konnte. Andererseits wollte er aber auch nicht Gefahr laufen, durch Kritik an den Justizbehörden die Unabhängigkeit dieser Organe unseres Rechtswesens in Zweifel zu ziehen. Deswegen hat es von ihm nie Kritik an den Staatsanwälten gegeben. Helmut Kohl war von Anfang an davon überzeugt, daß er trotz der vielen Indiskretionen Vertrauen in die Justiz haben könne.

Wenn er heute noch gelegentlich über diese Zeit spricht, geschieht das mit Bitterkeit.

Mit der SPD hat die CDU-Führung über die Problematik der Spendenpraxis nie ernsthaft reden können, obwohl gerade Helmut Kohl mehrfach den Versuch gemacht hat. Die SPD steckte in derselben Situation wie die anderen Parteien, doch ihr langjähriger Schatzmeister Alfred Nau war gestorben und konnte nicht mehr aussagen.

Heute haben alle Parteien ihre liebe Not damit, größere Spenden aus der Wirtschaft zu erhalten, was nach den Erfahrungen der achtziger Jahre auch kein Wunder ist. Eine indirekte Folge der Parteispendenaffäre war, wie schon gesagt, der erste Führungswechsel im Kanzleramt.

Am 5. November 1984 wurde Staatsminister Philipp Jenninger neuer Bundestagspräsident, nachdem Rainer Barzel von diesem Amt zurückgetreten war. Barzel hatte vor dem erwähnten Untersuchungsausschuß Stellung nehmen müssen, weil bekannt geworden war, daß der Flick-Konzern mit der Anwaltskanzlei Paul aus Frankfurt, bei der Rainer Barzel nach seinem Ausscheiden aus den Ämtern des Partei- und Fraktionsvorsitzenden tätig geworden war, Geschäftsbeziehungen unterhielt. Die Kanzlei Paul hatte Aufträge von Flick erhalten, und das Honorar dafür war nach Meinung mancher politischer Beobachter an Barzel geflossen. Ein besonders scharfer Fragensteller war in diesem Untersuchungsausschuß der Abgeordnete Otto Schily, der damals noch zur Fraktion der Grünen gehörte und später zur SPD überwechselte, wo er noch heute als Bundestagsabgeordneter tätig ist.

Barzel wehrte sich vehement gegen den Vorwurf, Gelder von Flick erhalten zu haben, und nach Abschluß seiner Anhörung meinte er gegenüber Journalisten, er glaube, er habe die Sache gut überstanden. Ich berichtete dem Kanzler, der am Abend der Anhörung das Präsidium der CDU zu einer Sitzung in seinem Bungalow versammelt hatte, über die Aussagen von Barzel und des Rechtsanwalts Paul, ohne aber eine Bewertung des Auftritts abzugeben. Am nächsten Morgen hatte Rainer Barzel eine ausgesprochen schlechte Presse. Sein damaliger Büroleiter Harald Seidel, der noch heute einer der leitenden Beamten in der Bun-

destagsverwaltung ist, rief mich vormittags an und wollte meinen Eindruck von dem Pressebild hören. »Miserabel«, sagte ich,
und er stimmte dem zu. Schon bald wurde in den Medien der
Ruf laut, Rainer Barzel müsse von seinem Amt als Bundestagspräsident zurücktreten.

Am 25. Oktober 1984 nahm er auch tatsächlich seinen Abschied, ein schwerer Schritt für ihn, aber er tat ihn im Interesse
der Partei, wie er meinte. Ich habe leider in jenen Tagen und
auch in den folgenden Jahren keinen Kontakt mehr mit ihm
gehabt. Wir haben über diesen Vorgang nie sprechen können.
Ich habe aber später oft von Dritten gehört, daß er der Meinung
war, die Partei und ihr Vorsitzender Helmut Kohl hätten ihn fal-
len lassen. Davon kann nach meiner persönlichen Kenntnis
keine Rede sein.

Die Suche nach einem neuen Bundestagspräsidenten fiel
nicht ganz leicht, obwohl in der Presse von Anfang an auch der
Name von Philipp Jenninger immer wieder genannt wurde. Er
war anfangs noch unschlüssig, aber nach einem Gespräch mit
Helmut Kohl war die Sache perfekt. Zufällig kam ich gerade in
das Büro des Kanzlers, und er sagte zu mir: »Sie können dem
neuen Bundestagspräsidenten gratulieren«, was ich auch tat,
ohne allerdings sehr erstaunt zu sein.

In der CDU/CSU-Fraktion und auch bei den anderen Fraktionen besaß Jenninger ein hohes Ansehen noch aus seiner Zeit
als erster Parlamentarischer Geschäftsführer der CDU/CSU und
als Verbindungsmann des Kanzlers zum Deutschen Bundestag.
So war es keine Überraschung, daß er mit großer Mehrheit von
den Abgeordneten des Hohen Hauses zum neuen Präsidenten
gewählt wurde. Der erste Vorschlag, Philipp Jenninger zu
wählen, stammte übrigens von Johannes Gerster, heute Stellvertreter Schäubles in der Fraktion.

Die Nachfolge im Kanzleramt ergab sich fast von selbst. Helmut Kohl entschied sich für Wolfgang Schäuble, der ihm aus
langjähriger Zusammenarbeit wohlvertraut war. Schäuble
gehörte schon zu seinen engsten Ratgebern, als er noch nicht im
Kanzleramt war. Der Kanzler änderte bei dieser Gelegenheit die
Struktur des Amtes. Wolfgang Schäuble wurde Bundesminister
für besondere Aufgaben und Chef des Bundeskanzleramtes. Er

war der Koordinator der Politik der Koalition und zugleich der Amtschef der rund 450 Mitarbeiter, Angestellten und Beamten. Waldemar Schreckenberger blieb als Staatssekretär im Amt, war aber nur noch für die Koordinierung der Nachrichtendienste und für die Europapolitik zuständig.

Wolfgang Schäuble trat sein Amt als Chef des Bundeskanzleramtes im November 1984 an und war bis zu seiner Berufung zum Bundesinnenminister im Frühjahr des Jahres 1989 sehr effektiv tätig. Er war bienenfleißig, und es gelang ihm, die Gesamtpolitik der Koalition so gut zu koordinieren, daß die Reibungen zwischen den Koalitionspartnern auf ein Minimum reduziert blieben. Dazu sorgte er immer dafür, daß die Regierungsvorhaben in den Koalitionsfraktionen des Parlaments auch eine entsprechende Mehrheit fanden. Mein Verhältnis zu ihm war sehr eng, weil wir täglich miteinander zu tun hatten und auch immer wieder im kleinen Kreis zu Gesprächen beim Kanzler zusammenkamen – bis heute.

In der Amtszeit Philipp Jenningers als Staatsminister im Kanzleramt waren wichtige Entscheidungen im Verhältnis der Bundesrepublik Deutschland zur damaligen DDR gefallen. Es ging einmal um die Gewährung eines Kredites von 1,3 Milliarden D-Mark an die DDR durch ein Bankenkonsortium unter Leitung der Bayerischen Landesbank sowie um die erste Vereinbarung mit der DDR über menschliche Erleichterungen, was beides unmittelbar zusammenhing. Über den Kredit, der übrigens den deutschen Steuerzahler keinen Pfennig kostete, ist viel diskutiert worden, vor allem über die Mitwirkung von Franz Josef Strauß beim Zustandekommen dieses Projektes.

Bundeskanzler Kohl hatte Philipp Jenninger von Anfang an geraten, die Sache nur im engen Einvernehmen mit Franz Josef Strauß zu realisieren, was Jenninger so gründlich tat, daß sich Franz Josef Strauß später als der eigentliche Einfädler dieses Geschäftes mit der damaligen DDR empfand. Für Helmut Kohl war wichtig, daß es in dieser Frage nicht zu einer Auseinandersetzung mit der Schwesterpartei CSU kam. Es kam auch nicht dazu. Nur in der CSU selbst war der Kredit doch stärker umstritten, als die Führung der Partei angenommen hatte. Man war auf eine Annäherung an die DDR nicht vorbereitet. Auf dem näch-

sten Parteitag nach der Gewährung des Kredites wurde heftig
darüber diskutiert, und Franz Josef Strauß erhielt bei den Vor-
standswahlen das schlechteste Ergebnis als Parteivorsitzender,
das er jemals erzielt hatte. Die Diskussion in der CSU ging so
tief, daß schließlich zwei Bundestagsabgeordnete, Franz Hand-
los und Ekkehard Voigt, die Partei verließen und als unabhängige Abgeordnete im Bundestag blieben. Sie spielen heute in der
deutschen Politik keine Rolle mehr, nachdem der frühere Abgeordnete Voigt vergeblich versucht hatte, eine neue politische
Heimat bei den Republikanern zu finden, was schließlich scheiterte.

Franz Josef Strauß hat sich selbst in seiner Haltung nicht
erschüttern lassen. Er war von einer bestimmten Phase an
darum bemüht, Verbesserungen in den Lebensbedingungen der
Menschen in der DDR zu erreichen. Entsprechend gestaltete er
seine Kontakte, und dem dienten schließlich auch seine späteren Begegnungen mit Erich Honecker sowie der für viele über-
raschende Besuch im Kreml am 28./29. Dezember 1987, wohin
er mit einer von ihm selbst gesteuerten Turboprop-Maschine
flog. Auch zur Leipziger Messe hatte er als erster mit einem Pri-
vatflugzeug fliegen dürfen. Im Kreml wurde Franz Josef Strauß
von Generalsekretär Michail Gorbatschow empfangen: Ein lang-
gehegter Wunsch ging in Erfüllung.

Auch die zahlreichen Kontakte von Strauß mit dem früheren
Devisenbeschaffer der DDR, Alexander Schalck-Golodkowski,
dienten letztlich diesem Ziel – Strauß wußte, wie einflußreich
Schalck in der DDR-Führung war. Schon Mitglieder der sozialliberalen Koalition hatten den Kontakt mit ihm gesucht, um
bestimmte Anliegen im humanitären Bereich voranzubringen.
Auch bei der Abwicklung des erwähnten Kredits konnte man
sich die Verbindung zu Schalck zunutze machen, ebenso bei
aussichtslos erscheinenden Fällen von Gefangenenfreilassun-
gen aus den Gefängnissen der DDR, wenn die Kontakte des
Staatssekretärs im innerdeutschen Ministerium, Ludwig Rehlinger, zum Ostberliner Partner, Rechtsanwalt Wolfgang Vogel,
nicht mehr ausreichten. Philipp Jenninger pflegte zu Schalck
Kontakte in humanitären Fragen, wie ab 1984 Wolfgang
Schäuble, als er Chef des Bundeskanzleramtes geworden war.

Als Gehilfe Jenningers fungierte dabei sein Büroleiter Thomas Gundelach, der sich im Bundeskanzleramt zusammen mit dem Leiter des Arbeitsstabes Deutschlandpolitik, Hermann Freiherr von Richthofen, um den Bereich innerdeutscher Beziehungen kümmerte.

Jenninger war es auch, der die erste große Abmachung mit der DDR über menschliche Erleichterungen aushandelte, die den Reiseverkehr in Berlin, in den sogenannten grenznahen Gebieten sowie generell den Besucherverkehr zwischen West und Ost und umgekehrt betraf. Hier wurde schon der Grundstein für die späteren großzügigeren Regelungen bei Verwandtenbesuchen von DDR-Besuchern in der Bundesrepublik Deutschland gelegt, die schließlich dazu führten, daß Millionen Deutsche aus der DDR zum ersten Mal ihre Verwandten im Westen besuchen konnten. So erfuhren sie, wie es wirklich in der Bundesrepublik Deutschland aussah, ganz im Gegensatz zu den Bildern, die die DDR-Propaganda verbreitete. Die Ermöglichung dieser umfangreichen Reisetätigkeit der Bewohner der DDR in den Westen war sicher von den Machthabern als ein Ventil gegen die Unzufriedenheit in der Bevölkerung gedacht, hatte aber auch umgekehrt die Wirkung, daß sie neuen Druck auf die DDR-Führung ausübte, ein Stück mehr Freiheit zu gewähren und den Lebensstandard der Bevölkerung zu heben.

Ebenfalls schon zur Amtszeit Philipp Jenningers liefen erste Bemühungen um einen Besuch Erich Honeckers in der Bundesrepublik Deutschland, der allerdings zunächst nicht zustande kam, weil Honecker und seine Leute unzumutbare protokollarische Bedingungen stellten. Es sollte ein regulärer Staatsbesuch mit militärischem Zeremoniell werden, aber die Zeit war einfach noch nicht reif dafür. Es gab Empfindlichkeiten auf beiden Seiten, etwa als die DDR scharf darauf reagierte, daß der damalige Fraktionsvorsitzende der CDU/CSU, Alfred Dregger, in einer Erklärung geäußert hatte: »Die Zukunft der Bundesrepublik hängt nicht davon ab, daß Erich Honecker uns die Ehre seines Besuches gibt.« Diese klimatischen Störungen brachten aber die innerdeutschen Beziehungen nicht zum Erliegen.

Als Wolfgang Schäuble dann Kanzleramtschef war, lag ihm der Fortgang dieser Beziehungen sehr am Herzen. Hermann

von Richthofen als der Leiter des Arbeitsstabes Deutschlandpolitik und sein späterer Nachfolger Claus-Jürgen Duisberg,
beides gelernte Diplomaten aus dem Auswärtigen Amt, gehörten zu den engsten Mitarbeitern Schäubles auf dem Gebiet der
innerdeutschen Politik. Es gab aber auch enge Kontakte zum
innerdeutschen Ministerium und dem Leiter der Ständigen
Vertretung der Bundesrepublik Deutschland in Ost-Berlin, dem
heutigen Justizminister des Landes Brandenburg, Hans Otto
Bräutigam.

Ich selbst hatte Gelegenheit, Wolfgang Schäuble bei seinem
ersten Besuch in Ost-Berlin zu begleiten, wo der Kanzleramtschef zum ersten Mal mit Erich Honecker zusammentraf. Auch
ein Essen mit dem damaligen Außenminister der DDR, Oskar
Fischer, stand auf dem Programm Schäubles, bei dem mein
Tischnachbar der im ehemaligen Außenministerium der DDR
für die Betreuung der »Auslandspresse« zuständige Botschafter
Hans-Joachim Meyer war. Bei diesem Besuch in Ost-Berlin blieb
mir soviel Zeit, daß ich mir auch einiges ansehen konnte, darunter die Wiederaufbauarbeiten am Berliner Dom, der 1993
wieder eingeweiht wurde, das Ost-Berliner Museum und einige
Renovierungen im alten Stadtkern. Als sachkundiger Führer
diente mir ein Angehöriger der Ständigen Vertretung mit dem
passenden Namen Manfred Ackermann.

6 DER GRÖSSTE
ANZUNEHMENDE UNFALL

Anfang Juni 1985 suchte mich Peter Boenisch in meinem Büro im Kanzleramt auf. Er war gerade bei Kanzleramtschef Wolfgang Schäuble gewesen und hatte ihn um Verständnis dafür gebeten, daß er sein Amt als Regierungssprecher und Staatssekretär der Bundesregierung aufgeben werde. In der Presse waren Berichte erschienen, wonach er Einnahmen aus seiner früheren Tätigkeit in der Wirtschaft nicht ausreichend versteuert hatte, und er wollte die Bundesregierung und den Kanzler damit nicht belasten. Er erläuterte mir seine Gründe, die ich nur respektieren konnte, obwohl ich das jähe Ende der Zusammenarbeit bedauerte.

Peter Boenisch ist der Abschied vom Amt des Regierungssprechers nicht leichtgefallen. Er hatte sich unter den Bonner Journalisten einen guten Namen gemacht und wurde auch von den Mitgliedern der Bundesregierung geschätzt, weil er komplizierte politische Vorgänge in seiner plastischen Sprache so darstellen konnte, daß sie jeder verstand, eine Gabe, die er auch später noch in seiner Arbeit als Kolumnist für zahlreiche Blätter nutzte. Er ist übrigens nie bestraft worden. Er hat die Steuer beglichen und ein Bußgeld bezahlt. Trotzdem hat ihn die Sache damals sehr getroffen, wobei ich davon überzeugt bin, daß er ohne böse Absicht hineingetappt ist.

Peter Boenisch blieb nicht lange im Ruhestand. Hubert Burda, der Herausgeber der »Bunten Illustrierten«, bot ihm die Chefredaktion dieses Blattes an. Boenisch war wieder voll im Geschäft, aber nur für knapp zwei Jahre. Er gab die Chefredaktion wieder ab und betätigte sich danach als vielgelesener Kolumnist für die »Bild«-Zeitung, deren Chefredakteur er früher war. Aber auch für »Bild am Sonntag«, »Welt am Sonntag« und die »B.Z.« in Berlin ist er ständig als Verfasser pointierter

Kolumnen tätig gewesen. Seit April 1994 arbeitet er wieder in
der Wahlkampfberatung mit.

Aus Anlaß des zehnjährigen Amtsjubiläums von Helmut Kohl
am 3. Oktober 1992 gab er eine Illustrierte heraus, in der er in
Wort und Bild die Arbeit des Kanzlers würdigte. Bis zum heutigen Tag steht er in engem Kontakt mit den Mitarbeitern im
Kanzleramt. Ich habe in den letzten Jahren mehrfach in der
Woche mit ihm telefoniert, sofern wir uns nicht in Bonn trafen.
Noch heute ist er der Meinung, daß die zweieinviertel Jahre, in
denen er in Bonn tätig war, trotz seines abwechslungsreichen
Journalistenlebens die schönsten und interessantesten Jahre
seiner Karriere waren, wobei er stets betont, daß die Zusammenarbeit mit mir für ihn besonders wichtig gewesen sei. Ich
selbst habe die Zeit mit Peter Boenisch ebenfalls als eine besonders produktive empfunden, weil wir menschlich und beruflich
absolut harmonierten. Unsere persönliche Freundschaft hat
sich bis heute erhalten.

Ein Erlebnis mit Peter Boenisch darf nicht unerwähnt blei-
ben. Wenige Monate nach seinem Rücktritt als Regierungssprecher heiratete er seine langjährige Lebensgefährtin Susanne
Fischer, die er während seiner Zeit als Chefredakteur der
»Welt« in Bonn kennengelernt hatte. Susanne Fischer, eine reizende junge Frau, Tochter eines hohen Bonner Beamten, gab
Peter Boenisch das Jawort in der Dorfkirche von Keitum auf
Sylt, wo auch die Hochzeit in einem alten Friesenhaus gefeiert
wurde. Kanzleramtschef Wolfgang Schäuble und Frau, Juliane
Weber mit ihrem Mann Benny sowie meine Frau und ich waren
zur Hochzeit eingeladen. Wir flogen gemeinsam auf die Insel
und erlebten eines der schönsten Feste, das ich jemals mitgemacht habe. Mit an meinem Tisch saß Peter Boenischs Mutter,
eine geborene Russin, die trotz ihrer schon damals mehr als 80
Jahre immer noch voller Temperament war. Sie konnte sich
genauso an der feurigen Zigeunerkapelle begeistern wie wir
Jüngeren, und beim Wodka-Trinken war sie standfester als ich,
während ich einige Probleme hatte, das scharfe Wässerchen zu
verkraften. Ich war so animiert, daß ich Juliane Weber auf der
Rückfahrt ins Hotel nur in englisch ansprach. Die Folgen der
feucht-fröhlichen Hochzeitsparty hatte ich am nächsten Morgen

aber überwunden, und wir feierten in Peter Boenischs Haus, das er seit langem auf Sylt besitzt, weiter. Es war alles vertreten, was im deutschen Pressewesen Rang und Namen hat, von »Bild« bis zum »Spiegel«.

Peter Boenisch hinterließ mit seinem Abschied in Bonn erst einmal eine Lücke. Was seinen Nachfolger anbetraf, so war guter Rat teuer. Die Aufgabe des Regierungssprechers ist eine der schwersten, die die Regierung zu vergeben hat. Zwei Tage nach dem Rücktritt von Peter Boenisch fragte mich der Kanzler, ob mir Friedhelm Ost gut bekannt wäre, der beim ZDF die beliebte Sendung WISO moderierte und ein angesehener Wirtschaftsjournalist war. Natürlich kannte ich Friedhelm Ost. Wir hatten viele persönliche Gespräche geführt und pflegten regelmäßigen Telefonkontakt. Der Kanzler hatte mehrere Interviews mit ihm über wichtige wirtschaftspolitische Fragen gemacht, zum Beispiel während des Weltwirtschaftsgipfels in Williamsburg oder bei verschiedenen Gipfeltreffen der EG. Er schätzte die Art, in der Friedhelm Ost Wirtschaftspolitik darstellte – und zwar einem Millionenpublikum. In unserem Gespräch erklärte ich dem Kanzler, daß ich Friedhelm Ost als Journalisten sehr schätzte und keine Probleme sähe, ihm das Amt des Regierungssprechers anzuvertrauen.

Am 14. Juni 1985 ließ Helmut Kohl den ZDF-Journalisten Ost zu sich kommen. Friedhelm Ost dachte zunächst, der Kanzler wolle mit ihm ein Interviewprojekt besprechen. Er war dann sehr überrascht, daß Kohl ihm das Amt des Regierungssprechers anbot, und erbat sich einen Tag Bedenkzeit, weil er zunächst mit seiner Frau Erika darüber sprechen wollte. Ost hatte damals schon vier Kinder – später in Bonn kam noch ein fünftes hinzu – und hatte gerade in Eppstein im Taunus ein neues Haus erworben. Mögliche Schulprobleme, aber auch seine Vortrags-Nebentätigkeit, die ihn neben seiner Aufgabe beim ZDF stark in Anspruch nahm und ihm auch finanziell etwas brachte, waren für ihn bei der Entscheidung zu beachtende Faktoren. Am nächsten Tag, seinem Geburtstag, erschien er wieder beim Kanzler und gab ihm die Zusage. Seine sehr lebenskluge Frau, eine ausgebildete Narkoseärztin, die auf die Ausübung ihres erlernten Berufes wegen ihrer Kinder verzich-

tete, hatte ihm klargemacht, daß es ihr und den Kindern nicht
im geringsten helfe, wenn er zwar aus Rücksicht auf die Familie ablehne, aber danach ewig der vertanen Chance nach-
trauere. So übernahm Friedhelm Ost ab 21. Juni 1985 das Amt
des Regierungssprechers und wurde Staatssekretär der Bundesregierung. Die Familie zog von Königstein nach Bad Honnef,
einem idyllischen Ort, am Fuße des Siebengebirges am Rhein
gelegen, zu dem auch der Ortsteil Rhöndorf gehört, wo Konrad
Adenauer lebte und wo er auf dem Waldfriedhof seine letzte
Ruhestätte gefunden hat.

Friedhelm Ost arbeitete sich sehr schnell in das neue Amt
ein. Er gewann schnell das Vertrauen des Bundeskanzlers, der
ihn schon nach kurzer Zeit auch zu den internen Besprechungen abends im Bungalow hinzuzog. Dabei konnte Ost mit seinem wirtschaftspolitischen Sachverstand manch guten Rat-
schlag geben, was sich auch bei den Morgenlagen beim Kanzler
positiv auswirkte. Damals war der Kreis der Teilnehmer noch
kleiner und der Einfluß der Abteilungsleiter im Kanzleramt, mit
Ausnahme des Leiters Außenpolitik, Horst Teltschik, der von
Anfang an politischer Ratgeber des Kanzlers war, noch nicht so
groß. Heute haben die Ministerialdirektoren Johannes Ludewig
(Wirtschaft/Finanzen/Aufbau Ost) und Helmut Stahl (Soziales/
Verkehr/Landwirtschaft/Umwelt) eine starke Position als sachverständige Berater des Kanzlers, die auch die Verbindung nach
draußen halten, etwa zur Bundesbank, den Wirtschaftsverbän-
den und der Industrie, aber auch ins Ausland, wo sie als persönliche Abgesandte des Kanzlers auftreten können, wenn es
zum Beispiel um Fragen wie die GATT-Runde oder internationale Währungsfragen geht. Das ändert nichts daran, daß die
zuständigen Ressorts in ihrem jeweiligen Verantwortungsbe-
reich unabhängig sind. Aber die Zusammenarbeit der Ressorts
mit dem Kanzleramt war nie so gut wie unter den Abteilungsleitern Johannes Ludewig und Franz-Josef Feiter, beziehungsweise dessen Nachfolger Helmut Stahl, was natürlich der
Gesamtarbeit der Regierung zugute kommt. Feiter ging bei dem
Wechsel im Landwirtschaftsressort von Ignaz Kiechle zu Jochen
Borchert als Staatssekretär in dieses Haus und wurde von Stahl
abgelöst, der aus dem Arbeitsministerium kam.

Schon Anfang 1991 hatte Peter Hartmann Horst Teltschik abgelöst, ging aber anderthalb Jahre später als Botschafter nach London. Seitdem wird die außenpolitische Abteilung von Joachim Bitterlich geleitet, der bis zu seiner Ernennung das Referat Europapolitik im Kanzleramt geführt hatte, ein erfahrener Mann aus dem diplomatischen Dienst, wie Peter Hartmann auch. Bitterlich war dem Kanzler bei den zahlreichen europäischen Konferenzen aufgefallen, wo er sich stets als ein profunder Kenner der Materie erwiesen hatte. Auch er gehört heute zu den engen Beratern des Kanzlers.

Das Jahr 1985 war für mich ein Schicksalsjahr, auf das ich schon mehrfach hingewiesen habe. Bei einer normalen Augenuntersuchung wurde festgestellt, daß ich auf beiden Augen den Grauen Star hatte. Auf Anraten des Kanzlers unterzog ich mich zunächst im Johanniter-Krankenhaus bei Professor Dr. Hans Borgmann, der in Bonn einen sehr guten Ruf hat, einer gründlichen Untersuchung. Er stellte fest, daß am linken Auge auch noch eine Netzhautablösung hinzugekommen war sowie auf dem rechten Auge der Grüne Star. Zwei Wochen lang stellte man alle möglichen Untersuchungen mit mir an und erwog natürlich auch eine Operation, aber die wurde bei meinen zwergwüchsigen Augen als außerordentlich schwierig eingeschätzt. In dieser Zeit machte mich der damalige Büroleiter von Außenminister Genscher, Michael Jansen, mit dem Chef der Augenklinik der Bonner Universitätskliniken, Professor Dr. Manfred Spitznas, bekannt. Auch er untersuchte mich, holte verschiedene Gutachten anderer Kapazitäten ein und schlug dann doch vor, zu operieren. Ich willigte ein. Die komplizierte Operation dauerte viereinhalb Stunden – und da es sich um einen äußerst seltenen Fall in der Augenheilkunde handelte, wurde alles für Lehrzwecke mit einer Videokamera aufgenommen. Ins linke Auge setzte man mir eine eigens dafür angefertigte Kunstlinse ein und reparierte die Netzhautablösung so weit es ging. (Eine weitere Operation an der Netzhaut erfolgte zwei Jahre später.) Zugleich wurde zur Stärkung des rechten Auges eine medikamentöse Behandlung begonnen, die noch heute anhält. Ich habe jetzt wenigstens noch so viel Sehkraft, daß ich eingeschränkt lesen und schreiben kann. Vor allem in dunklen Räumen oder in einer Umgebung, die ich nicht kenne, bin ich aber stark sehbehindert.

Während meines ersten Krankenhausaufenthalts besuchte mich der Kanzler und gab mir das Versprechen, daß alle Kollegen im Amt und auch er selbst auf meine starke Behinderung Rücksicht nehmen würden. Ich solle nur nicht den Mut sinken lassen und wie bisher weitermachen, auch wenn ich bei manchen Aktivitäten etwas eingeschränkt sei. Ich war sehr gerührt von seinen Worten. Und alle halfen mir wie versprochen – besonders liebevoll Juliane Weber, die mich vor allem auf den Reisen betreute –, wofür ich ausgesprochen dankbar bin. Denn ohne diese Unterstützung hätte ich meine Aufgabe weniger gut erfüllen können.

Nach der ersten Operation brauchte ich noch im Oktober ein Urlaubsquartier in mildem Klima. Professor Coordt von Mannstein schlug mir vor, nach Südtirol zu fahren, wo ein Freund von ihm ein sehr schönes kleines Hotel besitze – Heini Winterholer, der in der Gegend der »König vom Vigiljoch« nach dem ihm ebenfalls gehörenden Berghotel genannt wird. Der »König« nahm mich auch auf, und ich verbrachte mit meiner Frau drei herrliche Urlaubswochen auf diesem schönen Besitz. Später sind wir immer wieder dorthin gefahren.

1993 gab die Familie Winterholer den Hotelbetrieb auf, aber da wir Freunde geworden waren, besuchen wir sie nun auch privat. In ihrem Haus, der »Villa Arnica« in Lana bei Meran, habe ich immer wieder frische Kraft getankt, und in dem Garten des Hauses ist ein großer Teil dieses Berichtes über 40 Bonner Jahre entstanden, bei einem Glas guten Tiroler Weins.

Südtirol ist mir seit 1985 wie eine zweite Heimat geworden. Mit dem Kanzler kann ich natürlich nicht konkurrieren, der seit nunmehr einem Vierteljahrhundert seinen Sommerurlaub am Wolfgangsee im Salzkammergut verbringt. Aber wenn es das Schicksal gnädig mit mir meint, werde ich sicher noch häufig nach Südtirol fahren.

Im Hinblick auf die Auslandsverpflichtungen des Kanzlers war 1985 ein relativ normales Jahr. Schon im März traf er in Moskau anläßlich der Beisetzung von Generalsekretär Konstantin Tschernenko mit dem damaligen Staatsratsvorsitzenden der DDR, Honecker, zusammen, eine nicht nur protokollarische Begegnung, wie der Kanzler später berichtete. Zum ersten Mal trat bei dieser Trauerfeier auch Michail Gorbatschow auf, der spätere Generalsekretär, mit dem zunächst niemand als Nachfolger Tschernenkos rechnete. Ich selbst war bei dieser Moskaureise nicht dabei, erfuhr aber viel von Peter Boenisch, der den Kanzler begleitet hatte.

Daneben gab es die üblichen Konsultationsgespräche, die Sitzungen des Europäischen Rates sowie einen Besuch bei den Vereinten Nationen in New York, wo der Bundeskanzler aus Anlaß des Jahrestages der Vereinten Nationen im Oktober 1985 die bisher einzige Rede vor der UN-Vollversammlung hielt. Auch an dieser Reise konnte ich aufgrund meiner Augenoperation nicht teilnehmen. Der Kanzler hatte ein großes Programm in New York zu absolvieren, weil zahlreiche Staatsmänner, die ebenfalls zur Vierzigjahrfeier der Vereinten Nationen angereist waren, das Gespräch mit ihm suchten. Dies ist inzwischen bei allen internationalen Konferenzen üblich geworden, zuletzt noch bei der großen Umweltkonferenz in Rio de Janeiro im Juni des Jahres 1992.

Der bedeutendste Auslandsaufenthalt von Helmut Kohl im Jahre 1986 wurde von einem schrecklichen Unglück überschattet. Zwischen Ende April und Anfang Mai besuchte er Indien, Thailand und Japan, wo außer den deutsch-japanischen Konsultationen auch der Weltwirtschaftsgipfel stattfand. Ich blieb als Stallwache in Bonn, wo dann prompt – wie so oft – die Hölle los war.

Kohl war gerade in Indien eingetroffen, als bekannt wurde, daß am 26. April im Kernkraftwerk Tschernobyl in der Ukraine ein Reaktorkern durchgeschmolzen war. Es hatte Explosionen und Brände gegeben, und eine beträchtliche Menge radioaktiver Strahlung war freigeworden und zog, vom Wind getrieben, auf unvorsehbarem Kurs in Richtung Westen. Ein Reaktorunfall von solchem Ausmaß hatte sich nie zuvor ereignet – jedenfalls war keiner bekannt geworden –, und niemand wußte deshalb, was auf die Menschen zukam oder wie man sich verhalten sollte. Die Regierung, das Kanzleramt – alle waren

geschockt. Mir selbst ging es nicht anders. Ich hatte nie
geglaubt, daß ein solches Inferno möglich sein würde, wie es die
ersten Bilder des geborstenen Reaktorblocks zeigten. Es kur-
sierten die widersprüchlichsten Meldungen über den Weg der
radioaktiven Wolke, über Menge, Art und Gefährlichkeit des
Fallouts und vor allem darüber, welche Maßnahmen am sinn-
vollsten seien.

Die Stimmung der Bevölkerung tendierte in Richtung Mas-
senhysterie, denn die Menschen in Deutschland waren gegenüber dem Thema Atomkraft besonders sensibilisiert. Schon seit
langem gab es zum Beispiel Demonstrationen gegen den Bau
der Wiederaufbereitungsanlage im oberpfälzischen Wackers-
dorf und ganz generell die Diskussion um den Ausstieg aus der
Kernenergie, ein Lieblingsthema der Grünen, die ja seit 1983
auch im Bundestag saßen.

Während der Reise des Kanzlers stand ich mit ihm in ständigem Telefonkontakt, oft mitten in der Nacht, weil ja die Zeitver-
schiebung zwischen Bonn und New Delhi, Bangkok oder Tokyo
bis zu sieben Stunden oder mehr ausmacht. Im Kanzleramt
jagte eine Besprechung die andere. Für den Umweltschutz war
1986 noch Bundesinnenminister Zimmermann zuständig, der
zusammen mit Forschungsminister Riesenhuber und der Strah-
lenschutzkommission unter Wolfgang Berghofer alles Machbare
unternahm, auch in Abstimmung mit den Bundesländern, um
eventuell auftretende Schäden in der Bundesrepublik Deutschland registrieren und Maßnahmen dagegen ergreifen zu können. Als man ungefähr erkennen konnte, welche Regionen der
Bundesrepublik betroffen waren, wurden Verbote für den
Genuß von Frischgemüse, Pilzen oder Wild erlassen, Gemüse
mußte untergepflügt werden, und in einigen Städten durften die
Kinder auf den Spielplätzen nicht mehr in die Sandkästen. In
manchen Gebieten wurde das Vieh nicht mehr auf die Weiden
gelassen und mußte im Stall gefüttert werden. Sofort ging es
natürlich auch um die Entschädigung von Gemüseanbauern
und Landwirten, die ihre Produkte vernichten mußten oder ihre
Milch nicht mehr verwerten konnten.

Wolfgang Schäuble, der Kanzleramtsminister, und ich besprachen jede einzelne Maßnahme am Telefon mit dem Kanzler,

und Schäuble als der Koordinator der Gesamtpolitik der Regierung stand Tag und Nacht mit seinen Kollegen im Kabinett in Verbindung, besonders mit Innenminister Friedrich Zimmermann.

Natürlich wurde in der Presse auch die Frage gestellt, ob der Bundeskanzler angesichts dieser riesigen Katastrophe, die in der Ukraine zahlreiche Menschen das Leben gekostet und viele andere dauerhaft geschädigt sowie große Umweltschäden angerichtet hatte, nicht besser seine Auslandsreise abbrechen sollte. Nach eingehender Beratung wurde entschieden, daß er die Staatsbesuche wie vorgesehen fortsetzte. Der Kanzler wußte, daß er sich auf Wolfgang Schäuble und die zuständigen Ressortminister verlassen konnte. So wurde eine sofortige Überprüfung der Sicherheitsstandards der deutschen Kernreaktoren angeordnet. Auch bot man den sowjetischen Behörden Hilfe bei der Bewältigung des Reaktorunfalls an. Deutsche Spezialmaschinen wurden nach Tschernobyl geschafft, um den glühenden Reaktorblock unter Kontrolle zu bringen. Das Wichtigste aber war, eine Panik in der Bevölkerung zu verhindern und sie davon zu überzeugen, daß die Behörden von Bund und Ländern alles, was irgend möglich war, für die Sicherheit der Menschen taten, zumal einige Kernkraftgegner systematisch die zweifellos vorhandenen Ängste schürten, um diese für ihre politischen Zwecke nutzbar zu machen.

Der Bundeskanzler schaltete sich nach seiner Rückkehr sofort in die Diskussion ein. Er hatte dem Umweltschutz in seiner Politik schon immer einen hohen Stellenwert eingeräumt. So war es keine allzugroße Überraschung, daß er den Vorschlag machte, ein eigenes Umweltministerium zu schaffen. Die Wahl für dessen Spitze fiel auf Walter Wallmann, den langjährigen Frankfurter Oberbürgermeister. Er wurde am 6. Juni 1986 zum ersten Umweltminister der Bundesrepublik Deutschland berufen. Walter Wallmann hatte Bonner Politikerfahrung. Er gehörte vor seiner Zeit als Frankfurter Oberbürgermeister dem Deutschen Bundestag an und war dort zuletzt parlamentarischer Geschäftsführer gewesen. Er galt als ein besonders enger Berater und Vertrauter von Helmut Kohl. Vielfach wurde behauptet, Helmut Kohl habe Wallmann nur deshalb zum Umweltminister gemacht, weil er damit einen besonderen Effekt für die zehn Tage später stattfindenden Landtagswahlen in Niedersachsen habe erzielen wollen. Diese Darstellung ist objektiv falsch. Für den Bundeskanzler waren allein Sachargumente bei der Bildung des Umweltministeriums ausschlaggebend. Die Schaffung dieses Ressorts hat sich inzwischen als sehr zweckmäßig erwiesen. Walter Wallmann schied allerdings schon im April 1987 wieder aus dem Amt aus, weil er Ministerpräsident des Landes Hessen wurde, eine Aufgabe, die ihn sehr reizte, und wohl nur durch ihn hatte die CDU die jahrzehntelange Herrschaft der SPD in Hessen brechen können. Nachfolger Walter Wallmanns als Umweltminister wurde Klaus Töpfer, der sich in diesem Amt sehr bewährte und sich national und international ein hohes Ansehen auf diesem wichtigen politischen Gebiet erwarb.

Noch heute werden die Folgen von Tschernobyl diskutiert, und auch nach dem Zerfall der Sowjetunion ist das Problem der Reaktorsicherheit in den Ländern der GUS bei weitem nicht gelöst. Die Sorge um die Sicherheit des Reaktortyps von Tschernobyl, der nicht nur in Rußland und den anderen GUS-Staaten in Betrieb ist, sondern auch in anderen Ländern des früheren Ostblocks, hat zu internationalen Hilfsangeboten geführt, besonders aus Deutschland. Klaus Töpfer ist inzwischen selbst in Tschernobyl gewesen, um sich vor Ort zu informieren.

7 ENTSPANNUNG

Der Kanzler hat in all den Jahren seiner Regierungszeit stets ein großes Arbeitspensum zu bewältigen gehabt. Er war immer morgens der erste im Büro und abends der letzte. Sein normaler Arbeitstag hatte selten weniger als 18 Stunden – und an den Wochenenden gab es in den meisten Fällen noch Termine durch Redeverpflichtungen auf Landesparteitagen und Veranstaltungen von Verbänden oder durch Besuche ausländischer Politiker. Dieser Zeitplan hatte für mich auch meistens einen Achtzehn-Stunden-Tag zur Folge.

Gelegentlich sahen die Abende aber ein Abendessen beim Bundeskanzler im Freundeskreis vor, wobei es natürlich immer auch um Politik ging, oft aber nur um ganz normale Themen des Alltags. In den ersten Jahren pflegten diese Abendessen in Bonner Lokalen stattzufinden, häufig »Bei Bruno« auf der Cäcilienhöhe oberhalb von Bonn, aber auch in anderen Restaurants. Der Kanzler ißt auch gerne chinesisch. Das Bild vom stets Saumagen vertilgenden Kanzler, das die Presse immer wieder verbreitet, ist eine Legende. Im übrigen ist ein gut zubereiteter Saumagen eine Delikatesse – und er hat François Mitterrand, Margaret Thatcher, Michail Gorbatschow, Boris Jelzin, George Bush und anderen ausländischen Gästen ebenfalls gut gemundet, wenn sie den Kanzler in seiner Pfälzer Heimat besuchten. Heute wird sogar im Speisewagen bei der Bundesbahn gelegentlich »Saumagen à la Gorbatschow« angeboten, und im »Deidesheimer Hof« gibt es jetzt »Pfälzer Strudel à la Boris Jelzin«.

Natürlich mag der Kanzler gerne Pfälzer Hausmannskost (Blut-, Leber- oder Bratwurst), aber er ernährt sich nicht einseitig von solchen Gerichten. Er ißt gerne Fisch, aber ebenso ein gut gebratenes Steak, einen Tafelspitz oder eine Ochsenbrust. Unter den Salaten bevorzugt er Feldsalat, bei den Süßspeisen besonders Eis, aber auch Früchte. Im Frühjahr genießt er Spargel – mit einer Schinkenauswahl oder einem kleinen Kalbssteak. In der Saison konnte es vorkommen, daß es viele Abende hintereinander Spargel gab, vor allem seit das Kanzleramt einen eigenen Koch beschäftigte, der auch für kleine Abendessen im Kanzlerbungalow zuständig war. In meiner Zeit hat es nacheinander drei Köche gegeben: Michael Frühauf, Stefan Sand und Uwe Sowa. Die beiden ersten hatten vor ihrer Tätigkeit im Kanzleramt im Kasino des Verteidigungsministeriums auf der Bonner Hardthöhe gearbeitet, Sowa kam aus der baden-württembergischen Landesvertretung. Alle drei haben uns ausgezeichnet versorgt, und die beiden ersten haben inzwischen sehr gute Positionen in privaten Gastronomiebetrieben. Seitdem es den Koch im eigenen Hause gibt, sind die Restaurantbesuche des Kanzlers so gut wie eingestellt worden, denn in der vertrauten Bungalow-Atmosphäre läßt sich natürlich besser beraten als in einem Restaurant. Nur ganz selten besucht der Kanzler im übrigen sogenannte Feinschmeckerlokale, wie zum Beispiel das Weinhaus »Brogsitter's Sanct Peter« in Walporzheim an der Ahr. Bevorzugt werden von ihm eher rustikalere Lokale mit Qualität.

Zweimal im Jahr konnte ich diese Vorliebe besonders mitgenießen, wenn nämlich der Kanzler nach Beendigung der Sommerpause und dann wieder kurz vor Weihnachten mit einigen Freunden und engen Mitarbeitern einen Ausflug machte. Der Winterausflug begann traditionell mit einem Besuch in der fränkischen Benediktinerabtei Münsterschwarzach, ging dann weiter über Amorbach bis schließlich zum Neckar. In der Nähe von Neckargmünd in dem kleinen Ort Reinbach gibt es ein vorzügliches altes Restaurant, das Restaurant »Waibels Neckartalblick«, das im Besitz der Familie Waibel ist, die aber nach dem Tod des Besitzers Julius Waibel den Gastronomiebetrieb verpachtet hat. Wenn wir dort einkehrten, strahlten alle Gesichter. Denn beim Wirt Waibel konnte man nicht nur die gemütliche Atmosphäre eines alten Gasthauses genießen, sondern auch ein besonders gutes Essen, wobei Gänsebraten und Fasan zu den Spezialitäten des Hauses gehörten. In den letzten Jahren hielt ich zum Abschluß des Arbeitsjahres bei diesem Essen immer eine kleine Ansprache und bedankte mich im Namen der Kollegen für die Einladung, wobei ich auch die Arbeit des Kanzlers und seiner Regierung im abgelaufenen Jahr würdigte.

Ein besonderes Erlebnis auf den »Winterreisen« war für mich immer die Begegnung mit den Benediktinermönchen, die in Münsterschwarzach eines der angesehensten bayerischen Internate betreiben, aber auch in der Missionarsarbeit, besonders in Afrika, Großes leisten. Die Mönche luden die Reisegesellschaft stets zu einem Imbiß ein, den sie aus Zutaten zubereiteten, die sie selber in ihrem großen Landwirtschaftsbetrieb herstellten. Einer oder zwei von ihnen waren übrigens im Gemeinderat, was ich bemerkenswert finde. Bei dem vorweihnachtlichen Ausflug war auch der Besuch auf dem Schloß des Fürsten von Leiningen ein Erlebnis besonderer Art. Bevor wir mit der fürstlichen Familie zusammenkamen, hörten wir in der alten Kirche des Schlosses ein Orgelkonzert auf einer der berühmten Silbermann-Orgeln, in dem neben Weihnachtschorälen immer auch die gewaltige Toccata und Fuge in d-moll (BWV 565) von Johann Sebastian Bach erklang, die der Kanzler besonders liebt.

Die »Sommerreise« mit dem Kanzler fand auf einer anderen Route statt. Sie führte uns zunächst in die Pfalz, wo es in dem bekannten ländlichen Gasthof »Buschmühle« ein rustikales Mittagessen gab, mit Kartoffelsuppe (dazu Pflaumenkuchen), Leberknödel, Bratwurst und natürlich auch Saumagen. Zum Abschluß wurden dann Dampfnudeln mit Weinschaumsauce serviert – jedes Jahr ein neuer Genuß. Daran schloß sich eine dreistündige Wanderung durch den Pfälzer Wald an, und der Abend endete dann im Elsaß im »Cheval blanc« von Madame Zink in Niedersteinbach nahe Wissembourg. Der Kanzler kennt dieses Restaurant schon aus seiner Zeit als Ministerpräsident von Rheinland-Pfalz und hat ihm über die Jahre hinweg die Treue gehalten. Spezialität des Hauses ist die berühmte Quiche Lorraine (kleine Zwiebel- und Speckkuchen), aber auch die Hechtknödel, die »Ente à l'orange« und als Höhepunkt das Dessert »Mystère Americaine« sind hervorragend. Wenn die Zeit noch reichte, folgte als Abschluß ein Abstecher auf die Burg Berwartstein in der Nähe von Dahn in der Pfalz – eine noch gut erhaltene Burg, die bewirtschaftet ist. Meist war es dann schon recht spät, aber der Wirt stellte uns trotzdem noch den Rittersaal oder die Burgterrasse zur Verfügung, wo es bei einem letzten Umtrunk hoch herging, denn es wurden Volkslieder gesungen. Helmut Kohl machte das immer viel Spaß, obwohl er kein besonders guter Sänger ist. Aber es waren beachtliche Talente unter den Kanzlergästen, wie der frühere Bundestagspräsident Philipp Jenninger oder der langjährige Parlamentarische Staatssekretär im Postministerium, Willy Rawe, die beide häufig den Ausflug mitgemacht haben und über ein großes Repertoire an Wanderliedern verfügten.

Am 13. September 1985 lud der Kanzler zum ersten Mal rund 2000 Kinder im Alter von 10 bis 14 Jahren in den Park des Kanzleramtes ein, und zwar jeweils ganze Klassen, um nicht einzelne Kinder zu benachteiligen. Diese Kinderfeste hat der Kanzler seitdem in jedem Jahr (bis auf 1994) veranstaltet, und die Zahl der kleinen Gäste ist sogar noch größer geworden. Es gibt ein vielfältiges Programm aus Spiel, Sport, Kunst und Unterhaltung, aber auch reichlich zu essen und zu trinken. Die Kinder können eine Festzeitung mit nach Hause nehmen, die unter ihrer Mitwirkung von erfahrenen Redakteuren, zuletzt immer des Bonner »General-Anzeiger«, produziert wird. Viele Prominente aus Sport und Unterhaltung haben sich für diese Kinderfeste zur Verfügung gestellt, darunter zum Beispiel Tennisstar Boris Becker, als er gerade zum ersten Mal Wimbledon-Sieger geworden war. Die drei deutschen Astronauten Ernst Messerschmid, Reinhard Furrer und Ulf Merbold erläuterten anhand einer nachgebauten Weltraumkapsel ihren Weltraumflug. Der Kanzler und seine Frau Hannelore waren immer mit dabei. Für sie ist das Kinderfest im Kanzleramt eine Herzensangelegenheit geworden. Inzwischen wurden nach der deutschen Einheit Kinder aus ganz Deutschland eingeladen, während die Einladung anfangs auf die Region um Bonn beschränkt war.

Zwei Tage nach dem ersten Kinderfest lud der Kanzler am 20. September 1986 auch zu einem großen Pressefest ein, an dem über tausend Journalisten aus der damaligen Bundesrepublik teilnahmen, darunter viele Auslandskorrespondenten.

Auch dieses Fest fand unter Helmut Kohl zum ersten Mal statt. Es gab Spezialitäten aus allen Bundesländern und Weine aus vielen deutschen Anbaugebieten sowie zahlreiche gute Biersorten. Neben dem Kanzler standen den Presseleuten zahlreiche Politiker als Gesprächspartner zur Verfügung, und es wurde bis tief in die Nacht diskutiert und gefeiert.

Ein Jahr später setzte Helmut Kohl auch die Tradition seiner Vorgänger fort und lud zum sogenannten Kanzlerfest in den Park des Kanzleramtes ein. Seitdem ist es Tradition geworden, daß das Kanzlerfest immer zwei Tage nach dem Kinderfest stattfindet. Vor der Herstellung der deutschen Einheit wurden die Feste allerdings abwechselnd in Bonn und Berlin veranstaltet, wobei die Zahl der Eingeladenen von Jahr zu Jahr wuchs. Die Feste wurden in den letzten Jahren so beliebt, daß es immer eine große Warteliste gab. Zuletzt, im Jahre 1992, waren es rund 6000 Gäste aus allen gesellschaftlichen Gruppen der Bevölkerung, darunter auch jeweils 500 bis 600 Journalisten mit ihren Ehefrauen oder Partnern. Die Kanzlerfeste wie auch die Kinderfeste wurden fast ausschließlich von Sponsoren finanziert, so daß nur geringe Mittel aus dem Etat des Kanzleramtes eingesetzt werden mußten. Etwas anderes wäre bei der schwierigen Finanzlage des Bundes gerade in den letzten Jahren sicher nicht zu vertreten gewesen. 1994 fand das Kanzlerfest aus Sparsamkeitsgründen nicht statt. Die Presse hat im übrigen niemals kritisch über diese Feste berichtet. Organisator war immer der Wiesbadener Ausstellungsmanager Dieter Haupt, der sich wochenlang mit seinem kleinen Mitarbeiterstab um die Vorbereitung und Gestaltung kümmerte. Ein Stab von Mitarbeitern im Kanzleramt, an ihrer Spitze die jeweiligen stellvertretenden Leiter des Kanzlerbüros Stephan Eisel, Herbert Müller und Ulrich Grünhage, war in der Zeit der Vorbereitungsarbeiten wochenlang ausschließlich hiermit beschäftigt, erhielt aber jedes Jahr für das Gelingen der Feste auch viel Lob.

Die Kanzlerfeste, bei denen immer auch prominente Künstler auftraten und erstklassige Bands für Unterhaltung sorgten, hatten jedesmal ein bestimmtes Motto. Im Jahre 1992 lautete es »Europa – grenzenlos«. Und so lag es nahe, daß Künstlergruppen und Kapellen aus ganz Europa auftraten und auch die kuli-

narischen Genüsse durch die europäische Vielfalt bestimmt
waren. Im Jahr der deutschen Einheit fand das Kanzlerfest
jedoch nicht statt, weil die Politiker mit anderen Dingen
beschäftigt waren und das eigentliche Fest dann am 3. Oktober
1990 in Berlin und in allen deutschen Städten mit der ganzen
Bevölkerung gefeiert wurde. Auch 1993 fiel das Kanzlerfest aus.
Die Lage ließ es nicht zu. Das Motto des Jahres hieß sparen und
arbeiten.

Zweimal war der Kanzler schließlich Gastgeber, als es um
mich selbst ging. Zum ersten Mal aus Anlaß meines 50. Ge-
burtstages am 1. November 1978, als der CDU-Vorsitzende
Helmut Kohl für mich im Adenauer-Haus einen Empfang gab,
zu dem ich neben der Familie und Freunden eine große Zahl
Bonner Korrespondenten einladen durfte. Bei diesem Empfang
sprachen der damalige Fraktionsvorsitzende Helmut Kohl und
sein Amtsvorgänger Karl Carstens, der 1978 Bundestagspräsident war und mit dem ich von 1973 bis 1976 in der Fraktion
zusammengearbeitet hatte.

Zu meinem 60. Geburtstag lud dann Bundeskanzler Helmut
Kohl in den früheren Kabinettsaal des alten Palais Schaumburg
ein, in dem die Kanzler Adenauer, Erhard, Kiesinger, Brandt
und in seinen ersten Amtsjahren auch noch Helmut Schmidt
regiert hatten. Daß Helmut Kohl für mich an diesem historischen Ort, an dem ein gutes Stück deutscher Nachkriegsgeschichte geschrieben wurde, einen Empfang gab, war für mich
eine ganz hohe Auszeichnung. In einer Ansprache würdigte er
dabei meine mehr als dreißigjährige Arbeit im Dienste der
CDU/CSU-Bundestagsfraktion und in der von ihm geführten
Bundesregierung. Er hatte das ganze Bundeskabinett, zahlreiche Politiker aus dem Bundestag und vor allem viele Journalisten aus Bonn sowie aus den Zentralredaktionen eingeladen
und natürlich meine Familie, Verwandtschaft und Freunde.

Das war ein stolzer Tag in meinem Leben – und in einer kurzen Ansprache hob ich meine Dankbarkeit für die große Chance
hervor, an den Schalthebeln der Politik mitwirken zu können,
eine Chance, von der ich in meinen Anfangsjahren nie zu träu-
men gewagt hatte. Einen wesentlichen, wenn nicht den wesent-
lichsten Anteil, hatte dabei Helmut Kohl. Ich versprach ihm,

auch in den kommenden Jahren an seiner Seite zu versuchen, das Beste für die deutsche Politik zu leisten. Für die Bonner Bundespressekonferenz hielt Rudolf Strauch, der damals ihr Vorsitzender war und mit dem ich seit Beginn meiner Bonner Tätigkeit befreundet bin, eine launige Ansprache. Er stellte meine niederrheinische Herkunft in den Mittelpunkt eines historischen Exkurses und hob die Bedeutung dieser deutschen Landschaft hervor, von der Kanzler Kohl gelegentlich scherzhaft behauptet, schon die Römer hätten dort ihre Strafbataillone stationiert, während er natürlich aus einer deutschen Kulturlandschaft stamme, die durch die Kaiserdome von Speyer und Worms sowie das Hambacher Schloß, eine der Wiegen der deutschen Demokratie, geprägt sei. Karl Carstens, der auch an dem Empfang teilnahm, war von der Rede, der Rudolf Strauch das Motto gegeben hatte: »Was für Goethe Eckermann, ist für Kohl der Ackermann«, so begeistert, daß er sich später das Manuskript bei mir besorgte. Übrigens habe ich mir für diesen Empfang zum ersten und einzigen Mal einen Anzug schneidern lassen, und zwar bei dem Berliner Schneider Volkmar Arnulf, der auch für den Kanzler arbeitet.

8 DAS HARTE GESCHÄFT
DES REGIERENS

Mit der Wahl zum 11. Deutschen Bundestag begann für die Regierung Kohl eine der schwierigsten, aber zugleich auch erfolgreichsten Phasen. Zum Zeitpunkt der Wahl am 25. Januar 1987 war Helmut Kohl erst gut vier Jahre im Amt des Bundeskanzlers. In dieser Zeit hatte er eine Reihe schwieriger außen- und innenpolitischer Entscheidungen getroffen, zum Beispiel die Durchsetzung des NATO-Doppelbeschlusses mit der in Deutschland umstrittenen Stationierung der Pershing-II-Mittelstreckenraketen oder einschneidende Maßnahmen zur Sanierung der Staatsfinanzen, bedrängt von einer allmählich wieder selbstbewußter werdenden Opposition, die allerdings darunter litt, daß sie keinen Kohl ebenbürtigen Kanzlerkandidaten aufweisen konnte. Mit dem nordrhein-westfälischen Ministerpräsidenten Johannes Rau hatte die SPD zwar einen honorigen Herausforderer aufgestellt. Er verfügte aber nicht über die politische Erfahrung wie Helmut Kohl, der zudem sein Prestige in den ersten Kanzlerjahren erheblich hatte vermehren können. »Bruder Johannes«, wie Johannes Rau wegen seiner früheren Predigertätigkeit in der evangelischen Kirche überall genannt wurde, fand auch in seiner eigenen Partei nicht genügend Unterstützung, ein Phänomen, das Helmut Kohl nicht unbekannt war. Außerdem hatte sich die SPD im Bundestag mit einem Untersuchungsausschuß herumzuschlagen, der sie zwar nicht unmittelbar, aber indirekt betraf. Es ging um die gewerkschaftseigene Wohnungsbaugesellschaft »Neue Heimat« und schwere Finanzverfehlungen ihrer Manager. Die ganze Holding der gewerkschaftseigenen Betriebe, die Beteiligungsgesellschaft für Gemeinwirtschaft AG (BGAG), war schwer in Verruf gekommen, und ihr Chef Alfons Lappas mußte abgelöst werden. Letztlich wurde dieser Skandal doch der SPD angelastet, denn die

meisten der DGB-Funktionäre waren SPD-Mitglieder oder saßen
gar für sie im Bundestag.

Helmut Kohl selbst hatte im Herbst 1986 eine Panne zu über-
stehen, die wochenlang für Polemik der Opposition und für Kritik in der Presse sorgte. Der Kanzler hatte dem amerikanischen
Magazin »Newsweek« ein Interview gegeben, in dem er auch zu
den propagandistischen Fähigkeiten von Michail Gorbatschow
Stellung genommen und dabei den nationalsozialistischen
Reichspropagandaminister Joseph Goebbels erwähnt hatte, der
auch viel von Propaganda verstanden habe. Es war dabei nicht
seine Absicht gewesen, Gorbatschow zu verletzen. Friedhelm
Ost, der damalige Regierungssprecher, hatte mit »Newsweek«
vereinbart – wie bei allen nationalen oder internationalen Interviews üblich –, daß der Text noch einmal gegengelesen werden
müsse und nur das gedruckt werden dürfe, was freigegeben sei.
Ost hat mit Nachdruck versucht, die problematische Stelle aus
dem Text zu entfernen. »Newsweek« ließ sich aber darauf nicht
ein und spielte dann nach einem Protest des Regierungssprechers Pressekollegen das Originaltonband vor – ein absolut
unmöglicher Vorgang. Aber die Panne war da. Friedhelm Ost
und natürlich auch ich mußten uns sagen lassen, nicht hartnäckig genug gewesen zu sein.

Horst Teltschik hatte alle Hände voll zu tun, den damaligen
sowjetischen Botschafter Kwizinski davon zu überzeugen, daß
es Kohl ferngelegen habe, Gorbatschow mit Goebbels zu vergleichen. Auch der Kanzler schrieb noch einen persönlichen
Brief an Gorbatschow. Aber es dauerte lange, bis die Mißstim-
mung beseitigt werden konnte. Als Helmut Kohl genau ein Jahr
später in Moskau mit Gorbatschow zusammentraf, hatten sich
die Wogen jedoch wieder geglättet.

Für mich und alle anderen, die mit Kanzlerinterviews zu tun
haben, war dies eine bittere Lehre. Eine derartige Panne ist uns
seitdem nie wieder unterlaufen.

Helmut Kohl ordnete nach jener negativen Erfahrung an,
daß die Endfassung seiner Interviews nur von seiner Reden-
schreibertruppe erstellt werden dürfe. Er selbst behielt sich vor,
das Endprodukt selbst noch einmal durchzulesen. So wurden
wir aus Schaden klug.

Die Bundestagswahl am 25. Januar 1987 brachte der Koalition eine klare Mehrheit, nur die Gewichte zwischen den drei an der Koalition beteiligten Parteien CDU, CSU und FDP verschoben sich leicht. Die CDU/CSU kam auf 44,3 Prozent. 1983 hatte Helmut Kohl sein bisher höchstes Ergebnis mit 48,8 Prozent erreicht. Die FDP erhielt 9,1 Prozent, gegenüber 7 Prozent im Jahre 1983, als sie noch hart um ihren Wiedereinzug in den Bundestag hatte kämpfen müssen. Die SPD unter Johannes Rau erreichte nur 37 Prozent gegenüber 38,2 Prozent im Jahre 1983, und die Grünen verbesserten sich von 5,6 Prozent auf 8,3 Prozent. Die Koalition verfügte über eine stabile Basis von 269 Stimmen, 20 mehr als die erforderliche Kanzlermehrheit. In der Legislaturperiode zuvor hatte die Koalition 278 Mandate gehabt. Die CDU/CSU behielt also die strategische Mehrheit, nachdem die SPD nur 186 Mandate erhalten hatte. Eine Regierung aus SPD und FDP war schon zahlenmäßig nicht möglich. An so etwas wie eine Ampelkoalition, wie es sie im Lande Brandenburg bis 1994 gab, wo SPD, FDP und Bündnis zusammen regierten, dachte damals noch niemand.

Mit nur 253 Stimmen wurde Helmut Kohl wieder zum Bundeskanzler gewählt, ein knappes, aber ausreichendes Ergebnis, wobei wohl mancher, der bei der Regierungsbildung zu kurz gekommen war, auf diese Art sein Mütchen kühlen wollte. Konrad Adenauer war einmal nur mit der Mehrheit seiner eigenen Stimme zum Kanzler gewählt worden. Seitdem gilt in Bonn der Grundsatz »Mehrheit ist Mehrheit«.

Die FDP pokerte bei den Koalitionsverhandlungen hoch, nicht nur bei den Sachthemen. Sie verlangte einen vierten Ministerposten im Kabinett und schlug dafür den bisherigen Staatsminister im Auswärtigen Amt und nordrhein-westfälischen Landesvorsitzenden Jürgen Möllemann vor. Er galt in Bonn als ein besonderer Vertrauter von Außenminister Hans-Dietrich Genscher oder als dessen »Minenhund«, wie es die Presse formulierte, weil er vielfach artikulierte, was Genscher dachte. Die FDP wollte die gleiche Anzahl von Ministern haben wie die CSU, und Helmut Kohl mußte schließlich in den sauren Apfel beißen. So wurde Jürgen Möllemann Bildungsminister in der dritten Regierung Kohl. Dadurch wurde eine Veränderung im Kabinett

notwendig. Der Kanzler entschloß sich, die bisherige Bildungs-
ministerin Dorothee Wilms zur neuen Ministerin für innerdeutsche Beziehungen zu berufen. Der Vorschlag fand nicht von
vornherein Beifall, zumal sich der parlamentarische Staatssekretär in diesem Ministerium, Ottfried Hennig, Hoffnungen auf
die Übernahme dieses Ressorts machen durfte, nachdem sich
der Kanzler entschlossen hatte, den bisherigen Amtsinhaber
Heinrich Windelen nicht wieder ins Kabinett zu berufen. Auch
Werner Dollinger sollte nicht im Verkehrsressort bleiben. Dollinger und Windelen waren die vom Lebensalter her ältesten
Minister im Kabinett Kohl und waren über Jahrzehnte hinweg
treue Gefolgsleute des Kanzlers gewesen. Beiden fiel der
Abschied vom Amt sehr schwer, aber auch dem Kanzler fiel die
Entscheidung nicht leicht, gerade auf diese beiden bewährten
Mitstreiter zu verzichten.

Sonst änderte sich im neuen Kabinett wenig. Neuer Mann
bei der CSU war der bisherige außenpolitische Specher der
CDU/CSU-Fraktion, Hans Klein, besser bekannt unter dem
Namen Johnny Klein. Er löste Jürgen Warnke im Entwick-
lungsressort ab, während Warnke in das freigewordene Verkehrsministerium umzog. Bei den parlamentarischen Staatsse-
kretären gab es bedeutendere Veränderungen. So wurde
Irmgard Schwaetzer Staatsministerin im Auswärtigen Amt, und
im Verteidigungsministerium wurde überhaupt zum ersten Mal
eine Frau parlamentarische Staatssekretärin – Agnes Hürland,
bis dahin parlamentarische Geschäftsführerin in der Bundestagsfraktion der CDU/CSU. Dadurch erhöhte sich die Zahl der
weiblichen Mitglieder in der Regierung (Minister und parlamentarische Staatssekretäre) auf sechs.

Natürlich hatte Helmut Kohl auch diesmal dem CSU-Vorsitzenden Franz Josef Strauß ein Ressort angeboten. Unter den
drei großen klassischen Ressorts, Finanzen, Verteidigung oder
Inneres, konnte er sich sogar eines aussuchen. Strauß lehnte
wie schon 1982 und 1983 eine Einbindung in das Kabinett ab,
wollte aber, ebenfalls wie zuvor, gebeten werden. Ihm war es
lieber, unabhängig von der Kabinettsdisziplin von München aus
das politische Geschehen kommentieren zu können, notfalls
auch zu kritisieren, wovon er dann auch reichlich Gebrauch

machte. Ich kann mich gut an die vielen meterlangen Fernschreiben erinnern, die er dem Kanzler vor wichtigen politischen Entscheidungen schickte.

Aus dieser Zeit stammt auch die Einrichtung, daß sich die
Spitzen der beiden Schwesterparteien CDU und CSU in unregelmäßigen Abständen in Bonn treffen, um ihre Politik aufeinander abzustimmen, bevor es dann zu Gesprächen in der Koalition
kommt. Ein- oder zweimal im Jahr ging Helmut Kohl mit Franz
Josef Strauß zudem auf Bergwanderungen im bayerisch-öster-
reichischen Grenzgebiet, die meist im Forsthaus Valepp oder in
der Erzherzog-Georg-Hütte endeten. Beide Politiker redeten
sich dabei, unbeobachtet von der Öffentlichkeit, alles von der
Seele. Nur einmal ist es einem Fotografen gelungen, die beiden
Wanderer aufzuspüren. Es war der junge Fotograf Richard
Schulze-Vorberg, Sohn des langjährigen CSU-Bundestagsabge-
ordneten und früheren Bonner Büroleiters des bayerischen
Rundfunks, Max Schulze-Vorberg. Er schoß exzellente Bilder,
die die Illustrierte »Stern« veröffentlichte. Beide Politiker waren
zunächst ärgerlich gewesen, daß sie aufgespürt worden waren,
hatten ihn dann aber gewähren lassen. Das war wirklich das
Glück des Tüchtigen. Viele Jahre nach dem frühen Tod von
Richard Schulze-Vorberg werden diese Bilder immer noch
nachgedruckt.

Eine Geschichte von diesen Wanderungen hat der Kanzler
später mit großem Schmunzeln erzählt. Franz Josef Strauß
holte Helmut Kohl meist in München mit einem Landrover vom
Flughafen ab und steuerte den Wagen selbst. Begleitkomman-
dos gab es bei diesen Wanderausflügen nicht. Plötzlich stotterte
während der Fahrt auf der Salzburger Autobahn der Motor. Die
Ursache: Kein Sprit mehr im Tank. Strauß schimpfte: »Da hat
doch wieder einer meiner Söhne den Tank leergefahren«. Er
griff sich den Ersatzkanister, aber auch der war leer. So machte
er sich auf die Socken, um an der nächsten Tankstelle Benzin zu
besorgen, während Helmut Kohl den Landrover bewachte.
Nach nicht allzu langer Zeit hielt auf der anderen Autobahnseite
auf dem Seitenstreifen ein Wagen, dem Franz Josef Strauß mit
dem gefüllten Benzinkanister entstieg. Gegen alle Vorschriften
überquerte er die Autobahn und überkletterte in der Mitte die

Leitplanke. Kohl war ihm von seiner Seite entgegengekommen und half ihm. Der Sprit reichte gut bis zur nächsten Tankstelle, und die Fahrt in Richtung Tegernsee konnte fortgesetzt werden. Diese Geschichte war lange außer den Beteiligten niemandem bekannt. Erst bei einem Pressegespräch in »Auerbachs Keller« in Leipzig hat Helmut Kohl sie preisgegeben.

In der Legislaturperiode vor 1987 hatte es nur einen Wechsel im Kabinett gegeben. Am 26. September 1985 löste Rita Süssmuth Heiner Geißler als Bundesminister für Familie, Gesundheit und Jugend ab, weil Geißler sich ganz seiner Aufgabe als CDU-Generalsekretär widmen sollte. Die Doppelfunktion als Bundesminister und Generalsekretär der CDU erschien Helmut Kohl, ein knappes Jahr vor der nächsten Bundestagswahl, nicht tragbar. Heiner Geißler sah das ein und stürzte sich mit Feuereifer auf die Parteiarbeit, bei der er wegen seiner Schlagfertigkeit und Kampfeslust bald ein gefürchteter Gegner für die SPD wurde, zumal er oft mit Reizformulierungen provozierte. Auf sein späteres Zerwürfnis mit Helmut Kohl deutete im Oktober 1985 noch nichts hin.

Rita Süssmuth hatte sich zuvor wohl in der Parteiarbeit einen Namen gemacht, wo sie den Fachausschuß für Familienfragen leitete, in der Hauptsache war sie aber Wissenschaftlerin. Mit Anton Pfeifer als parlamentarischem Staatssekretär bekam sie jedoch einen politisch erfahrenen Mann an die Seite. Sie erhielt anfangs in der Presse viele Vorschußlorbeeren, weil sie nicht aus dem Kreis der Bonner Berufspolitiker hervorgegangen war, und Helmut Kohl wurde für seine Wahl in der Presse sehr gelobt. Schon im nächsten Jahr wurde Rita Süssmuth Vorsitzende der Frauenvereinigung der CDU. Den Höhepunkt ihrer politischen Karriere erreichte sie aber im November 1988. Auslöser war ein recht unglücklicher Vorgang, mit dem sie selbst nichts zu tun hatte. Am 9./10. November 1988 jährte sich zum fünfzigsten Mal die Reichspogromnacht, in der Nazizeit in Verharmlosung schlimmster Ausschreitungen auch »Reichskristallnacht« genannt. Am Abend dieses Gedenktages hatte der Bundespräsident bei einem Staatsakt in der Frankfurter Paulskirche zu diesem Thema gesprochen. Einen Tag später veranstaltete auch der Bundestag eine Gedenkstunde, bei der

Bundestagspräsident Jenninger sprach. Philipp Jenninger
wollte in seiner Rede den Versuch unternehmen, zu erklären,
warum der Nationalsozialismus in Deutschland so rasch an
Boden gewinnen und wie es zu den Pogromen gegen die Juden
kommen konnte. In seinem Redemanuskript standen etliche
Stellen in Anführungszeichen, was bei seiner Art, den Text vor-
zutragen, nicht deutlich wurde. Daher klangen seine gutgemeinten historischen Interpretationsversuche plötzlich beinahe
wie Rechtfertigungen des Dritten Reichs. Je länger er sprach,
um so stärker merkte man die Irritation der Abgeordneten und
Ehrengäste. Nach der Rede trat die Fraktion der CDU/CSU
zusammen. Ich traf den Kanzler vor dem Fraktionssaal, und er
fragte mich nach meinem Eindruck. Ich hielt mich sehr zurück
mit meiner Meinung, machte aber darauf aufmerksam, daß die
SPD wahrscheinlich die Gelegenheit wahrnehmen werde, uns
an einer empfindlichen Stelle zu treffen und wohl den Rücktritt
Jenningers als Bundestagspräsident fordern werde. Der Kanzler ging sehr nachdenklich in die Fraktionssitzung – und schon
bald stellte sich meine Prognose als richtig heraus.

In den nächsten 24 Stunden überschlugen sich die Ereignisse. Das Auslandspresseecho war verheerend, besonders in
Israel. In der deutschen Presse verkannte man zwar nicht die
lautere Absicht, die hinter der Jenninger-Rede gestanden hatte,
hielt aber doch ihre Anlage für zum Teil verfehlt. Helmut Kohl
mußte mit Philipp Jenninger sprechen und ihm den Rücktritt
nahelegen. Daran führte kein Weg vorbei. Die SPD drohte schon
offen damit, die Plenarsitzungen zu boykottieren, sollte Jenninger auf dem Präsidentenstuhl Platz nehmen. Auch in der FDP-
Fraktion brodelte es. Die CDU/CSU geriet unter starken Hand-
lungsdruck. Philipp Jenninger erbat sich eine Nacht Bedenkzeit,
weil er seine Entscheidung natürlich auch mit seiner Frau
besprechen wollte. Am nächsten Morgen teilte er dem Kanzler
schon in aller Frühe mit, er werde das Amt niederlegen, weil
der Druck zu stark sei und er seiner Partei nicht schaden wolle.

Er trug schwer an dieser Entscheidung und hat lange Zeit
gebraucht, wieder in die Gemeinschaft seiner Freunde zurück-
zukehren. Der Kanzler war über die Entwicklung tief betroffen.
Er fühlte sich Philipp Jenninger – oder Don Philippo, wie er ihn

nannte – nicht nur politisch eng verbunden, sondern auch als persönlicher Freund. Im Laufe der Jahre war zwischen ihnen eine enge menschliche Bindung gewachsen. Alle Jahre wieder gingen die beiden Freunde zunächst nach Schruns und später nach Bad Hofgastein zur Fastenkur. Es gab kein Fest des Kanzlers, auf dem Jenninger nicht dabei war, ob bei den gemeinsamen Sommer- und Winterwanderungen oder beim abendlichen geselligen Beisammensein im Bungalow oder einem Bonner Restaurant. Noch kurz vor seinem Rücktritt hatte Philipp Jenninger Helmut Kohl und die alte Crew aus dem Kanzleramt zum Essen in sein Amtshaus am Godesberger Rheinufer eingeladen, und bei dem anschließenden Umtrunk im Bierkeller des Amtshauses war es sehr fröhlich zugegangen, wie in den alten Tagen in der Fraktion oder im Kanzleramt bei solchen Gelegenheiten.

Lange Zeit war dann der Kontakt zwischen dem Kanzler und Jenninger weitgehend unterbrochen. Jenninger zog sich ganz in seinen Wahlkreis zurück, wo ihm seine Wähler und die Kreispartei die Treue gehalten hatten. Er wollte auch lange Zeit keine neue Aufgabe übernehmen – schließlich zeigte er Interesse an einer Verwendung im diplomatischen Dienst, besonders mit dem Wunschziel Österreich. Helmut Kohl setzte sich bei Außenminister Genscher dafür ein, und so ist Philipp Jenninger seit 1992 deutscher Botschafter in Wien, an einem wichtigen Platz in der deutschen Diplomatie. Seine Beziehung zu Helmut Kohl ist wieder intensiver geworden. Einmal trafen sich der Kanzler und Jenninger bei einem Besuch des früheren österreichischen Bundespräsidenten Kurt Waldheim in München und dann, anläßlich der Verleihung des Schumpeter-Preises an Helmut Kohl, im Frühjahr 1993 in Wien. Diese Begegnung schilderte mir der Kanzler bereits wieder als sehr herzlich. Im Laufe des Jahres war ich dann mit dem Kanzler noch einmal in Wien, und da war die alte freundschaftliche Atmosphäre wieder da, als wir Botschafter Jenninger beim Essen trafen. Heute telefonieren beide wieder regelmäßig miteinander.

Nach dem Rücktritt Philipp Jenningers vom Amt des Bundestagspräsidenten war guter Rat teuer, wer sein Nachfolger werden könnte. Aber es mußte schnell gehandelt werden. Nach eingehenden Überlegungen im Kreis seiner Berater, darunter

Wolfgang Schäuble, Alfred Dregger, der Fraktionsvorsitzende,
und sein erster parlamentarischer Geschäftsführer, Rudolf Seiters, lud Helmut Kohl die inzwischen erfolgreich arbeitende
Ministerin für Familie, Jugend, Gesundheit und Frauen, Rita
Süssmuth, zu einem Sondierungsgespräch zu sich ein. Frau
Süssmuth war zunächst über die Frage des Kanzlers verblüfft,
ob sie Nachfolgerin von Philipp Jenninger werden wolle. Sie
meinte, ihr fehle die nötige parlamentarische Erfahrung für dieses Amt, schließlich sei sie ja erst seit Januar 1987 Mitglied des
Deutschen Bundestages. Außerdem mache ihr die Arbeit in
ihrem Ministerium außerordentlichen Spaß, und das neue Amt
biete zu wenig Möglichkeiten für die Umsetzung ihrer übergrei-
fenden politischen Interessen. Der Kanzler ließ das alles nicht
gelten, sondern verwies darauf, daß auch das Amt des Bundestagspräsidenten genügend Spielraum für allgemeine politische
Tätigkeit lasse und viele Möglichkeiten für öffentliche Auftritte
biete.

Nach seinem Gespräch mit der Ministerin bat mich der
Kanzler, in seinem Zimmer weiter mit Rita Süssmuth zu sprechen und ihr darzulegen, daß auch frühere Bundestagspräsidenten sich nicht hatten daran hindern lassen, sich politisch zu
betätigen. Ich erzählte ihr, daß die Präsidenten Ehlers und Gerstenmaier sehr wohl als Politiker ihrer Parteien aufgetreten
seien und sogar im Bundestag als Redner für ihre Fraktion
gesprochen hätten, und auch die Präsidenten von Hassel und
Stücklen hätten sich daran nie hindern lassen. Rita Süssmuth
stimmte schließlich zu, die neue Aufgabe zu übernehmen,
wollte aber noch mit ihrem Mann und ihrer Tochter darüber
beraten. Als sie am nächsten Tag dem Kanzler sagte, sie werde
sich einer Nominierung durch die CDU/CSU zur Verfügung stellen, war Helmut Kohl erleichtert.

Am 25. November 1988 wurde Frau Süssmuth mit großer
Mehrheit zur Bundestagspräsidentin gewählt. Zur neuen Bundesministerin für Familie, Jugend, Gesundheit und Frauen
berief der Kanzler Ursula Lehr, eine bekannte Gerontologin der
Universität Heidelberg. Die Berufung stieß bei den weiblichen
Abgeordneten der CDU/CSU nicht überall auf Zustimmung, weil
der Kanzler wieder eine Kandidatin von außen geholt hatte,

12 Jeden Morgen findet im Büro von Bundeskanzler Helmut Kohl der Pressevortrag statt.

13 Eduard Ackermann 1993 im Gespräch mit dem Intendanten des WDR, Friedrich Nowottny (Mitte), und dem ARD-Korrespondenten Gerd Ruge (rechts) bei dessen Verabschiedung in der Bonner Kunsthalle.

14 Informationen für die Öffentlichkeit mußten zwischen Regierungs-sprecher Peter Boenisch (1983-1985) und Eduard Ackermann eng abge-stimmt werden.

15 Eduard Ackermann im Gespräch mit Walter Neuer (links), dem Leiter des Kanzlerbüros, verantwortlich für die Organisation der Begegnung des Kanzlers mit internationalen Spitzenpolitikern. Seine Markenzeichen: Perfektion und Diskretion.

16 Der gute Kontakt zur Presse war Teil der Arbeit: ein Gespräch mit dem damaligen Regierungssprecher Friedhelm Ost und einem der beiden ehemaligen Chefredakteure der »Welt«, Peter Gillies.

17 Im Jahr 1983 fand in Williamsburg/USA ein Gipfeltreffen der Industrienationen statt, bei dem Eduard Ackermann zu der Delegation um Bundeskanzler Kohl und Außenminister Hans-Dietrich Genscher gehörte.

18 Heiner Geißler (rechts) war lange Jahre Generalsekretär der CDU und von 1982-1985 Bundesminister für Familie, Jugend und Gesundheit im ersten Kabinett Helmut Kohls.

19 Der führende SPD-Politiker und Ministerpräsident von Nordrhein-Westfalen, Johannes Rau, suchte auf dem Bundespresseball 1991 das Gespräch mit dem Ehepaar Ackermann.

20 Bundespräsident Richard von Weizsäcker hatte das Ehepaar Ackermann im Dezember 1993 zu einem Hauskonzert in die Villa Hammerschmidt geladen. Eduard Ackermanns Arbeit wäre ohne die außergewöhnliche Unterstützung seiner Frau undenkbar gewesen. Mit in der Runde: Erich Milleker vom Bundespräsidialamt.

21 Zum 60. Geburtstag von Eduard Ackermann gab Bundeskanzler Helmut Kohl im Jahr 1988 einen Empfang. (Von links: Helmut Kohl, Eduard Ackermann, Johanna Ackermann, Altbundespräsident Karl Carstens, Hannelore Kohl; im Hintergrund: Otto Graf Lambsdorff).

22 Eine der wichtigsten Konferenzen zur Realisierung der deutschen
Einheit war die Wirtschaftskonferenz am 20.2.1990 im Kanzleramt. An
ihr nahmen u.a. teil (im Vordergrund von links): Eduard Ackermann,
Roland Issen (DAG), Tyll Necker (BDI), Wolfgang Röller (Dresdner Bank),

Bundeskanzler Helmut Kohl (dahinter verdeckt) Finanzminister Theodor Waigel, (im Hintergrund) Heribert Späth (Zentralverb. d. Dt. Handwerks), Heinz Dürr (AEG).

23 Eduard Ackermann mit Juliane Weber, der persönlichen Referentin von Helmut Kohl, am Wolfgangsee, dem Urlaubsdomozil des Bundeskanzlers.

24 Barbara Schneeberg, viele Jahre lang eine enge und zuverlässige Mitarbeiterin Eduard Ackermanns.

statt aus der Fraktion. Aber der Sturm legte sich bald, zumal niemand Ursula Lehr die Sachkompetenz bestreiten konnte. Sie blieb jedoch nur bis 1990 im Kabinett; die politische administrative Arbeit lag ihr wohl doch nicht so. Aber noch heute holt der Kanzler öfter ihren fachlichen Rat ein.

Nach der Bundestagswahl 1987 war die Arbeit in Bonn durch große Gesetzgebungsvorhaben geprägt, wie die große Rentenreform, die Norbert Blüm vorlegte, oder die erste Gesundheitsreform. Aber auch die Bemühungen um die Verbesserung der innerdeutschen Verhältnisse nahmen einen breiten Raum in der politischen Arbeit ein, die schließlich ihren Höhepunkt in dem Besuch des damaligen Staatsratsvorsitzenden der DDR, Erich Honecker, fand. Monatelange Vorbereitungen waren diesem Besuch vorausgegangen. Die Federführung lag bei Kanzleramtschef Wolfgang Schäuble. Er führte die Gespräche mit dem ständigen Vertreter der DDR in Bonn, Ewaldt Moldt, und gelegentlich auch mit Staatssekretär Schalck-Golodkowski. Lange Zeit wurde über das Protokoll zur Begrüßung Honeckers in Bonn gefeilscht. Der Bundeskanzler sträubte sich zunächst, Honecker mit Fahne, Hymne und militärischen Ehren zu empfangen. An dieser Frage wäre der Besuch beinahe wieder gescheitert wie schon ein anderer Anlauf einige Jahre zuvor. Schließlich willigte Helmut Kohl ein, weil er die in Aussicht stehenden Verbesserungen für die Menschen in der DDR, vor allem im Hinblick auf Reiseerleichterungen, nicht gefährden wollte.

Als der Tag der Begegnung, der 7. September 1987, näherrückte, war der Kanzler gut vorbereitet. Vor allem hatte er sehr sorgfältig eine Tischrede ausarbeiten lassen, in der er bei einem von ihm gegebenen Essen in der Bad Godesberger Redoute den unbeugsamen Willen aller Deutschen zur Wiederherstellung der Einheit Deutschlands dokumentieren wollte. Man muß immer beides zusammen sehen, zum einen, daß Honecker mit dem unvermeidlichen Protokoll empfangen wurde, und zum anderen, was Helmut Kohl am gleichen Tag in seiner Tischrede zur deutschen Einheit sagte.

In dieser Rede hieß es wörtlich:

»Die Präambel unseres Grundgesetzes steht nicht zur Disposition, weil sie unserer Überzeugung entspricht. Sie will das ver-

einte Europa, und sie fordert das gesamte deutsche Volk auf, in
freier Selbstbestimmung die Einheit und Freiheit Deutschlands
zu vollenden. Das ist unser Ziel. Wir stehen zu diesem Verfas-
sungsauftrag, und wir haben keinen Zweifel, daß dies dem
Wunsch und Willen, ja der Sehnsucht der Menschen in Deutschland entspricht.«

An einer anderen Stelle dieser Tischrede führte der Bundeskanzler dann weiter aus:

»Wir wollen Frieden in Deutschland, und dazu gehört auch,
daß an der Grenze Waffen auf Dauer zum Schweigen gebracht
werden. Gerade Gewalt, die den Wehrlosen trifft, schädigt den
Frieden. Versäumen wir es nicht, Maßnahmen zu treffen, die
auch von Mensch zu Mensch ein Stück Frieden stiften, indem sie
mehr Nähe, Miteinander und Freiheit schaffen. Die Menschen
in Deutschland leiden unter der Trennung. Sie leiden an einer
Mauer, die ihnen buchstäblich im Wege steht und die sie
abstößt. Wenn wir abbauen, was Menschen trennt, tragen wir
dem unüberhörbaren Verlangen der Deutschen Rechnung: Sie
wollen zueinander kommen können, weil sie zusammen gehören.«

Die Reaktion Honeckers auf diese Passagen war frostig, aber
er reagierte, wie man es bei ihm nicht anders gewohnt war. In
seiner Rede sprach er sich für gutnachbarschaftliche Beziehungen auf der Basis des zwischen der Bundesrepublik Deutschland und der DDR abgeschlossenen Grundlagenvertrages aus.
Die Einheit war für ihn kein Thema. Ich war bei dem Essen mit
meiner Frau eingeladen und konnte die Szene sehr genau beobachten, ebenso wie seine Reaktion und die des Kanzlers bei der
Begrüßung vor dem Bundeskanzleramt. Ich stand in der Reihe
derer, die von Honecker nach seiner Ankunft begrüßt wurden,
bevor er die Ehrenkompanie abschritt. Dabei konnte ich das
Minenspiel des Kanzlers sehr genau verfolgen. Wer Helmut
Kohl so gut kennt wie ich, wußte, daß er bis aufs äußerste angespannt war. Er vergaß in keinem Augenblick, wer da neben
ihm stand und für wie viele Menschenschicksale er verantwortlich war.

Zum damaligen Zeitpunkt konnte niemand voraussehen, daß
die Deutschen im Osten unseres Vaterlandes sich so schnell in

einer historisch einmaligen, unblutigen Revolution die Freiheit und die Einheit mit ihren westlichen Landsleuten erstreiten würden. Bei der Begegnung am 7. September 1987 mit Erich Honecker ging es Helmut Kohl lediglich darum, das Schicksal zahlreicher Bewohner der DDR zu erleichtern. Das war keine Politik des »Wandels durch Annäherung«, wie sie zu Beginn der siebziger Jahre von der Regierung Brandt/Scheel unter dem maßgeblichen Einfluß von Egon Bahr praktiziert wurde, sondern es war eine Politik für die Menschen in ganz Deutschland, um das Zusammengehörigkeitsgefühl zu stärken und sich nicht an den Zustand der Teilung zu gewöhnen.

Wenn ein Politiker in Deutschland die Idee der Einheit Deutschlands in Freiheit bewahrt, verteidigt und für ihre Verwirklichung gekämpft hat, dann war es Helmut Kohl. Wenn andere sich längst mit der Teilung unseres Vaterlandes abgefunden hatten, Helmut Kohl hat es nicht. Er wußte sehr wohl, daß Honecker zur Beruhigung der Bevölkerung diesen Besuch in Bonn brauchte, nicht zuletzt auch wegen seiner internationalen Reputation. Und Honecker hielt sich an die mit dem Bundeskanzler getroffenen Vereinbarungen, auch wenn das Ostberliner Regime dadurch nichts von seinem Unrechtscharakter verlor. Aber schließlich konnten allein im Jahre 1987 rund zwei Millionen Deutsche aus der DDR zu Besuchen in den Westen reisen.

Das Jahr 1987 hatte noch einen anderen Schwerpunkt. Ein Ereignis, das Politik und Presse monatelang beschäftigte, war die Affäre um den schleswig-holsteinischen Ministerpräsidenten Uwe Barschel, die zwar nicht in erster Linie den Chef der Bundesregierung und das Kanzleramt betraf, aber durchaus den Parteivorsitzenden Helmut Kohl.

Bei den Landtagswahlen am 13. September 1987 hatte die CDU nicht nur die absolute Mehrheit verloren, sondern die SPD wurde auch erstmals stärkste Partei in Schleswig Holstein. Barschel war auf die FDP, die in den Landtag zurückgekehrt war, zur Regierungsbildung angewiesen sowie auf den Südschleswigschen Wählerverband (SSW). In Bremen erhielt die CDU am gleichen Tag nur noch 23,4 Prozent. Der Grund für diese Niederlagen war die sogenannte Barschel-Affäre.

Unmittelbar vor der Wahl in Schleswig-Holstein hatte der »Spiegel« schwere Vorwürfe gegen Uwe Barschel veröffentlicht. Er habe den Oppositionsführer Björn Engholm im Wahlkampf bespitzeln lassen, so erklärte sein Pressemitarbeiter Reiner Pfeiffer an Eides Statt. Schon am Samstag vor der Wahl hatte der »Spiegel« seine Geschichte an die Nachrichtenagenturen gegeben, so daß diese Nachrichten unmittelbar vor der Wahl und am Wahltag selbst permanent von Rundfunk und Fernsehen verbreitet wurden, was sich natürlich negativ für die CDU in Schleswig-Holstein auswirkte.

Daraufhin ging die FDP zu Barschel auf Distanz und verlangte restlose Aufklärung. Die CDU-Fraktion sprach ihm zunächst ihr Vertrauen aus. Die FDP verhandelte aber nur noch mit dem CDU-Landesvorsitzenden, dem früheren Ministerpräsidenten Stoltenberg, nicht mehr mit Barschel selbst. Obwohl Uwe Barschel zunächst noch seiner Fraktion das Ehrenwort gegeben hatte, nichts mit den Machenschaften zu tun zu haben, trat er am 25. September 1987 unter dem Druck der Anschuldigungen zurück. Der CDU-Vorsitzende Kohl hatte sich in die Gespräche mit der schleswig-holsteinischen CDU eingeschaltet. Er hatte in Gesprächen mit Gerhard Stoltenberg und dem späteren Fraktionsvorsitzenden Klaus Kribben eingesehen, daß Uwe Barschel aufgrund der gegen ihn gerichteten Vorwürfe nicht im Amt zu halten war, zumal die gesamte deutsche Presse gegen Barschel stand. Kribben führte die Verhandlungen mit der FDP weiter, Gerhard Stoltenberg lehnte es ab, erneut Ministerpräsident zu werden. Minister Henning Schwarz übernahm kommissarisch die Führung der Regierung. Der SSW beschloß, bei einer Neuwahl des Ministerpräsidenten nicht für einen CDU-Kandidaten zu stimmen. Inzwischen nahmen die Enthüllungen in der Presse über die Machenschaften des Barschel-Referenten weiter zu. Am 7. Oktober 1987 leitete die Kieler Staatsanwaltschaft Ermittlungen gegen Uwe Barschel ein. Im Kieler Landtag etablierte sich ein Untersuchungsausschuß. Die Krise trieb dem Höhepunkt zu. Das Ehrenwort von Barschel wurde immer mehr angezweifelt, so daß die CDU-Fraktion ihn am 9. Oktober – während er auf Gran Canaria in Urlaub war – aufforderte, auch sein Mandat niederzulegen. Die Tragödie endete damit, daß der ehemalige Ministerpräsident am 11. Oktober 1987 tot in einem Genfer Nobelhotel aufgefunden wurde. Lange war die Frage nicht befriedigend geklärt, ob es sich um einen Selbstmord handelte oder ob Fremdeinwirkung – wie man es vorsichtig ausdrückte – dabei war. Heute scheint festzustehen, daß Barschel durch Freitod endete. Aber niemand kennt die ganze Wahrheit.

Die Affäre um Uwe Barschel und seinen Helfer Pfeiffer hat die politische Diskussion in Deutschland so tief bewegt, wie selten eine politische Affäre, weil nicht nur in Schleswig-Holstein, sondern in ganz Deutschland das Vertrauen in die politisch Handelnden schwer angeschlagen wurde. Schlagworte wie Vertrauenskrise zu den politischen Institutionen und dem politischen System insgesamt machten die Runde. Besonders die CDU hatte unter diesem Phänomen zu leiden. Da nützten auch keine Erklärungen, Barschel sei nicht die CDU und man könne eine politische Partei mit großer demokratischer Tradition nicht mit diesen skandalösen Vorgängen belasten. Als Ausweg aus der Krise sprachen sich CDU und FDP in Schleswig-Holstein für Neuwahlen im Frühjahr 1988 aus. Die SPD hatte schon vorher einen solchen Beschluß gefaßt. Henning Schwarz blieb als Ministerpräsident weiter im Amt. Durch die Beratungen des parlamentarischen Untersuchungsausschusses verstärkte sich die parteipolitische Kontroverse, und Gerhard Stoltenberg gab schließlich zu, daß vor und nach der Wahl in Schleswig-Holstein von seiner Partei Fehler gemacht worden seien. Am 7. November 1987 wurde Gerhard Stoltenberg auf dem Parteitag der schleswig-holsteinischen CDU zum Landesvorsitzenden wiedergewählt, mit rund 85 Prozent, aber die interne Kritik am Verhalten der Parteiführung gegenüber Uwe Barschel war deutlich spürbar.

Zwei Tage später wurde Helmut Kohl auf dem Bundesparteitag der CDU in Bonn mit nur 80,8 Prozent als Parteivorsitzender bestätigt, sicherlich nicht nur ein schlechtes Ergebnis wegen der Barschel-Affäre, sondern auch wegen anhaltender Streitereien zwischen den beiden Schwesterparteien CDU und CSU sowie innerhalb der Koalition.

Auch Franz Josef Strauß wurde in dem gleichen Monat, am 21. November 1987, wieder zum Vorsitzenden der CSU gewählt. Zumindest die zweite Hälfte des Jahres 1987 war angefüllt von

schweren Auseinandersetzungen zwischen CDU und CSU, aber
vor allem zwischen CSU und FDP. Dabei ging es im wesentlichen um zwei Streitpunkte, erstens um die innere Sicherheit
und hier besonders um das von der CSU geforderte Vermum-
mungsverbot bei Demonstrationen, zweitens um den Verzicht
auf die Modernisierung der in der Bundesrepublik Deutschland
stationierten Pershing-Ia-Raketen. Damals trat in den Ost-West-
Beziehungen allmählich eine Auflockerung ein, und vor allem
Hans-Dietrich Genscher, dann aber auch Helmut Kohl, wollten
der Sowjetunion gegenüber ein eindeutiges Abrüstungssignal
geben, indem auf die Modernisierung dieser Raketen verzichtet
wurde. Die CSU war strikt gegen diese Absicht, bis Helmut Kohl
diese Frage schließlich aufgrund seiner Richtlinienkompetenz
entschied. Der Streit beherrschte auch das so viel zitierte und
von den Parteien gefürchtete Sommertheater. Zweimal mußte
der Kanzler von seinem Urlaubsdomizil in St. Gilgen aus in
diese Auseinandersetzungen eingreifen, er tat das mit Hilfe der
bekannten Ferieninterviews im Fernsehen. Dann warnte der
Kanzler in einer Sitzung des Präsidiums der CDU am 21. September 1987 die CSU vor einer weiteren Belastung der Koalition
durch die unglücklichen Streitereien und auch vor einer Belastung des Verhältnisses zwischen den Schwesterparteien. Fünf
Tage später gab es ein Spitzengespräch zwischen CDU und CSU,
bei dem man eine Beilegung des Streites beschloß. Am 3. Oktober 1987 wurde in einem weiteren Spitzengespräch verkündet,
keinen Streit mehr in der Öffentlichkeit zu führen, was Franz
Josef Strauß allerdings nicht daran hinderte, in seiner Partei-
tagsrede erneut die FDP davor zu warnen, die Koalition ständig
durch abweichende Positionen zu belasten.

Alle diese parteipolitischen Zwistigkeiten erschwerten die
Regierungsarbeit. Ich hatte schon aus den früheren Jahren meiner Tätigkeit bei der CDU/CSU-Bundestagsfraktion die Möglichkeit, an den Sitzungen des Parteivorstandes der CDU teilzunehmen, ein Privileg, das mir auch während meiner Arbeit im
Kanzleramt erhalten blieb. Dadurch erhielt ich gute Einblicke in
das Innenleben der Partei, was als Ergänzung zur Regierungsarbeit sehr wichtig war.

Das Jahr 1987 klang noch mit einer Sensation aus. Franz

Josef Strauß erhielt eine Einladung in den Kreml und, ebenso sensationell, der eingeschworene Kommunistengegner nahm sie auch an. Am 29. Dezember 1987 schwebte der CSU-Vorsitzende mit einer von ihm selbst gesteuerten Turbopropmaschine in Moskau ein und wurde von Michail Gorbatschow im Kreml empfangen; in seiner Begleitung befanden sich der CSU-Landesgruppenvorsitzende Theo Waigel und Bundesinnenminister Friedrich Zimmermann. Strauß war von den Gesprächen in Moskau wie von seinen Gesprächspartnern ausgesprochen positiv beeindruckt, was er dann auch öffentlich und – besonders ausführlich – im kleinen Kreis darlegte. In der CDU hätte man sich seine Moskaureise schon für einen früheren Zeitpunkt gewünscht, dann wären manche außenpolitischen Debatten sicher reibungsloser verlaufen.

Ganz am Ende des Jahres 1986 gab es einen peinlichen Vorfall, der berichtenswert ist. Der Norddeutsche Rundfunk, der die Neujahrsansprache des Bundeskanzlers zum Jahreswechsel ausstrahlen sollte, verwechselte die Filmrollen, und so wurde die Ansprache des Jahres 1985 noch einmal wiederholt. Ein Versehen oder böse Absicht? Für mich war jedenfalls die Silvesterfeier 1986 kaputt: Den halben Abend brachte ich am Telefon zu, sprach mit dem Kanzler, dem Regierungssprecher und dem Verantwortlichen des NDR. Das Fernsehen sendete während des Silvesterprogramms ständig eine Entschuldigung für die Panne und kündigte an, daß die Ansprache am Neujahrstag nach der Tagesschau in der richtigen Version gesendet werde. Dies geschah samt einer weiteren Entschuldigung der Leitung des NDR, die der Kanzler auch annahm.

Noch in den folgenden Jahren begann für mich die Silvesterfeier erst, wenn ich sicher sein konnte, daß die Ansprache nicht wieder vertauscht war.

Auf zwei große Kanzlerreisen hatte ich 1987 leider verzichten müssen – es war das Jahr meiner zweiten Netzhautoperation. Zum einen war das der einzige Besuch von Helmut Kohl in Schwarzafrika vom 15. bis 21. November 1987 mit den Stationen Kamerun, Moçambique und Kenia, zum anderen fand bereits im Juli seine zweite Chinareise statt. Darauf zu verzichten fiel mir nach den großartigen Eindrücken des ersten Chinabesuchs besonders schwer. Diese Tour schloß auch Nepal und Tibet mit ein, und von dort brachten mir Juliane Weber und Friedhelm Ost eine tibetanische Gebetsmühle mit, wie sie von den buddhistischen Mönchen verwendet wird, ein äußerst sinnreiches Geschenk, denn es symbolisiert sehr schön, daß ich in meinen unzähligen Gesprächen mit Journalisten oft gebetsmühlenartig die Informationen an den Mann bringen mußte.

Apropos Himalaya und hohe Berge: Als ich im Jahr 1987 nach Bad Hofgastein kam, um wie üblich den Kanzler am Ende seiner alljährlichen Fastenkur auf den neuesten Bonner Stand zu bringen, lernten wir Luis Trenker kennen. Er hatte vom Kuraufenthalt Helmut Kohls gehört und den Wunsch geäußert, einmal mit dem Kanzler zusammentreffen zu können. Der Wirt des Hotels »Zum Grünen Baum« organisierte das Treffen, an dem auch Philipp Jenninger und Juliane Weber teilnahmen. Es wurde ein besonders köstlicher Tafelspitz gereicht, den man so wohl nur in Österreich bekommt – leider durfte der Kanzler nicht richtig zulangen, da seine Fastenkur noch nicht ganz beendet war. Dafür erfreute er sich aber um so mehr an den Geschichten, die der schon über 90 Jahre alte Bergsteiger, Filmemacher und Erzähler aus seinem Leben zum besten gab. Wir hörten Anekdoten aus der Zeit des Ersten Weltkriegs, in dem er als österreichischer Kaiserjäger gedient hatte, oder von den Dreharbeiten der noch heute berühmten Bergfilme.

Eine Geschichte ist mir dabei noch in besonderer Erinnerung. Luis Trenker erzählte, daß zu Beginn der fünfziger Jahre, als Konrad Adenauer Bundeskanzler war, eine betagte Bäuerin, die viel für ihr Südtiroler Dorf getan hatte, vom Bürgermeister ihres Ortes aus Anlaß ihres 90. Geburtstags einen Wunsch erfüllt bekam. Sie durfte eine Reise nach Deutschland machen – mit einem Begleiter – und dabei München, Heidelberg und Bonn besuchen, einschließlich eines Besuchs beim deutschen Bundeskanzler. Nach ihrer Rückkehr in ihr Dorf fragte sie der Bürgermeister, wie es ihr in Deutschland gefallen habe und welchen Eindruck der deutsche Kanzler auf sie gemacht habe. Sie hatte alles sehr schön gefunden, nur über Adenauer urteilte sie: »Alt isser geworden, der Adolf.« Als sie ihren Irrtum bemerkte, habe sie sich erschrocken korrigiert.

Das Jahr 1988 brachte die vereinbarten Neuwahlen in Schleswig-Holstein. Ungeachtet mahnender Appelle von Helmut Kohl, die Parteien sollten trotz der Erfahrungen mit der Barschel-Affäre nicht in ein Freund-Feind-Verhältnis verfallen, war der Wahlkampf doch nur von diesem Thema geprägt. Schon am 16. Januar 1988 hatte der Landesausschuß der CDU den Kieler Justizminister Heiko Hoffmann zum Spitzenkandidaten für die im Mai vorgesehenen Neuwahlen vorgeschlagen. In einer Kampfabstimmung schlug er den amtierenden Ministerpräsidenten Henning Schwarz. Heiko Hoffmann galt als ein von der Barschel-Affäre nicht belasteter Mann und als ein zur Integration fähiger Politiker, was bei der schwierigen Lage in der schleswig-holsteinischen CDU ein Vorteil war.

Aber auch seine Redlichkeit bewahrte die CDU im nördlichsten Bundesland nicht vor der bittersten Niederlage, die sie jemals in diesem Land erlitten hat. Am 8. Mai 1988, acht Monate nach der Barschel-Affäre, wurde in Schleswig-Holstein gewählt. Die SPD erhielt 54,8 Prozent (+9,6). Die CDU, die seit 1950 ununterbrochen in Kiel regiert hatte, mußte Verluste von 9,3 Prozent hinnehmen. Die FDP zog wieder nicht in den Landtag ein. Björn Engholm wurde neuer Ministerpräsident.

Nach dem Rückzug Willy Brandts vom SPD-Vorsitz (er hatte die Griechin Margarita Mathiopoulos als neue SPD-Parteisprecherin nicht durchsetzen können) und dem Rücktritt seines Nachfolgers Jochen Vogel wurde Engholm auch SPD-Vorsitzender. 1992 nominierte ihn seine Partei darüber hinaus als Spitzenkandidat für die Bundestagswahl 1994, nachdem Oskar Lafontaine in der ersten gesamtdeutschen Bundestagswahl gegen Helmut Kohl hoch verloren hatte.

In die schleswig-holsteinische CDU kehrte erst wieder Ruhe ein, als Gerhard Stoltenberg 1989 das Amt des Parteivorsitzenden niederlegte und der damalige parlamentarische Staatssekretär im innerdeutschen Ministerium, Ottfried Hennig, neuer Landesvorsitzender wurde. Mit ihm faßte die Partei in Schleswig-Holstein schnell wieder Tritt. Ottfried Hennig wurde unangefochten auch der Spitzenkandidat für die CDU bei der Landtagswahl im Frühjahr 1992. Er konnte Engholm zwar einige Prozente abjagen, aber zur Wiederkehr in die Regierung reichte es nicht. Hennig legte sein Bonner Amt nieder – inzwischen war er parlamentarischer Staatssekretär im Verteidigungsministerium geworden – und übernahm die Aufgabe des Oppositionsführers im Kieler Landtag. Sein Gegenspieler Björn Engholm trat allerdings im Frühjahr 1993 zurück – eine Spätfolge der Barschel-Affäre. Es ging um Geldzahlungen an den Barschel-Helfer Pfeiffer durch den schleswig-holsteinischen Sozialminister Günther Jansen und Engholms Wissen darüber. Er legte alle seine Ämter in der Partei und in Schleswig-Holstein nieder und wurde als Kanzlerkandidat und SPD-Vorsitzender durch den rheinland-pfälzischen Ministerpräsidenten Rudolf Scharping abgelöst.

Neben den Bonner Regierungsgeschäften wurde auch ich natürlich mit all diesen Fragen intensiv beschäftigt. Der Kanzler und Parteivorsitzende mußte stets über alle Vorgänge im Zusammenhang mit der Barschel-Affäre unterrichtet werden, und so blieb es mir überlassen, ihn am Abend des 11. Oktober 1987 über den Tod Uwe Barschels zu informieren. Danach besprach ich mit Gerhard Stoltenberg die erste Stellungnahme, die er als CDU-Vorsitzender von Schleswig-Holstein abzugeben hatte. Er war vor meinem Anruf schon von seinen Kieler Parteifreunden über Barschels Tod unterrichtet worden.

Zu meinen Aufgaben im Kanzleramt gehörte auch, Kontakt zur Partei und ihren Landesverbänden zu halten, und so war es ganz natürlich, daß ich in den vielen Jahren meiner Tätigkeit zahlreiche Verbindungen zu dem jeweiligen Generalsekretär der Partei oder auch zu einzelnen Landesvorsitzenden der CDU hatte. Oft war ich auch nur der Übermittler wichtiger Botschaften an den Kanzler und Parteivorsitzenden. In den 40 Jahren meiner Zuarbeit zu den Fraktionsvorsitzenden oder dem Kanzler hatte ich sehr gute Einblicke in das Parteileben gewinnen können und konnte die Stimmung innerhalb der Partei auf allen Ebenen entsprechend beurteilen.

Während die Wahlen in Schleswig-Holstein für die CDU eine bittere Niederlage brachten, konnte sich Lothar Späth in Stuttgart behaupten. Am 8. Juni 1988 wurde er wieder zum Ministerpräsidenten von Baden-Württemberg gewählt (und zwar mit zwei Stimmen mehr, als die CDU-Fraktion Mitglieder hatte).

Wenige Tage später fand in Wiesbaden der CDU-Parteitag statt, auf dem sich Helmut Kohl Vorwürfen aus den Reihen der Delegierten ausgesetzt sah, die endlosen Streitereien würden dem Erscheinungsbild von Koalition und Regierung schaden. Der Kanzler verwies darauf, daß er oft von seiner Richtlinienkompetenz Gebrauch gemacht habe – bei der Nachrüstung, beim DDR-Kredit, bei der Einführung des Katalysators oder beim Streikparagraphen im Arbeitsförderungsgesetz, wo es zu heftigen Auseinandersetzungen mit den Gewerkschaften gekommen war –, und er fing die Stimmung wieder auf.

Durch die Verabschiedung der großen Steuerreform am 22. Juni 1988 war dann vorerst auch in der Koalition die Welt wieder in Ordnung. Als nächstes wollte man sich die große Rentenreform und die erste Gesundheitsreform vornehmen, was schließlich auch gelang.

Der Herbst 1988 brachte für die deutsche Politik eine gewaltige Zäsur. Am 3. Oktober starb der CSU-Vorsitzende Franz Josef Strauß im Alter von 73 Jahren in einem Regensburger Krankenhaus, nachdem er am 1. Oktober bei einem Jagdausflug im Revier seines Freundes, des Fürsten Johannes von Thurn und Taxis, zusammengebrochen war und das Bewußtsein nicht wiedererlangt hatte. Der Kanzler befand sich zu diesem Zeitpunkt gerade auf einer Ostasienreise, auf dem Flug nach Australien. Über die Funkleitstelle der Bundeswehr konnte ich die Kanzlermaschine jederzeit von Bonn aus erreichen. Zuerst war Juliane Weber am Apparat. Ich teilte ihr mit, daß das tragische Ereignis, mit dem man in den letzten Tagen hatte rechnen müssen, eingetreten sei.

Sie informierte sofort den Kanzler, der die vorzeitige Beendigung der Reise und die Rückkehr nach Deutschland anordnete. Kurz nach seiner Ankunft in Australien würdigte er in einer ersten Erklärung die Verdienste von Franz Josef Strauß für Bayern und die ganze deutsche Politik. Bei den Trauerfeierlichkeiten in Deutschland sprach er dann ausführlich über Franz Josef Strauß. Strauß, einer der Gründerväter der Bundesrepublik Deutschland, habe sich große und bleibende Verdienste um unser Vaterland erworben.

Wenige Tage später wählte die FDP auf ihrem Parteitag den

bisherigen wirtschaftspolitischen Sprecher der Fraktion, Otto Graf Lambsdorff, zum neuen Parteivorsitzenden. Er siegte über seine Mitbewerberin Irmgard Adam-Schwaetzer, Staatsministerin im Auswärtigen Amt. Der bisherige FDP-Vorsitzende Martin Bangemann hatte sich entschlossen, zum 1. Januar 1989 als Mitglied der EG-Kommission nach Brüssel zu gehen.

Am 19. Oktober 1988 wurde Max Streibl neuer bayerischer Ministerpräsident. Theo Waigel erhielt als neuer Vorsitzender der CSU am 19. November 1988 98,3 Prozent der Stimmen. Nach einem Jahr sollte der gesamte Vorstand neu gewählt werden.

Nun hatte es Helmut Kohl mit einem neuen Führungsteam in der Koalition zu tun. Doch man gewöhnte sich bald aneinander und arbeitete in den kommenden Jahren im großen und ganzen gut zusammen, wenn auch gelegentliche Reibereien, insbesondere zwischen den beiden kleinen Koalitionspartnern, nicht ausblieben. Sie steigerten sich sogar im Jahr 1992 noch, als es etwa um die Lösung der Asylfrage oder die Bekämpfung der Schwerstkriminalität ging. Aber es gelang Helmut Kohl immer wieder, einen Ausgleich herbeizuführen, wenn dazu auch häufigere Koalitionsrunden notwendig waren als in den ersten Jahren.

Am 2. Dezember 1988 trat der rheinland-pfälzische Ministerpräsident Bernd Vogel zurück, nachdem er auf dem CDU-Landesparteitag von dem Fraktionsvorsitzenden der CDU im rheinland-pfälzischen Landtag, Hans Otto Wilhelm, als Landesvorsitzender abgelöst worden war. Damit begann für die CDU der Abstieg in Rheinland-Pfalz. Es waren Vorgänge, die Helmut Kohl natürlich besonders beschäftigten, da er das Land viele Jahre mit jeweils großen Mehrheiten regiert hatte. Die Entwicklung in der rheinland-pfälzischen CDU konnte er aber nicht steuern. Der bisherige Finanzminister Karl Ludwig Wagner wurde neuer Ministerpräsident. Das Doppelgespann Wagner/Wilhelm konnte sich jedoch in der Bevölkerung nicht durchsetzen und verlor die nächste Landtagswahl. Rudolf Scharping wurde Ministerpräsident. Nach zähem Ringen kam nun Johannes Gerster an die Spitze der CDU von Rheinland-Pfalz, eine gute Entscheidung.

Bernd Vogel startete zwei Jahre nach seinem Rücktritt in Mainz eine neue Karriere. Er löste in Thüringen den zurückgetretenen Ministerpräsidenten Josef Duchač ab und ist seitdem erfolgreich in Erfurt tätig, trotz der Probleme, die dieses neue Bundesland hat.

Das Jahr 1988 war aber für Helmut Kohl nicht nur ein Jahr großer innenpolitischer Entscheidungen. Es fanden zahlreiche außenpolitische Aktivitäten statt, wichtige Auslandsreisen standen auf dem Programm. So besuchte der Kanzler das damals noch kommunistisch beherrschte Prag zu Gesprächen mit Präsident Husak und Ministerpräsident Štrougal. Ein Besuch in dem von Deutschen im Zweiten Weltkrieg zerstörten Dorf Lidice schloß sich an, wo der Kanzler an dem dortigen Mahnmal für die Toten einen Kranz niederlegte.

Auch Washington stand auf dem Programm des Kanzlers (17. – 20. Februar 1988) sowie ein Besuch in Canada (15. – 18. Juni 1988) mit dem anschließenden Weltwirtschaftsgipfel in Toronto, bei dem zum ersten Mal das Thema Umweltschutz eine große Rolle spielte.

Eine der wichtigsten Reisen dieses Jahres, an der ich auch selbst wieder teilnahm, war die Reise nach Moskau vom 24. bis 27. Oktober 1988, bei der es zu mehreren Gesprächen mit Generalsekretär Michail Gorbatschow kam. Zwar wurde vereinbart, auf vielen praktischen Gebieten auf der Grundlage des deutsch-sowjetischen Vertrages die Beziehungen auszubauen, in der deutschen Frage kam man damals aber noch keinen Zentimeter weiter. Die Sowjets ließen es protokollarisch an nichts fehlen. Der Kanzler wohnte wie immer in einem der alten Gästehäuser auf den Leninhügeln, seine Delegation in dem Riesenhotel »Rossia«, das 6000 Betten hat. Aber der Besuch war insofern sehr wichtig, weil sich das persönliche Verhältnis zwischen Kohl und Gorbatschow ausgezeichnet entwickelte; auch Hannelore Kohl und Raissa Gorbatschowa verstanden sich sehr gut. Die eigentliche politische und persönliche Freundschaft zwischen Helmut Kohl und Michail Gorbatschow entstand jedoch erst bei dem Gegenbesuch Gorbatschows in Bonn vom 11. bis 15. Juni 1989.

Der Besuch in Deutschland war für Gorbatschow ein großer

Erfolg. Damals ertönten erstmals die »Gorbi, Gorbi«-Rufe in
Bonn, Stuttgart und Dortmund. Helmut Kohl hatte Michail Gorbatschow und seine Frau Raissa unter anderem zu einem privaten Abendessen in den Bungalow eingeladen. Nach dem
Essen machten die Herren und die Damen einen getrennten
Rundgang durch den Park des Kanzleramts. Der Kanzler setzte
sich mit Gorbatschow auf eine Mauer oberhalb des Rheinufers.
Die Passanten waren sehr erstaunt, als sie die beiden erkannten, winkten ihnen aber nach der ersten Überraschung zu. Bei
diesem Gespräch, so berichtete der Kanzler später, begann auch
die Freundschaft zwischen ihm und Michail Gorbatschow. Erinnerungen aus dem Elternhaus und aus den Kriegsjahren wurden ausgetauscht; plötzlich war man im ganz persönlichen
Bereich angelangt und verstand sich – wenn auch mit Hilfe
eines Dolmetschers. Auf dieser Basis verlief natürlich auch die
politische Verständigung einfacher, und so wurden über das private Gespräch hinaus auch praktische Vereinbarungen getroffen wie zum Beispiel Fleischlieferungen und die Lieferung von
Bekleidung in die Sowjetunion, um Versorgungsschwierigkeiten
zu beheben.

Zum Abschluß des Jahres 1988 reiste der Kanzler noch einmal nach Washington (2./3. Dezember 1988), insbesondere um
von Ronald Reagan Abschied zu nehmen, der nach achtjähriger
Amtszeit nicht wiedergewählt werden konnte.

9 DIE MISSLUNGENE REBELLION

1989 wurde für Helmut Kohl in jedweder Hinsicht ein Schicksalsjahr, wobei besonders zwei Ereignisse prägend waren: der Versuch, ihn als Parteivorsitzenden der CDU abzulösen, der kläglich scheiterte, und die Öffnung der Mauer am 9. November 1989 und der damit beginnende Weg zur Wiederherstellung der deutschen Einheit.

In der CDU wurde seit langem über den politischen Kurs der Partei gestritten, und die CDU stand manchen Äußerungen, zum Beispiel des CDU-Generalsekretärs Heiner Geißler, sehr kritisch gegenüber, so etwa seinen Ansichten über die Notwendigkeit der Schaffung einer multikulturellen Gesellschaft in Deutschland. Auch die Asylantenfrage begann sich als Streitthema herauszubilden, nachdem 1988 bereits rund 100 000 Menschen Asylanträge in Deutschland gestellt hatten – gemessen an den Zahlen des Jahres 1992, als eine halbe Million Menschen um Asyl bat, war das jedoch noch eine relativ geringe Zahl.

Schon zu Beginn des Jahres 1989 fing es an, daß Bewohner der DDR Zuflucht in der ständigen Vertretung der Bundesrepublik in Ost-Berlin und in deutschen Botschaften osteuropäischer Staaten suchten, um auf diese Weise ihre Ausreise in den Westen zu erzwingen. Nach langen Verhandlungen gelang es damals noch, sie zur Rückkehr in die DDR zu bewegen, in der Erwartung, daß der Ost-Berliner Rechtsanwalt Wolfgang Vogel ihre Ausreise schließlich durchsetzen werde.

Ebenfalls Anfang 1989 begann die Diskussion über die Beteiligung deutscher Firmen an Lieferungen für eine in Libyen im Bau befindliche Giftgasanlage, eine Affäre, die später zur Verurteilung deutscher Unternehmer führte. Bonn war wochenlang mit diesem Thema beschäftigt, und es ging immer auch um die Frage, wer davon gewußt haben konnte. Der Bundesnachrich-

tendienst geriet ins Kreuzfeuer der Kritik, und Deutschlands
Ansehen im Ausland erlitt schweren Schaden.

Ende Januar wurde in Berlin eine rot-grüne Mehrheit
gewählt, die CDU erhielt nur noch 37,7 Prozent, die Alternative
Liste, wie sich die Grünen in Berlin nennen, zog mit 11,8 Prozent in das Abgeordnetenhaus ein, in dem zum ersten Mal auch
Republikaner (7,5 Prozent) saßen. Eberhard Diepgen (CDU)
mußte den Posten des Regierenden Bürgermeisters an Walter
Momper (SPD) abtreten, der sich nach langen Verhandlungen
mit den Grünen/Alternativen auf ein Programm und eine Regierungsmannschaft verständigt hatte.

In der CDU brach wegen dieses Ergebnisses sofort ein Streit
aus. Die CSU griff CDU-Generalsekretär Heiner Geißler erneut
scharf an. Am 8. Februar 1989 forderte Max Streibl auf dem
Passauer Aschermittwochstreffen der CSU klare Kurskorrekturen von der CDU. Ähnlich äußerte sich auch Theo Waigel,
während Hans Dietrich Genscher den Koalitionspartner am
gleichen Tag vor einem Rechtsruck warnte. Vor dem Hintergrund dieser Diskussionen lehnte der Parteivorsitzende Helmut
Kohl auf einer Vorstandssitzung am 13. Februar jede Kursänderung für die CDU ab, ob nach rechts oder links. Die CDU bleibe
eine Partei, in der christlich-soziale, liberal-freiheitliche und
konservative Vorstellungen ihren Platz hätten. Am 27. Februar
1989 beschlossen der neue CSU-Vorsitzende Theo Waigel und
der CDU-Vorsitzende Helmut Kohl, eine politische Initiative zu
starten, um den programmatischen Kurs der Unionsparteien zu
verdeutlichen. Trotz aller Bemühungen, für die Unionsparteien
Terrain zurückzugewinnen, erlitt die CDU am 12. März eine
neue Wahlniederlage, diesmal in Frankfurt, wo sie bei den
Kommunalwahlen die Mehrheit verlor, landesweit sogar acht
Prozent Einbußen hinnehmen mußte. Auch in Hessen erzielten
die Rechtsradikalen, vor allem die NPD, erhebliche Stimmengewinne. Die zugkräftige Persönlichkeit des Oberbürgermeisters
Wallmann fehlte in Frankfurt – er war hessischer Ministerpräsident geworden –, und sein Nachfolger Wolfram Brück hat nie
dessen Popularität erreichen können.

Schon im März 1989 verbreitete sich in Bonn das Gerücht,
der Kanzler werde nach seinem Osterurlaub das Kabinett

umbilden, um mit einer veränderten Mannschaft wieder für frischen Wind in der Regierungspolitik zu sorgen. Noch vor seinem Osterurlaub beriet sich Helmut Kohl mit den Partei- und Fraktionsspitzen der Koalition, um Akzente in der Politik zu diskutieren, über die er im Urlaub nachdenken wollte.

Am 20. März legte der FDP-Vorsitzende Otto Graf Lambsdorff ein klares Bekenntnis zur Koalition ab. Er bezeichnete die FDP als stabilen Faktor der Koalition.

Gegen Ende seiner Fastenkur besuchte ich wie üblich den Kanzler in Bad Hofgastein. Auch Regierungssprecher Friedhelm Ost und Juliane Weber waren dabei. Der Kanzler besprach in groben Zügen mit uns die von ihm geplante Kabinettsumbildung, ohne aber schon das ganze Ausmaß zu erkennen zu geben, vor allem war noch nicht die Rede davon, daß er auch den Regierungssprecher auswechseln würde.

Die wichtigsten Ergebnisse der Kabinettsumbildung waren, daß der CSU-Vorsitzende Theo Waigel den bisherigen Amtsinhaber Gerhard Stoltenberg als Finanzminister ablöste, der seinerseits ins Verteidigungsressort wechselte, wo Rupert Scholz nach nur wenigen Monaten Amtsdauer ausschied. Scholz, ein hochintelligenter Jurist, hatte in seiner Amtszeit viel Pech gehabt. Die Flugschaukatastrophe in Ramstein, der Absturz eines amerikanischen Militärflugzeuges in ein Wohngebiet in Remscheid und anderes mehr hatten ihm seine Amtsführung schwer gemacht. Er blieb aber in der Politik, ist stellvertretender CDU-Vorsitzender von Berlin und gehört noch heute dem Bundestag an. Ausscheiden mußte auch Wohnungsbauminister Oscar Schneider. An seine Stelle rückte die CSU-Abgeordnete Gerda Hasselfeldt, die erst 1987 in den Bundestag eingezogen war. Eine wichtige Änderung gab es auch im Innenministerium, in das Wolfgang Schäuble einzog. Neuer Chef im Bundeskanzleramt wurde der bisherige parlamentarische Geschäftsführer der CDU/CSU-Bundestagsfraktion, Rudolf Seiters.

Aber die für meine Arbeit einschneidendste Maßnahme des Kanzlers war die Berufung von Hans Klein zum Regierungssprecher im Ministerrang. Friedhelm Ost hatte zwar schon einmal zu einem früheren Zeitpunkt gesagt, er wäre nicht abgeneigt, das Amt des Regierungssprechers gegen eine andere

Tätigkeit zu tauschen, aber so früh hatte er nicht mit seiner Abberufung gerechnet, zumal der Kanzler noch während unseres Besuches in Hofgastein kein Wort davon erwähnt hatte. Ich glaube auch, daß Helmut Kohl zu diesem Zeitpunkt noch nicht zu diesem Schritt entschlossen war. Unser Treffen hatte am 30. März stattgefunden. Eine gute Woche später, am Sonntag, dem 9. April, bat mich der Kanzler, ihm die Privatnummer von Minister Klein zu besorgen. Da ging mir ein Licht auf, daß in die schon lange geplante Kabinettsumbildung auch das Amt des Regierungssprechers einbezogen werden könnte.

Im Vorfeld hatte man vielfach das Gerücht gehört, die CSU würde gerne Hans Klein als Regierungssprecher sehen, nicht weil sie mit der sachlichen Leistung von Friedhelm Ost nicht einverstanden gewesen wäre, sondern weil sie sich viel von dem bei den Bonner Journalisten beliebten Johnny Klein versprach, den viele noch aus seiner aktiven journalistischen Zeit oder als Olympia-Pressechef des Jahres 1972 kannten und der auch für originelle Ideen bekannt war. Als ich dann hörte, daß der Kanzler Friedhelm Ost zu einem Gespräch gebeten hatte, fühlte ich mich als Freund verpflichtet, Ost schonend auf die Möglichkeit vorzubereiten, daß er möglicherweise sein Amt werde aufgeben müssen. Trotzdem kam er nach dem Gespräch mit dem Kanzler deprimiert in mein Büro, aber er akzeptierte die Entscheidung Helmut Kohls, der ihm anbot, er solle ihm auch weiter als wirtschaftspolitischer Berater zur Verfügung stehen. Ost war damit auch einverstanden, aber daraus wurde nichts, denn sein Weg führte ihn in den Bundestag.

Er versuchte als gelernter Bankkaufmann zunächst, in dieser Branche Fuß zu fassen, ging dann aber doch zum Deutschen Bergbauverband, ein Tätigkeitsfeld, das für ihn als Sohn des Ruhrgebietes (er stammt aus Castrop-Rauxel) sehr nahelag. Rechtzeitig vor der ersten gesamtdeutschen Bundestagswahl machte ihm dann die CDU Paderborn das Angebot, als ihr Direktkandidat für den Bundestag nominiert zu werden. Friedhelm Ost willigte ein. Sein Herz hing doch noch sehr an der Politik. Mit Feuereifer stürzte er sich in die Kampagne für seine Nominierung und später dann in den Wahlkampf, bei dem ich einmal mit ihm zusammen in einer Podiumsdiskussion in

Paderborn aufgetreten bin. Er holte den Wahlkreis mit rund 57 Prozent für die CDU und erhielt an Erststimmen noch einmal eineinhalb Prozent mehr als seine Partei. In der neuen Bundestagsfraktion wurde er wegen seiner profunden wirtschaftspolitischen Kenntnisse zum Vorsitzenden des Wirtschaftsausschusses des Bundestages nominiert und gewählt, ein Amt, das er bis 1994 ausübte. Mit ihm und seiner Familie habe ich bis heute immer noch Kontakt. Wir tauschen häufig unsere Meinungen aus, auch wenn wir manchmal kontrovers diskutieren, was der Sache nur guttut.

Der neue Regierungssprecher Johnny Klein war für mich kein Unbekannter. Da ich Bonner Oldtimer bin, hatte ich ihn noch als Journalisten von Tageszeitungen und Illustrierten erlebt, später auch als Berater in Ludwig Erhards Team und danach als Abgeordneten der CSU und wiederum als Journalisten, eine Tätigkeit, die er nie aufgab. Johnny Klein ist ein begabter Pressemann, ihm liegt vor allem die Kunst des Erzählens. Davon legt sein Buch über seine Erlebnisse während der Bemühungen um die deutsche Einheit beredtes Zeugnis ab, in dem er zum Beispiel die Begegnung des Kanzlers mit Michail Gorbatschow im Kaukasus schildert, wo er einer der wenigen Teilnehmer der Gespräche auf der Datscha Gorbatschows war. Der Titel des Buches lautet denn auch: »Es begann im Kaukasus«.

Einen Eindruck von Kleins journalistischer Begabung erhielt ich während meiner Zusammenarbeit mit Karl Carstens Mitte der siebziger Jahre. Während des Hamburger Parteitages der CDU wollte Johnny Klein ein Interview mit Carstens im Hotel »Plaza« machen. Da er aber wohl in der Nacht lange mit Journalistenkollegen diskutiert hatte, war er nur unzureichend präpariert. Deshalb schlug er Carstens vor, er werde ihm nur jeweils ein Stichwort geben und er könne sich dann dazu äußern. Die Stichworte gingen von NATO bis Familie und waren recht zahlreich. Einige Tage später legte mir Johnny Klein das komplette Interview vor, mit Fragen und Antworten – und es war glänzend durchformuliert.

Klein fand sich in dem neuen Job des Regierungssprechers schnell zurecht. Wie schon die anderen Regierungssprecher Helmut Kohls arbeitete er eng mit dem Kanzleramt zusammen

und hier besonders mit dem neuen Kanzleramtschef Rudolf Seiters und mir, aber auch mit Horst Teltschik und Peter Hartmann, 1989 noch Teltschiks Stellvertreter und ab 1991 sein
Nachfolger (auswärtige Politik) sowie mit Johannes Ludewig
(Wirtschaft). Die Wochenenden verbrachte er allerdings zur
Pflege seines Wahlkreises meist in München. Wir hielten dann,
so gut es ging, telefonischen Kontakt, und in der Zeit seiner
Bewerbung um das Amt des Münchner Oberbürgermeisters war
es für ihn manchmal nicht leicht, seine Zeit zwischen den verschiedenen Aufgaben richtig einzuteilen. Immer aber stand die
Informationsbeschaffung, wie auch schon in den früheren Jah-
ren, an oberster Stelle unserer gemeinsamen Bemühungen.

Johnny Klein hatte den Vorteil, daß er als Minister an vielen
Gesprächen teilnehmen konnte, was den Regierungssprechern
im Range beamteter Staatssekretäre nicht möglich gewesen
war. So nahm er wie selbstverständlich an den Koalitionsrunden teil (wenn es nicht die Runde der Partei- und Fraktionsvorsitzenden war) und auch an vielen Ministergesprächen. Diese
Privilegien, die dem Minister Klein zustanden, hat sich sein
Nachfolger als Regierungssprecher, Dieter Vogel, der »nur«
Staatssekretär ist, aber inzwischen auch erstritten. Alle Regierenden in Bonn taten sich gelegentlich schwer, ihre Sprecher zu
informieren, die ihre Aufgabe nur gut erfüllen können, wenn sie
möglichst viel wissen – nicht um alles auszuplaudern, sondern
um rechtzeitig falsche Meldungen zu korrigieren und zu überra-
schenden Fragen korrekt Stellung zu nehmen. Ich selbst habe
auch oft unter diesem Umstand gelitten, auch wenn alle Welt
glaubte, ich sei immer gut informiert gewesen.

Die Kabinettsumbildung brachte dem Kanzler zunächst einmal mehr Spielraum. Inzwischen hatte er auf sieben Positionen
die Minister gewechselt und auch vier Parlamentarische Staatssekretäre ersetzt. Die CSU verfügte durch Bundesminister Klein
sogar über einen Ministerposten mehr als vorher. Bis zur
Sommerpause hatte der Kanzler im Jahre 1989 auch keine
großen Auslandsverpflichtungen mehr, wenn man von den obligatorischen Konsultationsgesprächen mit Frankreich, Großbritannien und Italien absieht oder von den Treffen im Europäischen Rat.

Ein großes Ereignis war da schon der Weltwirtschaftsgipfel in Paris vom 13. bis 16. Juli 1989, der mit den Feiern zum 200. Jahrestag der Französischen Revolution zusammenfiel. Präsident Mitterrand ließ dabei die ganze Pracht entfalten, zu der die französische Nation fähig ist, zumal gerade das neu errichtete französische Kongreßzentrum in Paris eröffnet worden war.

In den Sommermonaten und im Frühherbst des Jahres 1989 richtete sich das politische Interesse in Bonn mehr auf die Innenpolitik und hier speziell auf die Lage in der CDU. Den Bonner Beobachtern blieb nicht verborgen, daß die Spannungen zwischen dem Bundeskanzler und Parteivorsitzenden und dem Generalsekretär Heiner Geißler immer größer geworden waren. Ein Versuch des Kanzlers, Heiner Geißler wieder in das Kabinett zurückzuholen, scheiterte an dessen Widerstand. Der Kanzler hatte überlegt, dem gelernten Juristen Geißler das Innenministerium anzubieten. Zunächst sah es auch so aus, als ob Geißler das Angebot annehmen würde. Schließlich sagte er aber kurz vor dem 13. April, dem Tag der Kabinettsumbildung, mit der Begründung ab, er könne so kurz vor der Wahl im nächsten Jahr das Amt des Generalsekretärs nicht verlassen – und eine Doppelfunktion als Minister und Generalsekretär lehnte der Kanzler ab. In Tat und Wahrheit wollte Heiner Geißler die Hand in der Partei frei haben – wo er sich mit dem Bundesgeschäftsführer Peter Radunski, seinem Berater Wulf Schönbohm, dem Personalchef Rüdiger Mai und dem Pressesprecher der Partei, Jürgen Merschmeier, eine ihm treu ergebene Arbeitstruppe aufgebaut hatte, die auch seinen politischen Vorstellungen, die in der Partei und mit der Schwesterpartei CSU zu erheblichen Diskussionen geführt hatten, absolut zustimmte.

Ich war oft Zeuge von lebhaften Telefonaten zwischen Helmut Kohl und Heiner Geißler, die vor allem deutlich machten, daß in einer Reihe von Fragen keine Übereinstimmung mehr zwischen den beiden Spitzenpolitikern der CDU bestand. Es ging meist um Äußerungen Heiner Geißlers, die in der Partei auf Widerstand gestoßen waren, weil er den Eindruck erweckte, er wolle die Achse der Politik der Union stärker nach Mitte-Links hin verlagern. Dabei ging es nicht um Fragen der Tagespolitik, wie die Einführung der Quellensteuer auf Zinserträge, die Theo

Waigel mit Zustimmung des Koalitionspartners FDP schon
wenige Wochen nach seiner Amtsübernahme als Finanzminister wieder abschaffte. Es ging auch nicht um die von der NATO
gewünschte Modernisierung atomarer Kurzstreckenraketen,
die die Bundesregierung nicht mitmachen wollte. Heiner Geißler zielte auf das Selbstverständnis der CDU insgesamt.

Die parteiinterne Diskussion war auch deshalb so schädlich,
weil am 18. Juni 1989 die Wahlen zum Europäischen Parlament
stattfanden und Streit innerhalb einer bürgerlichen Partei wie
der CDU ihre Wahlchancen immer mindert, während so etwas
bei der SPD oder den Grünen nicht als Streit, sondern als notwendige Diskussion ausgelegt wird. Der CDU wirft man aber
zugleich vor, in ihr werde zu wenig diskutiert, ein Dilemma, das
bis heute besteht.

So verkündete der Parteivorsitzende Helmut Kohl wenige
Tage vor der Europawahl am 5. Juni auf einer Sitzung des Bun-
desparteiausschusses in Bonn, die CDU befinde sich wieder im
Aufwind, wünsche keine Verbindungen zu Rechtsradikalen und
Grünen – und kündigte für den Zeitpunkt nach der Europawahl
eine Abrechnung mit seinen innerparteilichen Gegnern und Kritikern an.

Eine Woche vor der Europawahl kam Michail Gorbatschow
dann, wie bereits erwähnt, zum ersten Mal nach Bonn. Gorbatschow genoß inzwischen im Westen durch die Einleitung seines
Reformkurses große Popularität – und so wurde er überall von
der Bevölkerung begeistert empfangen. Sichtlich beeindruckt
davon erklärte er zum Abschluß seines ersten Besuchs in einer
Tischrede, der kalte Krieg zwischen Bonn und Moskau sei nun
vorbei. Kohl und Gorbatschow bekräftigten den festen Willen
zu enger Zusammenarbeit und Versöhnung, und in einer von
beiden Seiten als historisch gewürdigten Erklärung, hieß es,
»die Bundesregierung und die Sowjetunion bekennen sich zur
Selbstbestimmung und zu den Menschenrechten der Völker, zur
freien Wahl des politischen und gesellschaftlichen Systems und
zur Überwindung der Trennung Europas«.

Diesen Besuch Gorbatschows in Bonn, Stuttgart und Dortmund
habe ich unmittelbar in allen seinen Phasen miterlebt, wenn-

gleich ich natürlich nicht bei dem Tête-à-tête auf der Parkmauer dabei war. Doch es war deutlich zu spüren, daß sich Kohl und Gorbatschow menschlich immer näherkamen. Der Grundstein für die spätere Zusammenarbeit zwischen den beiden Staatsmännern, die schließlich ihre Früchte bei der Herstellung der deutschen Einheit tragen sollte, wurde bei diesem Besuch gelegt. Gorbatschows Abschied von Deutschland vor mehreren tausend Stahlarbeitern der Hoesch-AG in Dortmund bildete den Abschluß dieses eminent wichtigen Staatsbesuches.

Am 18. Juni 1989 brachten dann trotz aller zählbaren Erfolge des Kanzlers, besonders im außenpolitischen Bereich, die Europawahlen Verluste für die CDU und CSU, während die Republikaner, die man so sehr zu bekämpfen versucht hatte, erstmals in das Straßburger Europaparlament einzogen. Die CDU/CSU erhielt 37,7 Prozent, die SPD 37,3 Prozent, die Grünen 8,4 Prozent und die FDP 5,6 Prozent, während die Republikaner 7,1 Prozent erreichten, in Bayern sogar rund 15 Prozent. Das war ein Menetekel, das man beachten mußte, und das sofort zu neuem Streit über die Richtung der Politik der Union innerhalb der CDU und mit der Schwesterpartei CSU führte.

Als neues Thema kam die Frage der polnischen Westgrenze hinzu. Im Sommer 1989 machten viele Politiker, besonders der CSU, immer den Rechtsvorbehalt, daß die Oder-Neiße-Linie nur bis zum endgültigen Abschluß eines Friedensvertrages mit ganz Deutschland gelte. Die FDP glaubte, die CSU warnen zu müssen, die Grenzfrage zu diesem Zeitpunkt hochzuspielen, das könne den Koalitionsfrieden beeinträchtigen.

Am 21. Juli trat der Bundeskanzler seinen Sommerurlaub an, aus dem er am 18. August wieder zurückkehrte. In dieser Zeit fanden wichtige Weichenstellungen statt, sowohl was die deutsche Einheit betraf wie auch die Entwicklung in der CDU.

Angesichts der Kräfteverteilung zwischen den politischen Parteien versuchte die SPD, erste Kontakte mit den Grünen aufzunehmen, um auszutesten, ob eine Zusammenarbeit mit ihnen nach den Wahlen 1990 möglich erschien. Der SPD-Vorsitzende Jochen Vogel erklärte am 2. August 1989, daß er Kontakte von Politikern seiner Partei mit Politikern der Grünen dulde, nachdem in Berlin ein rot-grüner Senat gebildet worden war.

Wegen der anhaltenden Diskussionen über die polnische
Westgrenze nahm der Bundeskanzler in seinem ersten Fernseh-
interview während seines Sommerurlaubs dazu Stellung. Am
4. August empfing er in St. Gilgen am Wolfgangsee den Bonner
Büroleiter des ZDF, Wolfgang Herles. In dem am 7. August aus-
gestrahlten Interview betonte der Kanzler noch einmal die Gültigkeit des mit Polen abgeschlossenen Vertrags, wonach die
Bundesrepublik Deutschland die Oder-Neiße-Grenze als polnische Westgrenze anerkannte. Später, als es um die Herstellung
der deutschen Einheit ging, verpflichtete sich ganz Deutschland,
die Oder-Neiße-Grenze als endgültig anzuerkennen. Dieser
Schritt war notwendig, um die Zustimmung der Vier Mächte zur
Verwirklichung der deutschen Einheit zu bekommen. Der Kanzler – bei diesem Interview von Regierungssprecher Johnny Klein
betreut, der von seinem Wohnsitz am Chiemsee an den Wolfgangsee gefahren war – betonte, daß die Rechtslage bei dem
Polenvertrag völlig klar sei, daß nämlich die Bundesrepublik
Deutschland (die alte) diese Anerkennung ausgesprochen habe,
nicht mehr und nicht weniger.

In der gleichen Zeit verschärfte sich das Problem, daß immer
mehr Bewohner der DDR in den deutschen Vertretungen in Ost-
berlin, Budapest und Prag Zuflucht suchten, so daß sich die
Regierung genötigt sah, an die Bewohner in der DDR zu appellieren, auf solche Fluchtversuche zu verzichten. Die ständige
Vertretung der Bundesrepublik Deutschland in Ost-Berlin mußte
sogar vorübergehend geschlossen werden, weil der Andrang zu
groß geworden war – weit über hundert Flüchtlinge befanden
sich in dem Gebäude. Da ich während der Abwesenheit des
Kanzlers in Bonn die Stallwache zu halten hatte, war ich täglich
mit diesem Problem konfrontiert. Ich informierte den Kanzler
laufend über den neuesten Stand der Entwicklung und sprach
täglich mit Kanzleramtschef Seiters die notwendigen Schritte
durch. Im weiteren Verlauf des August machte ich Urlaub in
Südtirol, parallel zum Kanzler, weil ich in der Zeit unmittelbar
vor und während des CDU-Parteitags in Bremen vom 10. bis 12.
September wieder in Bonn zur Verfügung stehen wollte. Das
erwies sich auch als vorausschauend, weil sich die Diskussion
sowohl auf dem Gebiet der Deutschlandpolitik wie auch im

Bereich der parteiinternen Auseinandersetzungen weiter zuspitzte.

Die DDR-Führung nahm gegenüber den sogenannten Botschaftsflüchtlingen eine harte Haltung ein. Sie verlangte, daß die Bewohner der DDR wieder nach Hause zurückkehrten. Der Bundeskanzler sah sich veranlaßt, sich direkt an Erich Honecker zu wenden und ihn zu einer großzügigeren Ausreisepraxis zu bewegen. Die DDR-Führung zeigte erstmals Wirkung. Sie erklärte sich bereit, die Ausreiseanträge von Botschaftsflüchtlingen zu bearbeiten, unter der Bedingung, daß sie zunächst in die DDR zurückkehrten. In der Zwischenzeit gelangten immer mehr DDR-Bewohner auf dem Umweg über Ungarn und Österreich in die Bundesrepublik, eine Entwicklung, die in den nächsten Tagen und Wochen immer brisanter werden sollte.

Unmittelbar nach seiner Rückkehr aus dem Sommerurlaub entschied der Kanzler eine wichtige personalpolitische Frage. Nach langem Überlegen hatte er sich entschlossen, Heiner Geißler auf dem bevorstehenden Parteitag der CDU nicht wieder als Generalsekretär vorzuschlagen. An seiner Stelle wollte er den bisherigen stellvertretenden Vorsitzenden der CDU/CSU-Bundestagsfraktion und außenpolitischen Sprecher der Fraktion, Volker Rühe, ins Rennen schicken.

Am 22. August, vier Tage nach seiner Rückkehr aus dem Urlaub, ging der Kanzler in Bonn vor die Presse, um seine Entscheidung mitzuteilen. Nach der CDU-Satzung liegt das Vorschlagsrecht für den Generalsekretär allein beim Parteivorsitzenden. In den letzten Wochen hatte sich klar abgezeichnet, daß es zwischen Helmut Kohl und Heiner Geißler keine Vertrauensbasis mehr gab, so daß mit einer gedeihlichen Zusammenarbeit in den kommenden Jahren nicht mehr zu rechnen war. Bis zuletzt hatte man in Bonn darüber gerätselt, ob der Parteivorsitzende Kohl diesen Schritt wagen würde, da Geißler innerhalb der Partei durchaus über einen Anhang von Freunden verfügte. Helmut Kohl, der die Lage in seiner Partei wie kein anderer kannte, sah aber die größeren Risiken darin, Geißler im Amt zu lassen, weil die Streitereien um den Kurs der Partei anhalten würden.

Auch ich war mir darüber im klaren, daß dieser Schritt in

der Partei Turbulenzen auslösen würde, zumal Heiner Geißler nach der Entscheidung Helmut Kohls versuchte, diese als Richtungsänderung der Politik der Partei darzustellen. Die Sozialausschüsse und auch der stellvertretende Parteivorsitzende Lothar Späth kritisierten die Entscheidung. Helmut Kohl ließ sich aber durch solche Kritik nicht beirren, sondern bereitete sich in Ruhe auf den bevorstehenden Parteitag vor, der dann allerdings weit über die Personalie Generalsekretär hinaus noch sehr spannend wurde.

In den letzten Tagen vor der Entscheidung Helmut Kohls in der Generalsekretärfrage hatte es mehrere Kontakte zwischen Geißlers Pressesprecher, Jürgen Merschmeier, und mir gegeben, bei denen ich nicht vorherzusagen vermochte, wie sich der Parteivorsitzende entscheiden werde – wenn ich es auch zu ahnen glaubte. Am 21. August gab es dann das Gespräch Helmut Kohls mit Heiner Geißler, in dem er ihm seine Entscheidung mitteilte. Jürgen Merschmeier wartete das Ergebnis in meinem Büro ab. Als Geißler von seiner Absetzung erfuhr, war er sehr betroffen, aber er blieb dennoch gefaßt. Merschmeier riet Heiner Geißler sofort, noch vor der offiziellen Bekanntgabe vor die Presse zu gehen und zu Helmut Kohls Entscheidung Stellung zu nehmen. Die trotzig-selbstbewußte Art seines Auftritts vor der Bundespressekonferenz hat ihm aber in der Partei mehr geschadet als genützt. Und so war es für Helmut Kohl relativ leicht, am Tage danach seine Argumente dagegenzusetzen, zumal er mit Volker Rühe einen respektablen Kandidaten präsentieren konnte, der in Partei und Fraktion über ein beträchtliches Ansehen verfügte. Der Parteivorsitzende Kohl konnte darauf hinweisen, daß – nach zwölfjähriger Amtstätigkeit und bei zunehmenden Spannungen zwischen dem Vorsitzenden und seinem Generalsekretär – Geißlers Ablösung ein normaler Vorgang sei. Bis zum Beginn des Parteitages blieben jetzt nur noch zweieinhalb Wochen, die Helmut Kohl gut nutzte.

Am 28. August 1989, also eine Woche nach der Unterredung Helmut Kohls mit Heiner Geißler, traten in Bonn Präsidium und Parteivorstand der CDU zusammen. Es gab natürlich Kritik am Parteivorsitzenden, so von Lothar Späth, Norbert Blüm und Rita Süssmuth, aber sie fiel milder aus als erwartet, betraf mehr die

Formalie, daß die Führungsgruppe vorher nicht konsultiert worden sei. Außerdem verlangten diese drei Stellvertreter Kohls, daß die insgesamt sieben Stellvertreter des Parteivorsitzenden künftig konkrete Aufgabenbereiche zugewiesen bekämen. Dagegen konnte und wollte Helmut Kohl nichts einwenden.

In den verbleibenden acht Tagen bis zum Parteitag verdichteten sich in Bonn die Informationen, eine Gruppe führender Unionspolitiker, an der Spitze Heiner Geißler, Lothar Späth, Norbert Blüm und Rita Süssmuth, hätten einen Plan ausgeheckt, Helmut Kohl auf dem Bremer Parteitag als Parteivorsitzenden abzulösen und ihn durch Lothar Späth zu ersetzen – mit dem Fernziel, daß er dann später auch auf sein Amt als Kanzler verzichten sollte.

Als ich Helmut Kohl von diesen Gerüchten berichtete, reagierte er gelassen und quittierte das Geraune mit dem Satz: »Dann soll doch einer gegen mich antreten. Ich kenne die Partei besser als alle Kollegen und sehe der Sache mit Ruhe entgegen.«

Auch als sich der »Spiegel« und einige Tageszeitungen mit den angeblichen Umsturzplänen in der CDU-Führung befaßten, blieb Helmut Kohl immer noch ruhig. Sogar als ihm berichtet wurde, daß sich die genannte Gruppe im Gästehaus der baden-württembergischen Landesvertretung in Bonn getroffen habe und Lothar Späth sich dabei bereit erklärt habe, gegen Helmut Kohl zu kandidieren, änderte sich seine Gemütslage nicht. »Soll er doch antreten«, war sein Kommentar. »Ihr werdet schon sehen, daß der Parteitag so etwas nicht mitmacht.«

In der Tat hatte Kohl einen ausgezeichneten Einblick in die Stimmungslage der Partei. Vor allem die Bundestagsabgeordneten waren es, die ihm die Situation in ihren jeweiligen Wahlkreisen genau schilderten. Aber auch im Kanzleramt saßen natürlich Politiker, die Wahlkreise in verschiedenen Regionen Deutschlands vertraten und genau wußten, wie es bei ihnen daheim an der Basis zuging.

Noch am Samstag, dem 9. September 1989, berichtete die in Essen erscheinende Westdeutsche Allgemeine (WAZ) von Umsturzüberlegungen bei führenden CDU-Politikern, was die Spannung erhöhte. Als erster distanzierte sich dann Norbert

Blüm noch vor dem Parteitag von derartigen Plänen. Und Helmut Kohl behielt recht, wie der Parteitag zeigte. Sowohl er wie auch sein neuer Generalsekretär wurden mit beachtlichen Stimmenergebnissen in ihren Ämtern bestätigt, beziehungsweise neu gewählt. Bei der Wahl der sieben Stellvertreter erreichte Lothar Späth nicht mehr die erforderliche Mehrheit, worauf er auch nicht mehr für den Bundesvorstand kandidierte. Er zog sich schmollend zurück.

Der Ablauf des gesamten Parteitages war ein einziger Triumph für Helmut Kohl. Er bat Lothar Späth, auch ohne ein Amt in der Partei weiter mitzuarbeiten, was dieser aber nicht wollte. Statt dessen trat er einige Zeit später auch von seinem Amt als Ministerpräsident von Baden-Württemberg zurück. In der Presse hatte ein Trommelfeuer gegen ihn eingesetzt, mit Vorwürfen, er habe das Staatsamt nicht genügend von privaten Interessen und von Vergünstigungen abgegrenzt, die er in Anspruch nahm. Er hat sich lange gegen diese Anschuldigungen gewehrt, gab aber schließlich doch knapp ein Jahr nach dem CDU-Parteitag auf und ist heute bei den »Zeiss-Optik«-Werken in Jena tätig. Ein Comeback in die Politik hat er nie mehr versucht.

Nunmehr hatte Helmut Kohl die Hände frei. Er war der unbestrittene Kanzler und Parteivorsitzende. Kohl hatte bei seiner erneuten Wahl zum Parteivorsitzenden 571 von 738 Stimmen erhalten – nach den turbulenten Auseinandersetzungen innerhalb der Partei ein beachtliches Ergebnis, auch wenn es das schlechteste seit seinem Amtsantritt als Parteivorsitzender im Jahre 1973 war. Lothar Späth mußte sich mit 357 Stimmen begnügen. Volker Rühe dagegen wurde mit 84 Prozent der Stimmen gewählt – Vorschußlorbeeren für den neuen Mann –, und Heiner Geißler erhielt knappe 57 Prozent bei seiner Wahl zum stellvertretenden Parteivorsitzenden. Wolfgang Schäuble bekam mit 93 Prozent die höchste Stimmenzahl. Mit diesem Bremer Parteitag begann der steile Aufstieg Wolfgang Schäubles, der neben seinem Regierungsamt als Bundesinnenminister nun auch in der Partei ein großes Stück nach vorne gekommen war.

Der Kanzler wurde aber vor und auf dem Bremer CDU-Parteitag nicht nur durch Gegner aus den eigenen Reihen bedrängt:

Er hatte auch gesundheitliche Probleme. Kurz vor dem Parteitag wurde bei einer medizinischen Untersuchung festgestellt, daß eine Prostataoperation dringend erforderlich war. Kohl verschob aber den Termin bis nach dem Parteitag und wurde dann am 15. September 1989 in Mainz von Professor Rudolf Hohenfellner operiert. Während der Tage in Bremen betreute ihn Professor Walter Möbius vom Bonner Johanniter-Krankenhaus. Der Kanzler hatte starke Schmerzen, aber er ertrug sie mit stoischer Gelassenheit. Niemand hat auf dem Parteitag etwas von seiner Erkrankung gemerkt, er wollte es so. Der Kreis der Eingeweihten war sehr klein – und die, die es wußten, hielten dicht.

10 DER KAMPF UM DIE EINHEIT BEGINNT

Da das Problem der Flüchtlinge aus der DDR ab Sommer 1989 immer drängender wurde, vor allem was die Situation in Ungarn betraf, versuchte Helmut Kohl zusammen mit Außenminister Genscher und unterstützt von seinem außenpolitischen Berater, Horst Teltschik, der besonders gute Beziehungen zu István Horváth, dem damaligen ungarischen Botschafter in Bonn hatte, einen möglichst engen Kontakt zur ungarischen Regierung aufzubauen. Nach sorgfältiger Vorbereitung kam es bereits eine Woche nach der Rückkehr Helmut Kohls aus dem Urlaub zu einer Begegnung zwischen dem Bundeskanzler, Außenminister Genscher, dem ungarischen Ministerpräsidenten Miklós Nèmeth und seinem Außenminister Gyula Horn auf Schloß Gymnich bei Bonn, das damals noch der Bundesregierung als Gästehaus diente. Das Treffen fand unter höchster Geheimhaltung statt, und die Presse kam auch zunächst nicht dahinter, obwohl die Ungarn mit einer Sondermaschine auf dem Flughafen Köln-Bonn landeten. (Schon während seines Sommerurlaubes in St. Gilgen hatte der Kanzler einen ersten telefonischen Kontakt mit den ungarischen Reformpolitikern gehabt. Auch dieser Kontakt konnte geheimgehalten werden.) Erst als die Gäste Helmut Kohls nach ihrem Besuch auf Schloß Gymnich wieder in Ungarn waren, wurden die Medien gewahr, daß es die Begegnung gegeben hatte. Bei diesem Treffen sicherten die beiden ungarischen Politiker ihren deutschen Kollegen zu, keinen »DDR-Bürger« gegen seinen Willen aus Ungarn in die DDR zurückzuschicken. Das war ein großer Fortschritt – und die Ungarn nahmen damit große Wagnisse auf sich und riskierten eine Krise mit ihren Verbündeten im Ostblock. In der Zeit danach wurden in der Bundesrepublik Deutschland alle Vorkehrungen getroffen, um den zu erwartenden Ansturm von

Flüchtlingen bewältigen zu können. Der Kanzler forderte die DDR-Führung mehrmals auf, Reformen in ihrem Herrschaftsbereich einzuführen, um so das Problem zu mildern. Honecker ließ sich aber auf nichts ein, so daß die Bundesregierung nur immer wieder an Ungarn appellieren konnte, seinen humanitären Kurs beizubehalten.

Am 8. September 1989 kehrten nach zähen Verhandlungen, in die sich auch Kanzleramtsminister Seiters persönlich eingeschaltet hatte, alle DDR-Bewohner, die in der Ständigen Vertretung Bonns in Ost-Berlin Zuflucht gesucht hatten, in ihre Heimatorte zurück, in der Hoffnung, bald eine Ausreisegenehmigung zu erhalten, obwohl die DDR-Führung keine direkte Zusage gemacht hatte.

Der 10. September 1989 wurde dann der Schlüsseltag für die Lösung des Flüchtlingsproblems in Ungarn. Die ungarische Regierung gestattete an diesem Tag 6000 Deutschen aus der DDR offiziell die Ausreise aus Ungarn. Es war ein Schritt, der später als Versuch gewertet wurde, einen ersten Stein aus der Mauer herauszubrechen.

Um 20 Uhr gaben der ungarische Außenminister Horn und Bundesaußenminister Genscher diesen Schritt der ungarischen Regierung im Fernsehen bekannt. Um 20.15 Uhr konnte Helmut Kohl während des traditionellen Presseempfangs auf dem CDU-Parteitag in Bremen den Ungarn seinen Dank für ihre mutige und humanitäre Hilfe aussprechen – ein glückliches Timing. Er gab dabei die Versicherung ab, daß die Bundesrepublik Deutschland diese Haltung Ungarn nie vergessen werde.

Ungarn erhielt daraufhin einen Kredit von 500 Millionen D-Mark, über den schon fast ein Jahr lang verhandelt worden war, und Helmut Kohl bemühte sich auch in den späteren Jahren immer wieder, dem Land zu helfen. Der kürzlich verstorbene ungarische Ministerpräsident József Antall, der als Sieger aus den ersten freien Wahlen in Ungarn hervorging, war auch ein persönlicher Freund des Kanzlers. Beide trafen sich regelmäßig oder telefonierten miteinander, wann immer Probleme auftraten – und die gab und gibt es in Ungarn auch nach der Herstellung der Demokratie mehr als genug. Der Ausgang der ungarischen Parlamentswahlen vom Mai 1994 beweist das.

Der Botschafter István Horváth, der sich bei der Bewältigung des Flüchtlingsproblems große Verdienste erworben hatte, arbeitete auch unter der neuen Regierung weiter und schied erst Mitte 1992 aus dem diplomatischen Dienst aus. Heute ist er in Budapest für mehrere Firmen tätig, hält aber noch immer engen Kontakt zu Deutschland und besucht mich gelegentlich im Kanzleramt. Horváth und seine Frau Elke, die aus Berlin stammt, waren übrigens reizende Gastgeber in Bonn. Ihre Einladungen waren sehr gefragt. Oftmals bin ich mit meiner Frau bei ihnen zu Gast gewesen.

In der DDR selbst wuchs inzwischen der Unmut der Bevölkerung, und bereits im September 1989 entstanden erste Bürgerbewegungen, wie »Demokratie jetzt« oder »Neues Forum«, die de facto illegal waren. Die DDR versuchte durch verstärkte Kontrollen an der Grenze zur Tschechoslowakei den Flüchtlingsstrom nach Ungarn zu bremsen, allerdings ohne großen Erfolg. Auch in der deutschen Botschaft in Prag war die Zahl der Flüchtlinge im September 1989 schon auf über hundert gestiegen, und auch diese diplomatische Vertretung mußte vorübergehend geschlossen werden.

Am 11. September 1989 fand dann in Leipzig im Anschluß an den Montagsgottesdienst in der Nikolai-Kirche eine erste große Demonstration statt, an der etwa 8000 Menschen teilnahmen. Sie forderten Menschenrechte, Versammlungsfreiheit und Meinungsfreiheit sowie die Freilassung von Häftlingen, die bei früheren Demonstrationen festgenommen worden waren. Die DDR-Behörden ließen weitere 50 Demonstranten verhaften.

In der gleichen Zeit besuchte der sächsische SED-Chef Hans Modrow auf Einladung der SPD Stuttgart, obwohl die DDR kurz zuvor Horst Ehmke und einer SPD-Delegation die Einreise in die DDR verweigert hatte. Später, in der Endphase der DDR, wurde Modrow noch deren Ministerpräsident, und nach der Wiedervereinigung saß er bis 1994 als Abgeordneter der SED-Nachfolgepartei PDS im Deutschen Bundestag.

Ende September 1989 wurde die Situation in der mit Flüchtlingen überfüllten deutschen Botschaft in Prag immer schwieriger. Zuletzt hielten sich bis zu 5500 Menschen aus der DDR in der Botschaft und dem anliegenden Gartengelände auf. Auch in der deutschen Botschaft in Warschau wuchs die Zahl der DDR-Flüchtlinge auf mehrere Hundert an. Jetzt endlich gab die DDR-Führung nach und ließ die Botschaftsflüchtlinge von Prag und Warschau in Sonderzügen durch die DDR in die Bundesrepublik ausreisen. Insgesamt handelte es sich um weit mehr als 6000 Menschen, die ausreisen durften. Aber schon wenige Tage danach waren erneut 1500 Bewohner der DDR in die beiden Botschaften geflüchtet, was in Prag und Warschau zu erheblicher Verärgerung führte.

In Leipzig wuchs jeden Montag die Zahl der Demonstranten, die im Anschluß an den Gottesdienst in der Nicolai-Kirche für eine Demokratisierung in der DDR eintraten.

Bei den Ereignissen, die dann am 30. September und am 1. Oktober in Prag folgten, war ich bestens informiert. Da das Kanzleramt für die Ständige Vertretung in Ost-Berlin wie überhaupt für die Verhandlungen mit der DDR zuständig war, fielen auch die Flüchtlinge in Prag unter diese Zuständigkeit – obwohl für die Botschaften in Prag und Warschau selbst natürlich das Auswärtige Amt die Verantwortung hatte –, so daß ich über Kanzleramtsminister Seiters und seinen damaligen Büroleiter, Manfred Speck, stets alle Einzelheiten erfuhr.

Am 30. September hatte vormittags das Gespräch zwischen Seiters, Genscher und dem DDR-Botschafter Horst Neubauer stattgefunden, das schließlich den Durchbruch brachte. Außenminister Genscher hatte in den Tagen zuvor schon in New York bei den Vereinten Nationen Gespräche mit seinen polnischen und tschechischen Kollegen und dem Außenminister der DDR, Oskar Fischer, geführt, die den Weg dazu ebneten, daß die Botschaftsflüchtlinge ausreisen konnten.

Nach diesem entscheidenden Treffen teilte mir Manfred Speck mit, daß noch am Nachmittag des 30. September, einem Samstag, der Bundesaußenminister Genscher mit Minister Seiters nach Prag fliegen würde, um dort den Flüchtlingen die Möglichkeit ihrer Ausreise anzukündigen. Bis zu ihrem Eintreffen in Prag mußte allerdings strengstes Stillschweigen gewahrt werden. Aber noch während die beiden Minister in der Luft waren, teilte das Auswärtige Amt den Nachrichtenagenturen bereits mit, daß sich der Außenminister auf dem Weg nach Prag

befinde. Ich hatte dann alle Hände voll zu tun, den Journalisten
klarzumachen, daß Hans-Dietrich Genscher nicht allein, sondern zusammen mit Rudolf Seiters reiste, der die Verhandlungen maßgeblich mitgeführt hatte.

Die unbeschreiblichen Szenen, als der Außenminister am
Abend dieses Tages vom Balkon der deutschen Botschaft, dem
Palais Lobkowitz, den Flüchtlingen ihre Ausreisemöglichkeit
mitteilte, sind unvergessen. Die Rolle, die Rudolf Seiters dabei
gespielt hat, ist bei der Würdigung leider immer zu kurz gekommen, wobei ich das Engagement von Hans-Dietrich Genscher
nicht schmälern will.

In der Nacht vom 30. September auf den 1. Oktober (Sams-
tag/Sonntag) koordinierte Manfred Speck die einzelnen Dienst-
stellen, einschließlich der Bundesbahn und der Reichsbahn. Er
schlief in der Nacht in seinem Büro im Kanzleramt, um keine
Nachricht zu verpassen. Ab Sonntagmorgen rollten die ersten
Züge mit den Flüchtlingen in Richtung Bundesrepublik Deutschland. Hinter mir lag eines der aufregendsten Wochenenden, das
ich jemals in den 40 Jahren meiner Bonner Tätigkeit erlebt
habe.

Eine Woche nach diesem Ereignis feierte die DDR den
40. Jahrestag ihres Bestehens, und auch der sowjetische Präsident Gorbatschow gab den Herren in Ost-Berlin die Ehre. Aber
er ließ deutlich erkennen, daß er nicht mehr daran glaubte, daß
der Kurs der DDR-Führung noch lange beibehalten werden
konnte. Das deutete er in seiner offiziellen Rede an, in der er die
DDR-Führung aufforderte, mit allen gesellschaftlichen Kräften
zusammenzuarbeiten. Aber er wurde im Gespräch mit Ost-Berliner Bürgern noch deutlicher, als er den historischen Satz aussprach: »Wer zu spät kommt, den bestraft das Leben!« – ein
unüberhörbarer Hinweis darauf, daß er von der DDR Reformen
forderte. Wenige Tage danach, am 7. Oktober 1989, wurde in
der DDR unter dem Kürzel SDP eine sozialdemokratische Partei
gegründet.

Bei den offiziellen Feiern zum 40. Jahrestag kam es in Ost-
Berlin zu heftigen Demonstrationen, bei denen die Polizei brutal
einschritt. Ähnlich ging es in anderen Städten der DDR zu.
Einen Tag später demonstrierten daraufhin in Leipzig 70 000

Menschen friedlich für Reformen und demokratische Erneuerung. Die Polizei griff diesmal nicht ein. Das war der eigentliche Beginn der friedlichen Revolution in der DDR, die von da an nicht mehr zu stoppen war.

Erich Honecker geriet durch diese Vorgänge immer weiter unter Druck. Zum ersten Mal wurde in diesen Tagen von seinem bevorstehenden Rücktritt gesprochen. Zwar wurden die festgenommenen Demonstranten wieder freigelassen, aber der Druck auf die SED-Führung blieb. Im Kanzleramt waren wir täglich mit diesem Thema befaßt.

Am 18. Oktober 1989 trat Erich Honecker als Generalsekretär der SED zurück. Seine Rolle übernahm der bisherige »Kronprinz« Honeckers, Egon Krenz. Auch die Politbüro-Mitglieder Günter Mittag (Wirtschaft) und Joachim Herrmann (Presse) schieden aus. Krenz wurde auch der neue Staatsratsvorsitzende der DDR.

Eine Woche nach der Amtsübernahme von Egon Krenz telefonierte der Bundeskanzler zum ersten Mal über die Sonderleitung mit ihm. Ich durfte das Gespräch mit anhören. Krenz machte den Eindruck eines Technokraten, der an praktischen Lösungen im innerdeutschen Verhältnis interessiert war. Helmut Kohl erklärte sich im Interesse der Menschen sogar zu einem Treffen mit ihm bereit.

Nacheinander gaben die führenden SED-Politiker und Gewerkschafter, wie der FDGB-Vorsitzende Harry Tisch und die Vorsitzenden der Blockparteien, Gerald Götting (Ost-CDU) und Heinrich Homann (NDPD), ihre Ämter auf. Am 4. November fand in Ost-Berlin die bis dahin größte Demonstration mit mehr als einer halben Million Menschen statt, die gegen den Alleinvertretungsanspruch der Kommunisten gerichtet war. Am gleichen Tag erhielten alle DDR-Bürger Ausreisegenehmigungen in die Bundesrepublik Deutschland für 50 Tage. Am 7. November 1989 trat die gesamte DDR-Regierung unter Ministerpräsident Willi Stoph zurück. Am Tag darauf stellte die neue SED-Führung den DDR-Bürgern freie Wahlen in Aussicht. Und dann kam der entscheidende 9. November 1989, der Tag, an dem sich die Mauer öffnete.

11 DIE MAUER FÄLLT

Am 9. November 1989 startete Bundeskanzler Helmut Kohl mit einer größeren Delegation zu seiner seit langem beabsichtigten Reise nach Polen. Die Stationen waren Warschau, Tschenstochau, Auschwitz, Kreisau (früher Niederschlesien) und Krakau. Lange war über die Reiseroute diskutiert worden. Zunächst war auch eine Station auf dem Annaberg im ehemaligen Oberschlesien geplant, einer für Deutsche wie Polen wichtigen historischen Stätte.

Schließlich entschied sich der Kanzler aber doch für einen Besuch in Kreisau in Niederschlesien, dem Gut des Grafen Moltke, der den nach diesem Gut benannten Widerstandskreis im Dritten Reich ins Leben gerufen hatte. Der Kanzler sah diesen Programmpunkt als einen der wichtigsten auf dieser Reise an. Und die Symbolik, die in dem gemeinsamen Gottesdienst von Polen und Deutschen lag, bei dem er mit dem polnischen Ministerpräsidenten Mazowiecki während eines Gottesdienstes den Bruderkuß austauschte, war unübersehbar. Das Zweite Deutsche Fernsehen übertrug diesen Gottesdienst live. Der Oppelner Bischof Nossol zelebrierte die Messe und predigte in deutsch und polnisch. Leider konnte ich das nicht persönlich erleben, aber ich habe die Fernsehbilder noch gut in Erinnerung und vor allem den begeisterten Bericht des Kanzlers nach seiner Rückkehr.

Aber bis Helmut Kohl nach Kreisau kam, ereignete sich noch Dramatisches. Am ersten Tag seines Besuches in Warschau faßte der DDR-Ministerrat einen für undenkbar gehaltenen Beschluß. Nach der Massenflucht von rund 120 000 Menschen innerhalb weniger Monate öffneten die neuen Ostberliner Machthaber die Grenzen. Nunmehr durften alle Bürger der DDR kurzfristig und ohne Formalitäten Reisen »ins Ausland« unternehmen oder die DDR ganz verlassen, wie der Berliner SED-Vorsitzende und Politbüromitglied Günter Schabowski gegen 19 Uhr auf einer Pressekonferenz mitteilte.

Das war das Startsignal für ein ganzes Land und besonders für eine Stadt: Berlin. Bald nach der Meldung, auf die die Menschen in der DDR ein halbes Leben gewartet hatten, strömten Ostberliner scharenweise in Richtung Mauer. Die Grenzschützer hatten offenbar noch keine Anweisungen erhalten. Die Lage war unklar, wie so vieles in den Wochen zuvor, aber nach anfänglichem Zögern ließen sie die Menschen passieren. Im Laufe des Abends und der Nacht spielten sich dann in West-Berlin und an der Mauer unbeschreibliche Szenen ab. Wildfremde Menschen lagen sich lachend und weinend in den Armen, Sektkorken knallten, die Mauer wurde erklettert (und an manchen Stellen sogar schon aufgebrochen), ein endloser Strom von »Trabis« ergoß sich in den Westteil Berlins.

Vor dem Fernseher in meinem Büro verfolgte ich diesen hochdramatischen, bewegenden Abend.

Zur gleichen Zeit, als Günter Schabowski seine Pressekonferenz gab, hatte im Kanzleramt eine Besprechung stattgefunden, in der Minister Seiters mit einigen Mitgliedern der Koalition die Lage zwischen »den beiden Staaten in Deutschland« erörterte, wie die offizielle Sprachregelung damals lautete. Als ich über die Agentur Reuter von Schabowskis sensationeller Ankündigung erfuhr, platzte ich dort hinein und sagte: »Leute, die Mauer fällt.« Die Runde war sprachlos. Mit einer so raschen Entwicklung hatte man nicht gerechnet. Die Herren beendeten sofort die Sitzung, und Minister Seiters ging hinüber in den Bundestag, der noch tagte, und überbrachte die sensationelle Nachricht. Nach kurzer Überraschung erhoben sich die Abgeordneten im Plenum und sangen spontan die Nationalhymne – eine eindrucksvolle Szene, die seitdem in keinem Rückblick auf die deutsche Einheit fehlt.

Natürlich war ich von alledem aufgewühlt. Ich versuchte, den Kanzler in Warschau zu erreichen, um ihm das wahrhaft historische Ereignis mitzuteilen. Das war leichter gesagt als getan. Der Bundeskanzler befand sich gerade bei einem Essen, das der polnische Ministerpräsident Mazowiecki für ihn gab. Es

gelang mir schließlich aber doch, ihn an den Apparat zu bekommen.

Ich sagte: »Herr Doktor Kohl, halten Sie sich fest, die DDR-
Leute machen die Mauer auf.«

Er wollte es nicht glauben.

»Sind Sie sicher, Ackermann?«

Ich erzählte ihm, daß ich die Pressekonferenz von Schabowski im Fernsehen verfolgt hätte und daß in Berlin bereits
Menschen aus dem Ostteil herübergekommen seien.

»Das gibt's doch nicht. Sind Sie wirklich sicher?«

Ich sagte: »Das Fernsehen überträgt live aus Berlin, ich kann
es mit eigenen Augen sehen.«

»Das ist ja unfaßbar.«

Natürlich hatte der Kanzler nach der Entwicklung der jüngsten Zeit durchaus angenommen, daß irgendwann eine völlig
neue Situation eintreten könnte, aber so unvermutet und
rasant, wie es jetzt geschehen war, das verschlug ihm weitgehend die Sprache. Wir verabredeten, später in der Nacht noch
einmal zu telefonieren. Nach dem Essen mit dem polnischen
Ministerpräsidenten hatte der Kanzler eine Pressekonferenz,
die durch die Ereignisse hochaktuell geworden war. Auch sie
wurde im Fernsehen live übertragen.

Erst am nächsten Morgen konnten wir die wirkliche Bedeutung der Entscheidung der neuen DDR-Führung erkennen. Der
Berliner Senat und die DDR-Führung in Ost-Berlin einigten sich
über die Schaffung neuer Grenzübergänge, um den Ansturm
der Besucher aus Ost-Berlin verkraften zu können.

Am 10. November 1989 fuhr ich schon sehr früh ins Büro,
um mich für meinen telefonischen Lagevortrag beim Kanzler zu
rüsten. Inzwischen hatten Regierungen aus der ganzen Welt die
Öffnung der Mauer begrüßt, darunter Präsident Bush, Präsident
Mitterrand und die britische Premierministerin Margaret Thatcher. Im Westen, besonders in Frankreich und Großbritannien,
warnte man aber davor, zu früh auf die Wiedervereinigung
Deutschlands zu setzen, eine Haltung, die auch bei deutschen
Sozialdemokraten vielfach anzutreffen war, wie die Ereignisse
des 10. November in Berlin noch deutlich machen sollten.

Am frühen Vormittag des 10. November erreichte uns im

Kanzleramt ein Anruf der Berliner CDU, der Bundeskanzler solle seine Polenreise abbrechen und nach Berlin kommen, wo die CDU eine große Kundgebung plane. Rudolf Seiters und ich gaben diesen Wunsch sofort dem Kanzler nach Warschau durch, der zunächst um nähere Einzelheiten bat. Kurze Zeit später folgte ein Anruf des Präsidenten des Berliner Abgeordnetenhauses, Jürgen Wohlrabe, der mitteilte, das Abgeordnetenhaus habe selbst zu einer Veranstaltung vor dem Schöneberger Rathaus aufgerufen. Dabei müsse der Kanzler sprechen. Wir teilten auch das dem Kanzler mit. Nach leichtem Zögern war er einverstanden, wollte aber auch bei der CDU-Kundgebung sprechen, die an der Gedächtniskirche stattfinden sollte. Helmut Kohl bat seine polnischen Gastgeber um Verständnis für eine anderthalbtägige Unterbrechung seines Besuchs und flog mit seiner Bundeswehrmaschine nach Hamburg und von dort weiter mit einer amerikanischen Maschine nach Berlin, da die Bundeswehr dort noch nicht landen durfte.

Die Kundgebung vor dem Schöneberger Rathaus verlief leider nicht so, wie von Jürgen Wohlrabe geplant. Unter den etwa 30 000 Teilnehmern hatte sich eine Gruppe linksradikaler Demonstranten eingefunden, die die Rede des Kanzlers durch Johlen und Pfeifen störte, wogegen sie Walter Momper, Hans-Dietrich Genscher und Willy Brandt in Ruhe sprechen ließ. Die Bilder der von ständigem Lärm begleiteten Rede des Kanzlers gingen um die ganze Welt, während sein Auftritt vor rund 100 000 Teilnehmern der CDU-Kundgebung vor der Gedächtniskirche nur in einer kurzen Szene im ZDF gezeigt wurde. Es wäre vielleicht besser gewesen, der Kanzler hätte nur dort gesprochen. Nach seiner nächtlichen Rückkehr nach Bonn war ihm jedenfalls die Verärgerung über die mangelnde Organisation der Kundgebung immer noch anzumerken. Aber viel mehr war er betroffen von der politischen Aussage des Regierenden Bürgermeisters Walter Momper, der davon gesprochen hatte, daß es sich bei den Ereignissen um die Öffnung der Mauer, um »Wiedersehen und nicht um Wiedervereinigung« handele, ein Satz, der die damalige Haltung vieler Sozialdemokraten widerspiegelte und der in Bonn auch sofort zu Kontroversen führte, während Millionen von Bürgern in Berlin durch die Mauer und

über die Demarkationslinie in die Bundesrepublik und nach
Berlin-West kamen.

Der Bundeskanzler war überhaupt sehr verwundert über die
Haltung Mompers, der die Kundgebung einfach für 16.30 Uhr
angesetzt hatte, ohne die Entscheidung des Kanzlers abzuwar-
ten – vielleicht hatte er gedacht, der Kanzler könne gar nicht
rechtzeitig aus Polen anreisen.

Horst Teltschik berichtete noch über einen anderen Vorgang
an diesem denkwürdigen 10. November 1989:

Während Willy Brandt sprach, wurde Horst Teltschik ans
Telefon gerufen, weil ihn der sowjetische Botschafter Kwizinski
sprechen wollte. Er übermittelte ihm eine persönliche Botschaft
Gorbatschows an den Kanzler, in der er den Kanzler bat, dafür
zu sorgen, daß keine chaotischen Zustände in Deutschland ein-
träten, damit die Sowjetunion nicht eingreifen müsse. Bei einem
späteren Treffen hat Gorbatschow dem Kanzler berichtet, daß
er die Regierenden in Ost-Berlin habe wissen lassen, die Sowjetunion werde diesmal nicht wie am 17. Juni 1953 mit Panzern
eingreifen.

Während des 11. November, einem Samstag, blieb der Kanzler in Bonn. Ich gab meinen üblichen Presselagebericht im
Büro. Der Kanzler telefonierte dann mit dem französischen Präsidenten Mitterrand. Anschließend fand eine Sitzung des Bun-
deskabinetts statt. Zwischendrin rief Egon Krenz an und
drückte dem Kanzler gegenüber seine Freude aus, daß die Menschen jetzt reisen könnten. Kohl versicherte ihm, daß es nicht
sein Ziel sei, daß möglichst viele Deutsche die DDR verließen,
sondern daß die Verhältnisse dort besser und menschenwür-
diger würden.

Am Mittag telefonierte der Kanzler auch mit Präsident Gorbatschow, nachdem er noch in der Nacht mit Präsident Bush
gesprochen hatte. Anschließend ging er noch vor die Bundespressekonferenz, um seine politische Linie zu erläutern, bevor
er am Nachmittag wieder zurück nach Polen flog. Der Besuch
dort hatte große Bedeutung für die weitere Entwicklung in
Europa.

Der weitere Ablauf der Polenreise gestaltete sich dagegen als
sehr schwierig, nicht wegen der politischen Gesprächsthemen,

sondern wegen des Wetters. Der Kanzler konnte nicht von Warschau aus mit dem Flugzeug fliegen, um an der geplanten
Begegnung in Kreisau in Schlesien teilzunehmen und später
auch nach Auschwitz zu kommen. Kurz entschlossen bestimmte
er daraufhin, mit dem Bus von Warschau nach Westen zu fahren, so daß die Delegation schon mitten in der Nacht aufbre-
chen mußte.

Neben dem eindrucksvollen Gottesdienst in Kreisau war der
erste Besuch Helmut Kohls im ehemaligen Konzentrationslager
Auschwitz von besonderer Wichtigkeit. In der Delegation war
auch der damalige Vorsitzende des Zentralrates der Juden in
Deutschland, Heinz Galinski. Bei der langen Fahrt im Bus gab es
reichlich Zeit für Gespräche, und Galinski und Kohl fanden hier
Gelegenheit, sich näherzukommen. Der gemeinsame Besuch in
Auschwitz hat die Beziehung sicher auch gestärkt. Heinz Galinski, selbst ein Überlebender des Holocaust, hat bekanntlich
zahlreiche Angehörige durch die Greueltaten der Nazis verloren.

Politisch brachte die Polenreise durch die deutsch-polnische
Erklärung von Bundeskanzler Kohl und Ministerpräsident
Mazowiecki vor allem Klarheit in der Grenzfrage, die damit zwischen der Bundesrepublik Deutschland und Polen kein Problem
mehr darstellte, was später bei der Verwirklichung der deutschen Einheit noch sehr wichtig wurde.

Für »die beiden Staaten in Deutschland« gab es am vierten
Tag nach der Mauer- und Grenzöffnung eine wichtige Personalentscheidung durch die Volkskammer der DDR. Sie wählte den
Bezirksvorsitzenden der Dresdner SED, Hans Modrow, zum
neuen Ministerpräsidenten der DDR. Modrow, der als reform-
freudig galt, versuchte auch einige Verbesserungen für die
Bevölkerung in der DDR zu erreichen. Die Bonner Bundesregierung beschloß neue Hilfsmaßnahmen für die DDR, um ein Aus-
bluten zu verhindern. Hierüber führte auch Kanzleramtschef
Seiters in jenen Tagen Gespräche mit dem Staatsratsvorsitzenden Egon Krenz und dem Ministerpräsidenten Hans Modrow.

Die deutsche Wirklichkeit veränderte sich von Tag zu Tag.
Millionen Bewohner der DDR besuchten Westdeutschland und
wurden überall herzlich empfangen. Auf den Autobahnen bil-

deten sich riesige Kolonnen. Neue Grenzübergänge wurden
eröffnet.

Am 20. November demonstrierte eine Viertelmillion Menschen in Ost-Berlin und anderen Städten der DDR für freie
Wahlen. Die Parolen lauteten: »Wir sind das Volk« oder auch
bereits »Deutschland einig Vaterland«.

Der Kanzler ließ bekanntgeben, daß er nach einem geplanten Ungarnbesuch (16. bis 18. Dezember 1989) und vor einem
geplanten Besuch des französischen Staatspräsidenten Mitterrand am 20. Dezember 1989 in Ost-Berlin wahrscheinlich am
19. Dezember mit Ministerpräsident Modrow zusammentreffen
werde, und zwar in der DDR. Dieser Termin kam auch tatsächlich zustande, und zwar in Dresden im Hotel »Bellevue«. Helmut
Kohl wollte in jedem Fall vor Mitterrand mit der neuen DDR-
Führung sprechen, um sich ein eigenes Bild von deren Haltung
zu machen – und der Besuch in Ungarn war nicht zu verschie-
ben.

Vor diesem bedeutenden Treffen in Dresden sorgte der Kanzler noch für eine faustdicke Überraschung. Während bei der
SPD das Wort Wiedervereinigung sehr klein geschrieben wurde
und Bundespräsident Richard von Weizsäcker davor warnte,
den Ostdeutschen mit »unerbetenen Ratschlägen« in die Quere
zu kommen, bereitete Kanzler Kohl mit seinen engsten Mitarbeitern und Vertrauten einen Zehn-Punkte-Plan für die deutsche Einheit vor.

Für den Abend des 23. November hatte er eine Runde in den
Bungalow eingeladen, eigentlich um über eine Verbesserung
der Öffentlichkeitsarbeit der Bundesregierung zu sprechen. An
dieser Besprechung nahmen Kanzleramtschef Seiters, Regierungssprecher Klein, Horst Teltschik, Baldur Wagner (Abteilungsleiter III, Gesellschaftspolitik), Wolfgang Bergsdorf vom
Bundespresseamt, die Redenschreiber Norbert Prill, Michael
Mertes und Stephan Eisel sowie Juliane Weber und ich teil.
Anwesend war auch Wolfgang Gibowski von der Forschungsgruppe Wahlen. Horst Teltschik berichtete über die außenpolitische Lage und die internationale Diskussion über die Frage der
deutschen Einheit. Dabei schlug er vor, der Bundeskanzler solle
einen Plan zur deutschen Einheit vorlegen, um die Meinungs-

führerschaft auf diesem Gebiet zu übernehmen. Der Kanzler entwickelte seine Ideen und gab die Linie für die weiteren Beratungen vor. Horst Teltschik hat über die Diskussionen dieses Abends und die Entstehung des Zehn-Punkte-Plans in seinem Buch »329 Tage – Innenansichten der Einigung« umfassend berichtet. Der Plan, der über freie Wahlen und konföderative Strukturen schließlich zur deutschen Einheit führen sollte, entstand an diesem 23. November und wurde am nächsten Tag in einer von Teltschik gebildeten Arbeitsgruppe durchformuliert, an der neben ihm und seinen Mitarbeitern die Redenschreiber und der Leiter des Arbeitsstabes Deutschlandpolitik im Kanzleramt, Claus-Jürgen Duisberg, teilnahmen. Der erste Entwurf wurde übers Wochenende von Norbert Prill, Michael Mertes und einem weiteren Redenschreiber, Martin Hanz, der aus dem Auswärtigen Amt ins Kanzleramt übergewechselt war, noch einmal durchgearbeitet, bevor der Kanzler am Montag, dem 27. November 1989, den endgültigen Text vorgelegt bekam. In der Diskussion gab es auch Bedenken, zum Beispiel von Duisberg, der als gelernter Diplomat zur Vorsicht riet. Aber schließlich setzte sich die vorgegebene Linie des Kanzlers aus der Abendsitzung vom 23. November durch.

Die Arbeit an diesem Plan war streng geheim geblieben. Selbst Außenminister Genscher erhielt den Redetext erst unmittelbar vor Beginn der Haushaltsdebatte am 28. November, bei der Kohl die zehn Punkte vortrug. So war die Überraschung unter den Abgeordneten riesengroß – und der erste Redner der Opposition, Karsten Voigt, hatte keine andere Wahl, als die grundsätzliche Zustimmung der SPD-Opposition zu signalisieren.

Das Echo in der deutschen und internationalen Presse war gewaltig und das Interesse in den östlichen und westlichen Hauptstädten bemerkenswert. Dem Kanzler war ein bedeutender politischer Coup gelungen. Bei den westlichen Verbündeten gab es Zustimmung, aber auch Skepsis. Am positivsten reagierten die Amerikaner durch ihren Außenminister James Baker, der erklärte, die Deutschen in Ost und West müßten selbst entscheiden, ob sie die Einheit wünschten, aber auch ein wiedervereinigtes Deutschland müsse in der EG und in der NATO bleiben. Daran hatte Helmut Kohl aber nie einen Zweifel gelassen. Dennoch war man in London und Paris kritischer – und es bedurfte im darauffolgenden Jahr harter Anstrengung, die drei Westmächte und Moskau zu dem sogenannten »Zwei-plus-Vier«-Abkommen der deutschen Wiedervereinigung mit dem Verbleib Deutschlands in seinen vertraglichen Bindungen zu EG und NATO zu bewegen.

In den Tagen des November war es für die Öffentlichkeitsarbeiter der Regierung leicht, die Politik der Regierung und des Kanzlers zu vermitteln, zumal die Bevölkerung in Ost und West immer nachdrücklicher für die Herstellung der deutschen Einheit eintrat.

Nur zwei Tage nach seinem großen Erfolg mit der Vorlage des Zehn-Punkte-Plans für die deutsche Einheit traf den Kanzler ein schwerer persönlicher Schlag, der zugleich auch eine schwere Erschütterung für die deutsche Politik darstellte: Auf der Fahrt von seiner Wohnung in Bad Homburg zur Deutschen Bank in Frankfurt wurde deren Chef, der Bankier Alfred Herrhausen, von linken Terroristen ermordet. Alfred Herrhausen war seit vielen Jahren ein Freund Helmut Kohls und ein guter Ratgeber in vielen finanz- und wirtschaftspolitischen Fragen. An diesem 30. November 1989 mußte der Kanzler um zehn Uhr bei einer Tagung der metallindustriellen Arbeitgeberverbände in Düsseldorf sprechen. Als die ersten Meldungen der Nachrichtenagenturen über die Ermordung Herrhausens eintrafen, war er schon auf der Fahrt nach Düsseldorf. Juliane Weber, seine persönliche Referentin, mußte ihm die traurige Nachricht übermitteln. Ich selbst war an diesem Tag nicht in meinem Büro, weil ich eine fiebrige Grippe zu kurieren hatte. Ich erfuhr die Nachricht über den Deutschlandfunk und war wie versteinert. Der Kanzler würdigte noch während der Düsseldorfer Veranstaltung seinen ermordeten Freund als einen bedeutenden Bankier mit großem sozialen Engagement und viel Verständnis für die Notwendigkeiten einer sozial ausgerichteten Marktwirtschaft. Noch am gleichen Tag machte Helmut Kohl einen Kondolenzbesuch bei Herrhausens Witwe Traudel und ihrer Tochter. Er hat bis heute immer Kontakt zu ihr gehalten. Frau Herrhausen ist inzwischen CDU-Landtagsabgeordnete im Hessischen Landtag. Walter Wallmann hatte sie ermutigt, sich politisch zu betätigen, und nach kurzem Zögern hatte sie zugestimmt.

Am letzten Tag der Haushaltsdebatte für den Etat 1990, dem 1. Dezember, fand im Bundestag noch eine Abstimmung über den Stufenplan des Kanzlers zur schrittweisen Einführung der deutschen Einheit statt, bei der die Koalition dem Plan zustimmte. Die SPD enthielt sich aus taktischen Gründen der Stimme, weil sie dem Kanzler den politischen Vorteil nicht gönnte. Auch die FDP ging zu dem Zehn-Punkte-Plan etwas auf Distanz, weil nach ihrer Meinung darin die endgültige Anerkennung der Oder-Neiße-Linie als polnische Westgrenze fehlte. Der kleine Parteitag der FDP am darauffolgenden Wochenende lehnte es deshalb ab, den Plan zu billigen. Die Koalition wurde dadurch stark belastet. Helmut Kohl berührte das nicht sonderlich. Er konnte darauf verweisen, daß seit der Öffnung der Mauer und der Grenzen elf Millionen Bürger das Bundesgebiet besucht hatten, die Ausflügler nach West-Berlin nicht mitgezählt.

Die ehemalige Führungsriege der DDR unter Erich Honecker wurde am 5. Dezember 1989 unter Hausarrest gestellt und ein Ermittlungsverfahren gegen sie eingeleitet. Egon Krenz verlor nach nur wenigen Wochen sein Amt als Parteichef der SED. Am 16./17. Dezember wurden sogar das Zentralkomitee und das Politbüro der SED abgeschafft. Alles ging mit einem ungeheuren Tempo vor sich.

Aber das Jahr 1989 hielt noch weitere rasante Entwicklungen bereit. Nach seiner Ungarnreise vom 16. bis 18. Dezember 1989 brach der Bundeskanzler mit einer kleinen Delegation zu seinem angekündigten Gespräch mit dem neuen DDR-Ministerpräsidenten Hans Modrow nach Dresden auf. In seiner Begleitung waren Kanzleramtsminister Rudolf Seiters, Horst Teltschik, Wolfgang Bergsdorf, Regierungssprecher Hans Klein, Juliane Weber und ich. Als die Bundeswehrmaschine in Köln-Wahn abhob, wußten wir alle, daß der 19. Dezember 1989 ein entscheidender Tag für die Politik der deutschen Einheit werden würde, aber unsere Erwartungen wurden weit übertroffen.

Schon bei der Ankunft auf dem Dresdner Flughafen hatte sich eine große Menschenmenge versammelt, um den Kanzler

zu begrüßen. In großen Trauben standen die Menschen auf den
Dächern und winkten dem Kanzler zu. Als er die Gangway der
Luftwaffenmaschine herunterging, sagte er zu dem neben ihm
gehenden Kanzleramtsminister Seiters: »Die Sache wird hier
heute laufen.« Und er sollte sich nicht täuschen. Auf dem Weg
vom Flughafen ins Hotel »Bellevue«, dem Tagungsort der
Begegnung, säumten Tausende die Straßen und schwenkten
schwarz-rot-goldene Fahnen oder Fahnen in den Farben des
alten Landes Sachsen. Als wir vor dem Hotel vorfuhren, war die
Menge unüberschaubar. Es gelang Juliane Weber und mir nur
mit Hilfe von Sicherheitsbeamten, in das Hotel zu gelangen,
nachdem wir vorübergehend völlig in der Menge eingekeilt
waren. Wir waren alle überwältigt. In der Suite des Kanzlers
hielten wir eine letzte kurze Besprechung ab, bevor sich Helmut
Kohl zu einem ersten Gespräch mit Ministerpräsident Modrow
begab, bei dem es hauptsächlich um einen Aufbauplan für die
DDR gehen sollte. In der Mittagspause trafen wir uns erneut
beim Kanzler, und er berichtete uns, daß das Gespräch sachlich
verlaufen sei, was soviel hieß wie: weder freundschaftlich – wie
zu erwarten war – noch mit unüberwindbaren Abneigungen
oder Positionen belastet. Das Ziel des Kanzlers bestand darin,
zu erreichen, daß bald Verhandlungen mit der DDR über den
Abschluß eines Vertrages über die Zusammenarbeit und über
gute Nachbarschaft in Gang gesetzt werden konnten.

In der Mittagspause besprachen wir mit dem Kanzler auch,
was er auf der geplanten Kundgebung vor der Ruine der Dresdner Frauenkirche sagen sollte. Er hatte sich bewußt keine Rede
schreiben lassen, weil es sehr auf die Stimmung ankam, die ihn
auf dem Platz erwartete. Man hatte ihm signalisiert, daß mit
mehreren 10 000 Bürgern bei seiner Kundgebung zu rechnen
sei. Das war noch untertrieben – es wurden über 100 000 Menschen. Helmut Kohl hatte sich Gedanken darüber gemacht, wie
die Kundgebung enden sollte, und Wolfgang Bergsdorf gebeten,
einen Kantor zu suchen, der am Schluß das alte Kirchenlied
»Nun danket alle Gott« anstimmen sollte. Nach langen Mühen
gelang es auch, einen Kantor zu finden, aber alle Planung dieser
Art erwies sich als überflüssig.

Juliane Weber und ich hatten am Nachmittag eine interna-

tionale Pressekonferenz des Kanzlers im Dresdner Kulturpalast
schon kurz vor dem Ende verlassen, um sicher auf den Platz vor
der Frauenkirche zu gelangen, eine Entscheidung, die sich als
zweckmäßig erwies. Der Kanzler mußte sich nämlich durch
eine begeisterte Menschenmenge regelrecht durchkämpfen. Als
er nach der Niederlegung eines Kranzes für die Opfer der
Angriffe auf Dresden im Zweiten Weltkrieg, bei denen es Zehntausende von Toten und ungeheure Zerstörung gegeben hatte,
vor die Mikrofone trat, die auf einem Lastwagenanhänger mon-
tiert waren, wurde er mit »Helmut, Helmut«-Sprechchören
empfangen und mit Rufen wie »Deutschland einig Vaterland«.
Nur ganz gelegentlich versuchte eine kleine Gruppe von SED-
Anhängern mit ihren Fahnen die Kundgebung zu stören, was
sie aber nach kurzer Zeit einstellte. Dafür war die Begeisterung
der überwältigenden Mehrheit zu groß. Auch meine Sorge, daß
es zu Handgreiflichkeiten zwischen dieser Minderheit und der
Menge kommen könnte, war zum Glück unbegründet. Der
Kanzler fand – ganz spontan – die richtigen Worte, er hatte sich
in der Mittagspause bei unserem Gespräch nur einige Notizen
gemacht. Die wichtigsten Sätze seiner Rede lauteten:

»Wir wollen, daß die Menschen sich hier wohlfühlen. Wir wollen, daß sie in ihrer Heimat bleiben und hier ihr Glück finden
können. Entscheidend für die Zukunft ist, daß die Menschen in
Deutschland zueinanderkommen können, daß der freie Reiseverkehr in beiden Richtungen dauerhaft garantiert ist.«
    »Mein Ziel bleibt – wenn die geschichtliche Stunde es zuläßt
– die Einheit unserer Nation. Ich weiß, daß wir dieses Ziel nicht
von heute auf morgen erreichen können.«
    »Wir, die Deutschen, leben nun einmal nicht allein in Europa
und in der Welt.«
    »Wahrer Friede ist ohne Freiheit nicht möglich. Deswegen
kämpfen Sie, demonstrieren Sie für die Freiheit in der DDR,
deswegen unterstützen wir Sie, und deswegen gehört Ihnen
unsere Solidarität.«
    »Jetzt kommt es darauf an, daß wir diesen Weg in der Zeit,
die vor uns liegt, friedlich, mit Geduld, mit Augenmaß und
gemeinsam mit unseren Nachbarn weitergehen. Für dieses Ziel

lassen Sie uns gemeinsam arbeiten, lassen Sie uns einander in solidarischer Gesinnung helfen.«

»Gott segne unser deutsches Vaterland!«

Juliane Weber und ich waren von dieser Kundgebung und der Reaktion der Bevölkerung so berührt, daß wir uns in die Arme fielen. Ich habe viele um den Kanzler herumstehen sehen, die Tränen in den Augen hatten. Und als am Ende der Kundgebung eine alte Dame zum Kanzler kam, ihn umarmte und leise sagte: »Wir alle danken Ihnen«, war jeder tief bewegt. Ganz zum Schluß sang die Menge das in Ost und West gleichermaßen bekannte Lied »So ein Tag, so wunderschön wie heute«, und alle stimmten ein. Die Befürchtung, die Menge könnte vielleicht das Deutschlandlied anstimmen, erfüllte sich nicht. Die westdeutsche Nationalhymne hätte unter Umständen übersteigerte Emotionen hervorgerufen, bei der Menge der Zuhörer oder auch bei den Sicherheitskräften, und dann wäre die Situation möglicherweise nicht mehr kontrollierbar gewesen. Man darf nicht vergessen, daß wir uns nach wie vor auf »fremdem Territorium« befanden. Die DDR existierte ja noch, auch wenn es heute vom Gefühl her so erscheinen mag, als sei sie mit dem Fall der Mauer verschwunden.

Die Sorge, das Anstimmen des Deutschlandliedes könne den Kessel der Emotionen überkochen lassen, war es auch gewesen, die Helmut Kohl auf die Idee mit dem Kantor gebracht hatte. Der stand jetzt an der Treppe der Rednertribüne und wurde nicht gebraucht. Aber wahrscheinlich hätten ohnehin nur wenige das Kirchenlied »Nun danket alle Gott« gekannt.

Diese Kundgebung in Dresden war eines der Erlebnisse in meiner an Ereignissen reichen politischen Arbeit, die ich bis an mein Lebensende nicht vergessen werde. Nachdem wir ins Hotel zurückgekehrt waren, mußte der Kanzler noch mehrere Fernsehinterviews geben, besonders im ZDF, das seine Rede abends noch einmal vollständig sendete. Der Kanzler konnte sie sich auf diese Weise noch einmal ansehen und die Ereignisse des Tages kommentieren. Schon am Nachmittag war die Rede live im Fernsehen übertragen worden. 1500 deutsche und ausländische Journalisten waren an diesem Tag in Dresden dabei und berichteten weltweit über den Willen der Deutschen, ihre Einheit wiederzuerlangen. Das Presseecho war dementsprechend gewaltig.

Am Abend dieses denkwürdigen Tages bekamen wir noch einen Einblick in die Spannungen, die innerhalb der DDR herrschten und die vielleicht eines Tages noch Probleme bereiten würden. Schauplatz war ein Dresdener Restaurant, in dem sich unsere Delegation mit etlichen Künstlern und Intellektuellen der DDR zum Essen traf. Darunter waren sowohl systemkritische Leute, die im System des Realen Sozialismus gelitten, wie auch solche, die sich mit der SED gutgestellt und Staatsaufträge erhalten hatten. Im Verlauf des Abends brachen die unterschiedlichen Anschauungen auf, und es gab zum Teil sehr hitzige Wortgefechte.

Drei Tage nach dem Auftritt des Kanzlers in Dresden folgte ein weiterer Höhepunkt auf dem Weg zur deutschen Einheit: die Öffnung des Brandenburger Tores in Berlin mit Ansprachen des Kanzlers und des Ministerpräsidenten Modrow. Leider konnte ich diese Ereignisse nur über den Bildschirm verfolgen, weil ich in Bonn gebraucht wurde.

Trotz all dieser erfreulichen Ereignisse hörten die Mahnungen nicht auf, das Tempo der deutschen Einheit nicht zu sehr zu forcieren. Das reichte vom Bundespräsidenten über den französischen Staatspräsidenten (in Ost-Berlin am 20. Dezember 1989) bis zum sowjetischen Außenminister Eduard Schewardnaze, der vor einer Bedrohung anderer Länder und ihrer Sicherheit durch die deutsche Einheit warnte. Derweil ging der Streit um die Oder-Neiße-Grenze weiter, wobei die Vertriebenen laut ihre Stimme erhoben, auch gegen den Bundespräsidenten. Und der Kanzler mußte sich von anderer Seite vorwerfen lassen, er lege sich nicht klar genug fest.

12 FREIE WAHLEN IN
   DER DDR

Das Jahr 1990 wurde wirklich zum Jahr der deutschen Einheit.
Sie vollendete sich am 3. Oktober, und am 2. Dezember gab es
die ersten freien Wahlen in ganz Deutschland, Wahlen zum
ersten gesamtdeutschen Bundestag. Die Stationen bis dahin
habe ich alle selbst miterlebt. Ich stand am 3. Oktober 1990 mit
Helmut Kohl auf den Stufen vor dem Berliner Reichstagsge-
bäude und erlebte die unbeschreibliche Freude der Menschen
aus Ost und West. Ich erlebte auch die oft schwierigen
Bemühungen, die Parteienlandschaft in der ehemaligen DDR
neu zu formieren, so zum Beispiel die Bildung der »Allianz für
Deutschland« aus CDU, DSU und der Gruppe »Demokratischer
Aufbruch«, einer Gruppierung, die bei den ersten freien Volkskammerwahlen sehr erfolgreich war. Nach den Landtagswahlen
im Herbst konnte die CDU in dreien der fünf Länder, in Thüringen, Sachsen-Anhalt und Mecklenburg-Vorpommern, mit der
FDP und in Sachsen sogar allein regieren. Nur in Brandenburg
siegte die SPD und bildete dort eine sogenannte Ampelkoalition
aus SPD, FDP und dem Bündnis 90 unter Ministerpräsident
Manfred Stolpe. In den drei Ländern, in denen die CDU mit der
FDP regierte, wurden allerdings die Ministerpräsidenten inzwischen wieder ausgewechselt. Nur Kurt Biedenkopf steht unangefochten an der politischen Spitze des Freistaates Sachsen.
   Mit all diesen Vorgängen war ich deshalb so vertraut, weil
ich trotz meiner Aufgaben im Kanzleramt immer auch an den
Aufgaben des Parteivorsitzenden Helmut Kohl beteiligt war und
die Kontakte zu den Parteien ohnehin zu meinem Arbeitsgebiet
gehörten. Der Kanzler konzentrierte sich während des ganzen
Jahres auf die nationalen und internationalen Aspekte zur Herbeiführung der deutschen Einheit. So besuchte er dreimal die
Vereinigten Staaten (Februar, Mai und Juni) und flog zweimal in

die Sowjetunion zu Michail Gorbatschow (Februar und Juli). Die zweite Reise ging nach Moskau und in den Kaukasus. Hier gab Gorbatschow Kohl die Zusicherung, daß auch ein wiedervereinigtes Deutschland Mitglied der NATO bleiben könne, eine Forderung, die die drei Westmächte für ihre Zustimmung zur Wiederherstellung der deutschen Einheit als Bedingung erhoben. Schon im Januar war der Kanzler in Südfrankreich mit François Mitterrand auf dessen Besitz in Latchè zusammengetroffen und später noch einmal bei den deutsch-französischen Konsultationen in Paris im April – ein weiterer Besuch in Frankreich fand drei Tage nach den ersten gesamtdeutschen Wahlen am 5. Dezember 1990 statt.

Direkten Kontakt mit London – um die drei entscheidenden Westmächte zu nennen – hatte der Kanzler in diesem Schicksalsjahr der Deutschen auch im März in Cambridge bei den deutsch-britischen Konsultationen. Möglichkeiten zu Begegnungen mit den Führern der westlichen Welt ergaben sich darüber hinaus im Juli beim Weltwirtschaftsgipfel in Houston, Texas, beim NATO-Gipfel ebenfalls im Juli in London und beim KSZE-Gipfel in Paris im November. Bei all diesen Begegnungen stand die deutsche Frage im Mittelpunkt. Dabei mußte viel Überzeugungsarbeit dafür geleistet werden, daß die deutsche Einheit keine Gefahr für die Nachbarn oder für den Frieden in der Welt darstellte, sondern ein stabilisierendes Element, zumal die deutsche Frage stets in die Einigung Europas eingebettet bleiben sollte, was der Kanzler immer wieder klarmachte.

Inzwischen schritt die Entwicklung in der DDR weiter voran. Es wurde ein sogenannter Runder Tisch von Regierung und Opposition gebildet, schließlich eine »Regierung der nationalen Verantwortung«, und der Termin für die nächsten Volkskammerwahlen wurde vom 6. Mai auf den 18. März 1990 vorverlegt. Die Zentrale der ehemaligen Staatssicherheit wurde von Demonstranten gestürmt, die leider auch viele Akten zerstörten. Am 17. Januar 1990 erklärte der Kanzler vor dem Französischen Institut für internationale Beziehungen in Paris zum ersten Mal, daß niemand die Wiedervereinigung mit der Verschiebung von Grenzen verbinden wolle. Wörtlich sagte er: »Die Deutschen wollen eine dauerhafte Aussöhnung mit ihren polni-

schen Nachbarn, und dazu gehört auch, daß die Polen die
Gewißheit haben müssen, in sicheren Grenzen zu leben.« Diese
Erklärung wurde in Bonn und international allgemein als
Beweis dafür angesehen, daß die Bundesregierung bereit sei,
im Falle der Wiedervereinigung die Oder-Neiße-Grenze als endgültige Westgrenze Polens anzuerkennen, wie es dann auch
geschah.

Am 28. Januar 1990 gewann Oskar Lafontaine mit 54,4 Prozent der Stimmen die Landtagswahlen im Saarland für die SPD.
Damit sicherte er sich endgültig die Qualifikation als Herausforderer Helmut Kohls bei den nächsten Bundestagswahlen, trotz
mancher Skepsis, die in den Reihen der SPD an seinen Erfolgs-
chancen bestand, weil er sich in der Frage der deutschen Einheit eher reserviert verhalten hatte.

Der letzte Ministerpräsident der alten DDR, Hans Modrow,
schlug am 1. Februar 1990 einen einheitlichen deutschen Staat
mit Regierungssitz Berlin vor, der aber militärisch neutral sein
sollte, was im Westen sofort abgelehnt wurde. Ende Januar
1990 begann Helmut Kohl mit seinen Versuchen, die konser-
vativ-liberalen Kräfte in der DDR zu einem Bündnis zusammen-
zufügen, der »Allianz für Deutschland«, um so besser für die am
18. März 1990 vorgesehenen Wahlen zu einer neuen Volkskammer gerüstet zu sein. In diesen Wochen wurden die ersten Meinungsumfragen in der DDR veröffentlicht, und sie signalisierten
deutlich, daß die beiden großen Parteien, die CDU und die
inzwischen auch in der DDR gegründete SPD, nur geringe
Chancen hatten. Helmut Kohls Ziel war es deshalb, von Anfang
an ein Bündnis mit kleineren Gruppierungen zustandezubrin-
gen, vor allem aus den Bürgerrechtsbewegungen, ein Vorhaben,
das bei der mangelnden Politikerfahrung der Beteiligten nicht
ganz einfach war. Zusammen mit dem damaligen Generalsekretär der CDU, Volker Rühe, bereitete er diese Operation sorgfältig vor. Die Treffen fanden im Gästehaus des Berliner Bevoll-
mächtigten statt, das zugleich auch das Gästehaus des Kanzlers
war und heute noch ist.

Für die CDU der Bundesrepublik Deutschland nahmen daran
unter anderem der Parteivorsitzende Helmut Kohl, Generalsekretär Volker Rühe und Kanzleramtsminister Rudolf Seiters

teil, auf seiten der Ost-CDU Rechtsanwalt Lothar de Maizière und sein Generalsekretär Martin Kirchner (der schon kurze Zeit danach sein Amt aufgab, weil er verdächtigt wurde, in seiner früheren Tätigkeit als Kirchenbeamter Stasi-Kontakte gehabt zu haben). Für die Deutsche Soziale Union (DSU), die eng mit der CSU zusammenarbeitete, waren der Leipziger Pfarrer Hans-Wilhelm Ebeling und der Rechtsanwalt Peter-Michael Diestel dabei, später Innenminister in der Regierung de Maizière und danach bis zu seinem Ausscheiden Fraktionsvorsitzender im brandenburgischen Landtag, der heute mit seiner Partei im Streit liegt, seitdem er zusammen mit Gregor Gysi das »Komitee für Gerechtigkeit« gründete. Für die Bürgerrechtsorganisation Demokratischer Aufbruch verhandelten der Rechtsanwalt Wolfgang Schnur (der noch während des Wahlkampfes sein Amt aufgab, weil sich herausstellte, daß er ein bezahlter, informeller Mitarbeiter der Stasi war) und der Pfarrer Oswald Wutzke aus Mecklenburg-Vorpommern. Daneben gab es noch eine kleine liberale Gruppe, die sich aber später nicht der »Allianz für Deutschland« anschloß.

Die Gespräche Helmut Kohls im Gästehaus in der Pückler-straße in Berlin-Dahlem verliefen zunächst sehr zähflüssig. Ich nahm zeitweilig daran teil und konnte mir ein Bild davon machen, wie schwer die einzelnen Gruppen zusammenzubringen waren. Man tagte immer bis tief in die Nacht. Draußen vor dem Tor wartete jedesmal eine große Schar von Journalisten, die dann am Schluß der Gespräche auch ausführlich informiert wurde. Volker Rühe wurde bei diesen Begegnungen von dem Parteisprecher Andreas Fritzenkötter begleitet, meinem jetzigen Stellvertreter im Kanzleramt, der die Aufgabe hatte, die Presse zu betreuen. Ich lernte ihn damals schon als versierten Kollegen kennen, der als früherer aktiver Journalist viel Verständnis für deren Bedürfnisse zeigte. Das sollte sich in dem anschließenden Wahlkampf für die Volkskammerwahlen und vor allem bei den Wahlen zum gemeinsamen deutschen Bundestag vom 2. Dezember 1990 als besonders vorteilhaft herausstellen. Fritzenkötter begleitete den Parteivorsitzenden Helmut Kohl bei den Wahlkampfeinsätzen, bei denen jeweils ein großer Troß von Journalisten mit von der Partie war – während ich bis

auf geringe Ausnahmen meiner Arbeit im Kanzleramt nach-
ging, weil ich bei solchen Einsätzen wegen meines Augenleidens ziemlich gehandikapt war. Die großen Kundgebungen Helmut Kohls in Erfurt, Halle, Dresden, Leipzig und an vielen
anderen Orten der DDR, an denen oft viele hunderttausend
Menschen teilnahmen, die den Kanzler als großen Hoffnungsträger für die Herstellung der Einheit Deutschlands ansahen,
konnte ich im wesentlichen nur im Radio und Fernsehen verfolgen oder erfuhr darüber aus den Berichten von Helmut Kohl
selbst, von Andreas Fritzenkötter oder auch von mitreisenden
Journalisten. Aber bis dahin gab es noch viele Probleme zu
lösen. Am 5. Februar 1990 war es endlich soweit, daß die Ost-
CDU, die Deutsche Soziale Union und der Demokratische Aufbruch sich zur »Allianz für Deutschland« zusammenschlossen
und gemeinsam den Wahlkampf für die Volkskammerwahl am
18. März 1990 beginnen konnten. Helmut Kohl, der an der
abschließenden Sitzung teilnahm, begrüßte diese Einigung
außerordentlich und sagte dem Bündnis die volle Unterstützung
seiner Partei zu. Damit war der Grundstein für den späteren
Erfolg bei den ersten freien Volkskammerwahlen gelegt.

In der Pücklerstraße, der Geburtsstätte der »Allianz für
Deutschland«, wurden die Gäste von der Hausdame, Doris
Manske, liebevoll betreut mit Broten, Suppe, Kaffee und auch
mit Wein, den es aber erst gab, als alles gelaufen war. Lothar de
Maizière, der Vorsitzende der Ost-CDU, wurde bei den Gesprächen von seiner Mitarbeiterin Sylvia Schulz begleitet, mit
der Juliane Weber und ich stundenlange Gespräche führten,
wenn die Politiker unter sich berieten. Sie war in jenen Wochen
und auch noch danach wohl die engste Mitarbeiterin von Lothar
de Maizière. Später trennte er sich von ihr. Auch gegen sie wurden Gerüchte wegen angeblicher früherer Stasi-Tätigkeit laut,
die aber anhand der Aktenlage nie bewiesen werden konnten.
Auch Lothar de Maizière selbst kam später in den Verdacht,
informeller Mitarbeiter der Stasi gewesen zu sein. Diese
Behauptung hat er immer bestritten. Er hatte aber nicht die
Kraft und die Nerven, eine Kampagne dieser Art durchzuste-
hen, wie es dem Ministerpräsidenten von Brandenburg, Manfred Stolpe, bis zum heutigen Tage gelungen ist. Andere Politi-

ker, wie der Erste Vorsitzende der in der DDR neu gegründeten
SPD, Ibrahim Böhme, dem Stasi-Kontakte nachgewiesen wurden, verzichteten später, wie Lothar de Maizière, auf alle politischen Ämter.

Mich hat immer nur verwundert, daß Leute aus dem Dunst-
kreis der Stasi sich in die erste politische Reihe drängten, wo sie
Gefahr liefen, von ihrer Vergangenheit eingeholt zu werden.

Ab Februar 1990 arbeitete die Bundesregierung intensiv
an Plänen und Vorbereitungen für eine Wirtschafts- und
Währungsunion mit der DDR über die allmähliche Angleichung
der Wirtschafts- und Währungssysteme, die dann tatsächlich
am 1. Juli 1990 in Kraft treten konnte. Bei den Verhandlungen
leistete trotz einiger Bedenken bei der Bundesbank, deren
neues Direktoriumsmitglied Hans Tietmeyer, heute Präsident
der Bundesbank, früher Staatssekretär im Bundesfinanzmini-
sterium, tatkräftige Unterstützung.

Während sich in den noch existierenden beiden Staaten in
Deutschland alles immer weiter in Richtung Einheit bewegte,
konnte Bundeskanzler Helmut Kohl bei seinem Besuch in
Moskau am 10./11. Februar 1990 einen großen Erfolg verbuchen. In den zweitägigen Verhandlungen mit Generalsekretär
Michail Gorbatschow und anderen sowjetischen Politikern
gelang es dem Kanzler, der von Bundesaußenminister Genscher
und seinem außenpolitischen Berater Horst Teltschik begleitet
wurde, von Gorbatschow die Zusage zu erhalten, daß die Deutschen den Zeitpunkt und den Weg ihrer Einheit selbst bestimmen konnten. Damit war der Weg zur Vereinigung der beiden
Staaten in Deutschland frei, wie Helmut Kohl auf einer internationalen Pressekonferenz zum Abschluß des Moskaubesuches
mitteilte.

Während der Kanzler noch im Kreml verhandelte, waren
Juliane Weber und ich in das internationale Pressezentrum
gegangen, um mit den Journalisten Kontakt zu halten. Schon
vor Beginn der Pressekonferenz verbreitete sich dort die Nachricht, Gorbatschow habe den Deutschen den Schlüssel zur Wiedervereinigung in die Hand gegeben, eine Formulierung, die
von Horst Teltschik stammte. Für die Presse war der Erfolg des
Kanzlers sensationell. Die in der Kanzlermaschine mitreisenden

Journalisten konnten auf dem Rückflug zum ersten Mal mit einem Glas Sekt auf den »Kanzler der Einheit« anstoßen. Es war beeindruckend, diese historischen Tage in Moskau selbst miterlebt zu haben. An jenem 12. Februar 1990 trug das gute Verhältnis Früchte, das sich zwischen Kanzler Kohl und Generalsekretär Gorbatschow entwickelt hatte.

In Deutschland selbst wurde eine Diskussion darüber geführt, ob man der DDR noch vor Einführung der Wirtschafts- und Währungsunion einen Solidaritätsbeitrag von 10 bis 15 Milliarden D-Mark gewähren sollte. Ministerpräsident Modrow und die Teilnehmer am Runden Tisch, dem Mitglieder aller Gruppierungen angehörten, traten dafür ein. Die Bundesregierung war gegen diesen Vorschlag, weil ein solcher Beitrag den Fortbestand der DDR nur künstlich verlängert hätte und im Haushalt ohnehin mehrere Milliarden D-Mark für Sofort-Hilfsmaßnahmen vorgesehen waren. Bei der SPD dachte man da anders. Führende Sozialdemokraten wollten der DDR das Geld zur Verfügung stellen. Den Deutschen im Westen ging die Entwicklung – wenn man den Demoskopen glauben darf – ohnehin zu schnell. 67 Prozent der Bevölkerung vertraten Mitte 1990 diese Auffassung (Forschungsgruppe Wahlen). Im Osten unseres Vaterlandes, in der noch existierenden DDR, war die Stimmung anders, wie man unschwer bei den Auftritten Helmut Kohls erkennen konnte. So begrüßten ihn bei seiner ersten Großkundgebung in Erfurt rund 130 000 begeisterte Menschen. Das waren Teilnehmerzahlen, die in Westdeutschland nie ein Wahlkämpfer erreicht hat. Doch bei den späteren Kundgebungen Helmut Kohls stieg die Zahl der Kundgebungsteilnehmer noch beachtlich an.

Am 23. und 24. Februar 1990 fand das wichtige Treffen des Kanzlers mit Präsident George Bush auf dessen Landsitz Camp David bei Washington statt. Beide bekräftigten, daß ein wiedervereinigtes Deutschland in vollem Umfang Mitglied der NATO bleiben müsse und amerikanische Soldaten weiterhin in Deutschland stationiert sein sollten. Die frühere DDR sollte einen Sonderstatus erhalten, wonach sowjetische Truppen sich dort vorerst aufhalten könnten, bis ein Verhandlungsergebnis über ihren weiteren Verbleib erreicht worden sei.

In der Bundesrepublik entwickelte sich zur gleichen Zeit eine Diskussion, wie der Beitritt der DDR zur Bundesrepublik Deutschland erfolgen konnte, ohne den Eindruck eines Anschlusses entstehen zu lassen. Helmut Kohl trat von Anfang an für die Lösung nach Artikel 23 des Grundgesetzes ein. (Der Artikel bezieht sich eigentlich auf den Geltungsbereich des Grundgesetzes selbst. Zunächst werden die Bundesländer der alten Bundesrepublik aufgeführt, dann heißt es: »In anderen Teilen Deutschlands ist es [das Grundgesetz] nach deren Beitritt in Kraft zu setzen«, wobei es das Wort »Beitritt« war, das jetzt relevant wurde.) Außenminister Genscher dagegen plädierte für eine Vereinbarung der beiden frei gewählten Regierungen nach der Volkskammerwahl am 18. März 1990. Auch der Bundespräsident hatte Bedenken, den Weg über Artikel 23 des Grundgesetzes als den allein möglichen anzusehen, während die CDU/CSU der Linie ihres Vorsitzenden folgte.

Mitten in den Wahlkampf hinein platzte am 13. März die Nachricht, der Vorsitzende der zur »Allianz für Deutschland« gehörenden Gruppierung Demokratischer Aufbruch, Rechtsanwalt Wolfgang Schnur, habe für die Stasi gearbeitet. Die Nachricht wurde Helmut Kohl kurz vor einer Kundgebung in Cottbus übermittelt, wo er eigentlich zusammen mit Wolfgang Schnur auftreten sollte. Der Kanzler stand bereits auf der Bühne, die Aufregung war groß. Helmut Kohl setzte sich aber sofort dafür ein, die Informationen bekanntzugeben. Schnur trat unverzüglich zurück.

Aber selbst ein solch dramatischer Vorgang konnte das Wahlergebnis nicht mehr beeinflussen. Die Wahl wurde, man darf es offen sagen, in erster Linie durch Helmut Kohl und seinen Einsatz gewonnen, weil er der Hoffnungsträger für die Menschen war.

Am 18. März erreichte die »Allianz für Deutschland« einen sensationellen Erfolg bei den ersten freien Volkskammerwahlen. Die Ost-CDU mit Lothar de Maizière an der Spitze wurde stärkste Partei in der Volkskammer und das trotz eines von den Demoskopen vorausgesagten Wahlsieges der SPD. Die CDU erhielt 163 Mandate, die SPD 88, und die Nachfolgepartei der SED, die PDS unter ihrem Vorsitzenden Gregor Gysi, gewann 66

Sitze. De Maizière bot der SPD die Bildung einer großen Koalition an, die auch zustande kam. Fraktionsvorsitzender der CDU wurde Günther Krause, der sich nach dem 18. März zu einem der herausragenden Politiker in der restlichen Zeit der DDR entwickelte und ab 1991 im Kabinett Kohl Bundesverkehrsminister wurde. Er führte die Verhandlungen mit Innenminister Wolfgang Schäuble über den Einigungsvertrag, der nach monatelanger intensiver Arbeit die Voraussetzungen für die Wiedervereinigung schuf.

Häufig fanden die Gespräche über diesen Einigungsvertrag im Kanzleramt statt, das immer noch die Kompetenz für die innerdeutschen Fragen hatte. So konnte ich die Bemühungen von Wolfgang Schäuble und Günther Krause aus allernächster Nähe verfolgen, zumal der Kanzler immer wieder in die Verhandlungen eingeschaltet wurde. Günther Krause war die rechte Hand des neu gewählten Ministerpräsidenten de Maizière, weil er neben der CDU-Fraktion auch die Staatskanzlei in Ostberlin leitete. Zum Arbeitsstab de Maizières gehörte auch Angela Merkel, spätere Bundesministerin für Jugend und Frauen, die stellvertretende Regierungssprecherin der Regierung de Maizière wurde. Sie war von der Gruppe »Demokratischer Aufbruch« zur CDU gekommen. Wie Günther Krause übernahm sie ein hohes Parteiamt: Frau Merkel wurde stellvertretende CDU-Vorsitzende, Günther Krause Präsidiumsmitglied der CDU, außerdem Sprecher der ostdeutschen Abgeordneten im Deutschen Bundestag.

In den Monaten bis zur deutschen Einheit war die Bonner Politik ganz mit der Vorbereitung des Einigungsvertrags beschäftigt. Die Fäden liefen immer beim Bundeskanzler zusammen, der bald zu Lothar de Maizière und Günther Krause ein enges Verhältnis geknüpft hatte, wobei Krause immer der aktivere der beiden Politiker aus Ost-Berlin war. Obwohl neu in dem politischen Geschäft, entwickelte er sehr rasch einen ausgeprägten Instinkt für politische Notwendigkeiten und für das politisch Machbare, eine Eigenschaft, die Wolfgang Schäuble als sein Partner bei der Verwirklichung des Einigungsvertrages besonders an ihm schätzte.

Im Innern gab es in der Bundesrepublik im März 1990 einige

interessante Ereignisse. So wurde Oskar Lafontaine von der
SPD zum Spitzenkandidaten für die Wahlen zum Bundestag im
Dezember 1990 gekürt. In Bayern fiel die CSU bei den Kommunalwahlen von über 49 Prozent auf 41,9 Prozent zurück – am
17. November des Vorjahres war Theo Waigel mit 97 Prozent
aller Stimmen erneut CSU-Vorsitzender geworden, auch die
SPD verlor noch einmal 2 Prozent und mußte sich mit 28,4 Prozent begnügen. Die Republikaner dagegen erreichten auf Anhieb
5,4 Prozent und waren besonders in den bayerischen Städten
erfolgreich – kein gutes Zeichen für kommende Entwicklungen.

Im gleichen Monat beendete der Kanzler am 29. März mit
einer vielbeachteten Rede in Cambridge die Diskussion um die
Oder-Neiße-Grenze als politische Westgrenze, in der er zu-
sicherte, daß sofort nach der Wiedervereinigung ein verbind-
licher Vertrag hierüber mit der polnischen Regierung abgeschlossen werden sollte. Gleichzeitig bat er die Polen um
Anerkennung des Unrechts an den Deutschen – beides geschah
dann tatsächlich nach der Wiedervereinigung.

Am 3. April 1990 feierte Helmut Kohl seinen 60. Geburtstag.
Partei und Fraktion gaben ihm einen großen Empfang in der
Bonner Beethovenhalle, an dem mehr als 2000 Menschen teil-
nahmen. Unter den Gästen war alles, was in der Politik Rang
und Namen hatte, aus Koalition und Opposition, aus Bund und
Ländern, alte Weggenossen des Kanzlers, viele persönliche
Freunde. Eine Bergmannskapelle brachte dem Kanzler zum
Auftakt ein Ständchen mit dem bekannten Bergmannslied
»Glückauf, der Steiger kommt«, und wie immer bei solchen
Gelegenheiten hielt der Bundeskanzler nicht nur eine politisch-
nachdenkliche, sondern auch eine sehr launige Rede. Unange-
meldet hatte sich im übrigen Bundespräsident Richard von
Weizsäcker mit einer kurzen Ansprache zu Wort gemeldet, in
der er Helmut Kohl würdigte und von »bleibender Dankbarkeit«
sprach, wenn er auf den gemeinsamen politischen Weg mit ihm
zurückblicke.

Auch an diesem Tag ruhte die Arbeit im Kanzleramt nicht.
Nach dem Empfang kehrte Helmut Kohl wieder an seinen
Schreibtisch zurück, aber am Abend gab es im Bungalow eine
private Geburtstagsfeier. Dazu waren auch meine Frau und ich

zusammen mit einigen Freunden Helmut Kohls und seinen engsten Mitarbeitern eingeladen. Zu Gast war außerdem eine
langjährige Freundin von Hannelore Kohl, die bekannte
Opernsängerin Edda Moser, die einige Lieder von Richard
Strauss vortrug. Was mich aber an diesem Abend besonders
beeindruckte, war eine Ansprache von Helmut Kohls ältestem
Sohn Walter, in der er aus seiner Sicht das Leben und das politische Werk Helmut Kohls würdigte. Die Art, in der das geschah,
ließ auf ein Verhältnis zwischen Vater und Sohn schließen, wie
man es sich als Vater nur wünschen kann.

Drei Tage nach seinem Geburtstag fuhr der Kanzler wie in
jedem Jahr zu seiner Fastenkur nach Bad Hofgastein. Wie
immer wurde er von seinem Büroleiter Walter Neuer betreut,
der dort – wie auch in St. Gilgen am Wolfgangsee, wo der Kanzler Sommerurlaub macht – ein kleines Büro bezieht, von dem
aus er den Kontakt mit Bonn halten kann und in dem alle wichtigen Nachrichten für den Kanzler einlaufen. Wie stets bei seinen Kuren und Urlauben wurde der Kanzler auch um die Oster-
tage 1990 herum nicht von der Politik losgelassen. Es gab
wieder die täglichen Telefonate mit Bonn und nun auch zusätzlich mit Berlin-Ost, wo sich Lothar de Maizière um die Erfüllung
des Auftrags der Volkskammer bemühte, eine neue Regierung
für die DDR zu bilden. Schon am 5. April war Sabine Bergmann-
Pohl zur neuen Präsidentin der Volkskammer gewählt worden,
und am 9. April konnte de Maizière seine Regierung vorstellen.
Am 12. April wählte die Volkskammer ihn selbst zum neuen
Ministerpräsidenten.

Der Bundeskanzler hatte jetzt einen Verhandlungspartner,
der durch eine freie Wahl in sein Amt gekommen war. Aber
noch existierte die DDR. Der erste Schritt der neuen DDR-Regierung war eine Verständigung mit Bonn über die Einführung der
Währungs- und Wirtschaftsunion mit der Bundesrepublik
Deutschland zum Stichtag 1. Juli. Am 24. April hatten sich zu
deren Vorbereitung Bundeskanzler Kohl und der frischge-
backene Ministerpräsident de Maizière getroffen – parallel dazu
verhandelten die beiden Außenminister Genscher und Markus
Meckel (SPD) in Bonn.

Einen Tag nach diesem Treffen wurde der saarländische

Ministerpräsident und Kanzlerkandidat der SPD, Oskar Lafontaine, bei einem Attentat durch Messerstiche schwer verletzt, eine Nachricht, die in Bonn großes Entsetzen auslöste, weil man erkennen mußte, wie leicht es trotz aller Sicherheitsmaßnahmen ist, einen Politiker bei einer Veranstaltung anzugreifen, ihn schwer zu verletzen oder gar zu töten. Noch im gleichen Jahr sollte sich ein solch tragischer Fall mit noch schlimmeren Folgen wiederholen.

Als ich Helmut Kohl, der gerade von den deutsch-französischen Konsultationen zurückkehrte, von dem Attentat berichtete, war er schockiert, und er drängte darauf, daß wir sofort eine Erklärung formulierten. Darin verurteilte er die Tat scharf und sprach Oskar Lafontaine die besten Genesungswünsche aus.

Formulierungen wie diese klingen durch ihre ständige Verwendung zu Unrecht nach politischer Routine. Der Kanzler war damals äußerst bestürzt, und das nicht nur, weil ihm anläßlich dieses ersten Attentats auf einen bundesdeutschen Politiker vor Augen geführt wurde, in welcher Gefahr jeder in diesem Beruf steht. (Damals wußte man im übrigen noch nicht, daß es sich bei der Täterin um eine geistesgestörte Frau handelte, die eigentlich Johannes Rau hatte angreifen wollen, aber den Tag der Veranstaltung verwechselt hatte.) Als ich ihm am Telefon die schlimme Nachricht durchgab, schwang in seiner Reaktion ein »Das ist einer von uns, den es da erwischt hat« mit, ungeachtet aller politischen Gegnerschaft. Dazu kam noch, daß er Oskar Lafontaine, auch wenn er bei der Bundestagswahl sein Herausforderer sein sollte, tatsächlich als Vollblutpolitiker schätzte. Und ich kann sagen, daß die beiden, wenn sie Gespräche zu führen hatten, persönlich durchaus miteinander zurechtkamen.

Am 13. Mai 1990 vollzog sich eine wichtige innenpolitische Veränderung. Die SPD gewann nicht nur, wie zu erwarten war, die Landtagswahlen in Nordrhein-Westfalen, sondern auch in Niedersachsen, wodurch die Mehrheit im Bundesrat den SPD-geführten Bundesländern zufiel, was noch große Auswirkungen auf die Bonner Gesetzgebung haben sollte, auch im Zusammenhang mit der Finanzierung der Kosten der deutschen Einheit. Die Regierung von Ministerpräsident Ernst Albrecht mußte

abtreten, weil auch rechnerisch eine Koalition mit der FDP
nicht möglich war. Nachfolger wurde der SPD-Politiker Gerhard
Schröder, der seitdem in seiner Partei eine immer größere Rolle
spielt. Schröder bildete die erste rot-grüne Koalition auf Länder-
ebene, die länger Bestand hatte.

Im gleichen Monat verstärkte sich die Neigung in der Bundesrepublik Deutschland, die ersten gesamtdeutschen Wahlen
möglichst bald nach der Herstellung der Einheit vorzunehmen.
Kanzler Helmut Kohl sprach sich am Tag nach den beiden Landtagswahlen, am 14. Mai 1990, für einen Wahltermin bereits im
Dezember 1990 aus, ein Terminvorschlag, an dem er danach in
vielen Gesprächen, auch mit Lothar de Maizière und Günther
Krause, festhielt.

Der Termin wurde dann auch auf den 2. Dezember 1990
gelegt, obwohl die neue DDR-Führung zunächst zögerlich blieb.
Die Interessenlage in den politischen Parteien im Osten und
Westen war in diesem Punkt nicht einheitlich. Die Parteien der
Bonner Koalition konnten bei einem früheren Wahltermin von
der Freude und der positiven Stimmung profitieren, die die
soeben vollzogene Wiedervereinigung bei vielen ausgelöst hatte,
während die Politiker der Ostberliner Volkskammer natürlich
nicht gerade mit Begeisterung der Auflösung ihres Parlaments
entgegensahen. Sie wollten im Dezember zunächst die neuen
Landtage wählen und erst 1991 den gemeinsamen Bundestag.

Am 16. Mai 1990 einigten sich Bund und Länder über den
Fond zur deutschen Einheit, der bis 1994 jährlich 115 Milliarden D-Mark aufbringen sollte, eine wichtige Voraussetzung für
die Aufwärtsentwicklung in der ehemaligen DDR.

Zwischen CDU/CSU und FDP einerseits und der SPD andererseits fanden die ganze Zeit über heftige Auseinandersetzungen um den Staatsvertrag mit der DDR über die Wirtschafts-,
Währungs- und Sozialunion statt. Kanzlerkandidat Lafontaine
wollte sogar, um seine Kritik auch formal zu verdeutlichen, eine
mehrgleisige Linie durchsetzen, Ablehnung im Bundestag und
Annahme im Bundesrat, was aber die SPD-Fraktion nicht mit-
machte. Dazu gab es mehrere Spitzengespräche zwischen Bundeskanzler Helmut Kohl und dem SPD-Fraktionsvorsitzenden
Jochen Vogel, die schließlich eine Einigung herbeiführten.

Am 18. Mai 1990 konnte im Bonner Palais Schaumburg der Staatsvertrag zur Wirtschafts-, Währungs- und Sozialunion unterzeichnet werden. Bundeskanzler Helmut Kohl sprach bei der Unterzeichnung von der »Geburtsstunde des freien und einigen Deutschland« und DDR-Ministerpräsident de Maizière betonte bei dem feierlichen Akt im alten Kabinettsaal des Palais Schaumburg, in dem noch Adenauer, Erhard, Kiesinger, Brandt und kurze Zeit (bis zur Fertigstellung des neuen heutigen Kanzleramtes) auch Helmut Schmidt regiert hatten: »Was wir heute tun, ist ein entscheidender Schritt auf unser Ziel hin, in Freiheit die Einheit Deutschlands in einer europäischen Friedensordnung zu vollenden.« Der Vertrag wurde von Bundesfinanzminister Theo Waigel und Walter Romberg, dem Finanzminister der DDR, im Beisein von Kohl und de Maizière unterzeichnet. Alle, die wie ich an dieser Zeremonie teilnahmen, hatten den Eindruck, bei einem historischen Ereignis dabeigewesen zu sein. Ab 1. Juli 1990 erhielten die Landsleute in der DDR die Deutsche Mark, eine wichtige Voraussetzung für die weitere Entwicklung der deutschen Einheit, die nur noch wenige Monate auf sich warten ließ. Es war eine Entwicklung, die so rasant verlief, daß es einem den Atem verschlagen konnte. Es gehörten viel Kraft und Energie dazu, die gebotene historische Chance zu ergreifen, und Helmut Kohl ergriff sie.

Das Jahr 1990 war sicher eines der wichtigsten in meiner ganzen politischen Arbeit. Die Zwei-plus-Vier-Konferenzen fanden zum großen Teil in Bonn statt, so daß ich mich über den Stand der Bemühungen um die deutsche Einheit stets unmittelbar informieren konnte. Die Fäden liefen immer beim Bundeskanzler zusammen, und durch die Morgenlage beim Kanzler und die Abendgespräche im Bungalow war ich immer auf dem laufenden. Dazu kamen meine täglichen Kontakte zu Horst Teltschik, dem Leiter der außenpolitischen Abteilung im Kanzleramt, der die Einzelheiten der Zwei-plus-Vier-Verhandlungen der Außenminister sehr genau kannte, und durch seine hervorragenden Kontakte zu den Botschaftern der vier Siegermächte oder zu den Regierungszentralen in den Hauptstädten selbst über die besten Informationen verfügte. Er wurde oft von Helmut Kohl als »Sonderbotschafter« nach Washington, London,

Paris oder auch Moskau geschickt, wenn der Kanzler einmal eine besondere Botschaft zu überbringen hatte oder wenn es irgendwo hakte und die Dinge nicht zügig genug vorangingen.

Gerade in diesem bedeutungsvollen Jahr 1990 erwarb sich Horst Teltschik seinen großen Ruf als außenpolitischer Berater des Kanzlers. Wir alle haben sehr bedauert, daß er nach der Vollendung der deutschen Einheit seinen Posten verließ und in die Wirtschaft überwechselte, auch wenn Teltschiks Nachfolger Peter Hartmann, der vorher sein Stellvertreter im Kanzleramt gewesen war, die Lücke sehr rasch schließen konnte. Als langjähriger Mitarbeiter des Kanzlers in verschiedenen Funktionen und als gelernter Diplomat hat Hartmann in den Jahren seiner Tätigkeit als Abteilungsleiter Ausland im Kanzleramt ausgezeichnete Arbeit geleistet und einen sehr engen Kontakt zum Kanzler gefunden. Auch er hatte bald engste Verbindungen in die Regierungszentralen unserer Verbündeten in Washington, London und Paris und war bald auch ein gesuchter Gesprächspartner für die in Bonn akkreditierten Botschafter aus aller Welt. Am 1. Juni 1993 wurde er deutscher Botschafter in London, und an seine Stelle trat sein Kollege Joachim Bitterlich.

Erst im Frühjahr 1990 erkannte man in vollem Umfang den totalen Niedergang der DDR-Wirtschaft, und es wurde offenkundig, daß die DDR im wahrsten Sinne des Wortes pleite war. Lothar de Maizières Staatssekretär Günther Krause bezifferte am 10. Mai 1990 den Finanzbedarf der DDR bis Ende 1991 auf 120 Milliarden D-Mark, und er kündigte bereits an, daß bei dem Umstellungsprozeß auf die Soziale Marktwirtschaft etwa 1,5 Millionen Menschen in der DDR zunächst mit dem Verlust ihres Arbeitsplatzes würden rechnen müssen – keine schöne Perspektive, aber eine realistische Einschätzung. Völlig unverständlich erschien mir die Diskussion, Bundeskanzler Helmut Kohl habe Michail Gorbatschow im Juli 1990 bei seinen Gesprächen in Moskau und im Kaukasus ein düsteres Bild der Lage in der DDR geschildert, sich öffentlich aber ganz anders geäußert. Diese Diskussion wurde im Februar 1993 ausgelöst, als die neu gegründete Wochenzeitung »Die Woche« aus Protokollen von dieser Begegnung mit Gorbatschow berichtete. Helmut Kohl hatte nichts Sensationelles gesagt und die Lage im Frühjahr 1990 nüchtern dargestellt. Der Kanzler hat weder den Menschen im Osten noch im Westen Deutschlands – auch nicht in dem später stattfindenden Bundestagswahlkampf – verschwiegen, wie ihm fälschlicherweise immer unterstellt wurde, daß die Vollendung der deutschen Einheit Opfer kosten würde, obschon er fest davon überzeugt war, daß auch in den neuen Bundesländern in einigen Jahren »blühende Landschaften« entstehen würden.

Daß dieser Prozeß der Umstellung von Plan- auf Marktwirtschaft derart schwierig und langwierig sein würde, hat kein deutscher Politiker weder unmittelbar vor noch nach der Herbeiführung der deutschen Einheit erkennen können. Hier sind viele Scheindiskussionen geführt worden, oft zu sehr aus parteipolitischen Überlegungen heraus und nicht immer mit dem notwendigen Einfühlungsvermögen gegenüber den Menschen in den neuen Bundesländern. Es gab in den Jahren nach der Wiederherstellung der deutschen Einheit keinen Politiker, der sich wie Helmut Kohl für den Aufschwung Ost eingesetzt hat, auch wenn ihm das nicht gedankt wurde. Die zahlreichen Wirtschaftskonferenzen im Kanzleramt (bis jetzt 22), seine vielen Besuche in den neuen Bundesländern, die Vielzahl seiner Gespräche mit Bundestagsabgeordneten und anderen Politikern aus den neuen Ländern oder auch die Einrichtung einer Koordinationsstelle im Bundeskanzleramt für diese Fragen unter Leitung des Kanzleramtsministers Friedrich Bohl und maßgeblicher Beteiligung von Ministerialdirektor Johannes Ludewig, dem Leiter der Wirtschaftsabteilung im Kanzleramt, sprechen für meine These.

Von seinem Besuch bei Präsident Bush in Washington vom 5. bis 8. Juni 1990 brachte der Bundeskanzler den Eindruck mit nach Hause, daß die außenpolitische Absicherung der deutschen Einheit bis zum Herbst abgeschlossen werden könnte. Am 12. Juni 1990, einen Tag, nachdem auch Lothar de Maizière Präsident Bush im Weißen Haus besucht hatte, stimmten CDU- und FDP-Fraktion in der Volkskammer für die ersten freien gesamtdeutschen Wahlen, sprachen sich für den frühen Dezembertermin aus und schlugen auch den Beitritt der DDR nach

Artikel 23 des Grundgesetzes zur Bundesrepublik Deutschland
vor. Damit rückte die Einheit noch im laufenden Jahr 1990 ein
großes Stück näher. Der genaue Termin sollte vom Abschluß der
Zwei-plus-Vier-Gespräche abhängig gemacht werden.

Am 1. Juli trat die Wirtschafts-, Währungs- und Sozialunion
in Kraft. Der Bundeskanzler erklärte in einer Fernsehanspra-
che: »Dies ist der entscheidende Schritt auf dem Weg zur Einheit unseres Vaterlands, ein großer Tag in der Geschichte der
deutschen Nation.« Und Lothar de Maizière betonte in seiner
Ansprache: »Heute ist nicht nur der Tag der D-Mark, sondern
auch der Tag der freien Grenzen.«

Die Bewohner der DDR konnten pro Familienmitglied 4000
D-Mark im Verhältnis eins zu eins umtauschen, auch Löhne und
Gehälter wurden im Verhältnis eins zu eins umgestellt, größere
Guthaben im Verhältnis zwei zu eins. Die innerdeutsche Grenze
hörte damit praktisch auf zu bestehen. Die Bewohner der DDR
brauchten nicht mehr zur D-Mark zu kommen, die D-Mark war
zu ihnen gekommen.

Mit Tempo gingen die Regierungen in Bonn und Ost-Berlin
an die weiteren Arbeiten. Nachdem Gorbatschow im Kaukasus
das Veto der Sowjetunion gegen die deutsche Einheit aufgehoben hatte, beschlossen die beiden Verteidigungsminister Gerhard Stoltenberg und Rainer Eppelmann, daß ein wiedervereinigtes Deutschland in der NATO bleiben solle, wenn auch
keine NATO-Einrichtungen auf dem Gebiet der ehemaligen DDR
errichtet werden dürften. Lothar de Maizière hatte bei seinen
Gesprächen Ende April in Moskau die Zustimmung dazu noch
nicht erreichen können. Immerhin verlor die Sowjetunion mit
der DDR nicht nur einen militärisch-politischen, sondern vor
allem einen wirtschaftlichen Verbündeten, daher waren die Verhandlungen mit Gorbatschow äußerst zäh verlaufen.

Das harte Ringen um den Termin der Bundestagswahl setzte
sich bis in den Sommerurlaub des Kanzlers fort, den er von
Ende Juli bis Mitte August 1990 wie immer in St. Gilgen verbrachte. In diesem Jahr wurden seine Ferien allerdings durch
zahlreiche politische Gespräche am Urlaubsort unterbrochen.
Unter anderem besuchten ihn dort auch Lothar de Maizière und
Günther Krause, die mit einer Sondermaschine der Interflug in

Salzburg eintrafen und von dort aus mit dem Wagen zum Kanzler nach St. Gilgen fuhren. Ich selbst war zusammen mit Walter Neuer, dem Büroleiter des Kanzlers, der das Ferienbüro in St. Gilgen betreute, in die Vorbereitungen für dieses geheime Treffen eingeweiht worden, das am 2. August 1990 stattfand. Dabei wurde vereinbart, die Landtagswahlen in den fünf Ländern Sachsen, Thüringen, Sachsen-Anhalt, Brandenburg und Mecklenburg-Vorpommern bereits auf den 14. Oktober 1990 zu legen, was Ministerpräsident de Maizière am nächsten Tag überraschend vor der Volkskammer bekanntgab. Helmut Kohl hatte hart mit ihm gerungen, bis er diesem Termin zustimmte.

Am 19. August brach die Große Koalition unter Lothar de Maizière auseinander. Die Gegensätze waren zu groß geworden, und man hatte auch den Eindruck, daß jede Partei vor den bevorstehenden Wahlen frei sein wollte und sich ohne das Bündnis der Großen Koalition bessere Chancen für die weitere politische Entwicklung ausrechnete.

Am 22. August beschloß die Volkskammer in Ost-Berlin den 3. Oktober 1990 als Termin für den Beitritt der Deutschen Demokratischen Republik zur Bundesrepublik Deutschland. Das veranlaßte den Bundeskanzler, vor dem Deutschen Bundestag von einem historischen Ereignis zu sprechen und zu verstärkten Anstrengungen zugunsten der bisherigen DDR für den Zeitpunkt nach der Einigung aufzurufen.

Neben dem gewaltigen Streß, den meine Arbeit im Jahre 1990 mit sich brachte, hatte ich auch noch ein bescheidenes und – wie sich zeigte – lehrreiches Privatleben. Als meine Frau und ich Anfang September aus unserem Sommerurlaub in Südtirol zurückkehrten, lernte ich nämlich eine neue Seite der Sicherheitsmaßnahmen kennen: Es gelang uns nicht, unsere eigene schwere Sicherheitshaustüre zu öffnen. Offensichtlich hatte sich beim Verschließen eines der beiden Sicherheitsschlösser so verklemmt, daß sich nichts mehr bewegte. Alle Bemühungen eines herbeigerufenen Schlüsseldienstes waren vergeblich. Auch ein Versuch, durch die ebenfalls gesicherte Kellertür ins Haus zu gelangen, scheiterte. Selbst starken Bohrern hielt die Stahltür stand. Schließlich kam nach stundenlangem Hin und Her einer der herbeigerufenen Polizeibeamten auf die Idee, das Korridorfenster im ersten Stock einzuschlagen, ins Haus einzusteigen und zu versuchen, die schwere Panzerhaustür von innen aufzumachen. Es wurde aus der Nachbarschaft eine Leiter beschafft, und der Polizeibeamte ging ans Werk. Tatsächlich gelang es dann, die Tür von innen zu öffnen. Die ganze Prozedur dauerte drei Stunden, bis wir in unsere Wohnung konnten und die zerschlagene Glasscheibe notdürftig ersetzt wurde. Die Sache war besonders unangenehm, weil ich am nächsten Morgen bereits wieder mit dem Kanzler zu einer Fraktionssitzung nach Berlin reisen mußte und noch nichts gepackt war. Heute wäre das alles noch komplizierter, weil auch die Scheiben im oberen Stockwerk, den Sicherheitsbestimmungen entsprechend, durch Panzerglas ersetzt sind.

13 DIE DEUTSCHE EINHEIT

Zwei Ereignisse vor dem Tag der deutschen Einheit waren von besonderer Bedeutung auf dem Weg dorthin. Einmal die schon mehrfach angesprochene Reise des Bundeskanzlers zu Michail Gorbatschow nach Moskau und in den Kaukasus vom 14. bis 16. Juli 1990, auf der ich ihn begleitete, und der Abschluß der Zwei-plus-Vier-Verhandlungen der vier Siegermächte des Zweiten Weltkriegs und der beiden Staaten in Deutschland.

An der Reise in die Sowjetunion nahm neben Außenminister Genscher auch Finanzminister Waigel teil, denn die Verhandlungen hatten doch ganz beträchtliche finanzielle Aspekte. Hauptsächlich ging es darum, Michail Gorbatschows Zustimmung dafür zu gewinnen, daß die bisherigen außenpolitischen Grundlinien der Bundesrepublik Deutschland auch von einem wiedervereinigten Deutschland beibehalten werden konnten, was besonders den Verbleib ganz Deutschlands in der NATO und die Festlegung der künftigen Stärke der Bundeswehr betraf. Die eigentlichen Verhandlungen hierüber fanden nicht, wie irrtümlich immer wieder behauptet wird, auf der Datscha Gorbatschows im Kaukasus statt, sondern im Gästehaus des sowjetischen Außenministeriums in Moskau, und zwar am Sonntag, dem 15. Juli, bevor sich die Delegation in den Kaukasus begab.

Das Gros der Journalisten war schon nach Stawropol (im Kaukasus) geflogen, um dort den Kanzler und Michail Gorbatschow in Empfang zu nehmen. In Stawropol hatte Gorbatschow einige Jahre als Bezirkssekretär der Kommunistischen Partei gearbeitet. Deswegen lag es nahe, daß der Bundeskanzler dort auch das alte Büro Gorbatschows besuchte, immer von einem großen Troß von Journalisten begleitet. Juliane Weber und ich waren zusammen mit den Journalisten vorausgeflogen. Auf dem großen Platz vor den Regierungs- und Parteigebäuden tra-

fen wir auf Horst Teltschik. Er war mit der Kanzlermaschine aus
Moskau gekommen und raunte uns in dem Gewühle nur kurz
zu: »Wir haben es. Gorbatschow hat dem Bundeskanzler zugestimmt.«

Mehr konnten wir nicht an Informationen austauschen.
Nach dem kurzen Besuch in Stawropol flogen der Kanzler, Gorbatschow, Genscher, Waigel, Teltschik, Neuer und Klein mit
einem Hubschrauber zu der Datscha Gorbatschows, die in einer
idyllischen Berglandschaft liegt. Hier entstanden die bekannten
Bilder, auf denen man die beiden Staatsmänner in Freizeitklei-
dung einen Bach entlangspazieren sieht. Der Rest der Delegation und die Journalisten fuhren mit Bussen durch die kauka-
sische Steppe nach Mineralnije Wodi – aber darüber habe ich
bereits berichtet. Bevor der Staatsbesuch endete, fand eine
gemeinsame Pressekonferenz statt, bei der Helmut Kohl und
Michail Gorbatschow die Ergebnisse ihrer Verhandlungen
bekanntgaben. Dazu gehörte, was aus deutscher Sicht besonders wichtig war, daß ein wiedervereinigtes Deutschland uneingeschränkte Souveränität erhalten sollte und frei über seine
Bündniszugehörigkeit würde entscheiden können. Ein weiterer
Punkt war die Reduzierung der Bundeswehrstärke auf zunächst
370 000 Mann. Außerdem wurde beschlossen, einen neuen Vertrag zwischen der Bundesrepublik Deutschland und der Sowjetunion abzuschließen, der die gesamten Beziehungen regeln
sollte. Nur einen Tag nach seiner Rückkehr bot der Bundeskanzler Polen einen ähnlichen Vertrag an, der nicht nur die
Grenzfrage regeln sollte.

Am Rande sei erwähnt, daß die Mitglieder der Delegation,
die nicht mit auf die Datscha fliegen konnten, nicht ganz leer
ausgingen. Sie machten einen Besuch auf einem Gestüt in der
Nähe von Mineralnije Wodi, auf dem Vollblutaraber gezüchtet
wurden. Das Gestüt wurde von einer Frau geleitet, die zugleich
Mitglied im Obersten Sowjet war. Eine schönere Vorführung von
edlen Pferden habe ich nie erlebt.

Die politischen Ergebnisse der Reise des Kanzlers wurden in
Bonn von allen Parteien begrüßt, auch von SPD-Kanzlerkandi-
dat Oskar Lafontaine. Helmut Kohls Popularität stieg von Woche
zu Woche. Im Juli wollten ihn 58 Prozent der Bürger zum Kanz-

ler wählen, wenn es direkte Wahlen gegeben hätte; Oskar
Lafontaine landete bei 36 Prozent.

Innenminister Wolfgang Schäuble und DDR-Staatssekretär
Günther Krause konnten am 31. August 1990 den Einigungsvertrag im Ostberliner Palais Unter den Linden unterzeichnen.
Dem war ein wochenlanger, oft bis in die tiefen Nachtstunden
reichender Verhandlungsmarathon vorausgegangen. Die Schluß-
phase habe ich wegen meines Sommerurlaubes in Südtirol nicht
selber miterlebt. Ich sah nur am Tag nach den Verhandlungen,
daß die abschließende Pressekonferenz morgens um 3.40 Uhr
im Informationssaal des Kanzleramtes stattgefunden hatte, bei
der Wolfgang Schäuble und Günther Krause erschöpft, aber
stolz das Ergebnis präsentierten, das dann später auch vom
Bundestag und der Volkskammer akzeptiert wurde. Es war die
Grundlage für die Einheit Deutschlands, und der Vertrag hat
heute noch Gültigkeit, auch wenn der eine oder andere Punkt
durch die weitere Entwicklung vielleicht überholt oder durch
Zusatzmaßnahmen korrigiert wurde. Der Vertrag regelte in 46
Artikeln auf rund 1000 Seiten die mit dem Beitritt der DDR zur
Bundesrepublik Deutschland verbundenen Fragen bis ins
Detail, darunter waren auch sechs Grundgesetzänderungen.
Am 20. September 1990 verabschiedeten der Bundestag und
die Volkskammer den Einigungsvertrag mit der erforderlichen
Zweidrittelmehrheit, und einen Tag später vollzog sich das glei-
che im Bundesrat.

Der nächste wichtige Schritt auf dem Weg zur deutschen Einheit war dann der Vertrag der vier Siegermächte sowie der Bundesrepublik Deutschland und der DDR, der Deutschland die
volle Souveränität zurückgab. Am 11. September 1990 leiteten
die sechs Außenminister in Moskau die letzte Phase ihrer Beratungen über diesen Zwei-plus-Vier-Vertrag ein. Schon am darauffolgenden Tag wurde er unterzeichnet. Damit wurde ein end-
gültiger Schlußstrich unter die deutsche Nachkriegsgeschichte
gezogen. 80 Millionen Deutsche in Ost und West erhielten ihre
volle Souveränität zurück. Mit dem Tag der deutschen Einheit
am 3. Oktober 1990 wurden wenig später die alliierten Vorbe-
haltsrechte gegenüber Berlin und Deutschland außer Kraft
gesetzt.

An dem Zustandekommen dieses Abkommens hatte der damalige Bundesaußenminister, Hans-Dietrich Genscher, in Halle in Sachsen-Anhalt geboren und aufgewachsen, einen großen Anteil. Bei den Verhandlungen hatte er immer die volle Rückendeckung des Kanzlers. Er sieht den 12. September 1990 bis heute als einen besonderen Tag in seinem Leben an. Die Wiederherstellung der deutschen Einheit war für ihn wie für Bundeskanzler Helmut Kohl das prägende Erlebnis ihrer langjährigen Koalitionszusammenarbeit. Sein Abschied vom Amt des Außenministers im Frühjahr des Jahres 1992, der ihm sicher nicht leichtgefallen ist, war im September 1990 noch nicht absehbar. Genscher, der auch nach seinem Ausscheiden aus dem Amt des FDP-Vorsitzenden die Symbolfigur für die FDP blieb, wird wie Helmut Kohl immer mit der deutschen Einheit in Verbindung gebracht werden. Die Leistungen dieser beiden Männer für die deutsche Einheit werden ihren Wert behalten, auch wenn viele Menschen zu schnell vergessen haben, welch ein gewaltiges politisches Werk es war, in so kurzer Zeit die Einheit Deutschlands wiederherzustellen. Schon bald nach dem 3. Oktober 1990 begann das kleinliche Rechnen, was die deutsche Einheit kosten und welche Opfer sie besonders den Deutschen im Westen auferlegen werde. Die Jahre 1991 bis 1993 machten eher den Eindruck, als ob die Deutschen sich gar nicht so recht der Tatsache bewußt waren, daß sie wieder vereint in Freiheit leben konnten. Nach der kurzen Euphorie herrschte der Geist von Krämerseelen vor, ein Zustand, der von vielen in der Welt nicht verstanden wurde. Unmut machte sich breit. Aber anfangs überwog die Freude über die wiedererlangte Einheit. Die Menschen in ganz Deutschland feierten den 3. Oktober als einen großen Freudentag – und das im ganzen Land, in Ost und West.

Ich selbst habe den Vorabend dieses Tages und den Tag selbst zusammen mit dem Bundeskanzler in Berlin erlebt. Zwei Tage zuvor war die CDU Deutschlands zu ihrem Einigungsparteitag zusammengekommen. Helmut Kohl erhielt bei seiner Wahl zum ersten gesamtdeutschen CDU-Vorsitzenden 98,5 Prozent der Delegiertenstimmen, nur 14 stimmten mit Nein, 7 enthielten sich. Lothar de Maizière wurde einziger Stellvertreter Kohls als Parteivorsitzender. Am Vorabend der deutschen Ein-

heit riefen Helmut Kohl und Lothar de Maizière die Deutschen
zu Solidarität und gegenseitigem Verständnis auf.

Am Abend des 2. Oktober fand zunächst im Schauspielhaus
im Osten Berlins ein festliches Konzert statt, bei dem zum
Schluß die Neunte Symphonie von Beethoven mit der berühmten Ode »An die Freude« erklang. Nach diesem Konzert versammelte sich die politische Prominenz Deutschlands im Berliner Reichstag, vor dem sich bereits eine unübersehbare
Menschenmenge eingefunden hatte. In fröhlicher Ausgelassen-
heit feierten die Menschen die deutsche Einheit. Um Mitternacht wurde vor dem Reichstag eine große Bundesflagge aufgezogen, während die Freiheitsglocke läutete. Bei dieser
Zeremonie stand ich mit Juliane Weber und Walter Neuer auf
der Freitreppe vor dem Reichstag. Wir waren alle ergriffen und
stolz, diesen Augenblick erleben zu dürfen, für den Helmut Kohl
mit eiserner Konsequenz und gegen viele Widerstände gekämpft hatte.

Nach dem großen Feuerwerk trafen wir uns mit dem Kanzler in dessen Büro im Reichstag. Lothar de Maizière und seine
Frau stießen dazu sowie einige andere Politiker der CDU. Immer
wieder wurde der Kanzler von der feiernden Menge ans Fenster
gerufen. Er winkte zusammen mit seiner Frau Hannelore und
dem Ehepaar de Maizière den Menschen zu. Kohl und de Maizière waren sichtlich bewegt. Es wurde noch eine lange Nacht
mit sehr nachdenklichen Gesprächen über den zurückgelegten
Weg, aber vor allem über die in der Zukunft wartenden Aufgaben. Sehr spät kehrten wir noch kurz in der Bar des Berliner
Hotels »Kempinski« ein, wo wir eine Reihe deutscher Wirt-
schaftsführer trafen, wie Edzard Reuter von Daimler-Benz oder
den späteren Bundesbahn-Vorstandsvorsitzenden Heinz Dürr,
damals noch AEG-Chef. Wir brachen bald wieder auf, denn am
Morgen des 4. Oktober mußte der Kanzler vor dem Deutschen
Bundestag im Berliner Reichstag eine Regierungserklärung zur
deutschen Einheit abgeben, und die mußte vorbereitet werden.
Darin hieß es:

»Die Politik der Bundesregierung wird geprägt sein vom
Bewußtsein für die deutsche Geschichte, in allen ihren Teilen

und der daraus folgenden Verantwortung. Nur wer seine Herkunft kennt, hat einen Kompaß für die Zukunft.«

»Wir vergessen nicht, wem wir die Einheit unseres Vaterlands zu verdanken haben. Viele haben dazu beigetragen, zu allererst die Menschen in der bisherigen DDR.«

»Wann je hatte ein Volk die Chance, Jahrzehnte der schmerzlichen Trennung auf so friedliche Weise zu überwinden? Ohne Krieg und Gewalt, ohne Blutvergießen, in vollem Einvernehmen mit unseren Nachbarn und Partnern und mit ihrer Zustimmung haben wir die Einheit Deutschlands in Freiheit wiederherstellen können. Dies ist ein wichtiges Kapitel für die Zukunft unseres Volkes.«

»Jetzt kommt es darauf an, daß Deutschland auch wirtschaftlich und sozial möglichst rasch wieder eins wird. Das wird uns große Anstrengungen abfordern, und dafür werden wir auch Opfer bringen müssen. Wir werden es schaffen, wenn wir jetzt zusammenstehen. In diesem entscheidenden Augenblick unserer Geschichte müssen wir mehr denn je zur Solidarität fähig sein.«

»Ich glaube, es lohnt sich mehr denn je, an der Gestaltung dieser Zukunft Deutschlands und an der Zukunft Europas mitzuarbeiten.«

Helmut Kohl appellierte an alle, trotz politischer Gegensätze an dieser großen Aufgabe mitzuwirken. Er ist dieser Devise in den Jahren nach der deutschen Einheit immer treu geblieben und hat sich auch durch noch so viele Schwierigkeiten nicht beirren lassen, auch dann nicht, wenn es geradezu ausweglos erschien, gemeinsam die notwendigen Mittel für den Aufbau im Osten aufzubringen.

Noch am Tag der Regierungserklärung mußte der Bundeskanzler wieder ins harte Tagesgeschäft zurück. Er flog zu Wahlkampfeinsätzen in den bayerischen Landtagswahlkampf nach Regensburg und Bayreuth. Juliane Weber und ich flogen mit einem großen Grenzschutzhubschrauber nach Bonn zurück, zusammen mit einer Gruppe junger Bundesgrenzschützer, die in Berlin im Einsatz gewesen waren. Nie zuvor habe ich die deutschen Landschaften von Berlin bis an den Rhein mit einem

Hubschrauber überflogen. Es war ein langer, aber eindrucksvoller Flug, der uns die imposante Vielfalt deutscher Landschaften zeigte.

In Bonn gab es nach vollzogener Wiedervereinigung eine wesentliche Änderung. Zum Kabinett wurden fünf Minister aus der bisherigen DDR als Minister ohne Geschäftsbereich hinzuberufen, und zwar Günther Krause, Sabine Bergmann-Pohl (Präsidentin der einzigen frei gewählten Volkskammer der ehemaligen DDR), Ministerpräsident Lothar de Maizière, Rainer Ortleb (FDP) und Hansjoachim Walther von der DSU.

Krause, Merkel und Ortleb verblieben auch nach der Bundestagswahl am 2. Dezember 1990 im Kabinett, während Lothar de Maizière wegen einer angeblichen Stasi-Belastung, die ihm aber nie nachgewiesen werden konnte, aus der Politik ausschied und heute wieder in Berlin als Anwalt arbeitet. Die Pressekonferenz im Kanzleramt, auf der Lothar de Maizière nach einem eingehenden Gespräch mit Wolfgang Schäuble seinen Verzicht auf jegliche politischen Ämter bekanntgab, hat mich sehr berührt. Ich hatte den Eindruck, daß hier ein Unschuldiger saß, der sich nicht halb so geschickt zu verteidigen wußte wie später der Ministerpräsident von Brandenburg, Manfred Stolpe. De Maizière war offenbar für das politische Geschäft nicht hart genug. Seine Verdienste um die deutsche Einheit bleiben aber bestehen. Das hat auch Helmut Kohl immer anerkannt.

Gleich nach der Herstellung der deutschen Einheit beschloß der Deutsche Bundestag veränderte Bedingungen für die Bundestagswahl am 2. Dezember 1990. Die Parteien im Osten brauchten danach nur in ihrem Gebiet fünf Prozent der Stimmen zu erreichen, um in den Bundestag einzuziehen, und konnten außerdem noch Listenverbindungen eingehen. 1994 sollte dann im ganzen Bundesgebiet einheitlich gewählt werden.

Dann begannen die Vorbereitungen für die Wahlkampagne zur ersten gesamtdeutschen Bundestagswahl. Wie in den Jahren zuvor leitete der Parteivorsitzende Kohl selbst die Wahlkampfkommission, in der neben den bewährten Kräften des Adenauer-Hauses auch einige Mitarbeiter des Kanzleramtes, Mitglieder der Bundestagsfraktion der CDU/CSU sowie unabhängige Berater saßen. In ihr wurde über Anzeigen, Faltblätter, Werbespots für Fernsehen und Rundfunk diskutiert und entschieden. Gegen die Stimme des Parteivorsitzenden lief nichts. Auch in diesem Wahlkampf machte Helmut Kohl wieder eine umfassende Kampagne mit zahlreichen Großkundgebungen. Der Zulauf war enorm, weil viele Menschen den Mann persönlich erleben wollten, der die Einheit Deutschlands so maßgeblich gefördert und sich damit zu Recht das Prädikat eines Kanzlers der deutschen Einheit erworben hatte.

Andreas Fritzenkötter, der seit einem Jahr der Sprecher der CDU war, begleitete den Kanzler auf all diesen Einsätzen und sorgte für eine ausgezeichnete Betreuung der mitreisenden Journalisten und der ortsansässigen Presse. In dieser Kampagne wurde der Grundstein für Fritzenkötters spätere Aufgabe im Kanzleramt gelegt, als Unterabteilungsleiter für den Bereich Öffentlichkeitsarbeit, das heißt, als mein Stellvertreter, eine Aufgabe, die er bis heute mit großem Erfolg wahrnimmt. Auch schon bei den Wahlkämpfen zur Volkskammer in den ostdeutschen Ländern hatte er den Bundeskanzler begleitet.

In dieser Zeit begannen die ersten Diskussionen über die Frage, ob die Kosten der deutschen Einheit mit oder ohne Steuererhöhungen zu finanzieren seien. Der Kanzler und die Koalition entschieden sich unter dem Einfluß maßgeblicher wirtschaftspolitischer Berater für den Weg ohne Steuererhöhungen. Alle Fachleute waren damals dieser Meinung, weil man den Umfang der auf uns zukommenden Lasten zum damaligen Zeitpunkt gar nicht richtig einschätzen konnte. Erst später war das ganze Ausmaß der Ausgaben für den Aufbau Ost zu erkennen, und es mußte ein Solidaritätsbeitrag zur Einkommens- und Lohnsteuerschuld erhoben werden, was der Regierung völlig zu Unrecht den Vorwurf der »Steuerlüge« eintrug. Und bis ins Jahr 1993 gingen die Kontroversen weiter, wie die ab 1995 anfallenden Altlasten der ehemaligen DDR bewältigt werden könnten. Erst nach langen Beratungen wurde Mitte März 1993 ein Solidarpakt geschlossen, der helfen sollte, die finanziellen Schwierigkeiten zu überwinden.

Im Bundestagswahlkampf vor dem 2. Dezember 1990 war diese Kontroverse noch nicht in vollem Umfang ausgebrochen,

obwohl es zwischen der Koalition und der SPD über die Finanzierung der deutschen Einheit schon zu Auseinandersetzungen
gekommen war.

Am 12. Oktober 1990 erreichte uns in den Abendstunden –
es war ein Freitag – eine schreckliche Nachricht: Wolfgang
Schäuble war auf einer Wahlveranstaltung in seinem Wahlkreis
in der Gemeinde Oppenau in Südbaden offenbar durch Schüsse
eines geistesgestörten Mannes schwer verletzt worden. Schon
kurz nach 22 Uhr unterrichtete mich das Lagezentrum des
Kanzleramtes über das Attentat, ohne aber schon Einzelheiten
zu kennen. Ich unterrichtete sofort den Bundeskanzler, der sich
bereits in Ludwigshafen befand. Er war aufs äußerste betroffen
und bat mich, sofort mit Staatssekretär Neusel vom Bundesinnenministerium Kontakt aufzunehmen. In den nächsten zwei
Stunden erfuhren wir dann das ganze Ausmaß dieser abscheu-
lichen Tat. Die zwei Einschüsse hatten Wolfgang Schäuble an
der Wirbelsäule und am Kiefer schwer verletzt. Er wurde noch
in der Nacht in die neurologische Abteilung der Universitätskli-
nik in Freiburg eingeliefert und dort operiert. Zwei Tage nach
dem Attentat besuchte der Kanzler Wolfgang Schäuble auf der
Intensivstation der Freiburger Klinik.

Die Tage danach verliefen zwischen Hoffen und Bangen.
Wolfgang Schäuble, der schon immer für seine große Willens-
stärke bekannt war, kämpfte auch nach dem Attentat mit aller
Kraft gegen sein Schicksal, immer liebevoll unterstützt von sei-
ner tapferen Frau und seiner ältesten Tochter, die nicht von sei-
nem Krankenlager wichen. Ich bekam über Staatssekretär Hans
Neusel und die Mitarbeiterin Wolfgang Schäubles, Helga Hei-
den, die jeweils neuesten Informationen über seinen Zustand.
Es ging langsam aufwärts, auch wenn sich jeder über die
Schwere der Verletzungen im klaren sein mußte.

Zu meiner großen Überraschung erhielt ich am 1. November
1990 einen Anruf von Wolfgang Schäuble, der mir zu meinem
Geburtstag gratulieren wollte, erst zweieinhalb Wochen nach
dem schweren Attentat. Er sagte mir: »Ich habe Sie immer an
Ihrem Geburtstag angerufen. Ich wollte das auch diesmal tun.«
Ich war sehr gerührt und fand kaum meine Sprache wieder. Das
sind Momente im Leben, die man so leicht nicht vergißt. Kurze

Zeit später wurde Wolfgang Schäuble in die Rehabilitationsklinik nach Langensteinbach verlegt, wo er von dem bekannten Professor Harms weiterbehandelt wurde. Die Rekonvaleszenz schritt so gut voran, daß Wolfgang Schäuble bald eine erste Gruppe von Reportern empfangen konnte.

Danach setzte er seinen ganzen Ehrgeiz darein, einmal mit dem Bundeskanzler in seinem Wahlkreis auf einer gemeinsamen Veranstaltung zur Bundestagswahl aufzutreten, was auch gelang. Alle bewunderten die ungeheure Energieleistung Wolfgang Schäubles. Einige Zeit später begrüßten wir ihn zum ersten Mal im Kanzleramt. Im Rollstuhl sitzend machte er den Eindruck eines Mannes, der entschlossen war, sein Schicksal zu meistern.

Heute hat man sich daran gewöhnt, Wolfgang Schäuble aus dem Rollstuhl heraus agieren zu sehen. Er spricht im Bundestag und auf Veranstaltungen. Er geht intensiv in die Medien und ist unbestritten die Nummer Zwei in der Union. Er hat nach wie vor ein sehr gutes Verhältnis zum Kanzler. Und in vielen Fragen ist Wolfgang Schäuble, besonders seitdem er im Dezember 1991 Fraktionsvorsitzender der CDU/CSU im Deutschen Bundestag wurde, ein unentbehrlicher Ratgeber und Helfer des Kanzlers – und stets ein guter Freund, auch wenn man nicht immer in allen Sachfragen einer Meinung ist.

Die schwierigen Fragen, die über Jahre hinweg aus der Gestaltung der deutschen Einheit erwuchsen, konnten nur in engem Einvernehmen zwischen Kanzler Helmut Kohl, dem Fraktionsvorsitzenden Wolfgang Schäuble und dem CSU-Vorsitzenden und Bundesfinanzminister Theo Waigel gelöst werden. Wenn dieses Trio nicht zusammengehalten hätte, wäre die Aufgabe nicht lösbar gewesen.

Nachdem sich die CDU in vier der fünf Landtagswahlen in den jungen Bundesländern durchgesetzt hatte, ging sie auch als Favorit in die Bundestagswahl. Dennoch ermahnte Helmut Kohl seine Anhänger und die Wähler ständig, die Wahl sei erst am Wahltag um 18 Uhr gewonnen, und die Union müsse bis zum letzten Tag um jede Stimme kämpfen. Im Wahlkampf ging es nicht in erster Linie um den Zweikampf zwischen Bundeskanzler Kohl und seinem Herausforderer, dem saarländischen Ministerpräsidenten Oskar Lafontaine, sondern vielmehr um die Frage, wer die Menschen im Hinblick auf die deutsche Einheit mehr überzeugt hatte. Die Sozialdemokraten, und vor allem Lafontaine selbst, hatten sich in der Frage der deutschen Einheit eher zögerlich gezeigt. Das hatte die Bevölkerung in den neuen Bundesländern gespürt, was schon im Ergebnis der Landtagswahlen erkennbar wurde. Die CDU/CSU trat im Wahlkampf mit der Parole an »Sicherheit und Wohlstand in ganz Deutschland«. Diese Parole wurde am 22. Oktober 1990 vom Vorstand zusammen mit dem Wahlkampfprogramm der CDU gebilligt. Das Programm enthielt keine Forderung nach Steuererhöhungen zugunsten des Aufschwungs in den jungen Bundesländern. In der Fraktion und im Parteivorstand war über diesen Punkt abgestimmt worden, und auch auf Koalitionsebene war man sich darüber einig. Deswegen konnte später auch niemand in der CDU-Führung sagen, er hätte es damals anders gewollt.

14 DIE BEWÄLTIGUNG DER EINHEIT

Genau ein Jahr nach der Öffnung der Berliner Mauer unterzeichneten Bundeskanzler Helmut Kohl und der sowjetische Staatspräsident Michail Gorbatschow am 9. November 1990 im Bonner Palais Schaumburg, von wo aus Konrad Adenauer 14 Jahre lang als erster deutscher Kanzler seine Politik gestaltet hatte, den »Vertrag über gute Nachbarschaft, Partnerschaft und Zusammenarbeit« zwischen Deutschland und der Sowjetunion. Der Vertrag, der 20 Jahre Gültigkeit haben sollte – eine ungewöhnlich lange Zeit für internationale Abkommen –, zog einen Schlußstrich unter eine zum Teil leidvolle Geschichte zwischen den beiden Völkern. Während der Unterzeichnungszeremonie stand ich in unmittelbarer Nähe des Kanzlers. Ich sah, wie bewegt er war in diesem wiederum historischen Augenblick, auch wenn es davon in den beiden letzten Jahren viele gegeben hatte. Niemand konnte zu diesem Zeitpunkt ahnen, daß Michail Gorbatschow nur ein knappes Jahr später die Macht in seinem Land verlor, die Sowjetunion aufgelöst wurde und sich die Gemeinschaft der Unabhängigen Staaten (GUS) bildete, mit Rußland als dem stärksten Land dieser Gemeinschaft. Für Rußland und die übrigen Staaten der früheren Sowjetunion begann eine schwierige Phase des Umbruchs, hin zu einer Reformpolitik, wie Gorbatschow sie gewollt hatte, aber nicht durchsetzen konnte.

Noch am Abend der Unterzeichnung des deutsch-sowjetischen Vertrages hatte der Kanzler bei einem Essen auf dem Petersberg bei Bonn zu Ehren Gorbatschows diesem die volle Unterstützung zugesagt. Damals war für den sowjetischen Staatspräsidenten die politische Welt noch in Ordnung. Meine Frau und ich waren zu diesem Essen eingeladen. Solche Einladungen gehören auch für mich, der ich in den 40 Jahren meiner

Bonner Arbeit viel erlebt habe, zu den besonderen Augen-
blicken, über die man später einmal sagen kann: »Ich bin dabeigewesen.«

Es waren nur noch wenige Wochen bis zur ersten gesamtdeutschen Bundestagswahl. Für den Kanzler standen noch
einige Großkundgebungen auf dem Programm, so zum Beispiel
in Mönchengladbach, Waiblingen, Ravensburg, Güstrow, Dül-
men, Paderborn (wo sein früherer Regierungssprecher Friedhelm Ost kandidierte), Mainz, Koblenz, Saarbrücken, Chemnitz,
Berlin, Frankfurt am Main, Oldenburg, Bremen, Stuttgart und
Offenburg. Zu seiner Begleitung gehörte – wie bei allen Wahlkämpfen seit 1985 – Michael Roik, der Helmut Kohls Büroleiter
in dessen Funktion als Parteivorsitzender ist. Auch Juliane
Weber und ich nahmen an einigen dieser Wahlkampfeinsätze
teil, um nicht nur vom Bonner Schreibtisch aus die Stimmung
beurteilen zu können. Wir konnten feststellen, daß die Zustimmung zum Kanzler und zu seiner Politik sehr groß war, auch
wenn einige linke Gruppen die Versammlungen regelmäßig
störten. Manche reisten deshalb sogar hinter dem Kanzler her.

Angenehmer war für Helmut Kohl dagegen sicher der
Besuch von Michail Gorbatschow und seiner Frau Raissa in
Ludwigshafen-Oggersheim am 10. November 1989. Bei einem
Abstecher nach Speyer und Deidesheim wurden sie von der
Bevölkerung überaus herzlich empfangen, und dort machte
Gorbatschow im »Deidesheimer Hof« seine Bekanntschaft mit
dem inzwischen weithin bekannten Pfälzer Saumagen.

Schon bei diesem Besuch Gorbatschows am 9. und 10.
November 1990 hatte der Kanzler an die westliche Welt appel-
liert, den sowjetischen Staatspräsidenten bei seinen wirtschaftlichen Reformen stärker zu unterstützen – ein Appell, der
zunächst auf wenig fruchtbaren Boden fiel. Das sollte, wie sich
später zeigte, eine verheerende politische Wirkung haben.

Mit Spannung schauten die Deutschen, und man kann sagen
die Welt, auf die erste gesamtdeutsche Bundestagswahl am 2.
Dezember 1990. Die CDU/CSU setzte sich bei dieser Wahl mit
43,8 Prozent der Stimmen durch, die FDP kam auf 11 Prozent,
während die SPD lediglich 33,5 Prozent erhielt. Die Grünen
zogen mit 3,8 Prozent nicht mehr in den Bundestag ein. Bun-

desweit erhielten die PDS 2,4 Prozent und das Bündnis 90 1,2 Prozent, womit beide aufgrund des unterschiedlichen Wahlgesetzes in Ost- und Westdeutschland im Bundestag vertreten waren. In Berlin wurden bei den gleichzeitig stattfindenden Wahlen zum Abgeordnetenhaus der Regierende Bürgermeister Momper und seine SPD abgewählt. Die SPD erhielt lediglich 30,5 Prozent, was später zur Bildung der Großen Koalition unter Eberhard Diepgen führte, eine nicht einfache, aber funktionierende Zusammenarbeit (die CDU erhielt in Berlin 40,3 Prozent, die FDP nur 7,1 Prozent, was für eine gemeinsamen Koalition nicht reichte).

Die Koalition in Bonn verfügte über eine starke Mehrheit, wobei die FDP von dem Einigungsprozeß fast mehr profitierte als die CDU/CSU. Dies führte sofort dazu, daß die FDP Forderungen stellte, die vom Koalitionspartner CDU/CSU nicht akzeptiert werden konnten, wie zum Beispiel die Einführung eines Niedrigsteuergebietes im Bereich der ehemaligen DDR. Die erste Kontroverse war da, und es sollte trotz der großen Mehrheit eine unruhige Legislaturperiode werden, die zu schweren Erschütterungen im Koalitionsgefüge führte.

An den Koalitionsverhandlungen war ich nicht unmittelbar beteiligt, aber durch meine enge Verbindung zu Kanzleramtschef Seiters und seinem Mitarbeiterstab hatte ich immer einen guten Einblick. Außerdem berichtete der Kanzler in den Morgenlagen oder beim Abendessen – das allerdings während der Koalitionsverhandlungen nur selten stattfand – über den jeweiligen Stand der Dinge.

Die spektakulärste Personalveränderung gab es im Wirtschaftsministerium. Das nicht unerwartete Ausscheiden von Minister Helmut Haussmann aus dem Kabinett war für sich genommen nicht so außergewöhnlich. Aber die Forderung der FDP, der gelernte Lehrer Jürgen Möllemann solle Wirtschaftsminister werden, löste in Bonn großes Kopfschütteln aus, besonders bei der betroffenen Wirtschaft selbst. Dieses Ressort verlangte an der Spitze eigentlich einen Experten. Da die Koalitionsvereinbarung aber vorsah, daß jeder der drei Koalitionspartner die Minister für die ihm zugewiesenen Ressorts selber bestimmen konnte, blieb dem Bundeskanzler letzten Endes nichts anderes übrig, als Möllemann zu benennen. Auf dessen Posten als Bundesbildungsminister kam der aus Mecklenburg-Vorpommern stammende Rainer Ortleb. Im Bereich der CDU verzichtete Lothar de Maizière auf eine Berufung ins Bundeskabinett, behielt aber sein Parteiamt als stellvertretender Parteivorsitzender vorerst bei. Günther Krause wurde Bundesverkehrsminister und die ebenfalls aus dem Osten stammende Angela Merkel Bundesministerin für Frauen und Jugend. Das bisherige Bundesministerium für Familie, Jugend, Gesundheit und Frauen teilte man auf. Die CSU-Abgeordnete Gerda Hasselfeldt übernahm das Gesundheitministerium, die hessische Abgeordnete Hannelore Rönsch das Ministerium für Familie und Senioren. Die Bonner Journalisten sprachen spöttisch von »Kohls Dreimädel-Haus«. Der CSU-Abgeordnete Jürgen Warnke verließ ebenfalls das Kabinett. Neuer Entwicklungshilfeminister wurde Carl-Dieter Spranger, bisher parlamentarischer Staatssekretär im Bundesinnenministerium. Alles in allem war diese Kabinettsbildung eine schwere Geburt. Vor allem die gerechte Beteiligung der Ostdeutschen an der Regierung erwies sich als nicht einfach. Deren Personaldecke war dünn, und sie waren natürlich weitgehend unbekannt, vielleicht mit Ausnahme von Günther Krause. Im Laufe der Legislaturperiode gab es dann noch wesentliche Änderungen. Die Gesundheitsministerin Hasselfeldt verließ das Dreimädel-Haus. Ihr Nachfolger wurde der parlamentarische Staatssekretär im Bundesarbeitsministerium Horst Seehofer (CSU), der sogleich die große Gesundheitsreform in Angriff nahm (1992). Im gleichen Jahr wurde Hans-Dietrich Genscher als Außenminister vom bisherigen Justizminister Klaus Kinkel abgelöst, an dessen Stelle wiederum die bis dahin völlig unbekannte bayerische FDP-Abgeordnete Sabine Leutheusser-Schnarrenberger rückte. Im Frühjahr 1992 verließ Gerhard Stoltenberg, der Verteidigungsminister, das Kabinett und wurde durch den bisherigen CDU-Generalsekretär Volker Rühe ersetzt. Das Kabinett war also 1992 schon gründlich umgebildet worden, und der Kanzler hatte dann für die Kabinettsumbildung, die er für die Mitte der Legislaturperiode vorgesehen hatte, nur wenig Spielraum. Christian Schwarz-Schilling, der Postminister, trat im Herbst 1992

zurück. Sein Nachfolger wurde der bisherige CSU-Landesgruppenvorsitzende Wolfgang Bötsch. Für Heinz Riesenhuber, den
Forschungsminister, kam Matthias Wissmann, zuvor Wirt-
schaftssprecher der CDU/CSU-Fraktion. Nun war Norbert Blüm
der einzige Minister, der schon im Oktober 1982 dem ersten
Kabinett Helmut Kohls angehört hatte.

Das Jahr 1990 war mit der Feststellung des Kanzlers in seiner
Neujahrsfernsehansprache zu Ende gegangen, daß das zurück-
liegende Jahr eines der glücklichsten in der deutschen Geschichte
gewesen sei, eine Feststellung, der wohl die meisten Deutschen
zum Jahreswechsel zustimmten. Die kommende Zeit wurde
schwerer, und die Begeisterung für die deutsche Einheit wich
bald einer nüchterneren Betrachtung durch die Bürger.

Am 16. Januar 1991 stimmten die beiden Koalitionsfraktionen der Koalitionsvereinbarung zu. Damit war die Fortset-
zung der Koalition gesichert. Am 17. Januar 1991 wurde Helmut Kohl mit 378 Stimmen der 644 anwesenden Abgeordneten
zum Bundeskanzler wiedergewählt, und nur einen Tag später
wurden die 19 Ministerinnen und Minister vor dem Bundestag
vereidigt.

Die Arbeit konnte beginnen. Es gab wieder einen neuen
Regierungssprecher. Der bisherige Amtsinhaber Johnny Klein
würde Vizepräsident des Bundestages, und als sein Nachfolger
kam der bisherige Sprecher des Bundeswirtschaftsministeri-
ums, Dieter Vogel, ein erfahrener ehemaliger Journalist der
FAZ. Er war über viele Jahre und politische Konstellationen
hinweg Sprecher des Wirtschaftsministeriums gewesen, bei den
Bonner Journalisten ein beliebter Kollege, immer gut präpariert, immer gelassen und freundlich und hatte gelegentlich den
Schalk im Nacken. Er fand bei der Bonner Presse schnell Zustimmung und Akzeptanz, ein echter Liberaler ohne Parteibuch.
Ich kannte Dieter Vogel seit den sechziger Jahren, als er noch
FAZ-Korrespondent war (später Sprecher von Superminister
Karl Schiller). Ich habe seine Kandidatur beim Kanzler nachdrücklich unterstützt, zumal die Bonner Presse fest darauf eingestellt war, daß er diesen Posten bekommen würde. Seine wirtschaftspolitischen Fachkenntnisse kamen ihm im Laufe der

kommenden Jahre, in denen gerade auf diesem Felde der Bonner Politik wichtige Entscheidungen zu treffen waren, sehr zustatten. Unsere Zusammenarbeit war ausgezeichnet und verlief reibungslos.

Bis dahin hatte ich die Pressekontakte des Kanzleramtes allein gesteuert. An einem Abend im März 1991 fragte mich der Kanzler, was ich davon halten würde, wenn er den Parteisprecher Andreas Fritzenkötter zu uns ins Kanzleramt holen würde, als meinen Stellvertreter im Bereich der Presse- und Öffentlichkeitsarbeit. Ich stimmte nach einem langen Gespräch mit Andreas Fritzenkötter zu, in dem ich ihm die Vor- und Nachteile einer solchen Tätigkeit vor Augen führte – einerseits die Nähe zum Kanzler, andererseits aber auch den notwendigen totalen Einsatz. Seit dieser Zeit bildeten wir ein Gespann, besprachen alles gemeinsam mit dem Kanzler und teilten uns sozusagen, wie in einer guten Sozietät, unsere »Kunden« aus dem Bereich der Presse auf. Obwohl wir zwei unterschiedlichen Generationen angehören – Fritzenkötter ist 30 Jahre jünger als ich –, funktionierte die Zusammenarbeit sehr gut. Fritzenkötter, der das Gardemaß von 2,04 Metern hat, also noch elf Zentimeter größer ist als Helmut Kohl, wurde von ihm meistens als »der Kleine« angeredet.

Wenn er mich anrief, ging das zum Beispiel so: »Kommen Sie mal eben mit dem Kleinen rüber. Ich habe schon lange keine Nachrichten mehr von euch gehört. Ist denn gar nichts los?« Ich rief dann kurz Fritzenkötter an: »Wir müssen rüber.«

Aber im Arbeitsstreß war der Ton natürlich nicht immer so locker. Da ging es oft hart zur Sache, wobei es auch vorkommen konnte, daß wir beide anderer Meinung waren als der Kanzler und das dann auch offen mit ihm ausdiskutierten, zum Beispiel, ob ein Interviewwunsch durch den Kanzler erfüllt oder ob auf eine bestimmte Veröffentlichung geantwortet werden sollte oder nicht.

Im Jahre 1991 mußte sich der Kanzler im wesentlichen auf die Innenpolitik konzentrieren – neben den obligatorischen Konsultationen, den Sitzungen des Europäischen Rates, dem Weltwirtschaftsgipfel in London (15.-17.Juli 1991), einem kurzen Besuch auf Kreta anläßlich des 50. Jahrestages der Lan-

dung deutscher Fallschirmjäger auf der Mittelmeerinsel mit
einer Gedenkveranstaltung, in deren Mittelpunkt der Europage-
danke stand und an der auch der griechische und der britische
Premierminister teilnahmen (25./26. Mai 1991). Ferner gab es
ein kurzes Treffen mit Michail Gorbatschow am 5. Juli 1991 im
Kreml, das letzte Treffen mit dem Präsidenten der Sowjetunion
vor dessen Sturz im gleichen Jahr.

Zum ersten »Tag der deutschen Einheit« am 3. Oktober 1991
fand ein vom Fernsehen übertragenes Telefongespräch zwischen Bundeskanzler Helmut Kohl in seinem Bonner Büro und
dem bereits entmachteten Michail Gorbatschow in seinem Büro
im Kreml statt, ein Ereignis, das in der Fernsehgeschichte einmalig war. Der damalige Chefredakteur des WDR-Fernsehens,
Fritz Pleitgen, hatte die Idee dazu gehabt. Der technische Aufwand war riesig, aber das Gespräch verlief sehr locker und fand
in der interessierten politischen Öffentlichkeit ein großes Echo,
auch wenn die übrige Sendung, die der deutschen Einheit
gewidmet war, nicht unbedingt den richtigen Rahmen für dieses
Telefonat abgab, was wir aber vorher nicht wußten. Dieses
Gespräch zwischen Kabarettstückchen einzubauen, war sicher
nicht der beste Einfall für eine Sendung über die deutsche Einheit. Ich stehe aber noch heute dazu, daß es richtig war, diesen
Gedankenaustausch als ein einmaliges zeitgeschichtliches
Dokument überhaupt zu zeigen.

Nur im Herbst des Jahres machte der Kanzler eine größere
Auslandsreise in die USA, nach Chile und Brasilien, wo es insbesondere um das Problem der Erhaltung des tropischen Re-
genwaldes ging, ein Thema, das dem Kanzler seit langem
besonders am Herzen lag und für das er immer wieder die Weltöffentlichkeit zu mobilisieren versuchte.

Am 21. November 1991 gab es ein erstes Treffen zwischen
Bundeskanzler Kohl und dem neuen russischen Präsidenten
Boris Jelzin. Beide Politiker waren sich noch nicht persönlich
begegnet; Helmut Kohl hatte sich bis dahin auf Michail Gorbatschow konzentriert. Boris Jelzin wirkte auf mich wie ein Vollblutpolitiker, sehr handfest, mit etwas barocken Zügen und mit
einer gewissen Bauernschläue ausgestattet, was auch bei der
gemeinsamen Pressekonferenz mit dem Bundeskanzler deutlich

wurde. Schon damals machte Jelzin Zusagen für die Errichtung
der Wolgarepublik der Rußlanddeutschen – ein Vorhaben, aus
dem bisher nichts geworden ist. Zum Thema Honecker – der
ehemalige Staatsratsvorsitzende der DDR war in einer Nacht-
und Nebelaktion mit einem sowjetischen Militärflugzeug nach
Moskau gebracht worden –, äußerte er nur, es sei Sache der
Deutschen, ob er nach Deutschland zurückkehre. Der erste
Kontakt zwischen Helmut Kohl und Boris Jelzin war gelungen.

Bei dem späteren Besuch des Kanzlers in Moskau vom 14.
bis 16. Dezember 1992, als Helmut Kohl einen ganzen Tag lang
mit Boris Jelzin auf einer Datscha 100 km von Moskau entfernt
in einem tiefverschneiten Waldgebiet zubrachte, vertiefte sich
die Beziehung; man kam sich auch menschlich näher. Ich
konnte den Kanzler auf dieser Moskaureise zu Boris Jelzin
begleiten, aber leider nicht mit auf die Datscha fahren. Das blieb
Finanzminister Theo Waigel und Außenminister Kinkel vorbehalten sowie Kohls Büroleiter Walter Neuer und Helmut Kohls
Fahrer und persönlichem Betreuer Eckart Seeber. Theo Waigel
gab auf dem Rückflug von Moskau nach Bonn in der Maschine,
in der die Journalisten mitflogen, einen farbigen Bericht – auch
vom gemeinsamen Saunabesuch von Kohl und Jelzin. Der
Kanzler selbst erzählte über solche mehr privaten Begegnungen
mit den Staatsmännern dieser Welt schon immer sehr wenig.
Diese Diskretion ist für ihn ganz selbstverständlich. Wenn zuviel
davon nach außen dränge, würde die besondere Qualität solcher Treffen sicher auch verlorengehen.

Im Sommer 1993 gab es wieder eine persönliche Begegnung
zwischen Boris Jelzin und dem Bundeskanzler, als beide sich
nach dem Weltwirtschaftsgipfel in Tokyo am Baikalsee in Sibi-
rien trafen und gemeinsam Boot fuhren, angelten und – natürlich erneut in der Sauna – über die deutsch-russischen Beziehungen und die notwendigen Hilfen des Westens für Rußland
sprachen. Am Abend nach seiner Rückkehr berichtete der
Kanzler uns beim Essen im Bungalow über seine Erlebnisse in
der eigentümlichen sibirischen Landschaft um Irkutsk und den
Baikal, ein Gebiet, das Helmut Kohl schon als Schüler gerne
besucht hätte. Auch dieses private Treffen zeichnete sich durch
besondere Harmonie zwischen den beiden Politikern aus. Kohl

ist immer ein überzeugter Befürworter des Reformkurses von
Boris Jelzin geblieben. Auch nach seiner Chinareise Mitte
November 1993 traf er ihn in der Nähe von Moskau, und wieder
ging man in die Sauna. Bisheriger Höhepunkt der Begegnungen
der beiden Politiker war der Besuch Boris Jelzins in Bonn und
in der Pfalz am 11./12. Mai 1994, der von der Öffentlichkeit
stark beachtet wurde. Am 31. August dieses Jahres verabschiedete er schließlich mit dem Kanzler zusammen die letzten russischen Truppen aus Deutschland.

Bereits am 21. August 1991, nach der Niederschlagung des
Putsches gegen Michail Gorbatschow, die ein wesentliches Verdienst Boris Jelzins war, aber auch zum Ende der Herrschaft
von Michail Gorbatschow führte, hatte Bundeskanzler Helmut
Kohl von St. Gilgen aus erstmals mit Boris Jelzin telefoniert. Ich
selbst hatte den Kontakt vermittelt, als ich – wie immer im Sommer während der Abwesenheit des Kanzlers – in Bonn die Stallwache hielt. Zwei Tage lang hatten wir uns im Kanzleramt
bemüht, während der Niederschlagung des Putsches den Telefonkontakt herzustellen, aber immer vergebens. Schließlich
gelang es Jelzin, aus dem Weißen Haus in Moskau, dem damaligen Sitz der russischen Regierung, telefonisch zum Urlaubsort
des Kanzlers vorzudringen. Er bekam dort zunächst nur Hannelore Kohl an den Apparat. Wie sie mir später erzählte, war
das eines der spannendsten Gespräche, das sie jemals mit einem
Politiker führte: Sie erfuhr aus erster Hand die Geschichte der
Niederschlagung des Putschversuchs.

Gut eineinhalb Jahre später, im Dezember 1992, war Michail
Gorbatschow in Moskau nur noch inoffizieller Gast des Kanzlers
im ehemals sowjetischen Gästehaus, das jetzt der russischen
Regierung gehörte. Die beiden führten ein einstündiges Ge-
spräch ohne protokollarischen Aufwand und ohne Presse. In
Moskau regierte jetzt Boris Jelzin, die Sowjetunion gab es nicht
mehr, nur noch die GUS, die Gemeinschaft Unabhängiger
Staaten, mit dem bevölkerungsreichsten Rußland (rund 150
Millionen Menschen) als stärkstem Partner. Sic transit gloria
mundi – so vergeht der weltliche Ruhm.

Nur zwei Jahre nach Gorbatschows Sturz kam es in Moskau
zum Putsch gegen Boris Jelzin, angeführt von Parlamentspräsi-

dent Ruslan Chasbulatow und Vizepräsident Alexander Ruzkoi, die die von Boris Jelzin für den 12. Dezember 1993 angesetzten freien Parlamentswahlen verhindern wollten. Jelzin ließ das Weiße Haus, inzwischen Sitz des russischen Parlaments, stürmen. Es gab zahlreiche Tote und Verletzte. Die Rädelsführer des Putsches wurden verhaftet, im Frühjahr 1994 aber wieder auf freien Fuß gesetzt. Nur drei Wochen vor dem 12. Dezember traf sich der Bundeskanzler bei einem Zwischenstop auf seiner Rückreise aus China demonstrativ mit Boris Jelzin in der Nähe von Moskau und sicherte ihm erneut seine Unterstützung zu. Doch auch die Parlamentswahlen brachten noch keine klaren Verhältnisse. Die Lage in Moskau blieb unsicher, auch wenn die von Boris Jelzin zur Abstimmung gestellte neue Verfassung, die die Position des Präsidenten stärkte, eine Mehrheit erhielt. Im Parlament aber hatten die Reformkräfte keine Mehrheit. Die Weltöffentlichkeit wurde geschockt durch das Abschneiden der rechtsextremen, nationalistischen »Liberal-demokratischen Partei« unter Wladimir Schirinowski, die mehr als 20 Prozent der abgegebenen Stimmen gewinnen konnte. Der Kanzler hielt auch nach der Wahl vom 12. Dezember 1993 an seinem Kurs der Unterstützung für Boris Jelzin fest, der Helmut Kohl am Tage nach der Wahl sofort über die neue Lage in Moskau informierte. Jelzin war die Annahme der neuen Verfassung wichtiger als der Ausgang der Parlamentswahlen.

Europa hatte sich seit dem Sommer 1992 schon wieder sehr verändert. Im ehemaligen Jugoslawien tobte seit dieser Zeit ein erbarmungsloser Bürgerkrieg. Bonn wurde 1993 wochenlang von der Frage erschüttert, ob bei einer Durchsetzung des Flugverbotes über Bosnien-Herzegowina durch die Vereinten Nationen deutsche Soldaten in den AWACS-Beobachtungsmaschinen sitzen durften oder nicht – eine Frage, an der die Koalition in Bonn beinahe zerbrochen wäre, wenn nicht das Bundesverfassungsgericht eine kluge Entscheidung getroffen hätte: Deutsche Soldaten durften sich an den Aufklärungsflügen beteiligen.

In Bonn stritt man sich seit zwei Jahren über die Finanzierung der deutschen Einheit, ein Problem, das, gemessen an den Schwierigkeiten in der ehemaligen Sowjetunion und an der Wirtschaftskraft Deutschlands, eigentlich gering erscheinen

mußte. Es kam das Wort von der »Steuerlüge« auf, als sich die
Koalition entschloß, vom 1. Juli 1991 bis zum 30. Juni 1992
einen Solidaritätsbeitrag von 7,5 Prozent als Zuschlag zur Steu-
erschuld zu erheben, ein Opfer, das dem deutschen Steuerzahler sicherlich zugemutet werden konnte. Denn in den Jahren
1991 und 1992 war es das einzige Opfer, das Bonn den Bürgern
zur Finanzierung der Einheit abverlangte. Die ab 1. Januar
1993 vorgenommene Erhöhung der Mehrwertsteuer um ein
Prozent hatte mit der deutschen Einheit nichts zu tun. Sie
wurde notwendig durch die beabsichtigte Steuerharmonisie-
rung innerhalb der EG, zumal Deutschland ohnehin den nied-
rigsten Mehrwertsteuersatz innerhalb der EG hatte und hat.

Weitere Opfer für die deutsche Einheit werden erst ab dem 1.
Januar 1995 fällig, wenn es gilt, die Altlasten der DDR zu tilgen,
wofür ein Finanzaufwand von jährlich 40 Milliarden D-Mark
entsteht. Für die Finanzierung dieser Aufgabe beschloß die
Koalition neben drastischen Einsparungen die erneute Einführung eines Solidarbeitrags, dafür aber zunächst keine Kürzungen im Sozialbereich, etwa bei Sozialhilfe oder Arbeitslosen-
geld. Erst durch die nachlassende Konjunktur und die dadurch
verursachten Steuerausfälle sah sich die Koalition gezwungen,
auch im Sozialbereich geringfügige Kürzungen vorzunehmen,
um den Haushalt für 1994 ausgleichen zu können und die Neu-
verschuldung nicht noch höher ansteigen zu lassen. Darüber
entbrannte sofort ein heftiger Streit zwischen Koalition und
Opposition und zwischen Bund und Ländern.

Die Bevölkerung schien in der ersten Phase der Einheit
unzufrieden. Einerseits empfanden viele die Kosten der Einheit
als zu hoch, und zum anderen erregten zahlreiche Politikeraf-
fären den Unmut der Menschen. Das Wort Politikverdrossenheit
wurde zum meistverwendeten politischen Begriff, vor allem in
den Jahren 1992 und 1993. Diese Politikverdrossenheit traf alle
Parteien, mit Ausnahme der Grünen und der Republikaner. Die
Nichtwähler bildeten plötzlich eine genauso große Gruppe wie
die Wähler der CDU/CSU und SPD, die um die Jahreswende
1992/1993 nur mit jeweils 36 bis 38 Prozent bei den demoskopischen Instituten notierten. So viele Wahlverweigerer hatte es
in den vergangenen Jahren nie gegeben.

Auch die persönlichen Werte des Kanzlers gingen stark zurück, weil sich bei ihm als der Speerspitze der Politik der Koalition alle Verdrossenheit der Bürger festmachte. Dies änderte sich erst, als die SPD im Februar/März 1993 ebenso ins Minus geriet wie ihr Spitzenkandidat, Ministerpräsident Björn Engholm, dessen Führungsqualitäten auch in der eigenen Partei zu diesem Zeitpunkt immer stärker in Zweifel gezogen wurden. Auslösender Faktor war Engholms Verhalten in der Affäre um seinen Stellvertreter im Kabinett, Sozialminister Günther Jansen, der sogenannten Pfeiffer/Nilius Affäre. (Jansen hatte dem Barschel-Helfer Reiner Pfeiffer 1987 angeblich privat 50 000 D-Mark übergeben lassen.) Die SPD in Schleswig-Holstein geriet unter Druck, weil niemand glaubte, daß Engholm nichts über die Verbindungen seiner Helfer zu dem dubiosen Herrn Pfeiffer gewußt habe. Kritisch wurde es für Engholm, als er zugeben mußte, schon früher über Pfeiffers Aktionen informiert gewesen zu sein, als er vor einem Untersuchungsausschuß zugegeben hatte, nämlich bereits vor der Landtagswahl 1987.

Spätestens seit dem Frühjahr 1992 geriet auch der Koalitionspartner der CDU und der CSU, die FDP, in große Schwierigkeiten. Es stellte sich für sie das Führungsproblem, obwohl Otto Graf Lambsdorff noch bis Juni 1993 als Parteivorsitzender gewählt war und er den Vorsitz trotz manchen Drängens aus den eigenen Reihen nicht vorzeitig aufgeben wollte. Prekär wurde die Situation für die FDP durch den Rücktritt Hans-Dietrich Genschers vom Amt des Außenministers. Schon zu Beginn des Jahres 1992 hatte Genscher den Kanzler und Freund Helmut Kohl davon in Kenntnis gesetzt, daß er etwa im Mai 1992, nach dreiundzwanzigjähriger Ministertätigkeit (davon 18 Jahre als Außenminister, womit er der dienstälteste Außenminister der Welt war) der Gesundheit zuliebe aufhören werde. Der Bundeskanzler hatte mit niemandem aus seiner Umgebung darüber gesprochen, weil er seinem Freund das Wort darauf gegeben hatte. Am 27. April 1992 gab Genscher dann offiziell in einem Brief an den Bundeskanzler seinen Rücktritt bekannt und bezeichnete diesen Schritt als »richtig und notwendig«.

Der Rücktritt löste in Bonn große Überraschung aus, auch

wenn der eine oder andere Politiker damit gerechnet hatte, daß
Genscher seinen Streß-Job aus gesundheitlichen Gründen in
absehbarer Zeit aufgeben werde. Die Regelung der Nachfolge-
frage für Hans-Dietrich Genscher innerhalb seiner eigenen Partei verlief nicht reibungslos. Am Tag des Genscher-Rücktritts
einigten sich zunächst die Spitzengremien der FDP auf die Bun-
desbauministerin Irmgard Schwaetzer als neue Außenministe-
rin, was in Bonn ziemliches Erstaunen hervorrief, obwohl sie
einige Jahre unter Genscher Staatsministerin im Auswärtigen
Amt gewesen war (zuständig besonders für Europa). Einen Tag
und eine Nacht lang konnten sie und ihr frischgebackener Ehe-
mann Udo Philipp, Bonn-Korrespondent von SAT 1 und seit
jeher den Liberalen sehr zugetan, sich in dem Glanze sonnen:
»Wir werden Außenminister«. Otto Graf Lambsdorff, der FDP-
Vorsitzende, hatte dem Kanzler ja schließlich die Mitteilung
gemacht, die FDP schlage Frau Schwaetzer als neue Außen-
ministerin vor.

Am Abend des 27. April hatte der Kanzler im Bungalow
seine engsten Berater versammelt, um die neu entstandene
Lage zu erörtern. Die Runde war sich schnell einig, daß der
Kanzler den Vorschlag akzeptieren müsse, weil die Regel galt,
daß jeder Koalitionspartner seine Minister selbst bestimmt,
wenn nicht ganz gravierende Argumente dagegen sprechen.
Um so größer war am nächsten Tag die Verblüffung in Bonn und
auch beim Kanzler, als bekannt wurde, die FDP werde die Gen-
scher-Nachfolge noch einmal in ihren Gremien diskutieren. Es
stehe ein neuer Kandidat zur Debatte, der bisher kein Interesse
am Amt des Außenministers gezeigt habe, weil er erst seit
einem knappen Jahr der Regierung Kohl als Justizminister
angehörte – Klaus Kinkel. Er hatte sich in der Nacht von Parteifreunden, darunter Jürgen Möllemann, damals noch Wirtschaftsminister, und der schleswig-holsteinische FDP-Vorsitzende Wolfgang Kubicki, zur Kandidatur bewegen lassen. Bonn
stand kopf und wartete gespannt auf das Ergebnis der neuen
Sitzung des FDP-Parteivorstandes und der Bundestagsfraktion.
Die Sitzung dauerte bis in die Abendstunden.

Der Bundeskanzler war an diesem Abend des 28. April 1992
Gast des Deutschen Presseclubs, wohin ich ihn zusammen mit

Andreas Fritzenkötter begleitet hatte. Gegen 20.30 Uhr wurde
Fritzenkötter ans Telefon gerufen. Das Lagezentrum teilte mit,
Kinkel habe sich in einer Kampfabstimmung gegen Frau
Schwaetzer durchgesetzt. Wenige Minuten später erhielten wir
auch das genaue Abstimmungsergebnis, 63 zu 25 für Kinkel.
Fritzenkötter teilte es den Mitgliedern des Presseclubs mit. Es
gab ein großes Hallo im Presseclub, und der Kanzler wurde mit
Fragen bestürmt, äußerte sich aber zunächst nicht. Als ich
gegen 23 Uhr nach Hause kam, rief Udo Philipp bei mir an, um
mit mir zu erörtern, was seine Frau jetzt tun sollte. Sie kam
dann auch selber an den Apparat, tief erschüttert über die Treu-
losigkeit ihrer Partei. Ich beschwor sie, jetzt nicht in einer Kurz-
schlußreaktion die Brocken hinzuwerfen und dem Kabinett den
Rücken zu kehren, wozu sie zunächst neigte. Als der Kanzler
am nächsten Tag mit ihr gesprochen hatte, sah die Welt schon
wieder anders aus.

Der 27./28. April 1992 war in der Geschichte der FDP eine
tiefe Zäsur. Die FDP hatte gezeigt, daß sie unfähig war, eine –
zweifellos schwierige – Frage wie die Nachfolge Hans-Dietrich
Genschers elegant und ohne größere Personalkräche zu lösen.
Das konnte nicht im Interesse der Koalition liegen, auch nicht in
dem des Bundeskanzlers, dem die Hände durch die Koalitionsvereinbarung gebunden waren, aber auch nicht im Interesse
der FDP selbst. Jedermann wurde sichtbar, daß es in der FDP
an der nötigen Autorität fehlte. Auch die Besetzung des Justiz-
ministerpostens mit der noch neuen Bundestagsabgeordneten
Sabine Leutheusser-Schnarrenberger war nicht gerade ein Zeichen für große Personalreserven. Das Hin und Her um die Gen-
scher-Nachfolge wirkte in der FDP lange nach, und auch der
Bundeskanzler wurde in die öffentliche Kritik mit einbezogen,
weil er kein Machtwort gesprochen hatte, was er gar nicht
konnte.

Im Kanzleramt gab es zum Jahreswechsel 1991/92 wichtige
Personaländerungen. Bereits am 25. November 1991 hatte die
CDU/CSU-Bundestagsfraktion anstelle von Alfred Dregger, der
auf das Amt aus Altersgründen verzichtet hatte, den bisherigen
Bundesinnenminister Wolfgang Schäuble mit 94 Prozent der
abgegebenen Stimmen zum neuen Fraktionsvorsitzenden ge-

wählt. Nachfolger Wolfgang Schäubles im Bundesinnenministerium wurde der bisherige Kanzleramtschef Rudolf Seiters, wie
Schäuble ein gelernter Jurist und wie er zuvor in der Fraktion
als erster parlamentarischer Geschäftsführer tätig. Nachfolger
von Seiters als Kanzleramtschef wurde Friedrich Bohl, der nach
dem Wechsel von Rudolf Seiters ins Kanzleramt im Jahre 1989
der Gehilfe von Alfred Dregger als erster parlamentarischer
Geschäftsführer der CDU/CSU-Fraktion gewesen war. Friedrich
Bohl war seit langem mit dem Bundeskanzler durch enge
Zusammenarbeit verbunden – und so war es nur natürlich, daß
er als Nachfolger von Rudolf Seiters ins Kanzleramt einzog.
Komplettiert wurde die Mannschaft im Kanzleramt durch die
Berufung des bisherigen parlamentarischen Staatssekretärs im
Umweltministerium, Bernd Schmidbauer, zum Staatsminister
im Bundeskanzleramt mit der speziellen Aufgabe der Koordi-
nierung der Nachrichtendienste und der Betreuung der Europa-
politik.

Insbesondere der Wechsel von Wolfgang Schäuble auf den
Fraktionsvorsitz der CDU/CSU, den der Kanzler als ein Signal
für den Generationswechsel in der Union bezeichnete, zog auch
einen Wandel in der deutschen Politik nach sich. Der Wechsel
wurde kurz vor dem Parteitag der CDU vom 15. bis 17. Dezember 1991 in Dresden vollzogen. Dieser Parteitag brachte mit der
Verabschiedung des Dresdener Manifests eine wichtige Wei-
chenstellung für die Politik der CDU im wiedervereinigten
Deutschland.

Durch Wolfgang Schäubles Wahl zum Fraktionsvorsitzenden
erhielt die Bundestagsfraktion schon bald ein stärkeres Gewicht
in der Gestaltung der Gesamtpolitik der Koalition, und in vielen
wichtigen Fragen, wie bei der Lösung des Asylproblems oder
bei der Lösung der Finanzfragen, spielte Wolfgang Schäuble
eine zentrale Rolle. So wurde sehr bald auch wieder die Frage
gestellt, ob er weiterhin der mögliche Nachfolger Helmut Kohls
sei – ein Lieblingsthema für die Bonner Presse bis zum heutigen
Tage. In dieser Frage hat es nach meinem unmittelbaren Eindruck nie einen Dissens zwischen Helmut Kohl und Wolfgang
Schäuble gegeben. Zwischen beiden ist nie Mißtrauen aufge-
kommen, auch dann nicht, als die Presse spekulierte, Schäuble

wolle Helmut Kohl noch vor der Bundestagswahl 1994 ablösen, zu der Helmut Kohl aber wieder antrat und das auch rechtzeitig bekanntgab. Das Team Kohl-Schäuble ist intakt geblieben, trotz mancher Stürme, die man gemeinsam zu bestehen hatte.

Friedrich Bohl lebte sich schnell in das neue Amt als Kanzleramtschef ein, wobei ihm seine guten Kontakte zu den Fraktionen des Bundestages besonders hilfreich waren. Der Kontakt zwischen Friedrich Bohl und mir war von Anfang an sehr eng. Neben der Besprechung beim Kanzler veranstaltete auch er regelmäßig jeden Morgen eine eigene Lage mit den Abteilungsleitern des Kanzleramtes und den Vertretern des Bundespresseamtes. Dafür wurde die Kanzlerlage im Normalfall auf die Minister im Kanzleramt sowie auf Regierungssprecher Vogel, Juliane Weber, Andreas Fritzenkötter und mich reduziert, weil das meiste schon in der Runde bei Minister Bohl besprochen werden konnte. Am Wochenende habe ich mit ihm wie mit dem Kanzler regelmäßig Kontakt.

Zusammen mit Staatsminister Anton Pfeifer, der im Januar 1991 ins Kanzleramt wechselte, sowie Bernd Schmidbauer, der Ende 1992 dazukam, hat das Kanzleramt seitdem eine sehr aktive Spitze, die noch durch einige Wechsel innerhalb des Hauses verstärkt wurde. So kümmert sich zum Beispiel der Professor der Rechte Rudolf Dolzer unter Bernd Schmidbauer als neuer Abteilungsleiter um die Nachrichtendienste, und zwar so effektiv, daß der Bundesnachrichtendienst im wesentlichen aus den Schlagzeilen herausgekommen ist, die jahrelang seine Arbeit belasteten.

Im Frühjahr 1992 gab es noch eine weitere Veränderung, die die Bundesregierung und die CDU als Partei betraf. Am 31. März 1992 trat Gerhard Stoltenberg nach einem eingehenden Gespräch mit dem Bundeskanzler und nach anfänglichem Zögern von seinem Amt als Verteidigungsminister zurück. Er wurde durch den bisherigen CDU-Generalsekretär Volker Rühe ersetzt. Der Hintergrund: Im Hamburger Freihafen hatte man eine Ladung von Kriegsgerät für Israel entdeckt, das als landwirtschaftliches Gerät deklariert worden war. Die Israelis sollten dieses Material für wehrtechnische Forschung erhalten, ein Vorgang, der an sich normal ist und bereits früher stattgefunden

hatte. Auch Deutschland hatte zuvor von Israel erbeutetes
Kriegsmaterial für wehrtechnische Forschungszwecke bekommen, zum Beispiel sowjetisches Gerät, das auch in der Armee der
DDR verwendet wurde. Die Vorbereitung der geplanten Verschiffung war durch Mitarbeiter des Verteidigungsministeriums
aber so dilettantisch gehandhabt worden, daß es der Presse
leichtfiel, daraus eine Kampagne gegen den Verteidigungsminister zu machen, zumal Gerhard Stoltenberg schon zuvor häufiger Zielscheibe der Kritik gewesen war. Ihm hatte das Amt des
Finanzministers mehr gelegen als das des Verteidigungsministers.

Gerhard Stoltenberg war ein alter Weggefährte des Kanzlers
und ihm seit vielen Jahren auch freundschaftlich verbunden. Er
gehört – neben dem verstorbenen Franz Josef Strauß sowie
Genscher, Zimmermann, Geißler und seit dem Attentat auch
Schäuble – zu den wenigen Politikern, mit denen sich der Kanzler duzt. Deshalb fiel ihm auch die Trennung von Gerhard Stoltenberg als Verteidigungsminister besonders schwer. Ich weiß,
daß er tagelang mit sich gerungen hat, ob er ihm den Rücktritt
nahelegen sollte oder nicht. Der vollzog sich dann aber reibungsloser als erwartet. Nach 24 Stunden Bedenkzeit bot Gerhard Stoltenberg von sich aus den Rücktritt an. Als er der Fraktion seinen Entschluß bekanntgab, erhielt er in Anerkennung
seiner großen Verdienste stehenden Applaus. Gerhard Stoltenberg ist inzwischen deutsch-französischer Koordinator und
stellvertretender Vorsitzender der Adenauer-Stiftung. In der
Fraktion meldet er sich immer wieder zu aktuellen Fragen zu
Wort, besonders zu Fragen der Finanzpolitik. Stoltenberg war
insgesamt mehr als 20 Jahre Bundesminister oder Ministerpräsident – seine Politikerkarriere kann man nur als sehr erfolgreich bezeichnen. Auch für den Bundestag 1994 kandidiert er
wieder.

Der Bundeskanzler konnte sofort einen Nachfolger als Verteidigungsminister präsentieren, und zwar den bisherigen CDU-
Generalsekretär Volker Rühe, der in seiner langjährigen Tätigkeit als stellvertretender Fraktionsvorsitzender der CDU/CSU
im Bundestag auf den Gebieten Außen- und Sicherheitspolitik
große Erfahrungen hatte sammeln können und über gute inter-

nationale Verbindungen verfügte. Bei seinem Amtsantritt hatte
er zunächst eine sehr gute Presse, besonders auch deswegen,
weil er der Bundeswehr einen Sparkurs verordnete, da auch sie
seiner Meinung nach den Erfordernissen der deutschen Einheit
und dabei dem Prinzip der Sparsamkeit verpflichtet war. Volker
Rühe schaffte es immerhin nach nur kurzer Amtszeit, auch in
die Reihe der potentiellen Kanzlerkandidaten nach Helmut Kohl
eingereiht zu werden. An Rühes 50. Geburtstag, am 25. September 1992, sprach ihm der Kanzler bei einem Empfang auf
der Hardthöhe die Fähigkeit für das Kanzleramt zu. Rühe hielt
sich, wie Schäuble, in dieser Frage immer sehr zurück. Inzwischen wird über diesen Punkt auch weniger diskutiert – Wolfgang Schäuble gilt als Favorit für die mögliche Nachfolge Helmut Kohls.

Es gab dann nur noch einen spektakulären Ministerwechsel,
und zwar zu Beginn des Jahres 1993. Jürgen Möllemann, Wirtschaftsminister seit 1991, war durch Presseveröffentlichungen
in die Schußlinie geraten, weil er für einen angeheirateten Vetter Empfehlungsschreiben mit dem Briefkopf des Wirtschaftsministers verschickt und für die Verwendung eines Chips zur
Benutzung von Einkaufswagen in Supermärkten geworben
hatte. Möllemann stritt das zunächst ab, blieb unbeeindruckt
und machte Weihnachten 1992 in der Karibik Urlaub. Als sich
allerdings herausstellte, daß er die Briefe an die Firmen selbst
unterschrieben und nicht, wie es erst schien, sein Referent
bereits unterschriebene Blankobögen benutzt hatte, gab er
schließlich auf und trat zurück, kurz vor dem Dreikönigstreffen
der FDP in Stuttgart am 6. Januar 1993. Ihm folgte das Vorstandsmitglied der Berliner Treuhand, der frühere Berliner
Finanzsenator Günter Rexrodt, der in einer Kampfabstimmung
gegen Wirtschaftsminister Walter Hirche, Brandenburg, gewann.
Diesmal regelte die FDP die Nachfolge schnell und ohne große
innere Auseinandersetzungen. Möllemann gab auch seine Ambitionen für das Amt des FDP-Parteivorsitzenden auf, das er
eine Zeitlang angestrebt hatte, so daß der neue Außenminister
Klaus Kinkel auf dem besagten Dreikönigstreffen seine Kandidatur für das Amt des FDP-Parteivorsitzenden bekanntgeben
konnte.

Die FDP geriet aber doch noch einmal in große Turbulenzen, im Zusammenhang mit der bereits geschilderten AWACS-Entscheidung – die FDP-Fraktion klagte in Karlsruhe gegen die eigene Regierung, die mit der Mehrheit der CDU/CSU-Minister den Einsatz der Luftaufklärungsmaschinen für die Einhaltung des Flugverbotes über Bosnien unter deutscher Beteiligung befürwortet hatte. Die Presse war in heller Aufregung und kritisierte dieses Verhalten heftig, besonders das des künftigen FDP-Vorsitzenden Klaus Kinkel. Vorübergehend drohte sogar ein Koalitionsbruch, der erst durch den Spruch des Bundesverfassungsgerichts vom 8. April 1993 vermieden werden konnte, der die Haltung der Regierungsmehrheit bestätigte. Aber die Kritik an der FDP und ihrer politischen Handlungsfähigkeit blieb noch lange Zeit erhalten, und die Zusammenarbeit in der Koalition wurde dadurch schwieriger. Dieser Zustand dauerte das ganze Jahr 1993 an.

Zwei regionale beziehungsweise kommunale Wahlen waren für die Entwicklung des politischen Klimas in Deutschland in den letzten Jahren sehr wichtig, die Landtagswahl in Baden-Württemberg am 5. April 1992 und die hessische Kommunalwahl am 7. März 1993.

Eineinhalb Jahre nach der Wiedervereinigung stand als erste wichtige Landtagswahl die in Baden-Württemberg an, wo nach dem Ausscheiden von Lothar Späth Ministerpräsident Erwin Teufel regierte. Schon einige Wochen vor dieser Wahl konnte man erkennen, daß die CDU im »Ländle« ihre absolute Mehrheit verlieren würde. Man hoffte aber doch noch darauf, wenigstens eine Koalitionsregierung mit der FDP nach Bonner Muster bilden zu können. Diese Hoffnungen wurden bitter enttäuscht. Die Wiederherstellung der deutschen Einheit, ein wesentliches Verdienst der CDU, wurde von den Wählern nicht mehr als ausreichendes Motiv gesehen, der Partei Helmut Kohls ihre Stimme zu geben. Die Bürger hatten dieses Thema längst abgehakt, die große Euphorie aus der Zeit seit der Maueröffnung am 9. November 1989 bis zur Herstellung der deutschen Einheit am 3. Oktober 1990 war einer skeptischeren Betrachtung gewichen. Die Alltagsprobleme bedrängten die Bürger mehr und mehr, an der Spitze das Asylantenproblem, das lange Zeit wegen des Widerstandes der SPD ungelöst blieb, weil sie gegen eine Verfassungsänderung Sturm lief, die den Mißbrauch des Asylrechts beseitigen sollte. Die CDU/CSU und die FDP konnten das Problem ohne die SPD nicht lösen, stellten das Thema aber auch nicht im Bundestag zur Abstimmung, um wenigstens zu demonstrieren, wer die Schuld an dem Nichtzustandekommen einer Asyllösung trug. Die rechten Parteien in Deutschland machten sich diese Situation zunutze und spielten sich als die Wahrer der Interessen der Bürger auf. So geschah es, daß die CDU in Baden-Württemberg die empfindlichste Niederlage in ihrer Geschichte einstecken mußte. Die Republikaner zogen mit rund 11 Prozent (15 Mandaten) in das Landesparlament in Stuttgart ein, und in Schleswig-Holstein, wo am gleichen Tag ebenfalls Landtagswahlen stattfanden, erhielt die rechte »Deutsche Volksunion« (DVU) 6,3 Prozent der Stimmen.

Aber während in Schleswig-Holstein die SPD 8,6 Prozent ihrer Wähler verlor und nur noch mit einer Stimme Mehrheit das Land weiterregieren konnte (die Grünen waren an der Fünf-Prozent-Hürde gescheitert), sah es in Baden-Württemberg ganz anders aus. Die CDU sackte auf 39,6 Prozent ab, die SPD erhielt 29,4 Prozent, die FDP in ihrem Stammland lediglich 5,9 Prozent, aber die Republikaner 10,9 Prozent, was unausweichlich dazu führte, daß Erwin Teufel eine Große Koalition mit der SPD bilden mußte, neben Berlin die zweite in der Bundesrepublik Deutschland, eine bittere Pille für Erwin Teufel, aber auch für die ganze CDU Deutschlands. In Schleswig-Holstein hatte die SPD wenigstens ihre absolute Mehrheit eingebüßt. Ottfried Hennig, der Landesvorsitzende der CDU, der auf 33,8 Prozent gekommen war, löste sein Versprechen ein und wurde Oppositionsführer im schleswig-holsteinischen Landtag. Ministerpräsident Engholm wurde, wie schon erwähnt, ein Jahr später durch die bisherige Finanzministerin Heide Simonis abgelöst, nachdem er als Spätfolge der Barschel-Affäre alle Ämter niedergelegt hatte – und wohl auch, weil seine eigene Partei nicht mehr hinter ihm stand.

Das Ausland reagierte auf die beiden Wahlergebnisse wegen des Abschneidens der Rechten erschrocken, aber auch in der Bundesrepublik Deutschland setzte sofort Kritik ein, die auch vor der Person des Bundeskanzlers nicht haltmachte. Insbesondere die CSU kreidete ihrer Schwesterpartei den Aufschwung der Rechten an, wobei der Generalsekretär der CSU, Erwin Huber, sich wie so oft hervortat und in einem Interview in der »Leipziger Volkszeitung« davon sprach, in der CDU stünden einige linke Sprüchemacher zu stark in der Öffentlichkeit. Er gab der CDU auch die Schuld an der Verschiebung der Abstimmung über die Grundgesetzänderung zur Asylfrage im Bundestag.

Der Kanzler blieb trotz dieser Kritik gelassen. Er legte nur Wert auf die Feststellung, daß für Bonn die Große Koalition trotz der zu lösenden schwierigen Fragen nicht in Betracht komme, ein Standpunkt, den er auch in den kommenden Jahren durchhielt, wann immer die Diskussion über eine solche Große Koalition in der Presse oder bei den Parteien, besonders innerhalb der SPD, wieder Auftrieb erhielt.

Noch einmal sorgte eine Wahl für Spannung, und zwar diesmal die Kommunalwahl in Hessen am 7. März 1993. Vor dieser Wahl war in der Presse viel die Rede davon, daß es bei einem schlechten Abschneiden der CDU auch in Bonn neue politische Diskussionen geben werde, die die Führungsfrage, bezogen auf Bundeskanzler Helmut Kohl, nicht ausschließen würden. Im Vorfeld dieser Wahl meinte man wieder das Gespenst der Großen Koalition zu erkennen, die immer wahrscheinlicher werde. Als dann aber das Ergebnis vorlag, stellte sich nicht die CDU, sondern die SPD als der große Verlierer dieser Wahl heraus (sie verlor über 8 Prozent). In der Stadt Frankfurt wurde die CDU stärkste Kommunalpartei, während sie im Landesdurchschnitt lediglich rund 2 Prozent verlor, was angesichts der erkennbaren Verdrossenheit an der Politik sicherlich akzeptabel war.

Die Diskussion um die Führungsqualitäten Helmut Kohls verstummte sofort, während die SPD eine Führungsdiskussion um ihren Spitzenkandidaten Björn Engholm durchstehen mußte, die noch verschärft wurde durch das Verhalten Engholms in der beginnenden Affäre um Pfeiffer, Nilius und Jansen. Seit der Wahl in Hessen verstärkte sich diese Diskussion, und sie konnte auch nicht dadurch beendet werden, daß Engholm sich Anfang April 1993 bereiterklärte, im Sommer 1994 sein Amt als Regierungschef in Kiel aufzugeben und auch im Falle einer Niederlage bei den Bundestagswahlen in Bonn zu bleiben – es sei denn, das Ergebnis werde »ganz schlecht für die SPD«, wie er vorsichtig formulierte.

15 KRISEN

Das Wahlergebnis der Kommunalwahlen in Hessen erfuhr ich unmittelbar nach meiner Landung auf dem Flughafen von Beijing (Peking). Statt eines Winterurlaubes hatte ich mich zu einer vierzehntägigen Reise mit meiner Frau, meinem Sohn Thomas und meiner Schwiegertocher Annette durch die Volksrepublik China und nach Hongkong entschlossen, ein Vorhaben, das ich schon lange geplant hatte. Auf dem Flughafen in Beijing empfing uns der stellvertretende Leiter der Westeuropa-Abteilung im Außenministerium, Wang Yani, den ich seit 1972 kannte. Er hatte für mich von der Deutschen Welle das Ergebnis der Kommunalwahl in Frankfurt und Hessen abgehört und teilte es uns lächelnd mit. Als ich dann acht Tage später während dieser Reise bei meiner Station in Shanghai in einem Informationsdienst des Bundespresseamtes las, daß es dem Bundeskanzler in dreistündigen zähen Verhandlungen zwischen Bund und Ländern, und damit auch mit der SPD, gelungen war, eine Einigung über wesentliche Elemente eines Solidarpaktes zur Finanzierung des Aufbaus Ost zu erreichen, konnte ich den Rest der Reise mit mehr Gelassenheit absolvieren.

Diese zweite Reise durch die Volksrepublik China und Hongkong stand meiner ersten Chinareise in nichts nach. Die ursprünglich als private Familienreise geplante Tour entwickelte sich bald auch zu einem großen politischen Erlebnis, nicht nur weil mir die chinesische Seite hochrangige Gesprächspartner in Beijing und in den Provinzhauptstädten, in Xian, Shanghai, Guangzhou (Kanton), Hangchou und Shenyang, zur Verfügung stellte, sondern weil ich wirklich etwas vom Land sah, von seinem rasanten Aufbau, von der Wirtschaftsentwicklung und von den Möglichkeiten für die deutsche Industrie. Insgesamt rund 20 Essen mußten wir »über uns ergehen lassen«. Aber das taten wir gerne, auch wenn diese Essen für mich jedesmal mit einer Tischrede und einer eingehenden Diskussion verbunden waren. Aber das war angesichts meiner beruflichen Tätigkeit wohl nicht anders möglich. Jetzt weiß ich wirklich, was die chinesische Küche an Köstlichkeiten bieten kann, auch wenn manches fremd erscheint. Meine Vorliebe für chinesisches Essen ist auf dieser Reise noch erheblich verstärkt worden. Sehr angenehm war es auch, daß wir eine reizende chinesische Betreuerin hatten, Frau Ye, die als Germanistin mit Magisterexamen fließend deutsch sprach. Sie gehörte 1993 noch dem Institut des Chinesischen Volkes für Auswärtige Beziehungen an (heute ist sie in der Wirtschaft tätig) und wich von unserer Ankunft auf dem Flughafen Beijing bis zu unserer Ausreise an der Grenze zu Hongkong nicht von unserer Seite. Sie war eine wertvolle Helferin für uns, neben vielen anderen Mitarbeitern aus dem Außenministerium, zum Beispiel dem Referatsleiter Deutschland, Herrn She, der heute in der chinesischen Botschaft in Bonn tätig ist und der wie mein Bekannter Wang ebenfalls fließend deutsch spricht, oder die Betreuer in den einzelnen Provinzen, wo jede Regierung ein eigenes Amt für auswärtige Beziehungen unterhält (in Shanghai beschäftigt es allein rund 200 Mitarbeiter). Ohne daß ich den Anspruch erhebe, ein Chinaexperte zu sein, glaube ich doch, seit dieser Reise über ein besseres Urteilsvermögen in bezug auf Land und Leute zu verfügen.

Nach meiner Rückkehr aus China holte mich die politische Realität in Bonn sehr rasch wieder ein. Die Erklärung des SPD-Vorsitzenden Björn Engholm über seine Umzugsabsichten nach Bonn hatte nicht lange Bestand. Wieder einmal betätigte sich das Hamburger Wochenmagazin »Der Spiegel« als Auslöser einer großen politischen Krise, die schwerwiegende Folgen hatte und viele Monate andauerte. Bereits am Freitag, dem 30. April 1993, meldeten die Nachrichtenagenturen, der »Spiegel« berichte in seiner nächsten Ausgabe, daß der schleswig-holsteinische Ministerpräsident, SPD-Vorsitzende und Kanzlerkandidat seiner Partei, Björn Engholm, im Jahre 1987 vor einem parlamentarischen Untersuchungsausschuß des Kieler Landtages die Unwahrheit gesagt habe, als er dort behauptete, erst am

Abend des 13. September 1987, dem Tag der Landtagswahl im
nördlichsten Bundesland, von den Machenschaften des Bar-
schel-Medienreferenten Pfeiffer erfahren zu haben. In Wirklichkeit sei er schon eine Woche zuvor, nämlich am 7. September,
informiert worden.

Bonn war von den Meldungen elektrisiert. Engholm ließ sich
verleugnen und begann interne Beratungen mit seinen Freunden, welche Konsequenzen er ziehen sollte. Bundeskanzler
Kohl, der an diesem Tag zwei Verpflichtungen außerhalb von
Bonn hatte – er sprach zur 150-Jahr-Feier der Industrie- und
Handelskammer München und abends im Wahlkampf für die
Bürgermeisterwahl in Darmstadt –, wurde von mir fortlaufend
über die Entwicklung bei der SPD unterrichtet. Mein Gefühl
war, daß Björn Engholm die Sache nicht durchstehen, sondern
zurücktreten werde. Am Wochenende des 1. Mai spitzte sich
auch für die Presse die Diskussion immer mehr auf die Frage
zu: Schmeißt Engholm hin? Sein parlamentarischer Gegenspieler im Kieler Landtag, Oppositionsführer Ottfried Hennig, hatte
ihn bereits am 30. April zum Verzicht auf alle Ämter aufgefordert. Über das Wochenende wurden auch erste sozialdemokratische Stimmen laut, die Engholm den Rücktritt nahelegten,
während sich andere in Schweigen hüllten. Wegen des Feier-
tags lag der »Spiegel« ausnahmsweise schon am Samstag um
acht Uhr morgens in meinem Briefkasten. Der Bericht war eindeutig. Leute aus der Umgebung Engholms hatten dem Blatt
durchgestochen, daß Engholm vor dem besagten Untersuchungsausschuß nicht die Wahrheit gesagt hatte. Am Montag
Vormittag zweifelte in Bonn niemand mehr an seiner Rücktritts-
absicht, wenn auch noch einige führende Sozialdemokraten ihn
in letzter Minute davon abzubringen versuchten. In unserer
Morgenlage beim Kanzler gab ich meinen Eindruck wieder, daß
Engholm in der für den Mittag angesetzten Präsidiumssitzung
der SPD seinen Rücktritt erklären werde. Für 15 Uhr war bereits
eine Bundespressekonferenz mit ihm angekündigt worden.

Es lief dann auch alles wie erwartet ab. Engholm trat von
allen Ämtern zurück, Johannes Rau übernahm vorübergehend
die Parteiführung. Bald danach brach in der SPD die Diskussion
über Engholms Nachfolger aus und darüber, ob Parteivorsitz

und Kanzlerkandidatur in einer Hand bleiben oder getrennt werden sollten. Björn Engholm war sicher nicht nur wegen seiner Falschaussage vor dem Kieler Untersuchungsausschuß zurückgetreten, sondern auch wegen zahlreicher Illoyalitäten ihm gegenüber in seiner eigenen Partei. Auch darüber gab es alsbald Streit in der SPD – und so war es nicht verwunderlich, daß sie innerhalb weniger Tage in der Wählergunst absackte, während die CDU/CSU um 3,5 Prozent zulegte. Die offen ausgetragenen Fehden über die Nachfolge zwischen den beiden SPD-Ministerpräsidenten Gerhard Schröder, Hannover, und Rudolf Scharping, Mainz, sowie die Kandidatur von Heidemarie Wieczorek-Zeul (»die rote Heidi«) und Vizepräsidentin Renate Schmidt, ebenso wie die nicht klar erkennbare Haltung von Oskar Lafontaine trugen zu diesem Stimmungsumschwung gegen die SPD bei. Wobei noch zu erwähnen ist, daß Engholm selbst schon einige Zeit vor seinem Rücktritt zehn Prozent in der Wählergunst verloren hatte. Auch der unklare Zeitpunkt für die notwendigen Personalentscheidungen schlug in der Öffentlichkeit negativ zu Buche.

Mit Björn Engholm war bereits der vierte Kanzlerkandidat der SPD gegen Helmut Kohl gescheitert oder mußte aufgeben. Jochen Vogel, Johannes Rau und Oskar Lafontaine verloren jeweils in den Wahlen von 1983, 1987 und 1990 als SPD-Kanzlerkandidaten gegen Helmut Kohl. Björn Engholm konnte durch seinen vorzeitigen Rücktritt erst gar nicht gegen ihn antreten, nachdem sich der Kanzler nun schon fast elf Jahre im Amt gehalten hatte. Alle Versuche der SPD oder auch aus den eigenen Reihen, ihn aus dem Amt zu vertreiben, waren fehlgeschlagen. Der Kanzler stand unangefochten an der Spitze.

Seine Koalitionspartner in der FDP und CSU taten sich in dieser Zeit, im Frühjahr 1993, dagegen schwer. Graf Lambsdorff hatte als abtretender FDP-Vorsitzender keine Autorität mehr in seiner Partei, und Außenminister Klaus Kinkel, der designierte FDP-Vorsitzende, hatte sie noch nicht. Die CSU hatte ebenfalls Probleme, weil einige ihrer führenden Leute wegen Vorteilen, die sie durch Firmen erhalten hatten, in die Diskussion geraten waren. Und die SPD, die Opposition, die an vielen politischen Vorhaben, wie bei der Asylregelung oder beim Solidarpakt, mit-

arbeiten mußte und wollte, war durch ihre Führungskrise
gelähmt. Helmut Kohl war in diesen Monaten wahrlich nicht um
sein schweres Amt zu beneiden, zumal in den jungen Ländern
ein Metallarbeiterstreik große Probleme aufwarf, und das in
einer Situation, in der man eine Konjunkturschwäche und einen
sehr angespannten Arbeitsmarkt verzeichnete.

Da platzte drei Tage nach dem Engholm-Rücktritt eine
zweite politische Bombe. Verkehrsminister Günther Krause
geriet zum wiederholten Male in die Schußlinie der Pressekritik.
Diesmal enthüllte der »Stern«, offenbar ebenfalls aufgrund
einer Indiskretion aus den eigenen Reihen, daß sich Günther
Krause seinen privaten Umzug von Berlin nach Börgerende in
Mecklenburg-Vorpommern vom Verkehrsministerium hatte
bezahlen lassen, nachdem die Beamten dies für rechtmäßig
erklärt hatten. Bekanntlich war Krause bis zur Einheit Deutschlands Staatssekretär in der Regierung de Maizière gewesen und
danach Bundesminister ohne Geschäftsbereich (auch mit Tätigkeit in Berlin) und erst ab Januar 1991 Bundesverkehrsminister
in Bonn. Ein Umzug nach Bonn hätte ohne weiteres erstattet
werden können. Der Umzug von Berlin an die Ostsee war
zumindest rechtlich umstritten.

Sofort nach Bekanntwerden der »Stern«-Story meldeten die
Nachrichtenagenturen: »Neue Affäre um Günther Krause.«
Denn schon in den Vormonaten war Krause immer wieder
wegen verschiedener Vorwürfe in die Schlagzeilen geraten. Zum
einen ging es um den Vorwurf, er – oder genauer, seine Frau –
habe sich eine Hausangestellte aus Mitteln des Arbeitsamtes
bezahlen lassen. In der Öffentlichkeit richtete diese sogenannte
Putzfrauenaffäre vermutlich mehr Schaden für Günther Krause
an als später die Umzugsgeschichte, obwohl er dafür gar nicht
selbst verantwortlich war. Dann kamen noch Vorwürfe wegen
Grundstücksverkäufen aus dem Besitz seines Schwiegervaters
hinzu – alles Vorgänge, die für sich allein genommen zwar
schädlich, aber nicht gravierend genug waren, ihn zu entlassen,
wie große Teile der Presse das forderten. Am 19. April 1993
führte Helmut Kohl ein ausführliches Gespräch mit Krause. Es
ergab, daß der Verkehrsminister im Amt bleiben konnte, wenngleich er ermahnt wurde, aus den jüngsten Erfahrungen seine

Lehren zu ziehen. Um so erstaunter war der Kanzler, als er am
5. Mai nach seiner Rückkehr von Besuchen in Leipzig und in
Berlin, wo er sich mit der Planung des neuen Regierungsviertels
vertraut gemacht hatte, von der »Stern«-Geschichte hörte.

Minister Bohl, der Chef des Kanzleramtes, ordnete sofort
eine Überprüfung der Vorwürfe an. Der Bundeskanzler selbst
konnte an diesem Tag nicht mehr mit Günther Krause sprechen,
weil dieser zu einer Dienstreise nach Irland geflogen war. Die
Fernsehnachrichten und Kommentare brachten die Sache als
Aufmachermeldung heraus, und auch die Zeitungen erschienen
am nächsten Morgen mit großen Titelzeilen, in denen die Frage aufgeworfen wurde: »Stürzt Minister Krause?« Nachdem
Günther Krause in der Nacht mit sich zu Rate gegangen war,
erschien er am Donnerstag, dem 6. Mai 1993, beim Bundeskanzler und bot ihm seinen Rücktritt an, weil er die politische
Verantwortung für das Verhalten seiner Beamten übernehmen
und Schaden von der Regierung und der CDU abwenden wollte.
Der Kanzler hatte nach der entstandenen Lage gar keine andere
Wahl, als den Rücktritt anzunehmen.

Bevor er um 10.45 Uhr nach Köln aufbrach, um an einer
Feier zum vierzigjährigen Bestehen des Gustav Lübbe Verlages
teilzunehmen, ließ er Andreas Fritzenkötter und mich zu sich
kommen. Bei ihm waren Günther Krause, Minister Bohl und
Fraktionsvorsitzender Wolfgang Schäuble. Der Kanzler informierte uns kurz über die Lage und bat uns, für 18 Uhr der
Presse eine Erklärung in Sachen Günther Krause anzukündigen.
Nachdem dies geschehen war, erschienen die ersten Agenturmeldungen: »Krause tritt zurück«. Am Nachmittag dieses Tages,
etwa gegen 15.30 Uhr – der Bundeskanzler war aus Köln
zurückgekehrt –, ließ Helmut Kohl Andreas Fritzenkötter und
mich erneut zu sich kommen. Bereits anwesend waren diesmal
neben Günther Krause auch Minister Wissmann (Forschung)
und der aus Neu-Brandenburg stammende CDU-Bundestagsab-
geordnete Paul Krüger. Der Bundeskanzler eröffnete uns im Beisein von Wolfgang Schäuble, daß er den von Günther Krause
angebotenen Rücktritt als Bundesverkehrsminister angenommen habe, daß Matthias Wissmann ins Verkehrsressort wech-
sele und daß der gelernte Ingenieur Paul Krüger neuer For-

schungsminister werde. Die Überraschung war für uns nicht
groß, da wir bereits von den vorbereiteten Presseerklärungen
wußten. Wir vereinbarten mit dem Kanzler, daß seine eigene
Presseerklärung und die von Günther Krause um 16.30 Uhr veröffentlicht werden sollten. Er selbst wollte dann mit Minister
Wissmann und dem neuen Forschungsminister vor die Presse
gehen. So geschah es.

Der Rücktritt Günther Krauses ist dem Bundeskanzler sehr
nahegegangen. Wie schon bei voraufgegangenen Erklärungen
würdigte er die großen Verdienste Krauses um die deutsche
Einheit und auch als Verkehrsminister. Bei den früheren Vorwürfen gegen den Minister hatte er sich immer schützend vor
ihn gestellt, weil er einen so verdienten Mann nicht einfach fal-
lenlassen wollte. Deshalb verlief das entscheidende Gespräch
zwischen ihm und Günther Krause auch in Freundschaft und
ohne Bitterkeit. Aber der Kanzler sah keine andere Möglichkeit
mehr, als dem Rücktrittsgesuch zu entsprechen. Erst am Abend,
als er mit Juliane Weber, Andreas Fritzenkötter und mir zu
Tisch saß, konnten wir ihm anmerken, daß ihn die notwendig
gewordene Entlassung des Ministers doch sehr beschäftigte. Er
hatte große Hoffnungen in ihn gesetzt.

Nur knapp 24 Stunden nach dem Ministerrücktritt bei der
CDU beschäftigte sich die Presse wieder intensiv mit der Personaldiskussion in der SPD über die Nachfolge Björn Engholms in
seinen verschiedenen Ämtern, eine Diskussion, die mit Leidenschaft geführt wurde und die sich über Wochen hinzog, sehr
zum Schaden der SPD, wie sich bald herausstellte. Gemessen an
dem Rücktritt Günther Krauses hatten die Vorgänge in der SPD
eine ganz andere Dimension, auch wenn mit dem Ausscheiden
Krauses aus dem Kabinett ein Stück gesamtdeutscher Politik
der CDU/CSU zu Ende ging. Günther Krause war so etwas wie
eine Symbolfigur für die Politiker aus den neuen Bundesländern
gewesen, hochintelligent und politisch kreativ, aber zugleich
hatte er Probleme, sich mit den Gegebenheiten des Politikbe-
triebes zurechtzufinden und das Augenmaß dafür zu gewinnen,
was sich ein Politiker zum Beispiel im persönlichen Bereich
erlauben kann oder nicht. Ich selbst habe Günther Krause in
vielen Gesprächen, auch im kleinen Kreis, vor und nach der

Wiedervereinigung erlebt. Es war immer faszinierend, ihm
zuzuhören oder mit ihm zu diskutieren, aber Ratschläge glaubte
er nur in den wenigsten Fällen in Anspruch nehmen zu müssen.
Die Erfahrungen, die er machen mußte, waren bitter, aber sie
hatten nichts damit zu tun, daß er aus dem Osten kam. Die Integration Ost-West ist in der CDU/CSU, vor allem in der Fraktion
und in der Regierung besser gelungen, als manche es erwartet
hatten, trotz einiger Anlaufschwierigkeiten.

Daß Günther Krause auch den Vorsitz in der CDU von Mecklenburg-Vorpommern niederlegte, war nach seinem Ausscheiden aus dem Kabinett nur logisch. Er wurde übrigens entgegen
vielen Pressedarstellungen vom Kanzler und Parteivorsitzenden
Helmut Kohl nicht dazu gedrängt. Am 11. Mai 1993, also wenige Tage nach dem Rücktritt Günther Krauses vom Amt des
Bundesverkehrsministers, zogen sich Helmut Kohl, Günther
Krause und Angela Merkel von der Fraktionssitzung der CDU/
CSU, an der ich auch teilnahm, in das Zimmer des parlamentarischen Geschäftsführers Jürgen Rüttgers zurück, um die Lage
in der mecklenburg-vorpommerschen CDU zu besprechen. Dabei wurde klar, daß die Schwierigkeiten für Günther Krause dort
so groß waren, daß er besser auch auf den Posten des Landesvorsitzenden verzichtete. In dieser Unterredung kündigte er
dann auch gleich seinen Verzicht an, wie der Kanzler mir noch
am Abend des gleichen Tages berichtete.

Angela Merkel, die Frauenministerin in der Bundesregierung, sollte, auch nach dem Wunsch von Günther Krause, seine
Nachfolgerin werden, dabei aber auf alle Ambitionen für das
Amt des Ministerpräsidenten verzichten. Es gab also keine Bonner Intrige gegen Günther Krause, wie dessen Anwalt, der
frühere Justizminister von Mecklenburg-Vorpommern, Ulrich
Born, zwei Tage später, am 13. Mai 1993, behauptete. Die Parteigremien entschieden sich so, wie Günther Krause es selbst
vorgeschlagen hatte. Daß er über die Diskussionen in seiner
eigenen Landespartei nicht erfreut war, daraus hat er kein Hehl
gemacht, zumal er sich als Parteivorsitzender regelmäßig um
seinen Landesverband gekümmert hatte. Abschied von der
Macht zu nehmen, fällt immer schwer, besonders dann, wenn
man sich keiner Schuld bewußt ist. Das war bei Günther Krause

der Fall, denn auch nach seinem Ministerrücktritt hat er die
Richtigkeit des Gutachtens aus dem Bundesinnenministerium,
das die Erstattung seiner Umzugskosten von Berlin nach Börgerende für nicht rechtmäßig erklärte, nie anerkannt.

Kaum war der Rücktritt Günther Krauses überstanden und
die Neubesetzung der Ministerposten gelungen – der Kanzler
erhielt für sein rasches Handeln viel Zustimmung in der
Presse –, wurde die Union durch eine neue Personaldiskussion
regelrecht aufgeschreckt. Der in das Kreuzfeuer der Kritik gera-
tene bayerische Ministerpräsident Max Streibl (Vorwürfe wegen
Firmeneinladungen und Leihautos) hatte sich trotz einer heftigen Diskussion in seiner eigenen Partei, der bayerischen CSU,
lange Wochen geweigert, von seinem Amt als bayerischer Ministerpräsident zurückzutreten, weil auch er sich keiner Schuld
bewußt war und das Ganze für eine gegen ihn gerichtete Kampagne von Teilen der Presse hielt, die ihn selbst, die bayerische
CSU, den Freistaat Bayern und das ganze Unionslager treffen
sollte. Erst in einem Gespräch mit dem CSU-Vorsitzenden Theo
Waigel am 9. Mai 1993 kam er zu der Erkenntnis, daß er den
Stuhl des Ministerpräsidenten räumen müsse, wenn die CSU bei
den im Oktober 1994 angesetzten Landtagswahlen eine Chance
behalten wollte, ihre bisherige Mehrheitsposition zu verteidigen.

Bis zu diesem Zeitpunkt war man allgemein davon ausgegangen, daß Theo Waigel, der CSU-Vorsitzende, der unbestrittene Nachfolger von Ministerpräsident Streibl werden würde.
Er hatte aber nie seine Kandidatur angekündigt, bis sich am 14.
Mai 1993 die Landtagsfraktion der CSU im bayerischen Landtag
fast geschlossen für den bayerischen Innenminister Stoiber als
neuen Ministerpräsidenten aussprach sowie dafür, daß der Parteivorsitzende Waigel Bundesfinanzminister in Bonn bleiben
sollte. Erst danach trat Theo Waigel an, weil er wohl befürchtete, er könne in seinem Ansehen beschädigt werden, wenn er
nicht kandidiere. Eineinhalb Wochen lang tobte die Diskussion
über diese Frage und machte viele Schlagzeilen. Das Ergebnis
ist bekannt. Die Trennung der beiden Spitzenämter bedeutete
einen Einschnitt in der Geschichte der CSU. Edmund Stoiber
wurde neuer Ministerpräsident des Freistaates Bayern, Theo

Waigel blieb Finanzminister in Bonn und wurde zugleich in seiner Position als Parteivorsitzender gestärkt. Die CSU bildete eine Doppelspitze, auch für den Wahlkampf 1994.

Der Kanzler hielt sich aus der Diskussion der CSU über die Lösung ihrer Führungsprobleme zunächst heraus. Er ließ sich allerdings regelmäßig von Theo Waigel über den Stand der Diskussion innerhalb der Schwesterpartei informieren. Er wollte nicht den Eindruck erwecken, daß er sich auf irgendeine Art einmische. Daß dies nicht der Fall war, hat ihm Theo Waigel auch öffentlich bestätigt. Dennoch mußte den Kanzler die Diskussion in der CSU sehr interessieren, weil nicht nur sein Kabinett, sondern auch das Verhältnis von CDU und CSU davon berührt werden konnte. Die letzte Unterredung dazu zwischen Helmut Kohl und Theo Waigel fand zwei Tage vor der Entscheidung in den CSU-Gremien statt. Dabei ging es aber schon mehr um die Aufstellung des Etats für 1994. Im Anschluß an das Gespräch mit Theo Waigel appellierte der Kanzler vor dem Kabinett an alle Minister, bei den Beratungen und Chefgesprächen mit dem Finanzminister auf äußerste Sparsamkeit bedacht zu sein und ihm bei seiner schweren Aufgabe zu helfen. Das war eine klare Unterstützung für Theo Waigel, der sich auch nach der Entscheidung in den CSU-Gremien auf die volle Solidarität Helmut Kohls verlassen konnte, was der Kanzler auch in den folgenden Haushaltsberatungen bewies. Er tat alles, um die Position des CSU-Vorsitzenden und Finanzministers in seinem Kabinett zu stärken, weil er überzeugt war, daß die CSU – und damit die Union insgesamt – bei den Wahlen zum bayerischen Landtag und zum Bundestag nur erfolgreich sein könne, wenn die Spitzenpersönlichkeiten eng zusammenarbeiteten. Theo Waigel brachte sein Sparpaket, das Einsparungen in Höhe von 21 Milliarden D-Mark vorsah, dann auch glatt durch das Kabinett, und die Koalitionsfraktionen stimmten ihm ebenfalls zu.

In Bonn wartete im Frühjahr 1993 alles darauf, wie die Entwicklung bei den Sozialdemokraten nach dem Rücktritt Engholms weitergehen würde. Für den Kanzler ergab sich natürlich die Frage, wer als sein Herausforderer für die Bundestagswahl im Oktober 1994 auf den Schild gehoben würde, wenngleich

ihm letztlich jeder Gegner recht war. Im Grunde war es ihm
eher gleichgültig, wer gegen ihn antreten sollte. Er begann
rechtzeitig mit seinen Beratern zu überlegen, welche Themen
den Wahlkampf bestimmen würden, ganz unabhängig von der
Person seines sozialdemokratischen Herausforderers. Und ein
Plus hatte er auf jeden Fall auf seiner Seite: Er verfügte über
eine internationale Reputation wie kein deutscher Politiker
außer ihm. Das mußte nur auch in der Bundesrepublik Deutschland entsprechend umgesetzt werden, gerade weil Themen der
Außen- und Sicherheitspolitik, ausgelöst vor allem durch die
Jugoslawienkrise oder die Vereinigung Europas, für die Bevölkerung immer mehr an Bedeutung gewannen. Außerdem
konnte Helmut Kohl von sich sagen, daß er über einen politischen Erfahrungsschatz wie kein anderer deutscher Politiker
verfügte, was gerade in schwierigen Zeiten ein großes Kapital
war. Auch das mußte entsprechend umgesetzt werden. Voraussetzung für Sieg oder Niederlage aber war, ob es gelang, die
noch anstehenden innenpolitischen Vorhaben erfolgreich abzuschließen. Wichtig war ebenso, ob die Wirtschaft aus der Rezes-
sion herauskam, was sich langfristig auch positiv für die
Arbeitsplätze auswirken würde. 1994 begann der wirtschaftliche Aufschwung, und das Ansehen Helmut Kohls und der
CDU/CSU nahm wieder zu.

Am 27. Juni 1993 wurde ich am späten Sonntagnachmittag
vom Lagezentrum darüber informiert, daß es in Bad Kleinen bei
Schwerin zu einer Schießerei zwischen Terroristen und einer
Einsatzgruppe der GSG 9 des Bundesgrenzschutzes auf dem
dortigen Bahnhof gekommen war, bei der ein Terrorist und ein
Beamter der GSG 9 getötet wurden. Gegen 19 Uhr informierte
ich den Bundeskanzler über die Mitteilungen, die das Lagezentrum des Bundesinnenministeriums, bei dem unter anderem
die Meldungen des Bundeskriminalamts einlaufen, unserem
Lagezentrum im Kanzleramt übermittelt hatte. Der Kanzler bat
mich, sofort mit dem Bundesinnenminister oder seinen engsten
Mitarbeitern Kontakt aufzunehmen, um die genauen Umstände
aufklären zu lassen. Abteilungsleiter Manfred Speck vom Bundesinnenministerium übernahm die Aufgabe, so bald wie möglich einen ersten Lagebericht für den Kanzler zu beschaffen.

Das geschah auch im Laufe des Abends. Die Informationen
waren aber noch spärlich. Am nächsten Morgen telefonierte der
Bundeskanzler als erstes mit Innenminister Seiters und bat ihn,
für rasche Aufklärung zu sorgen. Die nächsten Tage verliefen
dann quälend, nachdem das ARD-Magazin »Monitor« und der
»Spiegel« in einer Vorausmeldung ankündigten, Zeugen aufbringen zu können, die gesehen haben wollten, daß der Terrorist Wolfgang Grams aus nächster Nähe oder gar mit aufgesetz-
ter Waffe erschossen worden sei, obwohl er schon kampflos am
Boden gelegen habe. Andere Zeugen sagten wiederum das
Gegenteil aus. Alle an der Aktion beteiligten GSG 9-Beamten
erklärten bei ihrer Vernehmung, sie hätten keinen Schuß aus
nächster Nähe oder gar einen aufgesetzten Schuß abgegeben.
Fest stand nur, daß der GSG-9 Beamte von dem Terroristen
Grams erschossen worden war. Nach vielen Monaten wurde
durch unabhängige Gutachter festgestellt, daß sich der Terrorist
Grams selbst getötet hatte.

Am Nachmittag des 3. Juli führte ich noch ein langes Telefo-
nat mit Bundesinnenminister Seiters, in dem er sich darüber
beklagte, daß immer noch keine klaren Erkenntnisse über den
Tod des Terroristen vorlägen und die Sicherheitsbehörden die
Verantwortung hin- und herschöben. Am folgenden Sonntag-
morgen fuhr ich mit meiner Frau zum internationalen Spring-
reit-Turnier CHIO nach Aachen, wohin wir eingeladen waren.
Wie immer, wenn ich unterwegs bin, hatte ich mir ein kleines
Radio mit Kopfhörer mitgenommen, um zwischendrin die
Nachrichten hören zu können. Gegen 18 Uhr schaltete ich die
WDR-Nachrichten an und war total überrascht, daß der Sender
meldete, Bundesinnenminister Rudolf Seiters sei zurückgetre-
ten. Da gab es für mich kein Halten mehr. Ich fuhr sofort nach
Bonn zurück und rief als erstes den Kanzler an, um mich zu
informieren.

Helmut Kohl teilte mir mit, daß er sich vergeblich bemüht
habe, Rudolf Seiters am Rücktritt zu hindern, der die politische
Verantwortung für die Unzulänglichkeiten bei der Aufklärung
der Vorgänge von Bad Kleinen übernehmen wolle und es sich
und seiner Familie nicht zumuten könne, in einen Streit voller
Schuldzuweisungen hineingezogen zu werden.

Am Abend rief ich Rudolf Seiters in seinem Haus in Papenburg im Emsland an, um mit ihm die entstandene Lage zu besprechen. Er bestätigte die Gründe, die er schon dem Kanzler und auch der Presse genannt hatte. Da ich seit vielen Jahren mit Rudolf Seiters befreundet war, hatte ich Verständnis für seine Haltung, wenn ich sie auch sehr bedauerte. Er selbst wirkte am Telefon eher erleichtert. Der Kanzler hatte schon in einer ersten Presseerklärung seine Verdienste gewürdigt. Ich selbst war traurig darüber, daß ich in der entscheidenden Stunde seines Rücktritts nicht in Bonn gewesen war. Den ganzen Abend über stand bei mir das Telefon nicht mehr still. Die Journalisten wollten mehr Details von mir erfahren, ich konnte aber ihre Neugierde nicht befriedigen.

Schon am nächsten Morgen handelte der Kanzler. Nach zahlreichen Telefonaten noch in der Nacht, besonders mit Kanzleramtschef Friedrich Bohl, entschied er sich für den Vorsitzenden der hessischen CDU, Manfred Kanther, als Nachfolger von Rudolf Seiters. Vorher hatte er seinen Vorschlag mit den Vorsitzenden der CSU, Theo Waigel, und der FDP, Klaus Kinkel, aber auch mit den Fraktionsvorsitzenden der CDU/CSU, Wolfgang Schäuble, und der FDP, Otto Solms, sowie dem Vorsitzenden der CSU-Landesgruppe, Michael Glos, besprochen. Bereits um 11 Uhr vormittags konnten wir eine Presseerklärung veröffentlichen, in der der Kanzler Manfred Kanther als neuen Bundesinnenminister nominierte und Rudolf Seiters noch einmal für die geleistete Arbeit dankte.

Am 7. Juli 1993 wurde der neue Bundesinnenminister vor dem Deutschen Bundestag vereidigt. Die Presse zollte dem Kanzler Respekt für sein rasches Handeln, blieb aber weiterhin kritisch, weil auch mehrere Wochen nach den Vorgängen in Bad Kleinen keine Klarheit darüber gewonnen werden konnte, wie der Terrorist tatsächlich gestorben war. Dabei trat das Schicksal des ermordeten GSG-9-Beamten Michael Newrzella bedauerlicherweise immer stärker in den Hintergrund, obwohl er in Erfüllung seiner Pflicht sein Leben verloren hatte. Am 11. Juli 1993 demonstrierten 2000 Sympathisanten aus der linken Szene für den toten Terroristen, und erst einige Tage später wurde am gleichen Ort, nämlich in Wiesbaden, mit einer

Demonstration des toten Grenzschutzbeamten gedacht. Erst mehrere Monate später stellte sich wie erwähnt heraus, daß sich der Terrorist selbst getötet hatte.

Nur eine knappe Woche nach dem Rücktritt des Bundesinnenministers mußte auch Generalbundesanwalt Alexander von Stahl seinen Posten räumen. Die zuständige Justizministerin Sabine Leutheusser-Schnarrenberger schlug ihren Parteifreund zur Versetzung in den einstweiligen Ruhestand vor, weil dieser seiner Rolle als Herr des Verfahrens nicht gerecht geworden war. Bonn wurde wochenlang von dieser mißlichen Affäre in Atem gehalten, wobei vor allem die Rolle eines in die Terrorszene eingeschleusten V-Mannes nur schwer zu klären war, der Verbindung zu der bei der Aktion unverletzt festgenommenen Terroristin Birgit Hogefeld hatte. Für den neuen Bundesinnenminister Kanther gab es gleich zu Beginn in seinem neuen Amt viel zu tun. Sachaufklärung und personelle Neuordnung standen an.

Der Bundeskanzler besuchte am 22. Juli 1993, einen Tag vor Beginn seines Sommerurlaubes in St. Gilgen, die Spezialeinheit des Bundesgrenzschutzes GSG 9 in Hangelar bei Bonn, um den Beamten zu danken, die sich in vielen Einsätzen (nicht nur einst in Mogadischu) große Verdienste um die Sicherheit in der Bundesrepublik Deutschland erworben hatten. Der Kanzler wollte Flagge zeigen für die Sicherheitsorgane unseres Staates. Noch während seines Sommerurlaubs spielten der Fall Bad Kleinen und die Folgen eine große Rolle, weil die restliche Aufklärung weiter auf sich warten ließ.

Das Innenministerium brauchte auch einen neuen Staatssekretär für Sicherheitsfragen, weil der bisherige Amtsinhaber, Johannes Vöcking, in den einstweiligen Ruhestand hatte versetzt werden müssen. Er hatte im Frühjahr 1993, als er noch Abteilungsleiter im Kanzleramt gewesen war, Dienstgeheimnisse an einen Journalisten weitergegeben. Dabei ging es um Erkenntnisse über einen angeblichen Spion in der Umgebung des früheren schleswig-holsteinischen Ministerpräsidenten Engholm, ein Vorgang, hinter dem die SPD ein großes Komplott gegen ihren damaligen Spitzenkandidaten vermutete. Der Vorwurf belastete noch lange Zeit das politische Klima zwischen

Regierung und Opposition in Bonn, genauso wie Material über
frühere Stasi-Kontakte von Mitgliedern aller Parteien, das den
Sicherheitsorganen inzwischen vorlag. In vielen Fällen mußte
geprüft werden, ob Verfahren durch den Generalbundesanwalt
einzuleiten waren – ein Thema, das der Phantasie vieler Journalisten freien Lauf ließ. Im Frühjahr 1994 führten dann die
Ermittlungen zum Beispiel zur Anklage gegen den früheren Parlamentarischen Geschäftsführer und engen Wehner-Vertrauten,
Karl Wienand, wegen Zusammenarbeit mit dem Staatssicher-
heitsdienst der DDR.

In den Sommermonaten des Jahres 1993 beherrschte das
Thema Spionagetätigkeit in Bonn die Diskussion. Die großen
Themen der internationalen Politik, wie der Krieg in Bosnien
und die Lage in Somalia, oder in der Innenpolitik die Verabschiedung eines neuen Sparpaketes von 20 Milliarden D-Mark
durch die Koalition, die Verabschiedung der Unternehmens-
steuerreform, das Arbeitszeitgesetz und viele andere Gesetze,
die für die Bürger von äußerster Wichtigkeit waren, traten in
den Hintergrund. Die Öffentlichkeit nahm mehr Anteil an
Affären oder Skandalen als an dem Ertrag der Sacharbeit der
Politiker, weshalb auch in diesen Monaten die Zahlen für die
großen Parteien unverändert zwischen 36 und 38 Prozent
lagen.

Die SPD hatte von der Wahl ihres neuen Vorsitzenden, des
Mainzer Ministerpräsidenten Rudolf Scharping, und von seiner
Nominierung als neuer Kanzlerkandidat zunächst keinen
großen Vorteil. Auch die Aufstellung einer Mannschaft, in der
neben anderen alle seine früheren Widersacher wie Gerhard
Schröder, Oskar Lafontaine oder Heidi Wieczorek-Zeul auf-
tauchten, änderte daran nichts. Die SPD blieb in vielen Themen
zerstritten, wie beim Einsatz der Bundeswehr im Ausland, dem
sogenannten großen Lauschangriff zur Bekämpfung der
Schwerstkriminalität oder bei Veränderungen im Bereich der
Sozialpolitik. Da half auch nicht der Einfall der SPD-Führung,
den Parteivorsitzenden durch die Befragung der Mitglieder
bestimmen zu lassen, wofür sie in der Presse zunächst Beifall
erhielt, weil es das in Deutschland noch nicht gegeben hatte.
Scharping, der bei dieser Befragung mit rund 38 Prozent der

abgegebenen 500 000 Mitgliederstimmen das Rennen machte, wurde am 25. Juni 1993 mit nur rund 80 Prozent von einem Sonderparteitag der SPD in Essen gewählt. Da wirkten noch die alten Auseinandersetzungen nach, die es um den Vorsitz gegeben hatte. Das Duell Kohl-Scharping für die Bundestagswahl im Oktober 1994 begann mit der Wahl Scharpings zum SPD-Vorsitzenden und seiner Nominierung zum Kanzlerkandidaten. Mit der ersten Personalentscheidung trennte sich Scharping von dem bisherigen Bundesgeschäftsführer Blessing und setzte an seine Stelle den von der FDP zur SPD gewechselten Günter Verheugen (der bei der FDP vor der Wende Generalsekretär gewesen war und bei der SPD zuletzt parlamentarischer Geschäftsführer ihrer Bundestagsfraktion).

Das Jahr 1993 brachte aber nicht nur spektakuläre Rücktritte von Bundesministern und Ministerpräsidenten. Aufregung rief auch der Sturz des mächtigen IG Metall-Vorsitzenden Franz Steinkühler hervor, der unter dem Druck seiner eigenen Kollegen, aber vor allem der Presse, seinen Posten abgeben mußte. Die Illustrierte »Stern« hatte enthüllt, daß Franz Steinkühler Insidergeschäfte an der Frankfurter Börse betrieben hatte, mit Kenntnissen, die aus seiner Tätigkeit als Aufsichtsrat von Daimler-Benz stammten. Offenbar hatte er rechtzeitig von der bevorstehenden Gleichstellung aller Aktien des Konzerns erfahren und bei einem Kauf von Daimler-Aktien im Wert von einer Million D-Mark einige Zehntausend verdient. Als dann noch bekannt wurde, daß er auch schon früher ein solches Geschäft getätigt hatte, blieb ihm keine andere Wahl als zurückzutreten. Dieser Vorgang, daß ein Gewerkschaftsvorsitzender sich durch Aktienspekulationen bereicherte, wurde in Gewerkschaftskreisen nur schwer verdaut. Die Verärgerung über Steinkühler, der bis dahin über ein hohes Ansehen verfügt hatte, war groß.

Die CDU/CSU blieb von Krisen nicht verschont. Die zweite Hälfte des Jahres 1993 war durch drei Vorgänge gekennzeichnet:

1. Die Nominierung des sächsischen Justizministers Steffen Heitmann zum Kandidaten für das Amt des Bundespräsidenten durch CDU und CSU und sein Verzicht auf diese Kandidatur nach nur wenigen Wochen, nachdem ein Teil der Presse eine regel-

rechte Kampagne gegen ihn gestartet hatte und auch Freunde aus der eigenen Partei seine Nominierung kritisierten, wie dies Heiner Geißler, Rita Süssmuth oder Friedbert Pflüger und andere taten. Dabei bezog sich die zum Teil heftige Kritik lediglich auf die – durchaus diskussionsbedürftigen – Äußerungen eines einzigen Interviews, das Heitmann der »Süddeutschen Zeitung« gegeben hatte. Das war wenig genug, um einen weitgehend unbekannten Menschen und Politiker wirklich beurteilen zu können. Heitmanns Verzicht wurde Helmut Kohl gelegentlich als Versagen angerechnet. Große Teile der CDU und CSU waren über diesen Vorgang tief enttäuscht, und das Ansehen der Unionsparteien in der Öffentlichkeit litt darunter sehr. Ich selbst hatte kurz nach Heitmanns Nominierung ein langes Gespräch mit dem Kandidaten, das mich davon überzeugte, daß die angezettelte Kampagne diesem Mann unrecht tat. Um so größer waren auch mein Bedauern und meine Enttäuschung, daß seine Kandidatur als die einer Persönlichkeit aus dem Osten Deutschlands nicht durchzuhalten war. Helmut Kohl hatte gerade diesen Aspekt im Auge gehabt. Danach zeichnete sich die Kandidatur von Roman Herzog ab, des Präsidenten des Bundesverfassungsgerichts. Sie wurde sorgfältig vorbereitet. Alle Gremien der Union stimmten ihr zu. Gewählt wurde Roman Herzog von der Bundesversammlung am 23. Mai 1994 in Berlin mit den Stimmen der CDU/CSU und des größten Teils der FDP (im dritten Wahlgang).

2. Der erzwungene Rücktritt der Regierung von Sachsen-Anhalt, nachdem bekanntgeworden war, daß Ministerpräsident Werner Münch und drei seiner ebenfalls aus dem Westen stammenden Minister, Horst Rehberger (FDP), Hartmut Perschau und Werner Schreiber (CDU), eine falsche Berechnung ihrer früheren Einkünfte bei der Festsetzung ihres Amtsgehaltes zugrundegelegt hatten. Dieser Vorgang schlug hohe Wellen und war geeignet, die Politikverdrossenheit der Bürger noch zu steigern. Nur die rasche Nominierung und Wahl des neuen Ministerpräsidenten Christoph Bergner verhinderte eine größere Krise, obwohl die FDP zunächst die Zusammenarbeit mit der CDU aufkündigte, sie nach der Wahl Bergners – auch mit Stimmen von FDP-Abgeordneten – aber wieder aufnahm. Diese Vor-

gänge in Magdeburg konnte man Helmut Kohl wirklich nicht
anlasten, obwohl auch das in Teilen der Presse wieder versucht
wurde.

. 3. Der negative Ausgang der Kommunalwahlen im Lande
Brandenburg für die CDU, die dort mit 20,5 Prozent nur noch
drittstärkste Partei nach der SPD (33,5 Prozent) und der PDS
(21,3 Prozent) wurde – ein erwartetes, aber dennoch schockie-
rendes Ergebnis.

Alle drei Ereignisse führten in der CDU/CSU natürlich zu lebhaften Diskussionen. Der »Spiegel«, die »Zeit« und einige
andere Presseorgane sprachen bereits von »Kanzlerdämme-
rung« und sahen das nahe Ende von Helmut Kohl als Kanzler
voraus. Wie schon bei früheren Situationen stellte sich Helmut
Kohl seinen Kritikern, an der Spitze Heiner Geißler und Kurt
Biedenkopf, und brachte Partei und Bundestagsfraktion der
CDU/CSU hinter sich, nachdem er auch allen Überlegungen
über die Bildung einer Großen Koalition eine klare Absage
erteilt hatte.

In einer dreistündigen Debatte in der Fraktion am 7. Dezember 1993 überzeugte Helmut Kohl die »Unionstruppe« und
kündigte erneut seine Entschlossenheit an, die Union 1994 in
den Bundestagswahlkampf zu führen und wieder Kanzler zu
werden, nachdem er am Tage zuvor schon in einer einstündigen
Fernsehsendung in SAT 1 mit seinen Kritikern abgerechnet und
seine Position dargelegt hatte.

Fürs erste war der Sturm vorüber, aber es blieb unruhig in
Partei und Fraktion, zumal die demoskopischen Zahlen sich für
die Union wieder leicht verschlechterten, ohne daß sie jedoch
für die SPD nennenswert in die Höhe gegangen wären. (Das
änderte sich erst ab 1994, vor allem nach dem gelungenen
CDU-Parteitag in Hamburg und der erfolgreichen Bundespräsidentenwahl sowie nach einigen mißlungenen Auftritten des
SPD-Spitzenkandidaten Scharping.)

Die Lagebesprechungen beim Kanzler wurden in den
Wochen vor dem Jahreswechsel länger und zahlreicher, die
Pressegespräche wieder häufiger. Denn der alte Kampfgeist war
in Helmut Kohl wieder erwacht – wie immer, wenn die politischen Stürme rauher wurden. Dieser Geist war auch notwendig,

zumal im politischen Tagesgeschäft, bei den Beratungen über
den Haushalt für 1994 oder über die Pflegeversicherung, der
Kampf auch härter wurde und die SPD unter ihrem neuen Spitzenkandidaten Rudolf Scharping zunächst mehr Machtwillen
entwickelte als in den Jahren zuvor.

16 DAS KANZLERAMT
UND DIE MEDIEN

In den Osterferien 1993 besuchte ich, wie in jedem Jahr, den
Kanzler am Ende seiner Fastenkur in Bad Hofgastein im »Kur-
hotel St. Georg«. Der Aufenthalt war in diesem Jahr besonders
erfolgreich. Helmut Kohl hatte in seiner strapaziösen Fastenkur
20 Pfund an Gewicht verloren und fühlte sich sichtbar wohl,
obwohl er diese Tage nicht ohne Beeinträchtigung durch die
Politik hatte verbringen können.

Allein drei europäische Ministerpräsidenten besuchten ihn
in dem zweiwöchigen Osterurlaub: der italienische Ministerpräsident Giuliano Amato, der britische Premierminister John
Major und der spanische Ministerpräsident Felipe González
Márquez, alle drei Regierungschefs, die zum damaligen Zeitpunkt größere Probleme hatten als der Kanzler – gemessen an
den deutschen Problemen jedenfalls erschien es so. Der italienische Ministerpräsident Amato mußte schon wenige Wochen
später infolge der Korruptionsfälle in seinem Land zurücktreten
und dem Finanzfachmann Carlo Ciampi, dem Chef der italienischen Zentralbank, das Amt des Regierungschefs überlassen.
Felipe González verlor einige Wochen später bei den spanischen
Parlamentswahlen die absolute Mehrheit, die seine sozialisti-
sche Partei bis dahin gehabt hatte. Er bildete eine Minderhei-
tenregierung und wird im Einzelfall von zwei kleineren Gruppen baskischer und katalanischer Nationalisten unterstützt.
Aber er blieb Helmut Kohl als Partner erhalten. Beide sind
inzwischen gute Freunde und telefonieren häufig miteinander.

Der Bundeskanzler sorgte dafür, daß diese Besuche inoffizi-
ell und ohne Begleitung der Presse blieben. So konnte er mit seinen Gästen ungestört durch die malerische Landschaft des
Gasteiner Tales wandern oder in dem bekannten Café »Weid-
moser-Schlößchen« einkehren, wo die übrigen Gäste jedesmal

beim Eintreffen der prominenten Politiker vor Staunen die
Sprache verloren, dann später aber ihre Autogramme holten.
Als ich wenige Tage danach im Gasteiner Tal eintraf, waren die
ersten Erinnerungsfotos schon fertig und wurden vom Kanzler
signiert. Heute haben sie einen Ehrenplatz in dem wunderschönen Café.

Bei meinem Besuch besprach ich mit dem Kanzler sehr
intensiv die politische Lage: das Karlsruher Urteil zu den
AWACS-Flügen und dessen Folgen sowie die Situation in Ruß-
land, wo Boris Jelzin um sein politisches Überleben kämpfte –
und das nur eineinhalb Jahre nach der Niederschlagung des
Putsches gegen Michail Gorbatschow, durch den Gorbatschow
letztlich seine Macht verlor, während Jelzin sich an die Spitze
Rußlands aufschwang. Jetzt mußten wir in Hofgastein über die
Wirtschaftshilfe des Westens für Jelzin reden, die sein Reform-
programm sichern sollte, wofür der Kanzler, zusammen mit den
USA unter dem neuen Präsidenten Clinton und den übrigen
Staaten der sogenannten G 7-Gruppe der stärksten Industrienationen in der Welt, sehr viel unternommen hatte. Es ging bei
unseren Gesprächen auch um die Frage weiterer Einsätze der
Bundeswehr im Auftrag der Vereinten Nationen, zum Beispiel
im afrikanischen Somalia, über deren Verfassungsmäßigkeit ein
neuer Streit mit der SPD ins Haus stand.

Bei diesem Treffen in Bad Hofgastein besprach ich mit dem
Kanzler auch mein weiteres Verbleiben im Kanzleramt. Normalerweise hätte ich zum 31. Oktober 1993, mit dem Erreichen
der Altersgrenze, das Amt verlassen müssen. Es gibt aber eine
gesetzliche Bestimmung, die eine Verlängerung über das 65.
Lebensjahr hinaus ermöglicht und zunächst für ein Jahr gilt,
aber bis zu insgesamt drei Jahren ausgedehnt werden kann,
wenn es im Interesse des Staates liegt. Ich erklärte dem Kanzler,
daß ich gerne bis nach der Bundestagswahl im Oktober 1994 im
Amt bleiben würde, wenn mir meine Gesundheit keinen Strich
durch die Rechnung machte. Danach müsse man dann weiter-
sehen. Der Bundeskanzler war über meinen Verlängerungs-
wunsch nicht überrascht. Er hatte nichts anderes von mir
erwartet. Bis zu meinem vermutlichen Ausscheiden aus dem
Amt blieben eineinhalb gemeinsame Jahre, eingeschlossen das

harte Wahljahr 1994 mit insgesamt 19 Wahlen, von der kommunalen Ebene über die Landtage bis zur Europa- und Bundestagswahl.

1993 habe ich in Bonn vierzigjähriges Jubiläum feiern können, wenn man meine Tätigkeit während der Studienzeit einbezieht. Aber selbst meine Arbeit in der Bundestagsfraktion der CDU/CSU und im Kanzleramt erstreckte sich über einen Zeitraum von 37 Jahren, also über eine Zeit, in der die Bundesrepublik Deutschland entscheidend geprägt wurde. Bei meinem Eintritt in das »politische Geschäft« war Deutschland durch die Kommunisten schon geteilt, am Ende meiner Tätigkeit wurde es nach vierzigjähriger Trennung wiedervereinigt. Diese Feststellung umfaßt die ganze Spannbreite der deutschen Nachkriegspolitik – und ich darf von mir behaupten: Ich habe sie alle gekannt, die Hauptakteure dieser Politik, von Konrad Adenauer bis zu Helmut Kohl. Mit vielen der Männer und Frauen, die in diesen entscheidenden Jahren für unser Volk Politik gestaltet haben, habe ich zusammengearbeitet, mit einigen war ich auch befreundet, auch wenn unsere Aufgabenstellung unterschiedlich war. Ich habe viele bedeutende Männer und Frauen aufsteigen, aber auch so manche absteigen sehen. Tragische Schicksale sind mir ebenso begegnet wie selbstverschuldete Karrierezusammenbrüche. Bei mancher Karriere habe ich Pate gestanden, bei manch anderem konnte ich den politischen Niedergang nicht verhindern. Viele haben meinen gutgemeinten Rat angenommen, andere haben ihn auch in den Wind geschlagen. Natürlich habe ich auch Enttäuschungen erlebt oder mich ungerecht behandelt gefühlt. Unter dem Strich hat mir die Arbeit aber Spaß gemacht, weil ich Politik mitgestalten konnte und weil ich Mitarbeiter, oft sogar Partner bedeutender Männer und Frauen war, die ihr Bestes für Deutschland gegeben haben.

Meine Erfahrungen mit und in der Politik haben mich nie zu dem Schluß kommen lassen, Politik sei ein schmutziges Geschäft oder verderbe den Charakter. Ich habe auch kein Verständnis dafür gehabt, daß sich in Deutschland ausgerechnet nach der Wiederherstellung der deutschen Einheit Politikverdrossenheit breitmachte oder man von einer Vertrauenskrise zwischen Wählern und Gewählten glaubte sprechen zu müssen.

Die Politik in den letzten 40 bis 45 Jahren in Deutschland war
positiv und erfolgreich und hat den Deutschen im Durchschnitt
einen nie gekannten Wohlstand gebracht. Vergleiche mit anderen, vor allem europäischen Ländern, beweisen das. Und was
die soviel zitierten politischen Skandale betrifft, so waren sie in
Deutschland auch nicht größer als in anderen Ländern, eher
umgekehrt. Jedenfalls ist unser Staatswesen durch sie nicht
erschüttert worden, und sie waren auch nicht typisch für unser
Land; aber wir hatten es zum Teil mit einer Presse zu tun, die
mehr den Kampagnen-Journalismus als die objektive Berichterstattung pflegte. Darunter haben übrigens die Mitglieder aller
Parteien gelitten und damit zum Teil bittere Erfahrungen gemacht.

Diese Erfahrungen waren auch in meinem Aufgabengebiet,
der Öffentlichkeitsarbeit, die eigentlich enttäuschenden, wenn
man nämlich gegen eine Wand anrannte und mit Argumenten
nicht mehr durchkam. Helmut Kohl hat all diesen Anfeindun-
gen, die oft ins Persönliche gingen, mit bewundernswerter Ruhe
widerstanden. Daß ihm solche Angriffe nicht unter die Haut
gegangen wären, kann ich nicht behaupten. Das wäre auch
unmenschlich gewesen. Aber er hat sich davon nicht unterkrie-
gen lassen. »Spiegel«, »Stern«, »Zeit«, einige Tageszeitungen
und manche Fernsehredaktion haben jahrelang versucht, ihn
regelrecht kaputtzuschreiben oder gegen ihn zu agitieren, wie
etwa einige Fernsehmagazine von »Report« aus Baden-Baden
bis »Monitor« oder »Panorama«. So widmete ihm der »Spiegel«
Titelbilder und Titelgeschichten, in denen sein nahes politisches
Ende vorausgesagt wurde. Er hat das alles politisch überlebt,
genauso wie manche Anfeindung in der Boulevardpresse, die
ihn in anderen Fällen zum Teil aber auch unterstützte – wie
häufig die »Bild«-Zeitung. Wir waren uns in der Einschätzung
mancher Artikel gerade in diesem Massenblatt nicht immer
einig. Auch Berichte in den Nachrichtensendungen des Fernsehens habe ich mitunter anders bewertet als Helmut Kohl, vor
allem, wenn es um seine eigenen Einsätze in den elektronischen
Medien ging.

Das Kapitel »Helmut Kohl und die Medien« ist sehr viel-
schichtig und schon von vielen beschrieben worden, ohne aber

den Kern dieser Beziehung wirklich zu treffen. Vielfach wurde behauptet, Helmut Kohl habe kein Verhältnis zur Presse entwickelt. Diese Feststellung ist ebenso falsch wie die, Helmut Kohl habe ein gestörtes Verhältnis zur Presse.

Als er 1976 nach Bonn kam, ging ihm der Ruf voraus, er habe in seinen Jahren als erfolgreicher Mainzer Ministerpräsident regelmäßig Kontakt zur Presse gepflegt, zum Beispiel in dem von ihm eingerichteten Weinkeller in der Mainzer Staatskanzlei. Als er nach Bonn kam und ich im wesentlichen seine Pressekontakte zu organisieren hatte, war ich froh, einen neuen Chef zu haben, der offenbar viel Verständnis für Presse- und Öffentlichkeitsarbeit aufbrachte. Das hatte nicht zuletzt auch seine glänzend angelegte Kampagne als Spitzenkandidat der Union für die Bundestagswahlen im Jahre 1976 bewiesen, wo es ihm auf Anhieb gelungen war, 48,6 Prozent der Stimmen für die beiden Unionsparteien zu gewinnen. Und es war tatsächlich so, daß sich Helmut Kohl bei seinem Start im Dezember 1976 in Bonn auch wirklich bereit zeigte, eng mit der Presse zu kooperieren. In seinen ersten Bonner Jahren als Fraktionsvorsitzender der CDU/CSU und Oppositionsführer, aber auch in den Jahren seiner Kanzlerschaft, hielt er enge Verbindungen zur Presse. Erst in den letzten Jahren, in denen die Aufgaben des Kanzlers Helmut Kohl schwieriger und aufreibender wurden, blieben diese Kontakte nicht mehr so intensiv, wie ich sie mir gewünscht hätte, besonders was interne Hintergrundgespräche betraf, bei denen er seine Gäste stets zu überzeugen wußte, die im Regelfall diese Zusammenkünfte beeindruckt verließen.

Im Laufe der Jahre hatten wir in Bonn systematisch ein Netz von Gesprächskreisen aufgebaut, das sowohl Bonner Journalisten als auch eine Gruppe von Chefredakteuren aus den Zentralredaktionen umfaßte. Daneben führte Helmut Kohl viele Einzelgespräche mit bedeutenden Herausgebern, Chefredakteuren oder auch Bonner Korrespondenten. In den Jahren seiner Kanzlerschaft fanden diese Gespräche, wenn es kleinere Kreise waren, im Bungalow des Kanzlers statt. Nur ganz selten empfing Helmut Kohl Journalisten in seinem Haus in Ludwigshafen-Oggersheim, wo allerdings gelegentlich Interviews stattfanden, wenn sie am Wochenende gemacht werden mußten –

aber das war die Ausnahme, genauso wie die Ferieninterviews
des Fernsehens und einiger wichtiger Zeitungen an seinem
Sommerurlaubsort St. Gilgen. Während seiner Fastenkur durften ihn – verständlicherweise – nur zweimal Fernsehteams in
Bad Hofgastein zu Interviews aufsuchen; 1992 sowie zuletzt
1994 das Bayerische Fernsehen für die ARD. Auf seinen zahlreichen Auslandsreisen nahm Helmut Kohl immer eine Gruppe
von Journalisten mit. Das reichte von der Mitreise einer kleineren Gruppe in der Kanzlermaschine bis zum Einsatz eines Son-
derflugzeuges für die Presse, wie etwa bei seinen Reisen nach
China, nach Moskau oder nach Südamerika, ebenso wie bei der
Reise nach Dresden am 19. Dezember 1990, wo die deutsche
und internationale Presse das erste Zusammentreffen Helmut
Kohls mit der Bevölkerung in der Noch-DDR erleben wollte.

Wenn der Politiker Helmut Kohl mit ganz bestimmten Presseorganen keinen oder nur mäßigen Kontakt pflegte oder
bestimmten Magazinen wie »Spiegel« und »Stern« über viele
Jahre hinweg – seit 1976 – keine Interviews gab, so lag das
nicht daran, daß er kein Verständnis für Pressearbeit gehabt
hätte – das besaß er reichlich. Er vertrat vielmehr den Standpunkt, daß es gleichgültig sei, ob er diesen Magazinen ein Interview gebe oder nicht, sie würden ihn mit oder ohne Interviews
gleich schlecht behandeln. Dabei nannte er immer entsprechende Beispiele von Politikern, die zunächst von diesen Blättern sehr gefördert, später aber, wenn es den Magazinen in den
Kram paßte, zum Abschuß freigegeben wurden. Ich habe nie
versucht, den Kanzler in seiner Haltung zu diesen beiden Magazinen zu beeinflussen, zumal er gegen normale Arbeitskontakte
auf meiner Ebene nie etwas einzuwenden hatte. So habe ich in
den ganzen Jahren auch Kontakt mit Korrespondenten von
»Spiegel« und »Stern« gehalten, genauso wie mit den Mitarbeitern anderer Medien. Der Kanzler selbst sprach auch gelegentlich vertraulich mit den Chefredakteuren beider Magazine.

Von vornherein falsch ist ein Satz wie: »Der Kanzler liest den
›Spiegel‹ nicht«, denn genauso richtig wäre die Aussage, daß er
etwa den »Bonner Generalanzeiger« oder die »Süddeutsche Zeitung« nicht liest – ich lese für den Kanzler täglich diese Zeitungen und Zeitschriften und übermittle ihm die Meldungen und

Kommentare beim täglichen morgendlichen Pressevortrag. Das wiederum heißt nicht, daß Helmut Kohl überhaupt keine Zeitung in die Hand nimmt, denn drei Blätter liest er regelmäßig selbst: die »Rheinpfalz« aus seinem Wahlkreis Ludwigshafen, die »Neue Zürcher Zeitung« und die »Frankfurter Allgemeine« – und auch andere Zeitungen, wenn sich, etwa auf langen Flügen, die Zeit dafür bietet. Das Presseamt erstellt ohnehin täglich eine Mappe mit Zeitungsartikeln für ihn, und besonders wichtige Artikel werden ihm direkt vorgelegt.

Im übrigen halte ich es für nicht korrekt, zu behaupten, Helmut Kohl habe immer und durchweg eine schlechte Presse gehabt. Dieses pauschale Urteil mancher Zeitgenossen, die mit einem einzelnen Zeitungsausschnitt als Beleg auftraten, kann ich nicht teilen. Bestimmte Presseorgane sind kontinuierlich gegen den Kanzler eingestellt gewesen, das ist sicher richtig, aber der weitaus größte Teil der Publikationen, vor allem die Regionalzeitungen, haben Helmut Kohl eigentlich immer fair behandelt. Zudem habe ich immer sorgfältig Nachricht von Kommentar unterschieden. Bei der Nachrichtenwiedergabe hat die Presse insgesamt weitestgehend korrekt gearbeitet, und die kritische Kommentierung gehört nun mal zum Recht eines Journalisten, das ich stets respektiert habe. Es gab Phasen, in denen die Presse den Kanzler sehr positiv bewertete, wie zum Beispiel bei seinen Bemühungen um die deutsche Einheit oder die Schaffung einer europäischen Währungsunion und einer politischen Union. Es gab danach auch Phasen, in denen man seine Politik kritischer beleuchtete, etwa wenn es um die Finanzierung der deutschen Einheit ging oder wenn die Koalition sich in hoffnungslosen Streitereien nur schwer einigen konnte, wie zum Beispiel bei dem Gesetz über die Einführung einer Pflegeversicherung, als sich die Verhandlungen monatelang hinzogen.

Natürlich war Helmut Kohl als die Speerspitze der Koalitionspolitik und der seiner eigenen Partei immer das besondere Angriffsobjekt nicht nur der Opposition, sondern auch eines Teils der Medien, der einerseits von ihm verlangte, er müsse »mehr auf den Tisch hauen«, zugleich aber mehr innerparteiliche Diskussion und mehr Transparenz in der Politik forderte. So konnte es nicht ausbleiben, daß er in den letzten Jahren in der

Demoskopie niedrigere Werte zu verzeichnen hatte, weil er als
Politiker zu stark polarisieren mußte und im Vergleich zu seinen
Vorgängern schwierigere Probleme zu lösen hatte. Dadurch
konnte er nie zustimmende Werte aus dem Lager seiner politischen Gegner verbuchen, wie das bei Helmut Schmidt der Fall
war, den viele für einen Kanzler hielten, der nur den Nachteil
habe, daß er in der falschen Partei sei.

In der geschichtlichen Abrechnung wird Helmut Kohl eines
Tages ohnehin besser dastehen als Helmut Schmidt, aus dessen
Amtszeit nicht so viel übriggeblieben ist wie von der Politik Helmut Kohls übrigbleiben wird. Die drei wirklich großen Kanzler
der Jahre nach 1945 waren eben doch Konrad Adenauer, Willy
Brandt und Helmut Kohl. Diese Feststellung ist auch dann richtig, wenn man hinzufügt, daß Ludwig Erhard, der Vater der
sozialen Marktwirtschaft, die deutsche Nachkriegsgeschichte
natürlich entscheidend geprägt und die Weichen in die richtige
Richtung gestellt hat, doch seine Leistungen als Bundeskanzler
waren mit denen von Adenauer, Brandt und Kohl nicht zu vergleichen. Aber er war und bleibt der »Vater des Wirtschaftswunders«.

Ich habe das Glück gehabt, die großen Politiker der deutschen Nachkriegsgeschichte nach 1949 persönlich gekannt oder
gar eng mit ihnen zusammengearbeitet zu haben. Ich erlebte
Konrad Adenauer während seiner Amtszeit und als »politischen
Ruheständler«, als er 87 Jahre alt geworden war. Ich beobach-
tete Willy Brandts mehrmalige Versuche, die Kanzlerschaft zu
erringen, seine Resignation nach dem Scheitern dieser Versuche und seinen Triumph 1969 in der Nacht, als schließlich feststand, daß er es schaffen würde. Auch die bittere Enttäuschung
Ludwig Erhards darüber, daß er nur drei Jahre Kanzler sein
durfte, habe ich so hautnah mitempfunden, wie die Niederge-
schlagenheit Kurt Georg Kiesingers, als er die zweite Kanzlerschaft 1969 um Haaresbreite verpaßte. Ich habe den allmähli-
chen Aufstieg Helmut Kohls in der CDU ab 1971 begleitet, als er
noch vergeblich gegen Rainer Barzel als Parteivorsitzender
antrat, ebenso wie seine erste Kanzlerkandidatur im Jahre
1976, die ihn die Kanzlerschaft nur hauchdünn verfehlen ließ,
bis hin zu seinem triumphalen Tag, dem 1. Oktober 1982, als es

ihm gelang, durch ein konstruktives Mißtrauensvotum Helmut Schmidt als Bundeskanzler abzulösen. An diesem Tag führte mich mein Weg in das Zentrum der Macht, und ich durfte seitdem zwölf Jahre Regierungspolitik aus nächster Nähe mitgestalten oder miterleben.

Aber nicht die Kanzler der Republik allein gestalteten mehr als 40 Jahre erfolgreiche deutsche Politik. Es gab unter den Ministern und Parlamentariern bedeutende Persönlichkeiten, die der deutschen Politik in wesentlichen Fragen ihren Stempel aufgedrückt haben: Männer und Frauen aus der CDU/CSU, wie Heinrich Krone, Heinrich von Brentano, Hermann Ehlers, Franz Josef Strauß, Fritz Schäffer, Elisabeth Schwarzhaupt, Aenne Brauksiepe, Bruno Heck, Franz Josef Wuermeling, Kurt Schmücker, Franz Etzel, Theodor Blank, Anton Storch, Gerhard Schröder, Richard Stücklen, Friedrich Zimmermann, Gerhard Stoltenberg, Kai-Uwe von Hassel, Manfred Wörner, Karl Theodor von Guttenberg, Norbert Blüm, Karl Carstens, Richard von Weizsäcker und Heinrich Lübke.

Aus der SPD muß man Männer und Frauen wie Kurt Schumacher, Erich Ollenhauer, Fritz Erler, Herbert Wehner, Annemarie Renger, Carlo Schmid und Gustav Heinemann herausheben, und von der FDP seien erwähnt Theodor Heuss, Thomas Dehler, Reinhold Maier, Wolfgang Döring, Willi Weyer, Walter Scheel, Hans-Dietrich Genscher, Martin Bangemann, Otto Graf Lambsdorff und Josef Ertl, um nur einige zu nennen.

Die Liste ließe sich beliebig erweitern, zum Beispiel um die Namen hervorragender Landespolitiker wie Helmut Lemke, Alfons Goppel, Hans Filbinger, Franz Meyers, Karl Arnold, Franz Josef Röder, Ernst Albrecht, Walter Wallmann, Werner Zeyer und Lothar Späth von der CDU/CSU sowie Georg-August Zinn, Hans Koschnick, Heinz Kühn, Wilhelm Kaisen, Herbert Weichmann, Albert Osswald und Holger Börner von der SPD.

Diese Auswahl kann nicht vollständig sein. Sie zeigt nur, daß die Bundesrepublik Deutschland in den letzten Jahrzehnten über eine Fülle hochqualifizierter Politiker verfügte, die politische Schwergewichte waren, ohne die politischen Verdienste der Männer und Frauen der jüngeren Politikergeneration schmälern zu wollen, zu der Wolfgang Schäuble, Volker Rühe,

Rudolf Seiters, Klaus Töpfer und Eberhard Diepgen gehören oder die neu hinzugestoßenen Politikerinnen und Politiker aus den neuen Bundesländern, die heute im Bundeskabinett sitzen, Ministerpräsidenten in den neuen Bundesländern sind oder im Parlament ihre Rolle spielen, oder auch die Oppositionsführer seit 1982, Hans-Jochen Vogel und Ulrich Klose, oder der neue FDP-Chef, Klaus Kinkel.

Mit den meisten der erwähnten politischen Repräsentanten habe ich persönlich Kontakt gehabt und konnte ihr politisches Wirken aus nächster Nähe beobachten, mit vielen von ihnen war oder bin ich bis zum heutigen Tage befreundet.

Vielen, die einen bedeutenden politischen Namen trugen, habe ich bei ihrem Heimgang – oft in hohem Alter – die letzte Ehre erwiesen, aber auch manchem jungen Politiker, wie dem langjährigen parlamentarischen Geschäftsführer der CDU/CSU-Fraktion, Will Rasner, der 1971 mit 50 Jahren so früh verstarb. Auch viele meiner journalistischen Wegbegleiter mußte ich auf ihrem letzten Weg begleiten, darunter einige, die noch sehr jung waren und von denen man eine große journalistische Karriere hätte erwarten dürfen.

Die Veränderungen im Bonner Pressekorps in den letzten 40 Jahren sind überdeutlich – vom kommentierenden Journalisten hin zum News jagenden Reporter. Ich habe die Träger großer Namen des deutschen Journalismus noch persönlich gekannt und eng mit ihnen zusammengearbeitet. Stellvertretend für viele seien erwähnt: Alfred Rapp (FAZ), Georg Schröder (»Die Welt«), Harald O. Hermann, langjähriger Vorsitzender der Bundespressekonferenz und Initiator für den Bau des heutigen Pressehauses im Tulpenfeld, in dem sich der Saal für die Bundespressekonferenz befindet, Hugo Grüssen (»Ruhrnachrichten«), Norbert Tönnies (»Bonner General-Anzeiger«), ein enger Freund des früheren FDP-Vorsitzenden Erich Mende, Ulrich Blank (»Süddeutsche Zeitung«), Walter Henkels (FAZ, »99 Bonner Köpfe«), Willy Stampfel und Werner Titzrath (»Hamburger Abendblatt«), Jürgen Lorenz (»Kieler Nachrichten«), der auch zeitweilig im ZDF die Sendung »Bürger fragen, Politiker antworten« leitete, Ludwig von Danwitz vom WDR, Karl Donat vom Deutschlandfunk und der junge Eberhard Bitzer von der FAZ,

der in noch jugendlichem Alter starb – ein großes journalistisches Talent.

Viele Namen dieser verstorbenen Kollegen sagen den heutigen Mitarbeitern der journalistischen Zunft nichts mehr. Für
mich waren sie alle Weggefährten in einer spannenden politischen Epoche. Manchem von ihnen verdanke ich auch guten
Rat für meine Arbeit und viele anregende Gespräche.

Von den noch lebenden Journalisten, mit denen ich es jahrelang zu tun hatte, möchte ich einige nennen, allen voran den
Nestor der Bonner Journalisten, Robert Strobl, der im Jahre
1993 seinen 95. Geburtstag feierte, zu dem ich ihm herzlich
gratulieren konnte. Bei unserem Geburtstagsgespräch sagte er
mir einen Satz, der mich sehr angerührt hat: »Wenn ich dem-
nächst zu Petrus in den Himmel komme, werde ich ihm sagen,
laß diesen Burschen Ackermann noch recht lange auf der Erde,
der wird dort noch gebraucht – und wenn er eines fernen Tages
doch nach oben muß, dann gib ihm einen schönen Platz. Er hat
ihn verdient.« Ein schöneres Kompliment eines so erfahrenen
Mannes habe ich nie bekommen.

Ich erwähne auch Rudolf Stiege (»Berliner Morgenpost«), ein
unermüdlicher Kämpfer für die deutsche Einheit und langjähriger persönlicher Vertrauter Axel Springers bis zu dessen Tod.
Mit ihm war ich jahrelang befreundet. Noch heute schreibt er
beachtliche Leitartikel in der »Berliner Morgenpost«. Genannt
seien Friedel und Franz Hange (»Augsburger Allgemeine« und
dpa), die seit 1949 in Bonn arbeiteten, Franz Hange zum Schluß
seiner Laufbahn im Bundespresseamt, Friedrich Nowottny,
Ernst Dieter Lueg und Günter Müggenburg vom ARD-Studio
Bonn, Jochen Reiche vom ZDF-Studio Bonn, Reinhard Appel
(»Süddeutsche Zeitung«, Deutschlandfunk und ZDF-Chefredak-
teur). Nicht unerwähnt lassen möchte ich Hilde Purwin (NRZ)
und Erich Hauer (»Westfälische Rundschau«).

Es gehören die Chefredakteure Jens Feddersen (NRZ), Joa-
chim Sobotta (»Rheinische Post«), Ulrich Wildermuth (»Südwest
Presse«), Robert Schmelzer (»Ruhr-Nachrichten«, »Frankfurter
Neue Presse«, »Westfalenpost«) dazu, aber auch Rudi Strauch
(»Welt«, »Hannoversche Allgemeine Zeitung«), ebenfalls lange
Jahre Vorsitzender der Bundespressekonferenz, mit dem zu-

sammen ich in Bonn schon in den fünfziger Jahren bei Professor Max Braubach Geschichte studierte, Peter Hopen, zuletzt ZDF-Studio Bonn, Heinzgünter Klein (»Ruhrnachrichten«) und Rudi Kilgus (»Mannheimer Morgen«), mit denen ich seit Jahren befreundet bin, genauso wie mit Wolfgang Wiedemeyer vom Südwestfunk, Günther Henrich vom Deutschlandfunk und NDR sowie Hans H. Heckmann, dem Büroleiter der dpa in Bonn.

Ich denke an Graf Finck von Finckenstein (»Welt«), der später unter anderem Protokollchef des Auswärtigen Amtes wurde. Nicht zu vergessen sind meine langjährigen Mitstreiter Willy Zirngibl (»Westdeutsche Allgemeine«) und Heinz Schweden (»Rheinische Post«), ebenso wie Claus Gennrich (FAZ Bonn), oder der langjährige Chefredakteur der »Welt«, Manfred Schell.

Manche von ihnen leben im wohlverdienten Ruhestand, wie zum Beispiel Dankwart Reissenberger vom Süddeutschen Rundfunk oder Henning Frank vom Deutschlandfunk, einem Sender, dem ich mich immer besonders verbunden fühlte, weil er mir durch seine morgendlichen Informationssendungen meine Vorbereitung für den Lagevortrag beim Kanzler wesentlich erleichterte. Andere stehen, wie ich, kurz vor der Pensionierung.

Eine andere Journalistengeneration bestimmt heute das Mediengeschehen in Bonn oder auch in den Heimatredaktionen. Es sind Medienleute, die einen anderen Stil pflegen als ihre älteren Kollegen. Sie sind in erster Linie Reporter und Beschaffer von Nachrichten, möglichst Exklusivnachrichten. Der Konkurrenzkampf ist heute härter unter den Journalistenkollegen, und das prägt ihren Arbeitsstil. Sie sind nicht weniger begabt als ihre Vorgänger aus der Generation, die noch den Zweiten Weltkrieg und die Zeit des Nationalsozialismus miterlebt hat.

Ich habe mich in meinen letzten Berufsjahren darum bemüht, gerade zu den jüngeren Kollegen ein gutes Verhältnis zu bekommen. Ob es mir immer gelungen ist, wage ich zu bezweifeln. Doch ich war in den internen Informationskreisen gerade der jüngeren Journalisten immer ein gerngesehener Gast, weil ich stets offen mit ihnen diskutierte, »off the record« selbstverständlich, wobei ich höchst selten Indiskretionen erlebte. In diesen Zirkeln oder Hintergrundkreisen – Gruppierungen von Journalisten unterschiedlicher Couleur –, in denen man Politik erläutern kann, wird oft mehr an Informationen umgesetzt als bei den regulären Pressekonferenzen und durch die Herausgabe von Presseerklärungen. Manche Politiker nutzen aber die Möglichkeit zu wenig, ihre Vorstellungen vor solchen Kreisen zu erläutern, was ich oft bedauerlich fand, wenn ich Politiker in Bonn auf dem Gebiet der Öffentlichkeitsarbeit zu betreuen hatte. Das gilt um so mehr, je schwieriger sich die politische Landschaft darstellt. Wenn sich eine Partei oder Regierung im Aufwind befindet, ist eine solche Nutzung von Möglichkeiten nicht ganz so wichtig wie in Zeiten, wo es darauf ankommt, mit der Presse als Medium seine Argumente an die Bürger heranzubringen. Am besten ist natürlich der regelmäßige Kontakt zu allen Zeiten.

Ein Bonner Politiker, der es während seiner aktiven Zeit auf diesem Sektor zur wahren Meisterschaft brachte, war Hans-Dietrich Genscher, der auf dem Instrument Presse wie ein Virtuose auf seinem Instrument zu spielen wußte. Er hatte eine starke Truppe in seiner Presseabteilung, und jeder der Mitarbeiter war für eine bestimmte Journalistengruppe zuständig, wenn es darum ging, eine Nachricht gezielt zu plazieren. Auch verweigerte Genscher nie ein Interview – selbst wenn er dafür aus dem Schlaf geholt wurde. Seine enorme Popularität über viele Jahre hinweg ist sicher auch ein Ergebnis dieser intensiven Medienarbeit.

Helmut Kohl fehlte manchmal einfach die notwendige Zeit, sich intensiver mit der Presse zu beschäftigen – manchmal sah er auch keinen Nutzen darin. Im großen und ganzen hat er aber schon die nötige Sensibilität gezeigt, wenn in der Öffentlichkeitsarbeit Handlungsbedarf war. Wie viele andere in Bonn oder in den Bundesländern hat er darunter gelitten, daß man als handelnder Politiker oft schutzlos haltlosen Angriffen eines Teiles der Presse ausgesetzt ist, ohne etwas dagegen tun zu können, besonders wenn es um Angriffe geht, die im persönlichen Bereich des Betroffenen liegen. Karikaturen oder politische Witze über ihn haben Helmut Kohl nie berührt, auch nur selten kabarettistisch-satirische Sendungen im Fernsehen, es sei denn, sie zielten absolut unter die Gürtellinie, was leider häufig der Fall war. Politische Kritik an seiner Arbeit hat Helmut Kohl

immer akzeptiert. Einer seiner Kernsätze lautete: »Wenn wir in
der Politik Fehler machen, müssen wir auch damit rechnen, daß
man uns kritisiert, und das auch ertragen.« Folgerichtig wollte
er alles wissen, was berichtet wurde, auch wenn es unangenehm war.

Bei der Auswahl und im Umgang mit seinen engsten Mitarbeitern, ob Minister oder hohe Beamte, galten für Helmut Kohl
immer drei Prinzipien: Loyalität, Solidarität und Vertrauens-
würdigkeit. Ich habe manche Fälle erlebt, wo Karrieren jäh
abbrachen, wenn diese Prinzipien nicht eingehalten wurden.
Helmut Kohl arbeitete und arbeitet am liebsten in einer Atmosphäre des Vertrauens und des Sich-aufeinander-Verlassen-
Könnens. Deswegen hat er auch Mitarbeiter in seiner engeren
Umgebung, die wie Juliane Weber oder sein Fahrer Eckhart
(Ecki) Seeber schon fast 30 Jahre für ihn tätig sind. Andere, wie
Horst Teltschik oder Wolfgang Bergsdorf, arbeiteten oder arbeiten seit über 20 Jahren für ihn, und ich selbst kann auch schon
auf 18 gemeinsame Jahre mit Helmut Kohl zurückblicken.

Einmal geschlossene Freundschaften haben bei ihm Bestand. Das gilt für manche seiner politischen Kampfgefährten
aus der rheinland-pfälzischen Landtagszeit, aber auch für eine
kleine Gruppe Bonner Politiker, mit denen er seine Arbeit 1976
begann. Nur wer ihm in den Rücken fiel, von denen, die er
einstmals sehr gefördert hatte, den schrieb er praktisch ab.
Dafür gibt es einige handfeste Beispiele, wie das des langjährigen Bundestagsabgeordneten Jürgen Todenhöfer (heute einer
der leitenden Mitarbeiter des Burda-Verlages). Als dieser ihm in
den siebziger Jahren, als Helmut Kohl noch seine Orientierung
in Bonn suchte, in der »Bild«-Zeitung eine zu lasche Oppositionsarbeit mit den Worten vorwarf: »Im Schlafwagen kommt
man nicht an die Macht« und auch nicht im geringsten bereit
war, in der Sache einzulenken, war Helmut Kohls Enttäuschung
sehr groß, weil er für den jungen Todenhöfer viel getan hatte.

Ähnlich war die Situation, als es zwischen Kohl und Geißler
1989 zum Bruch kam. Heiner Geißler, den Helmut Kohl ebenfalls sehr gefördert hatte, versuchte ihn als Parteivorsitzenden
abzulösen, was auch Kohls Ende als Kanzler bedeutet hätte.
Auch dieses Verhältnis ist bis heute nicht wieder repariert wor-

den, wenngleich ein geordneter Arbeitskontakt zwischen den beiden Politikern besteht. Helmut Kohl ist kein mißtrauischer Mensch. Es dauert bei ihm oft sehr lange, bis er sich davon überzeugen läßt, daß politische Mitstreiter etwas gegen ihn im Schilde führen, auch wenn er mit einem sehr wachen Instinkt ausgestattet ist, der ihn bei politischen Entscheidungen meist das Richtige tun läßt.

Er ist ein Mann der Diskussion, und er läßt sich gerne beraten, möchte aber bei den wichtigen Entscheidungen selbst das letzte Wort behalten. Mit dieser Methode ist er meist gut gefahren, auch wenn sich bei seinen Personalentscheidungen die eine oder andere Berufung im nachhinein als Fehler herausstellte. Das läßt sich in der Politik nicht immer vermeiden. Kritiker Kohls haben ihm im allgemeinen bescheinigt, daß er gerade bei Personalentscheidungen eine glückliche Hand gehabt hat, angefangen bei seiner Kabinettsmannschaft in Mainz bis hin zu den verschiedenen Kabinetten der von ihm geführten Bundesregierungen, wenn er dabei im wesentlichen auch nur die Vertreter seiner eigenen Partei bestimmen konnte. Er hat sich in Bonn nicht von ungefähr zwölf Jahre an der Macht gehalten, mit Erfolgen und Rückschlägen, aber insgesamt erfolgreich.

Meine Rolle beim Kanzler Helmut Kohl ist in der Öffentlichkeit vielfach falsch eingeschätzt worden. Meist erschien ich in den Presseberichten als Kanzlerberater, manchmal auch als der »getreue Ekkehart« Helmut Kohls, gelegentlich auch als sein Fußabtreter. Alles zusammen ist richtig. Ich war weder das eine noch das andere ganz. Als mein Freund Rudi Strauch in der erwähnten launigen Rede zu meinem 60. Geburtstag im Palais Schaumburg meine Rolle mit »Was für Goethe Eckermann, ist für Kohl der Ackermann« umschrieb, da lag er in mancher Hinsicht vielleicht gar nicht so falsch – wenngleich ich natürlich nicht ständig Aufzeichnungen von Gesprächen mit Helmut Kohl gemacht habe.

In erster Linie war ich aber der Vermittler der Politik Helmut Kohls, wie schon vorher der Interpret der Politik der fünf Fraktionsvorsitzenden, mit denen ich zusammenarbeitete. Natürlich war ich in dieser Rolle auch ein Ratgeber; bei dem einen mehr als bei dem anderen. Ich war oft auch ihr persönlicher Vertrauter, besonders bei Helmut Kohl. Dabei verstand sich Treue gegenüber Person und Sache als Selbstverständlichkeit. Sonst wäre diese Arbeit nicht so lange möglich gewesen. Begeisterung für die Person und die Sache war für mich immer die Grundvoraussetzung für gute Zusammenarbeit. Dabei blieb es nicht aus, daß man sich auch menschlich nahekam, was die Zusammenarbeit sehr förderte, andererseits aber auch zu zusätzlichen Aufgaben führte, die nicht im Bereich der normalen Arbeit lagen. Denn verständlicherweise möchte jemand wie der Kanzler die Leute seines Vertrauens auch zum Gedankenaustausch um sich haben, wenn gerade keine konkrete Tagesarbeit anliegt – daher die vielen Restaurantbesuche und später die Abendessen im Bungalow. Das muß man wissen, wenn man sich der Aufgabe verschreibt, wie ich sie wahrzunehmen hatte: lange Arbeitstage von 6 Uhr am Morgen oft bis 22 Uhr oder 23 Uhr am Abend, keine freien Wochenenden und höchstens fünf Wochen Urlaub im Jahr, drei im Sommer und zwei im Winter. Ich habe mich nie darüber beklagt, auch wenn die Familie oft darunter leiden mußte. Mancher Politiker, der die Woche über von seiner Familie getrennt leben muß, hat es da schlechter.

Man wird natürlich auch auf vielfältige Weise entschädigt, zum Beispiel dadurch, daß man die politischen Entscheidungsprozesse aus nächster Nähe erlebt. Man lernt die Großen dieser Welt kennen und auch ein Stück von der Welt selbst. So habe ich in Europa außer Albanien, Rumänien und Bulgarien alle Länder bereist und alle Kontinente außer Australien gesehen, auch wenn ich in den letzten Jahren wegen meiner starken Sehbehinderung nicht mehr die weiten Delegationsreisen mitmachen konnte. Aber es reichte für China, Thailand, Indien, Hongkong, Saudi-Arabien, Jordanien, Ägypten, Brasilien, Argentinien, Chile, Jamaica, Canada. Die Vereinigten Staaten von Amerika habe ich allein zweiundzwanzigmal besucht, und auch die Reisen in die westlichen Hauptstädte waren zahlreich. In Moskau war ich sechsmal. Ich habe die Flugkilometer, die ich in meinem Berufsleben zurückgelegt habe, einmal zusammengerechnet und bin dabei zu dem Ergebnis gekommen, daß es eine Strecke war, die sechsmal um den Globus reichen würde, Hubschrauberflüge nicht mitgerechnet. Aber auch in Deutschland selbst

lernte ich jeden Winkel kennen, von Flensburg bis Garmisch-
Partenkirchen und von Aachen bis Leipzig und Dresden, meist
natürlich auf Wahlkampfreisen in der Begleitung meiner jeweili-
ligen Chefs, besonders des Bundeskanzlers, oder bei Reisen zu
anderen Veranstaltungen, wie Verbands- oder Betriebsjubiläen,
Einweihungen oder Grundsteinlegungen, zuletzt besonders in
den neuen Bundesländern.

Wenn ich eine Bilanz meiner Arbeit ziehe, so gehört dazu
auch ein Wort über den von mir bevorzugten Stil im Umgang
mit der Presse oder – wie ich lieber sagen möchte – mit den
journalistischen Kollegen. Ich habe mir schon früh zum Prinzip
gemacht, die Journalisten exakt zu informieren. Journalisten
leben von Informationen. Sie wollen nicht mit Propaganda-
sprüchen abgefertigt werden. Zur Information gehört aber auch
der klare politische Standort, der immer sichtbar bleiben muß.
Informationen kann man auf vielfache Weise geben, auf Pressekonferenzen, in Hintergrundgesprächen, in Interviews der Politiker, die man zu betreuen hat, aber vor allem auch durch Einzelgespräche mit Journalisten, die den Schwerpunkt meiner
Arbeit bildeten. In politisch bewegten Zeiten, oder anders ausgedrückt, in Krisenzeiten, hatte ich allein täglich bis zu hundert
Telefonate zu bewältigen, die von der einfachen Auskunft reichten, wann welche Termine stattfinden, bis hin zu sehr substan-
tiellen Gesprächen über schwierige politische Vorgänge. Daneben gab es die Gespräche mit Journalisten in meinem Büro, die
natürlich, wegen der Fülle der Arbeit, viel seltener möglich
waren.

Sogenannte Arbeitsessen mit Journalisten habe ich gerade in
den letzten Jahren weniger wahrnehmen können; früher ging
das häufiger, als das politische Bonn noch nicht so von Hektik
befallen war. Essen mit Journalisten gab es seitdem für mich
meist nur noch bei den kleineren oder größeren Journalisten-
Informationskreisen, wenn der Kanzler schon mal Journalisten
in den Speisesaal des Bundeskanzleramtes oder in seinen Bungalow einlud, wenn er mit ihnen in den Deutschen Presseclub
oder in den Verein der Auslandspresse zum Essen ging. An den
oft sehr fröhlichen Treffs mit Journalisten, die früher im Bun-
deshaus-Restaurant und später im Restaurant des Presseclubs

stattfanden, konnte ich in den letzten Jahren nur noch sehr selten teilnehmen. Dagegen habe ich eher Einladungen angenommen, wenn in Bonn von einzelnen Presseorganen oder Rundfunk- und Fernsehanstalten neue Büros eingeweiht wurden oder wenn Journalisten in den Ruhestand gingen und die Nachfolger auf einer Party vorgestellt wurden. Das waren immer gute Kontaktmöglichkeiten, bei denen man in oft feuchtfröhlicher Runde Informationen unter die Leute bringen konnte.

Bei meinen Kontakten mit der Presse habe ich immer darauf geachtet, daß sich alle möglichst gleich behandelt fühlten, wobei die politische Einstellung der jeweiligen Journalisten für mich nicht in erster Linie ausschlaggebend war. Natürlich hat es in all meinen Bonner Jahren immer Journalisten gegeben, denen man etwas mehr anvertrauen konnte als anderen. Im Laufe der Zeit hat sich natürlich zu manchen der Journalisten ein ausgesprochenes Vertrauensverhältnis entwickelt, das von diesen Kollegen auch nie mißbraucht wurde. Es gab auch das Gegenteil. Das habe ich aber selbst kaum erlebt, worauf ich eigentlich am meisten stolz bin, wenn ich auf meine Arbeit zurückblicke. Menschlich enttäuscht wurde ich nur sehr selten.

Ich konnte es nicht gut ertragen, wenn Journalisten bei Regierungswechseln sehr schnell ihre Fahne in den neuen Wind hängten. Wenn man in Bonn ein qualifizierter Journalist ist, bekommt man seine Informationen von jeder Regierung, auch wenn man sich ihrer Politik nicht besonders verbunden fühlt. Zu Journalisten, die sich als verlängerter Arm einer Partei empfinden, bekommt man bei meiner Aufgabe ohnehin keinen Zugang. Davon gab es in Bonn natürlich auch immer etliche, aber ihre Zahl war gering. Ich habe immer respektiert, wenn ein Journalist in seinen Kommentaren eine parteipolitische Meinung vertrat; im Kommentar konnte er sie ohne weiteres ausdrücken, nur die Nachrichten, die er seinen Zuhörern, Zuschauern oder Lesern vermittelte, mußten stimmen. Als Beispiele lassen sich hier Blätter wie die »Süddeutsche Zeitung« oder die »Frankfurter Rundschau« nennen, deren Nachrichtenteile ich immer mit Interesse gelesen habe, mit deren Kommentaren ich mich aber nicht immer identifizieren konnte, weil sie einen anderen politischen Standort hatten als ich selbst.

Die Zeitung, die mir unter den großen überregionalen in meiner ganzen Bonner Zeit am meisten gegeben hat, war die »Frankfurter Allgemeine«, weil ich mich von ihrem Nachrichtenteil stets gut informiert fühlte und ihre Kommentare ebenso lesenswert fand, auch wenn sie nicht immer mit den Standpunkten der Regierung oder der Fraktion übereinstimmten, der ich diente. Dieses Urteil besagt nichts über die vielen guten regionalen und lokalen Zeitungen, die zum Teil ein hohes publizistisches Niveau erreichen. Am Wochenende war die Lektüre der »Welt am Sonntag« natürlich für mich unentbehrlich.

Es gibt wissenschaftliche Untersuchungen, nach denen rund 70 Prozent der deutschen Journalisten sich als politisch eher links stehend empfinden. Diese Zahl mag stimmen – ich bezweifle sie nicht. Aber im Alltagsgeschäft in Bonn hat sich das für mein Empfinden nicht so deutlich bemerkbar gemacht wie vielleicht in manchen Zentralredaktionen, vor allem des Hörfunks und des Fernsehens.

Die CDU hat hier in den letzten Jahrzehnten auch erhebliche Fehler gemacht. Sie war jahrelang stolz darauf, die Spitzenpositionen in den Funkhäusern zu besetzen, vor allem die Intendantenposten und die Stellen von Programmdirektoren oder Chefredakteuren. Sie hat es aber nicht verstanden, gut ausgebildeten Journalisten, die mit ihr sympathisierten, auf der Arbeitsebene in den Redaktionen Zugang zu verschaffen, ohne daß ich damit einem Parteienproporz das Wort reden will. Einen Proporzjournalismus, besonders in den Funkhäusern, habe ich nie befürwortet. Mir war immer viel lieber, wenn ein guter Journalist auf einer bestimmten Position saß, der unabhängig von seiner parteipolitischen Zugehörigkeit oder Sympathie qualifizierten und fairen Journalismus betrieb. Dabei mußte ich häufig feststellen, daß Journalisten aus dem sogenannten bürgerlichen Lager, wenn sie bestimmte Positionen erreicht hatten, schnell vergaßen, welchem Umstand sie ihre Berufung zu verdanken hatten. Im Gegenteil, sie gaben sich dann besonders unabhängig, während andere, die aus dem linken Spektrum kamen, sich auch in ihrer journalistischen Arbeit klar zu ihrer Haltung bekannten.

In Bonn gab es auch Zeiten, besonders nach der Regierungs-

übernahme durch die sozial-liberale Koalition im Jahre 1969, in
denen es zwischen den Mitgliedern der Bundespressekonferenz
– der Vereinigung der in Bonn akkreditierten deutschen Journalisten, in deren Pressehaus die Bundesregierung dreimal pro
Woche Pressekonferenzen abhält – zu einer starken politischen
Polarisierung kam. Damals war ich als Sprecher der CDU/CSU-
Bundestagsfraktion noch selber Mitglied dieser wichtigen Bonner Pressevereinigung und konnte die Entwicklung sehr gut
beobachten. In den letzten Jahren hat diese Polarisierung wieder nachgelassen. Heute ist dafür ein anderes Phänomen sichtbar. Der journalistische Konkurrenzkampf ist härter geworden,
eine logische Folge des Kampfs der Verlage um die Auflagenan-
teile ihrer Blätter oder um die Einschaltquoten bei Hörfunk und
Fernsehen, besonders seit es für die öffentlich-rechtlichen
Systeme des Fernsehens und Hörfunks die Konkurrenz der privaten Anbieter gibt. Es hat sich eine journalistische Praxis her-
ausgebildet, die vor allem darauf abzielt, möglichst exklusive
Nachrichten veröffentlichen zu können, die möglichst noch aus
geheimen oder vertraulichen Quellen oder Papieren stammen
sollen. Einer will den anderen übertrumpfen – und dabei nimmt
man es mit der Exaktheit der Nachricht nicht immer so genau.

Deshalb war in den letzten Jahren die »Dementiermaschine«
auch das Gerät, mit dem ich am häufigsten hantieren mußte,
wenn es wieder hieß, »wie aus Regierungskreisen verlautet«
oder »wie unsere Redaktion vertraulich aus dem Kanzleramt
(oder einer beliebigen anderen Dienststelle des Bundes)
erfuhr«. Dies war besonders lästig, wenn der »Spiegel« oder
auch einige der Sonntagszeitungen schon am Samstag die
Nachrichtenagenturen mit ihren Berichten belieferten und man
das ganze Wochenende damit beschäftigt war, derartige Meldungen wieder zurechtzurücken, damit wenigstens in den Mon-
tagszeitungen die Fakten einigermaßen korrekt wiedergegeben
wurden. Das gleiche galt bisweilen auch für das neue Burda-
Magazin »Focus« oder zu Beginn der Woche für den »Stern«.
Oft aber waren die Storys bei allen erwähnten Presseorganen
im Kern richtig, so daß es schwerfiel, mit Dementis zu arbeiten.
Und manche der sogenannten Enthüllungsstorys stimmten einfach – da war man machtlos und konnte sich nur gut die Reak-

tion überlegen. Ganz anders verhielt es sich mit reinen Tendenzberichten, die leicht zu widerlegen waren.

Diese – ich kann es nicht anders nennen – Sucht nach Exklusivnachrichten hat in den letzten Jahren auch den Stil der Zusammenarbeit der Journalisten untereinander verändert. In den fünfziger und sechziger Jahren war es durchaus üblich, daß einzelne Korrespondenten ihre Manuskripte untereinander austauschten und die Kollegen an ihrem Wissen teilhaben ließen. Das gab es später, bis auf wenige Ausnahmen, nicht mehr, es sei denn, Freunde tauschten sich untereinander aus. Wettbewerb hat es auch unter den Bonner Journalisten immer schon gegeben, aber nicht so verkrampft wie in den letzten Jahren. Dies hat nichts damit zu tun, daß heute eine andere Generation von ihnen den Ton angibt, sondern damit, daß aus wirtschaftlichen Gründen viel höhere Anforderungen an die Journalisten gestellt werden.

Früher hatte ich unter den Journalisten Freunde, mit denen man sich auch privat am Wochenende traf und über ganz andere Dinge redete als über die Bonner Politik; manchmal fuhren wir sogar mit den Familien zusammen in Urlaub oder feierten fröhliche Familienfeste. Heute herrscht für solche Aktivitäten viel zuviel Streß, und ich bedaure das sehr. Immerhin habe ich mit vielen Journalisten-Kollegen ein Duz-Verhältnis, was allerdings in diesem Beruf allgemein üblich ist.

Die Arbeit in der Fraktion und im Kanzleramt ließ leider in den letzten Jahren ganz allgemein für Freundschaften wenig Platz. Oft war ich durch dienstliche Termine daran gehindert, private Verabredungen mit alten Freunden zu treffen – im Verlauf der Zeit hatte sich ohnehin ein neuer Freundeskreis aus Kollegen oder Politikern gebildet. Das war ganz natürlich, brachte es aber mit sich, daß oft immer wieder derselbe Personenkreis zusammenkamen. Ich habe mich deshalb so gut es ging darum bemüht, freundschaftliche Verbindungen auch zu Menschen aus anderen Lebensbereichen zu knüpfen, zu Medizinern, Anwälten oder Leuten aus der Wirtschaft. Mit ihnen konnte ich auch Themen besprechen, die mit Politik gar nichts oder nur wenig zu tun hatten. Die vielbeschriebene Bonner Käseglocke muß man manchmal verlassen, um sich den Blick

dafür zu erhalten, welche Probleme im Lande wirklich von
Bedeutung sind und wie man außerhalb der Bonner Bannmeile
denkt.

So habe ich immer darauf geachtet, den Kontakt mit den
»Normalbürgern« zu pflegen, wie es bei Nachbarschaftsfesten
oder durch Gespräche mit den zahlreichen Freunden meines
inzwischen vierunddreißigjährigen Sohnes Thomas und seiner
Frau Annette möglich war. Sie waren häufig bei uns zu Gast,
und wir haben bei gutem Faßbier manch heiße Diskussion
geführt, in der ich von den Problemen der jungen Leute erfuhr,
sei es in der Schule, auf der Universität oder im Betrieb oder in
den späteren Jahren als junge Eheleute, als Väter und Mütter,
wenn es für sie zum Beispiel darum ging, eine einigermaßen bil-
lige Wohnung zu finden, die für Berufsanfänger finanziell auch
tragbar war. Aufgrund solcher Einblicke läßt sich leichter
über notwendige Gesetzgebungsverfahren urteilen als nur vom
Schreibtisch aus oder bei Parlamentsdebatten. Die jungen Leute
waren immer dankbar für solche Diskussionen, stets gut betreut
von meiner Frau, zu deren Geburtstag sie heute noch regelmäßig erscheinen, obwohl sie längst selber ihre eigene Familie
und Kinder haben.

Nach 40 Jahren Arbeit in Bonn fällt der Abschied von dieser
einmaligen Aufgabe schwer. Ein Jahr habe ich meine Tätigkeit
noch über die normale Altersgrenze von 65 Jahren hinaus verlängert, und es gab manche gutgemeinten Ratschläge, noch länger im Amt zu bleiben – über 1994 hinaus. Das habe ich nicht
für richtig gehalten. Mit 66 Jahren reicht die Kraft für eine solche Aufgabe, wie ich sie in den letzten Jahren wahrzunehmen
hatte, nicht immer aus. Für mich war es stets wichtig, in ein
Team eingebettet zu sein, in dem einer sich auf den anderen
verlassen konnte. Das galt nicht nur für die Zusammenarbeit
mit den Politikern, sondern besonders auch mit den Kollegen im
unmittelbaren Arbeitsbereich.

In der Fraktion habe ich 25 Jahre mit Günter Englisch, meinem Stellvertreter, eng zusammengearbeitet. Er war mit der
Arbeit genauso verwachsen wie ich selbst. Ich konnte mich in
jeder Situation auf ihn verlassen, er hat mich nie enttäuscht.

Nach Helmut Kohls Wechsel von Mainz zur Bonner CDU/CSU-Bundestagsfraktion gehörte zum engsten Kreis vor allem Juliane Weber, mit der ich dienstlich wie persönlich stets ein ausgezeichnetes Verhältnis hatte. Sie hat mir vor allem später im Kanzleramt viel geholfen und manchen entscheidenden Tip für meine Arbeit gegeben. Dazu gehörte seit 1976 auch Horst Teltschik, der dann ab 1991 einen anderen Weg nahm und in die Wirtschaft ging – 1993 wurde er Vorstandsmitglied von BMW. In den letzten Jahren war es dann Andreas Fritzenkötter, mein junger Stellvertreter, der stets mit mir an einem Strang zog, auch wenn wir schon einmal unterschiedlicher Meinung waren, aber er hatte immer das richtige politische Gespür und war vor allem immer glänzend informiert.

Ich erinnere mich auch gerne an meine Zusammenarbeit mit dem langjährigen Sprecher der Partei, Willi Weiskirch, mit dem mich über 20 Jahre hinweg über die Arbeit hinaus eine enge Freundschaft verband. Wenn ich solche Zeilen niederschreibe, steigt Wehmut in mir auf. Ich denke an den früh verstorbenen Vorgänger von Willi Weiskirch, an Arthur Rathke, der später in Kiel unter Gerhard Stoltenberg Sprecher der schleswig-holsteinischen Landesregierung war. Leider mußten wir ihn, kaum sechzigjährig, zu Grabe tragen. Er war ein wirklicher Kumpel und bei den Bonner Journalisten sehr beliebt. Auch mit ihm habe ich viele freundschaftliche Jahre verbracht und manches schöne Fest gefeiert.

Tempora mutantur – so ändern sich die Zeiten. In den früheren Jahren war die Atmosphäre in Bonn entspannter. Da gab es persönliche Freundschaften zwischen den Sprechern der einzelnen Parteien oder Fraktionen, was heute nicht mehr oder nur begrenzt möglich ist. Damals wurde nicht weniger gearbeitet als heute, aber es ging alles etwas lockerer zu und weniger verkrampft, was übrigens auch für das Verhältnis der Politiker untereinander gilt.

In den Jahren, als die Pressesprecher der Parteien und Fraktionen noch engere Kontakte hatten als heute, konnte es auch geschehen, daß man sich gegenseitig über die Sitzungen der jeweiligen Gremien unterrichtete, damit man seine Stellungnahme vorbereiten konnte. So wurde ich jahrelang von der

Pressestelle der SPD-Fraktion beliefert, noch bevor deren Pressemitteilungen in den Pressehäusern verteilt wurden. Genauso geschah es umgekehrt. Der Ehrgeiz der Sprecher der einzelnen Parteien und Fraktionen bestand darin, zu einem Vorgang beim politischen Gegner oder zu einer Verlautbarung von ihm so schnell wie möglich mit einer eigenen Erklärung »auf dem Markt« zu sein, damit man bei den Agenturen oder in den Rundfunk- und Fernsehnachrichten gleich »mitlief«. Oft waren die Sprechererklärungen vom Wortlaut her sogar austauschbar, zum Beispiel wenn die jeweiligen Sprecher eine Attacke des politischen Gegners »mit Abscheu und Empörung« zur Kenntnis nahmen oder wenn man eine halbwegs vernünftige Sache »im Prinzip begrüßen« konnte.

In den fünfziger und sechziger Jahren war es mir noch möglich, allgemeine Stellungnahmen oder polemische Repliken unter meinem eigenen Namen zu veröffentlichen, genauso wie Sprecher der anderen Fraktionen und die Parteisprecher. Später änderte sich das, als in den Fraktionen ein vielschichtiges System von Fachsprechern für die einzelnen politischen Aufgabenbereiche entwickelt wurde. Ab 1970, als die CDU/CSU in die Opposition mußte, gab es neben dem Fraktionsvorsitzenden, seinen Stellvertretern und den parlamentarischen Geschäftsführern auf allen Gebieten, von der Außen- bis zur Wohnungsbaupolitik, legitimierte Sprecher der Fraktion, die ihre Presseerklärungen auch gerne mit ihrem Etikett schmückten, etwa: Erklärung des finanzpolitischen oder bildungspolitischen Sprechers der Fraktion.

Dabei kam es gelegentlich auch zu Kuriositäten. So hatten wir jahrelang einen Sprecher, der mit Fragen der Schiffahrt, des Fischfangs und den Problemen der Küstenländer befaßt war. Wir machten uns in der Pressestelle einmal den Spaß, eine Presseerklärung von ihm mit dem Titel »Der fischpolitische Sprecher der CDU/CSU-Fraktion gibt bekannt« zu versehen. Die Presse übernahm diesen neuen Sprechertitel sofort, und der betreffende Abgeordnete – es war Wolfgang von Geldern, der von der Küste stammte und später in der Regierung von Kanzler Kohl parlamentarischer Staatssekretär im Bundesministerium für Ernährung, Landwirtschaft und Forsten wurde –

behielt lange Zeit das Etikett »fischpolitischer Sprecher«, was mir am nächstfolgenden Weihnachtsfest ein nettes Präsent einbrachte, nämlich einen frischen Nordsee-Lachs. Ich weiß nicht, ob Wolfgang von Geldern bekannt war, daß ich keinen Fisch esse – meiner Familie hat er geschmeckt.

Noch heute ist in den Fraktionen diese Sprecher-Spezialisierung üblich. Von den Pressesprechern selbst wird mehr die Organisation der Pressearbeit der Abgeordneten erwartet als die Abgabe eigener Erklärungen. Sie müssen »den Markt« der Politik genau beobachten und dann vorschlagen, wer zu welchem Thema etwas erklärt. Der Sprecher der Fraktion, der von Anfang an dem Fraktionsvorsitzenden zugeordnet war, hat in der Pressearbeit in den letzten Jahren mehr als alles andere die politische Position seines Vorsitzenden in der Öffentlichkeit bekanntzumachen und dessen Pressekontakte zu organisieren. Das ist besonders dann wichtig, wenn der Fraktionsvorsitzende eine profilierte politische Persönlichkeit ist und Politik gestalten will, gleichgültig ob als Chef einer Regierungsfraktion oder einer Oppositionsfraktion, in der die Arbeit natürlich zum Teil frustrierend ist, weil viele Gesetzesinitiativen, die man ergreift, im Papierkorb enden und man im Grunde der jeweiligen Regierung nur Fehler nachweisen und ihre Ablösung fordern kann. Die Sprecher der Parteien sind in einer ähnlichen Position, wenn eine Partei einen starken Generalsekretär oder Bundesgeschäftsführer hat, der selbst die Pressearbeit betreibt, um den Standpunkt seiner Partei darzustellen.

In der Regierung hat die Öffentlichkeits- und Pressearbeit für die Sprecher einen ganz anderen Charakter. Die Regierung ist immer der handelnde Teil in der Politik, der Gesetzgebungsinitiativen ergreift und Verträge und Abkommen abschließt. In einer parlamentarischen Demokratie haben die Fraktionen des Bundestages zwar eine wichtige Kontrollfunktion, die Arbeit ist aber nicht so spektakulär wie die der Regierung, wenn auch die Fraktionen in den letzten Jahren sicher an politischem Gewicht gewonnen haben und dies auch durch viele eigene Initiativen deutlich machen.

Ich habe mich in den Jahren meiner Arbeit im Kanzleramt immer um engen Kontakt mit den Sprechern der CDU/CSU-

Fraktion und der CDU-Bundespartei bemüht, weil nur eine sinn-
volle Arbeitsteilung auf diesen drei Ebenen den größtmöglichen
politischen Erfolg sichert. Im großen und ganzen ist das auch
gelungen, aber für meine Begriffe nicht ausreichend genug. Die
Arbeitsteilung auch in der Beschäftigung mit der Presse hätte
noch effektiver sein können, weil zum Beispiel Partei und Fraktion manches bewerkstelligen können, was die Regierung in
ihrer Informationspolitik nicht kann – und sie kann sich auch
nicht ständig selber gegen Angriffe verteidigen, die von der
Opposition oder von Verbänden aus dem vorpolitischen Raum
gegen sie gerichtet sind. Hier kommen dem Generalsekretär der
Partei und dem ersten parlamentarischen Geschäftsführer der
Fraktion eine besondere Rolle zu, weil sie neben dem Bundeskanzler und dem Fraktionsvorsitzenden sowie einigen Spitzen-
ministern die einzigen sind, die in der Presse über eine entsprechende Resonanz verfügen. In der jetzigen Konstellation mit
Peter Hintze und Jürgen Rüttgers hat das auch sehr gut funk-
tioniert, ebenso vorher in der Kombination Volker Rühe und
Friedrich Bohl, der jetzt als Kanzleramtschef, wie schon seine
Vorgänger, ein vielgesuchter Partner für die Presse ist. Im Gegensatz zu den Fachministern können sich die vorgenannten Spit-
zenpolitiker auch zu jedem aktuellen Thema in der Politik
äußern.

Nach meiner Erfahrung – und das gilt für alle Parteien – gibt
es immer nur wenige Spitzenämter, deren Inhaber ein bundes-
weites Echo in der Bevölkerung finden. Dazu gehören auf der
Regierungsseite der Kanzler, der Außenminister, der Verteidi-
digungsminister, der Finanzminister, der Wirtschaftsminister,
der Arbeitsminister und – mit Einschränkungen – einige Fach-
minister, die bestimmte Gruppen ansprechen, wie der Land-
wirtschaftsminister. Natürlich gehört auch der Kanzleramtsminister dazu. In der Fraktion beschränkt sich das auf den
Fraktionsvorsitzenden und seinen Ersten Parlamentarischen
Geschäftsführer sowie vielleicht noch auf den einen oder anderen Fachsprecher der Fraktion im Bereich der Außen- und
Wirtschaftspolitik. Wegen dieser geringen Zahl ist es auch so
schwer, die Vielzahl der inzwischen tätigen Fernseh- und Rund-
funksender, Zeitungen und Magazine so zu bedienen, daß die

eigene Politik in ausreichendem Maße öffentlich dargestellt werden kann.

Natürlich gibt es auch Gegenbeispiele. Es kam in den letzten Jahren häufig vor, daß besonders die Massenblätter Abgeordnete aus den einzelnen Fraktionen als Interviewpartner gewannen, die höchstens im dritten oder vierten Glied marschierten, aber in diesen Blättern so hochstilisiert wurden, daß sie wie legitimierte Sprecher ihrer Parteien wirkten. Hier tauchten immer die gleichen Personen auf, offenbar weil diese Abgeordneten glaubten, sie könnten sich so einen Namen verschaffen. In diesen Blättern hieß es dann einfach »die CDU erwägt« oder »die CDU schlägt vor«, obwohl es sich meistens um die unabgestimmte Meinung eines einzelnen Abgeordneten handelte. Hier mußte dann regelmäßig die Dementiermaschine in Gang gesetzt werden, besonders wenn diese Politiker mit der Regierung oder der Koalition gleichgesetzt werden.

Derselbe Mißbrauch wurde, besonders in den letzten Jahren meiner Tätigkeit, mit dem Begriff »informierte Kreise« getrieben. Wenn ein Presseorgan keine feste Quelle für seine Informationen hatte, versteckte es sich hinter dieser Formulierung oder auch hinter der Formel »wie aus Regierungskreisen verlautete«. Oft war mit solchen Informationen nur die Absicht verbunden, einen Bericht sensationell aufzumachen. In manchen Fällen steckte aber auch mehr dahinter, zum Beispiel wenn von bestimmter politischer Seite etwas lanciert werden sollte, sich der Urheber der Information aber nicht selber mit seinem Namen hinter die lancierte Nachricht stellen wollte. Dann mußte man sich auch schon einmal mit der Formulierung behelfen, die veröffentlichte Meldung sei »Spekulation« oder je nach dem Charakter der Meldung und ihrem wirklichen Hintergrund auch »reine Spekulation«. Besonders häufig mußten wir von Regierungsseite diese Sprachregelung an den Wochenenden anwenden, wenn, wie gesagt, die Magazine ihre Vorausmeldungen schon zwei Tage vor ihrem Erscheinen an die Nachrichtenagenturen gaben. Oft waren das dann sehr ungemütliche Wochenenden, weil das Telefon gar nicht mehr stillstand. Diese Methode, Nachrichten in die Welt zu setzen, ist immer häufiger angewandt geworden und wird wohl auch vorerst nicht aufhören, sehr zum Verdruß der Politiker, die in Verantwortung stehen, und auch zum Verdruß ihrer Mitarbeiter, denen das Wochenende damit verdorben wird.

Was das Kapitel Freizeit betrifft, so bin ich in den letzten Jahren nicht verwöhnt worden. Das politische Geschäft und die Veränderung der Medienlandschaft brachten das mit sich. Zum Glück hatte ich in all den Jahren eine verständnisvolle Frau, die sich den Anforderungen meines Berufes sehr anpaßte, und auch mein Sohn Thomas und später seine Frau Annette haben meiner starken beruflichen Inanspruchnahme immer viel Verständnis entgegengebracht. Unsere Kontakte waren trotz aller Belastungen im Beruf insgesamt doch intensiv und sind es nach wie vor, was dadurch erleichtert wird, daß mein Sohn und seine Frau in Bonn wohnen und arbeiten, so daß wir uns oft zum Essen treffen können. Meine Frau hat oft für mich, wenn ich nicht zu Hause war, Telefondienst leisten müssen, und das war an turbulenten Tagen manchmal durchaus strapaziös, aber sie hat es immer mit großer Geduld ertragen.

Stets habe ich mich davor gehütet, mein Leben ganz von der Politik auffressen zu lassen. Der Besuch einer Opernaufführung, eines Konzertes oder einer Theateraufführung waren wenigstens ab und zu ein gewisser Ausgleich, ebenso wie die Wochenendwanderungen in der näheren Umgebung von Bonn, die in den letzten Jahren aber immer weniger wurden, weil die Zeit dafür doch fehlte. Dafür blieb mir nur noch die Urlaubszeit, die ich allerdings sehr nutzte, um wenigstens einen gewissen Vorrat an frischer Luft tanken zu können.

Viele Journalisten haben im Lauf der Jahre über mich geschrieben, auch wenn ich nie auf den Frontseiten der Zeitungen gestanden habe. In allen Beiträgen, die sich meiner Person widmeten, kam immer eines zum Ausdruck: »Der getreue Diener seines Herrn.« Ich habe das immer als Kompliment aufgefaßt. Das Dienen in der Politik ist oft schwieriger, als Politik zu gestalten oder Politik darzustellen. Helmut Kohl hat oft in seinen Reden den preußischen Staatsdiener von der Marwitz zitiert, der seine Funktion mit dem Ausdruck umschrieben hat: »Ich dien'.« Wenn das Dienen eine preußische Tugend ist, dann habe ich mich in diesem Sinne immer als Preuße gefühlt, auch wenn ich aus dem katholischen Rheinland am Niederrhein stamme. Wenn man eines Tages einmal über meine Arbeit sagt: »Er hat der Sache und Person, die er zu betreuen hatte, gedient«, dann will ich zufrieden sein, auch wenn ich mir bisweilen hätte vorstellen können, vielleicht auch einmal eine mehr gestalterische Aufgabe zu übernehmen. 1969 habe ich tatsächlich einen Anlauf dazu unternommen, als Freunde in meiner Heimat Geldern mich dazu animierten, mich um ein Bundestagsmandat zu bewerben. Ich unterlag damals mit einer Stimme – und danach hat mich meine Arbeit immer so gereizt und auch so in Anspruch genommen, daß ich alle weiteren Gedanken an ein Leben im aktiven Bereich der Politik aufgegeben habe.

Alles in allem blicke ich auf 40 interessante Jahre in einem Beruf zurück, der immer spannend war, in dem – wie man es heute formulieren würde – immer »action« vorherrschte, es betriebsam zuging, wo es nie langweilig war, oft eher zu turbulent.

Ich bin dankbar dafür, daß ich diese Zeit an entscheidender Stelle in der deutschen Politik erleben durfte, und hoffe, von meinen Erfahrungen einiges den Jüngeren vermitteln zu können, die nun die Verantwortung übernehmen und ihre Erfahrungen mit Menschen und Ereignissen machen müssen. Es war eine schöne, oft schwere Zeit, die ich erlebt, oft auch durchlitten habe. Es war eine für die deutsche Politik entscheidende Phase, die in den späteren Geschichtsbüchern bestimmt nicht mit einigen wenigen Sätzen berücksichtigt wird. Und ich kann sagen: »Ich bin dabeigewesen.«

AUSKLANG

Im August 1993 war ich wieder in der »Villa Arnica« bei meinen
Südtiroler Freunden, dem Ehepaar Heini und Irmgard Winterholer, zu Gast. Im August 1992 habe ich im Garten dieses
schönen Besitzes, unter einer schattigen Birke sitzend, mit den
Aufzeichnungen aus den 40 Jahren meiner Bonner Kulis-
senschieberei begonnen – und an derselben Stelle beende ich
sie auch ein Jahr später. So schließt sich der Kreis. Der Tag, an
dem ich diese letzten Zeilen niederschreibe, ist der 28. August
1993. Heute abend werde ich mit meinen Freunden und dem
uns ebenfalls befreundeten Ehepaar Alfred und Sonja Gasser in
dem Buschenschank »Glöggelbuschen« ein gutes Glas Südtiroler Weißburgunder trinken und eine urige Südtiroler Spezialität
zu mir nehmen, Tiroler Speck, Käse, Kartoffeln und Krapfen.

»Vor dir liegt noch ein Jahr harter Arbeit«, muß ich mir an
diesem Abend sagen. Ich kann nicht ahnen, was es alles bringt.
In jedem Fall 19 Wahlen, bei denen ich noch dabeisein will,
auch wenn ich meine Altersgrenze erreicht habe. Ich muß diese
Aufzeichnungen zu einem Zeitpunkt abschließen und in Druck
geben, an dem der Ausgang ungewiß ist, sowohl was diese vielen Wahlen anbelangt wie auch die mögliche neue Regierungsbildung. Ich bin aber sicher, daß Helmut Kohl und die CDU/CSU
bei den Bundestagswahlen am 16. Oktober 1994 ein gutes
Ergebnis erzielen werden. Die Welt verändert sich ständig. Das
zeigen die Ereignisse in Rußland, wo Jelzins Reformpolitik in
steter Gefahr schwebt, aber auch andere Krisenherde der Welt
bleiben unruhig, wie der Balkan oder Teile Afrikas. Im Nahen
Osten bahnt sich zwischen Israel und seinen Nachbarn eine
Entspannung an. Die deutsche innenpolitische Szene ist durch
die nachlassende Vertrauenskrise zwischen der Politik und den
Bürgern gekennzeichnet. Die Wirtschaft erholt sich langsam

wieder, aber es bleiben viele andere Probleme, vor allem im sozialen Bereich. Ich habe mich in den letzten Monaten meiner aktiven Zeit im Kanzleramt bemüht, mitzuhelfen, daß wieder ein besseres Verhältnis zwischen Bürgern und Politikern entsteht.

Wenn dieses Buch erscheint, kennen wir das Ergebnis der Bundestagswahlen von 1994 noch nicht. 1993 konnten wir nur hoffen, daß es besser würde. Jetzt ist es mehr als eine Hoffnung. Ich war in meinem ganzen Leben Optimist. Die ersten Monate des Jahres 1994 geben mir – glaube ich – Recht.

BILDNACHWEIS

C. Brecher Schulz, Bonn: 19
Bundesbildstelle, Bonn: 10, 11
J. H. Darchinger, Bonn: 1, 22
Deutsche Presseagentur, Frankfurt, Düsseldorf: 12,
    Schutzumschlag
Camillo Fischer, Bonn: 4, 5
Hubmann, München: 2
Armin O. Scheich, Flensburg: 3
Sven Simon, Bonn: 7
Stadt Bonn, Presseamt: 16
F. Thoma, Rhöndorf: 13
Unbekannt: 6, 8, 9, 14, 15, 17, 18, 20, 21, 23, 24

REGISTER